教員採用試験「全国版」過去問シリーズ ⑬

全国まるごと

2025
年度版

過去問題集

養護教諭

#分野別　　#項目別

協同教育研究会 編

協同出版

はじめに

　本書は，全国47都道府県と20の政令指定都市の公立学校の教員採用候補者選考試験を受験する人のために編集されたものです。

　教育を取り巻く環境は変化しつつあり，学校現場においても，教員免許更新制の廃止やGIGAスクール構想の実現などの改革が進められており，現行の学習指導要領においても，「主体的・対話的で深い学び」を実現するため，指導方法や指導体制の工夫改善により，「個に応じた指導」の充実を図るとともに，コンピュータや情報通信ネットワーク等の情報手段を活用するために必要な環境を整えることが示されています。

　一方で，いじめや体罰，不登校，教員の指導方法など，教育現場の問題もあいかわらず取り沙汰されており，教員に求められるスキルは，今後さらに高いものになっていくことが予想されます。

　協同教育研究会では，現在，627冊の全国の自治体別・教科別過去問題集を刊行しており，その編集作業にあたり，各冊子ごとに出題傾向の分析を行っています。本書は，その分析結果をまとめ，全国的に出題率の高い分野の問題，解答・解説に加えて，より理解を深めるための要点整理を，頻出項目毎に記載しています。そのことで，近年の出題傾向を把握することでき，また多くの問題を解くことで，より効果的な学習を進めることができます。

　みなさまが，この書籍を徹底的に活用し，教員採用試験の合格を勝ち取って，教壇に立っていただければ，それはわたくしたちにとって最上の喜びです。

協同教育研究会

教員採用試験「全国版」過去問シリーズ⑬
全国まるごと過去問題集　養護教諭＊目次

出題傾向と対策

▐ 近年の出題傾向

〈学校保健計画・組織活動・保健関係者の職務〉

　学校保健の構造や保健関係者(校長，保健主事，養護教諭，学校医，学校歯科医，学校薬剤師)の職務に関する問題である。基本的なものが中心だが，このなかで目につくのは，学校保健委員会の開催，出席停止にかかわるもの，養護教諭が保健主事になれるその根拠，事故発生時や特別活動時の養護教諭の役割といったものである。とくに事故発生時の養護教諭の役割については比較的出題率が高い。

〈学校環境衛生〉

　判定基準に関するものが中心だが，飲料水，プールの水質基準など水に関するものが多い。次いで，照度に関するものが多く，これについてはコンピュータのディスプレイの明るさなど，マルチメディア時代を反映した問題も出題されている。また，消毒液についての問題やそのほかでは例年通り，温度・騒音・換気について出題されている。出題形式はほとんどが空欄補充である。

〈健康診断・健康相談・健康観察〉

　例年，健康診断の分野は大きな比重を占める。このほかでは，歯や肥満に関するものがかなり多くの県で出題され，またツベルクリン反応の判定基準についての問いも目についた。健康相談については，いわゆる「保健室登校」への対応の仕方，気分不良や腹痛などを訴えて保健室に頻繁に出入りする生徒への対応の仕方，健康相談の対象者，ヘルスカウンセリングなどを問う出題がみられ，年を追うごとに比重が高まってきている。また，アレルギーや肝炎などの慢性的疾病をもつ児童・生徒への対応を問う問題もみられる。

● 出題傾向と対策

〈疾病予防〉

　　出題の大部分は例年通り感染症予防を中心としたものである。とくに，学校感染症第2種，第3種の疾病名列記，原因となるウイルス名，感染経路，発生時の学校のとるべき措置・対応は頻出。なかでも，発疹とその種類について，インフルエンザ，新型コロナウイルスに関するものが目立った。

〈応急処置〉

　　3階からコンクリート上に落ちた，高温状態あるいは長時間起立のために倒れた，腹を蹴られたなど，学校で起こると予想される事故において，具体的にどのような応急処置をとるかといった問題が多くみられた。症状として多いのは(出血を伴う)骨折，頭部外傷，脳貧血などである。また，意識障害についてや心肺蘇生についての問いも多い。

〈専門の基礎知識〉

　　この領域はそれぞれの領域と密接に関係しているため，他と重複する部分もある。身体の構造と機能に関する知識を問うものが多い。特に血液に関するものは，動脈，静脈，血液循環，血液の成分と幅広い。このほか脳の働き，ホルモン，消化器官，骨格などおよそ人間の体に係わる基本的なことは頻出である。また，性教育に関する基礎知識として，性器に関する質問もみられる。学習指導要領関係では，基本的事項の穴埋めがほとんどであるが，体育の保健分野からの出題もあるから要注意である。このほか用語説明では，ヘルスカウンセリング，8020運動，ラポール，MRSA，エボラ出血熱，ヨーヨー現象，バーンアウトシンドローム，メタ認知，低体温児，PTSD，アナフィラキシーショック，ライ症候群，過換気症候群，ファロー四徴症，アデノイド，虚血性心疾患，骨粗鬆症，バイタルサイン，起立性調節障害，ドリンカーの曲線，DMF指数，ローレル指数，カウプ指数，メタボリックシンドローム，AEDなどさまざまで，時事的なものも含めた広範な知識が要求されている。

〈保健関係法令〉

　法令文の穴埋めはもちろん，感染症の予防及び感染症の患者に対する医療に関する法律，学校教育法などからの穴埋めや，この条文はどの法令か述べよ，といったものが中心である。学校保健安全法，学校保健安全法施行規則，学校保健安全法施行令以外にも，学校教育法やいじめ防止対策推進法，独立行政法人日本スポーツ振興センター法からも出題される。

■ 学習の進め方

　解剖生理，健康診断，応急処置に関する問題の出題率は例年高い。それに加えて，今日では学校で問題になっている「いじめ」や「不登校」「保健室登校」についての出題も多い。あなたならどう対応しますか，という質問で，実際にその対応場面を演じることが要求されることもある。実際にロールプレイの機会があれば積極的に参加してみるとよい。近年では，養護教諭が学校内の組織や学校外の専門機関との連携をはかりながら仕事を進めることが多くなり，その調整的役割も注目されている。学校の中の保健室のあり方，学校教職員の一員として協力しあう関係の中での養護教諭の役割について，一定の見解をまとめておくことが必要であろう。養護実習の体験があれば，その体験を活用するとよい。

　新興感染症や結核などの再興感染症の出現もあるので，感染症の流行を防止するための対策の基本についてもおさえておきたい。

　過去問を解いていくと，初めのうちは分からない問いばかりかも知れない。しかし，それを続けていくと，同じような問題にぶつかり，重要箇所が見え，その解答の仕方にも徐々に慣れてくるであろう。「学校保健実務必携」も問題を解答するごとに参照していけば，読み慣れてくる。地道に継続的に勉強することが大事である。

本書について

　本書には，各教科の項目毎に，出題率が高い問題を精選して掲載しております。前半は要点整理になっており，後半は実施問題となります。また各問題の最後に，出題年，出題された都道府県市及び難易度を示しています。難易度は，以下のように5段階になっております。

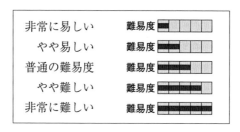

非常に易しい	難易度
やや易しい	難易度
普通の難易度	難易度
やや難しい	難易度
非常に難しい	難易度

　また，各問題文や選択肢の表記については，できる限り都道府県市から出題された問題の通りに掲載しておりますが，一部図表等について縮小等の加工を行って掲載しております。ご了承ください。

学校保健・
学校安全

学習のポイント

　学校保健安全法(2009年4月施行)は，学校における保健管理と安全管理に関し，必要な事項を定めたものである。その目的は「学校教育の円滑な実施とその成果の確保に資すること」とされている。いずれも，児童生徒等及び職員が健康な状態で，安全な環境の中で教育活動がなされるために，学校の教職員，校長，学校の設置者および国・地方自治体などのなすべきことが定められている。

　学校保健は，全教職員が共通理解のもとに，組織的・計画的に行うものであり，学校保健安全法で規定している保健管理面だけではなく，学習指導要領などで規定されている保健教育について，あるいは学校経営的視点からの組織活動についても視野に置く必要がある。この三者がうまく連動できるような調整が重要となる。

実施問題

【1】次の文は，学校保健安全法施行規則の一部です。（　①　）〜（　⑥　）に適する語句や数字を書きなさい。

> 第9条　学校においては，法第13条第1項の健康診断を行つたときは，（　①　）日以内にその結果を幼児，児童又は生徒にあつては当該幼児，児童又は生徒及びその保護者(学校教育法(昭和22年法律第26号)第16条に規定する保護者をいう。)に，学生にあつては当該学生に通知するとともに，次の各号に定める基準により，法第14条の措置をとらなければならない。
> 一　疾病の予防処置を行うこと。
> 二　必要な(　②　)を受けるよう指示すること。
> 三　必要な検査，予防接種等を受けるよう指示すること。
> 四　(　③　)のため必要な期間学校において学習しないよう指導すること。
> 五　(　④　)への編入について指導及び助言を行うこと。
> 六　学習又は運動・作業の軽減，停止，変更等を行うこと。
> 七　(　⑤　)，対外運動競技等への参加を制限すること。
> 八　机又は腰掛の調整，(　⑥　)の変更及び学級の編制の適正を図ること。
> 九　その他発育，健康状態等に応じて適当な保健指導を行うこと。

‖2024年度‖名古屋市‖難易度■■□□□

【2】学校保健安全法及び学校保健安全法施行規則について，（　　）に当てはまる語句を，以下の選択肢からそれぞれ1つずつ選び，記号で答えなさい。

> 学校保健安全法
> 第13条　学校においては，（　①　）に，児童生徒等(通信による教育を受ける学生を除く。)の健康診断を行わなければならな

い。
2　学校においては，必要があるときは，（　②　）に，児童生徒等の健康診断を行うものとする。

学校保健安全法施行規則
第11条　法第13条の健康診断を的確かつ円滑に実施するため，当該健康診断を行うに当たつては，小学校，中学校，高等学校及び高等専門学校においては（　③　）において，幼稚園及び大学においては必要と認めるときに，あらかじめ児童生徒等の（　④　），健康状態等に関する調査を行うものとする。

ア　就学時	イ　年度初め	ウ　発育	エ　運動
オ　生育	カ　学習	キ　入学時	ク　定期的
ケ　毎学年定期	コ　臨時	サ　全学年	

┃2024年度┃宮崎県┃難易度 ▰▰▱▱▱

【3】次は，学校保健安全法の一部である。問1，問2に答えなさい。

第4条　学校の設置者は，その設置する学校の児童生徒等及び職員の心身の健康の保持増進を図るため，当該学校の施設及び設備並びに[　①　]の整備充実その他の必要な措置を講ずるよう努めるものとする。
第5条　学校においては，児童生徒等及び職員の心身の健康の保持増進を図るため，児童生徒等及び職員の健康診断，環境衛生検査，児童生徒等に対する指導その他保健に関する事項について計画を策定し，これを実施しなければならない。
第8条　学校においては，児童生徒等の心身の健康に関し，[　②　]を行うものとする。
第9条　養護教諭その他の職員は，相互に連携して，健康相談又は児童生徒等の健康状態の日常的な観察により，児童生徒等の心身の状況を把握し，健康上の問題があると認めるときは，遅滞なく，当該児童生徒等に対して必要な指導を行うとともに，必要に応じ，その保護者に対して必要な[　③　]を行うも

のとする。

第10条　学校においては，[　④　]，健康相談又は保健指導を行
うに当たっては，必要に応じ，当該学校の所在する地域の医
療機関その他の関係機関との連携を図るよう努めるものとす
る。

問1　空欄①〜④に当てはまる語句の組合せとして，正しいものを選
びなさい。

	①	②	③	④
ア	管理運営体制	健康相談	助言	救急処置
イ	管理運営体制	疾病の予防処置	支援	健康診断
ウ	管理運営体制	疾病の予防処置	助言	健康診断
エ	環境	疾病の予防処置	助言	救急処置
オ	環境	健康相談	支援	健康診断

問2　下線部について説明したa〜cの文の最も適当な正誤の組合せとし
て，正しいものを選びなさい。

a　学校において必要とされる保健に関する具体的な実施計画
であり，毎年度，学校の状況や前年度の学校保健の取組状
況等を踏まえ，作成する。

b　校長の経営方針を踏まえた上で，保健主事のリーダーシッ
プにより各校内組織と連携を図りながら案を作成し，校長
の決裁を受けて策定される。

c　計画の内容については，学校教育法等において学校運営の
状況に関する情報を積極的に提供するものとされているこ
とを踏まえ，原則として保護者等の関係者に周知を図る。

	a	b	c
ア	正	正	正
イ	正	正	誤
ウ	正	誤	正
エ	誤	誤	正
オ	誤	誤	誤

‖ 2024年度 ‖ 北海道・札幌市 ‖ 難易度 ■■■□□

【4】次の1〜3の問いに答えなさい。

1 次の文は，学校保健安全法(昭33.4.10法律第56号)の条文の一部抜粋である。文中の(①)〜(④)に該当する語句の組み合わせを，以下のa〜eから一つ選びなさい。

第6条 文部科学大臣は，学校における(①)，採光，照明，保温，清潔保持その他環境衛生に係る事項について，児童生徒等及び職員の健康を(②)する上で維持されることが望ましい基準(以下この条において「学校環境衛生基準」という。)を定めるものとする。

2 学校の設置者は，学校環境衛生基準に照らしてその設置する学校の適切な環境の(③)に努めなければならない。

3 校長は，学校環境衛生基準に照らし，学校の環境衛生に関し適正を欠く事項があると認めた場合には，(④)，その改善のために必要な措置を講じ，又は当該措置を講ずることができないときは，当該学校の設置者に対し，その旨を申し出るものとする。

	①	②	③	④
a	換気	増進	改善	適切な時期に
b	通風	増進	維持	適切な時期に
c	換気	保護	維持	遅滞なく
d	通風	保護	改善	遅滞なく
e	換気	増進	維持	適切な時期に

2 次の文は，学校保健安全法施行令(昭33.6.10政令第174号)の条文の一部抜粋である。文中の(①)〜(④)に該当する語句の組み合わせを，以下のa〜eから一つ選びなさい。

第1条 学校保健安全法第11条の健康診断は，(①)施行令第2条の規定により(②)が作成された後翌学年の初めから(③)までの間に行うものとする。

2 前項の規定にかかわらず，市町村の教育委員会は，同項の規定により定めた就学時の健康診断の実施日の翌日以後に当該市町村の教育委員会が作成した(②)に新たに就学予定者が記載された場合において，当該就学予定者が他の市町村の教育委員会が行う就学時の健康診断を受けていないときは，当該就学予定者について，(④)就学時の健康診断を行うものとする。

	①	②	③	④
a	教育基本法	学籍簿	4月前	遅滞なく
b	教育基本法	学齢簿	2月前	速やかに
c	教育基本法	学齢簿	2月前	遅滞なく
d	学校教育法	学籍簿	2月前	速やかに
e	学校教育法	学齢簿	4月前	速やかに

3 次の文は，学校保健安全法施行規則(昭33.6.13文部省令第18号)の条文である。文中の(①)〜(④)に該当する語句の組み合わせを，以下のa〜eから一つ選びなさい。

第16条 法第15条第1項の健康診断に当たつた医師は，健康に異常があると認めた職員については，検査の結果を総合し，かつ，その職員の職務内容及び(①)を考慮して，別表第2に定める(②)の面及び医療の面の区分を組み合わせて(③)を決定するものとする。

2 学校の設置者は，前項の規定により医師が行つた(③)に基づき，次の基準により，法第16条の措置をとらなければならない。

「A」 休暇又は休職等の方法で(④)のため必要な期間勤務させないこと。

「B」 勤務場所又は職務の変更，休暇による勤務時間の短縮等の方法で勤務を軽減し，かつ，深夜勤務，超過勤務，休日勤務及び宿日直勤務をさせないこと。

「C」 超過勤務，休日勤務及び宿日直勤務をさせないか又はこれらの勤務を制限すること。

「D」 勤務に制限を加えないこと。

「1」 必要な医療を受けるよう指示すること。

「2」 必要な検査，予防接種等を受けるよう指示すること。

「3」 医療又は検査等の措置を必要としないこと。

	①	②	③	④
a	職務の質	勤務条件	指導区分	療養
b	勤務の強度	生活規正	指導区分	療養
c	勤務の強度	勤務条件	勤務評定	入院治療
d	職務の質	生活規正	勤務評定	入院治療
e	勤務の強度	勤務条件	勤務評定	療養

【5】次の各問いに答えなさい。

(1) 「学校保健安全法」(平成28年4月1日施行)について，(①)〜(⑮)に当てはまる語句を答えなさい。

(目的)

第1条　この法律は，学校における児童生徒等及び職員の健康の(①)を図るため，学校における(②)に関し必要な事項を定めるとともに，学校における(③)が安全な環境において実施され，児童生徒等の安全の確保が図られるよう，学校における(④)に関し必要な事項を定め，もつて学校教育の(⑤)とその(⑥)に資することを目的とする。

(児童生徒等の健康診断)

第13条　学校においては，(⑦)に，児童生徒等(通信による教育を受ける学生を除く。)の健康診断を行わなければならない。

2　学校においては，必要があるときは，(⑧)に，児童生徒等の健康診断を行うものとする。

第14条　学校においては，前条の健康診断の結果に基づき，疾病の(⑨)を行い，又は(⑩)を指示し，並びに(⑪)及び(⑫)を(⑬)する等適切な措置をとらなければならない。

(出席停止)

第19条　(⑭)は，感染症にかかつており，かかつている疑いがあり，又はかかるおそれのある児童生徒等があるときは，政令で定めるところにより，出席を停止させることができる。

(臨時休業)

第20条　(⑮)は，感染症の予防上必要があるときは，臨時に，学校の全部又は一部の休業を行うことができる。

(2) 「学校保健安全法施行規則」(令和5年5月8日施行)について，(①)〜(⑩)に当てはまる語句を答えなさい。

(出席停止の期間の基準)

第19条　令第6条第2項の出席停止の期間の基準は，前条の感染症の種類に従い，次のとおりとする。

一　第一種の感染症にかかつた者については，(①)まで。

二　第二種の感染症(結核及び髄膜炎菌性髄膜炎を除く。)にかか

つた者については，次の期間。ただし，病状により学校医その他の医師において感染のおそれがないと認めたときは，この限りでない。

イ　インフルエンザ(特定鳥インフルエンザ及び新型インフルエンザ等感染症を除く。)にあつては，発症した後(②)を経過し，かつ，解熱した後(③)(幼児にあつては，(④))を経過するまで。

ロ　百日咳にあつては，特有の咳せきが消失するまで又は(②)間の適正な抗菌性物質製剤による治療が終了するまで。

ハ　麻しんにあつては，解熱した後(④)を経過するまで。

ニ　流行性耳下腺炎にあつては，耳下腺，顎下腺又は舌下腺の腫脹ちょうが発現した後(②)を経過し，かつ，(⑤)になるまで。

ホ　風しんにあつては，(⑥)するまで。

ヘ　水痘にあつては，(⑦)するまで。

ト　咽頭結膜熱にあつては，主要症状が消退した後(③)を経過するまで。

チ　新型コロナウイルス感染症にあつては，発症した後(②)を経過し，かつ，症状が軽快した後(⑧)を経過するまで。

三　結核，髄膜炎菌性髄膜炎及び第三種の感染症にかかつた者については，病状により学校医その他の医師において感染のおそれがないと認めるまで。

四　第一種若しくは第二種の感染症患者のある家に居住する者又はこれらの感染症にかかつている疑いがある者については，(⑨)の施行の状況その他の事情により学校医その他の医師において感染のおそれがないと認めるまで。

五　第一種又は第二種の感染症が発生した地域から通学する者については，その発生状況により必要と認めたとき，学校医の意見を聞いて(⑩)期間。

六　第一種又は第二種の感染症の流行地を旅行した者については，その状況により必要と認めたとき，学校医の意見を聞いて

（　⑩　）期間。

┃ 2024年度 ┃ 長野県 ┃ 難易度 ■■■□□

【6】学校保健安全法及び学校保健安全法施行規則について，次の(1)，(2)の各問いに答えよ。

(1)　次の学校保健安全法の条文の（　①　）～（　③　）に入る適切な語句の正しい組み合わせを以下のA～Dから一つ選び，記号で答えよ。

> 第6条　（　①　）は，学校における換気，（　②　），照明，（　③　），清潔保持その他環境衛生に係る事項(略)について，児童生徒等及び職員の健康を保護する上で維持されることが望ましい基準(略)を定めるものとする。

A　①　学校の設置者　－　②　騒音　－　③　温度
B　①　文部科学大臣　－　②　採光　－　③　保温
C　①　文部科学大臣　－　②　保温　－　③　騒音
D　①　学校の設置者　－　②　温度　－　③　採光

(2)　学校保健安全法施行規則について，次のア，イの各問いに答えよ。

ア　次の文は，学校保健安全法施行規則第19条第二号の一部を抜き出したものである。（　①　）に入る適切な数字と，（　②　）～（　④　）に入る適切な語句をそれぞれ答えよ。

> 　第二種の感染症(結核及び髄膜炎菌性髄膜炎を除く。)にかかつた者については，次の期間。ただし，病状により学校医その他の医師において感染のおそれがないと認めたときは，この限りでない。
> 　　ロ　百日咳にあつては，特有の咳が消失するまで又は（　①　）日間の適正な（　②　）性物質製剤による治療が終了するまで。
> 　　ホ　風しんにあつては，発しんが（　③　）するまで。
> 　　ヘ　水痘にあつては，すべての発しんが（　④　）するまで。

イ　次の文は，「学校において予防すべき感染症の解説」(平成30年3月　公益財団法人日本学校保健会)に示されている，インフルエンザによる出席停止についての質問と回答である。（　①　）に入

16

る適切な数字と，（　②　）に入る適切な曜日をそれぞれ答えよ。

> [質問]　インフルエンザの「発症した後5日を経過」とは，どの
> ように数えるのですか。
> [回答]　「発症した後5日を経過」については，症状が出た日の
> 翌日を（　①　）日目として数えます。例えば，水曜に発症し
> た場合は，翌日の木曜が（　①　）日目になりますので，「発症
> した後5日を経過」し，登校(園)が可能になるのは，翌週の
> （　②　）曜になります(ただし，解熱した後2日(幼児にあって
> は3日)を経過した場合)。

┃ 2024年度 ┃ 山口県 ┃ 難易度 ┃███████░░░░

【7】次の(1)～(4)の文及び文章は，学校保健安全法の条文です。文中及
び文章中の（　ア　）～（　ケ　）に当てはまる語は何ですか。それぞれ書
きなさい。なお，同じ記号には，同じ語が入ります。

(1)　学校の設置者は，その設置する学校の児童生徒等及び職員の
（　ア　）の健康の（　イ　）を図るため，当該学校の施設及び設備並
びに（　ウ　）の整備充実その他の必要な措置を講ずるよう努めるも
のとする。
　　〈学校保健安全法第4条〉

(2)　学校には，健康診断，（　エ　），保健指導，（　オ　）その他の保
健に関する措置を行うため，（　カ　）を設けるものとする。
　　〈学校保健安全法第7条〉

(3)　学校においては，児童生徒等の(　ア　)の健康に関し，（　エ　）
を行うものとする。
　　〈学校保健安全法第8条〉

(4)　養護教諭その他の職員は，相互に連携して，（　エ　）又は児童生
徒等の健康状態の日常的な（　キ　）により，児童生徒等の（　ア　）
の状況を把握し，（　ク　）の問題があると認めるときは，遅滞なく，
当該児童生徒等に対して必要な指導を行うとともに，必要に応じ，
その（　ケ　）(学校教育法第16条に規定する（　ケ　）をいう。第24条
及び第30条において同じ。)に対して必要な助言を行うものとする。

● 学校保健・学校安全

〈学校保健安全法第9条〉

2024年度 ▍広島県・広島市 ▍難易度 ▰▰▰▱▱

【8】次の(1), (2)の各問いに答えなさい。

(1) 次の文は, 学校保健安全法(昭和33年法律第56号)の条文である。文中の(①)〜(⑤)に入る語句を答えよ。

【第5条】

　学校においては, 児童生徒等及び職員の心身の健康の保持増進を図るため, 児童生徒等及び職員の(①), (②), 児童生徒等に対する指導その他保健に関する事項について(③)を策定し, これを実施しなければならない。

【第29条】

　学校においては, 児童生徒等の安全の確保を図るため, 当該学校の実情に応じて, 危険等発生時において当該学校の職員がとるべき措置の具体的内容及び(④)を定めた対処要領(次項において「危険等発生時対処要領」という。)を作成するものとする。

2　校長は, 危険等発生時対処要領の職員に対する周知, (⑤)の実施その他の危険等発生時において職員が適切に対処するために必要な措置を講ずるものとする。

(2) 次の文は, 学校保健安全法施行規則(昭和33年文部省令第18号)の条文である。文中の(①)〜(⑧)に入る語句を答えよ。

【第22条】

学校医の職務執行の準則は, 次の各号に掲げるとおりとする。

一　学校保健計画及び(①)の立案に参与すること。

二　学校の環境衛生の維持及び改善に関し, 学校薬剤師と協力して, 必要な指導及び助言を行うこと。

三　法第8条の(②)に従事すること。

四　法第9条の(③)に従事すること。

五　法第13条の健康診断に従事すること。

六　法第14条の(④)の予防処置に従事すること。

七　法第2章第4節の感染症の予防に関し必要な指導及び助言を行い, 並びに学校における感染症及び(⑤)の予防処置に従事

18

すること。

八　校長の求めにより，（　⑥　）に従事すること。

九　市町村の教育委員会又は学校の設置者の求めにより，法第11条の健康診断又は法第15条第1項の健康診断に従事すること。

十　前各号に掲げるもののほか，必要に応じ，学校における（　⑦　）に関する専門的事項に関する指導に従事すること。

2　学校医は，前項の職務に従事したときは，その状況の概要を（　⑧　）に記入して校長に提出するものとする。

┃ 2024年度 ┃ 佐賀県 ┃ 難易度 ┃

【9】次の法令文の（ 1 ）～（ 5 ）にあてはまる語句を□から一つ選び，番号で答えよ。

学校保健安全法 第9条	（1）その他の職員は，相互に連携して，健康相談又は児童生徒等の健康状態の日常的な観察により，児童生徒等の心身の状況を把握し，健康上の問題があると認めるときは，遅滞なく，当該児童生徒等に対して必要な指導を行うとともに，必要に応じ，その（2）（学校教育法第16条に規定する（2）をいう。第24条及び第30条において同じ。）に対して必要な助言を行うものとする。
学校保健安全法 第11条	（3）は，学校教育法第17条第1項の規定により翌学年の初めから同項に規定する学校に就学させるべき者で，当該市町村の区域内に住所を有するものの就学に当たつて，その健康診断を行わなければならない。
学校保健安全法 第20条	（4）は，感染症の予防上必要があるときは，臨時に，学校の全部又は一部の休業を行うことができる。
学校保健安全法 施行規則 第21条第2項	（5）は，学校内に，感染症の病毒に汚染し，又は汚染した疑いがある物件があるときは，消毒その他適当な処置をするものとする。

1　市町村の教育委員会	2　学校の設置者	3　学校医
4　保護者	5　学生	6　養護教諭
7　校長	8　保健所	9　看護者
0　地方公共団体		

┃ 2024年度 ┃ 愛知県 ┃ 難易度 ┃

【10】学校保健安全法，学校保健安全法施行規則に関する次の(1)～(3)の問いに答えなさい。

19

● 学校保健・学校安全

(1) 学校保健安全法について，文中の(ア)～(エ)にあてはまる最も適当なものを以下の解答群からそれぞれ一つずつ選びなさい。

(学校医，学校歯科医及び学校薬剤師)

第23条　学校には，学校医を置くものとする。

2　(ア)以外の学校には，学校歯科医及び学校薬剤師を置くものとする。

3　学校医，学校歯科医及び学校薬剤師は，それぞれ医師，歯科医師又は薬剤師のうちから，(イ)し，又は委嘱する。

4　学校医，学校歯科医及び学校薬剤師は，学校における(ウ)に関する専門的事項に関し，技術及び指導に従事する。

5　学校医，学校歯科医及び学校薬剤師の職務執行の準則は，(エ)で定める。

解答群

① 保健管理　　② 健康管理　　③ 専修学校
④ 任命　　　　⑤ 選出　　　　⑥ 学校保健法施行規則
⑦ 大学　　　　⑧ 文部科学省令

(2) 学校保健安全法施行規則第3条に示されている就学時の健康診断の方法及び技術的基準について，適当なものを次の①～⑤のうちから全て選びなさい。

① 栄養状態は，皮膚の色沢，皮下脂肪の充実，筋骨の発達，貧血の有無等について検査し，栄養不良又は肥満傾向で特に注意を要する者の発見につとめる。

② 視力は，国際標準に準拠した視力表を用いて左右各別に裸眼視力を検査し，眼鏡を使用している者については，当該眼鏡を使用している場合の矯正視力についても検査する。

③ 眼の疾病及び異常の有無は，感染性眼疾患その他の外眼部疾患及び色覚の異常等に注意する。

④ 耳鼻咽頭疾患の有無は，耳疾患，鼻・副鼻腔疾患，口腔咽喉頭疾患及び聴覚障害等に注意する。

⑤ 皮膚疾患の有無は，感染性皮膚疾患，アレルギー疾患等による皮膚の状態に注意する。

(3) 次の表は，学校保健安全法施行規則第18条に示されている「感染

症の種類」及び同規則第19条に示されている「出席停止の期間の基準」である。次の(ア)～(エ)にあてはまる最も適当なものを以下の解答群からそれぞれ一つずつ選びなさい。

感染症の種類	出席停止の期間の基準
(ア)	治癒するまで。
(イ)	解熱した後三日を経過するまで。
(ウ)	発しんが消失するまで。
(エ)	主要症状が消退した後二日を経過するまで。

解答群

① ジフテリア　　② 水痘　　③ 結核

④ 風しん　　⑤ 百日咳　　⑥ 咽頭結膜熱

⑦ 麻しん　　⑧ 流行性耳下腺炎

▍2024年度▍千葉県・千葉市▍難易度 ■■■□□□

【11】次の文は，学校保健に関する法規・法令についての記述である。文中の(ア)～(ウ)にあてはまる適切なものを，それぞれ①～⑤から選び，番号で答えよ。

(1) 学校保健安全法　第1条

　　この法律は，学校における児童生徒等及び職員の健康の保持増進を図るため，学校における(ア)に関し必要な事項を定めるとともに，学校における教育活動が安全な環境において実施され，児童生徒等の安全の確保が図られるよう，学校における安全管理に関し必要な事項を定め，もつて学校教育の円滑な実施とその成果の確保に資することを目的とする。

① 設置者の責務　　② 施設又は設備　　③ 管理運営等

④ 保健教育　　⑤ 保健管理

(2) 学校保健安全法施行規則　第8条(一部抜粋)

　　学校においては，法第13条第1項の健康診断を行つたときは，児童生徒等の健康診断票を作成しなければならない。

2　校長は，児童又は生徒が進学した場合においては，その作成に係る当該児童又は生徒の健康診断票を進学先の校長に送付しなければならない。

4　児童生徒等の健康診断票は，(イ)年間保存しなければならな

い。
① 20 　② 10 　③ 5 　④ 3 　⑤ 1

(3) 学校保健安全法　第24条
　　地方公共団体は，その設置する小学校，中学校，義務教育学校，中等教育学校の前期課程又は特別支援学校の小学部若しくは中学部の児童又は生徒が，感染性又は学習に支障を生ずるおそれのある疾病で政令で定めるものにかかり，学校において治療の指示を受けたときは，当該児童又は生徒の保護者で次の各号のいずれかに該当するものに対して，その疾病の治療のための医療に要する費用について必要な援助を行うものとする。
一　（　ウ　）法(昭和25年法律第144号)第6条第2項に規定する要保護者
二　（　ウ　）法第6条第2項に規定する要保護者に準ずる程度に困窮している者で政令で定めるもの
① 生活保護　　② 児童福祉　　③ 健康増進　　④ 学校教育
⑤ 義務教育費国庫負担

▌2024年度▐ 神戸市 ▐ 難易度 ■■■□□□

【12】次の(1), (2)の問いに答えなさい。
(1) 次の文は，学校保健安全法施行規則の条文の一部である。[　ア　]～[　カ　]に当てはまることばを以下のa～nから選び，その記号を書きなさい。

> 第28条　法第27条の安全点検は，他の法令に基づくもののほか，[　ア　]一回以上，児童生徒等が通常使用する施設及び設備の[　イ　]の有無について[　ウ　]的に行わなければならない。
> 2　学校においては，必要があるときは，[　エ　]に，安全点検を行うものとする。
> 第29条　学校においては，前条の安全点検のほか，設備等について[　オ　]的な点検を行い，[　カ　]の安全の確保を図らなければならない。

a	日常	b	毎学期	c	定期	d	遊具	e	毎月
f	教室	g	系統	h	迅速	i	異常	j	臨時
k	毎日	l	故障	m	環境	n	総合		

(2) 次の図は，校舎3階の一室です。小学1年生の集会活動に使用するため，事前の安全点検を実施しています。転落事故防止の観点から取るべき対策を3つ書きなさい。

┃ 2024年度 ┃ 福島県 ┃ 難易度 ┃ ■■□□□ ┃

【13】 次の文は，「学校保健安全法」(平成28年4月1日施行)の「第5条」である。下線部アについて，以下の問いに答えなさい。

> 第5条　学校においては，児童生徒等及び職員の心身の健康の保持増進を図るため，児童生徒等及び職員の健康診断，環境衛生検査，児童生徒等に対する指導その他保健に関する事項について_ア計画を策定し，これを実施しなければならない。

1　次の(1)～(5)は，下線部アに関連して示された「保健教育に関する事項」である。文中の空欄（　①　）～（　④　）にあてはまる適切な語句を，書きなさい。

(1) 体育科・（　①　）の保健に関する学習

(2) 関連する（　②　）における保健に関する学習

(3) 特別活動(学級活動・ホームルーム活動，児童生徒会活動，（　③　))における保健に関する学習

(4) 総合的な学習(探究)の時間における保健に関する学習

(5) 日常生活における指導及び子供の実態に応じた(　④　)

2　下線部アに関連して示された「保健組織活動に関する事項」として，どのようなものがあげられるか，二つ書きなさい。

‖ 2024年度 ‖ 山形県 ‖ 難易度 ▮▮▮▮▮▮▮▮▮▮

【14】学校保健安全法施行規則(令和5年4月28日一部改正)について，次の条文の(　①　)～(　⑲　)に入る適切な語句や数字を，それぞれ書きなさい。

第1条　学校保健安全法第5条の環境衛生検査は，他の法令に基づくもののほか，毎学年定期に，法第6条に規定する(　①　)に基づき行わなければならない。
第5条　法第13条第1項の健康診断は，毎学年，(　②　)までに行うものとする。ただし，疾病その他やむを得ない事由によつて当該期日に健康診断を受けることのできなかつた者に対しては，その事由のなくなつた後すみやかに健康診断を行うものとする。 　　2　第1項の健康診断における結核の有無の検査において結核発病のおそれがあると診断された者については，おおむね(　③　)か月の後に再度結核の有無の検査を行うものとする。
第9条　学校においては，法第13条第1項の健康診断を行つたときは，(　④　)日以内にその結果を幼児，児童又は生徒にあつては当該幼児，児童又は生徒及びその保護者に，学生にあつては当該学生に通知するとともに，次の各号に定める基準により，法第14条の措置をとらなければならない。 　一　疾病の(　⑤　)を行うこと。 　二　必要な(　⑥　)を受けるよう指示すること。 　三　必要な検査，(　⑦　)等を受けるよう指示すること。 　四　療養のため必要な期間学校において(　⑧　)しないよう指導すること。

五　（　⑨　）への編入について指導及び助言を行うこと。

六　学習又は運動・作業の軽減，（　⑩　），変更等を行うこと。

七　修学旅行，対外運動競技等への参加を（　⑪　）すること。

八　机又は腰掛の調整，（　⑫　）の変更及び学級の編制の適正を図ること。

九　その他発育，健康状態等に応じて適当な（　⑬　）を行うこと。

第20条　令第7条の規定による報告(出席停止の報告事項)は，次の事項を記載した書面をもつてするものとする。

一　（　⑭　）の名称

二　出席を停止させた（　⑮　）及び（　⑯　）

三　出席停止を指示した（　⑰　）

四　出席を停止させた児童生徒等の（　⑱　）別人員数

五　その他参考となる事項

第28条　法第27条の安全点検は，他の法令に基づくもののほか，毎（　⑲　）1回以上，児童生徒等が通常使用する施設及び設備の異常の有無について系統的に行わなければならない。

2024年度 ▌ **兵庫県** ▌ **難易度** ▐▐▐▐▐▐▐▐

【15】次の1，2の問いに答えなさい。

1　次の(1)～(3)の文は，「学校保健安全法(昭和33年4月10日法律第56号)」の条文の一部を抜粋したものである。各文の（　①　）～（　⑥　）に当てはまる語句の正しい組み合わせを，以下のa～eの中からそれぞれ一つ選びなさい。

(1)　第2条　この法律において「学校」とは，（　①　）(昭和22年法律第26号)第1条に規定する学校をいう。

2　この法律において「児童生徒等」とは，学校に在学する幼児，児童，（　②　）をいう。

	①	②
a	学校教育法	生徒
b	教育基本法	生徒
c	教育基本法	学生
d	学校教育法	生徒又は学生
e	教育基本法	生徒又は学生

(2) 第9条 養護教諭その他の職員は，相互に（ ③ ）して，健康相談又は児童生徒等の健康状態の日常的な観察により，児童生徒等の心身の状況を把握し，健康上の問題があると認めるときは，遅滞なく，当該児童生徒等に対して必要な指導を行うとともに，必要に応じ，その保護者(学校教育法第16条に規定する保護者をいう。第24条及び第30条において同じ。)に対して必要な（ ④ ）を行うものとする。

	③	④
a	連携	助言
b	連携	援助
c	協力	助言
d	協力	援助
e	連絡	助言

(3) 第10条 学校においては，（ ⑤ ），健康相談又は保健指導を行うに当たつては，必要に応じ，当該学校の所在する地域の（ ⑥ ）その他の関係機関との連携を図るよう努めるものとする。

	⑤	⑥
a	健康診断	保健所
b	健康診断	福祉事務所
c	健康診断	医療機関
d	救急処置	福祉事務所
e	救急処置	医療機関

2 次の(1)，(2)の文は，「学校保健安全法施行規則(昭和33年6月13日文部省令第18号)」の条文の一部を抜粋したものである。各文の（ ① ）～（ ④ ）に当てはまる語句の正しい組み合わせを，以下のa～eの中からそれぞれ一つ選びなさい。

(1) 第6条 法第13条第1項の健康診断における検査の項目は，次の

とおりとする。

一　身長及び体重

二　（　①　）

三　脊柱及び胸郭の疾病及び異常の有無並びに四肢の状態

四　視力及び聴力

五　眼の疾病及び異常の有無

六　耳鼻咽頭疾患及び皮膚疾患の有無

七　歯及び口腔の疾病及び異常の有無

八　（　②　)の有無

九　心臓の疾病及び異常の有無

十　尿

十一　その他の疾病及び異常の有無

	①	②
a	貧血	アレルギー
b	栄養状態	結核
c	栄養状態	アレルギー
d	肥満	結核
e	貧血	結核

(2)　第22条　学校医の職務執行の準則は，次の各号に掲げるとおり
とする。

一　学校保健計画及び学校安全計画の立案に参与すること。

二　学校の環境衛生の維持及び改善に関し，（　③　）と協力して，
必要な指導及び助言を行うこと。

三　法第8条の健康相談に従事すること。

四　法第9条の保健指導に従事すること。

五　法第13条の健康診断に従事すること。

六　法第14条の疾病の予防処置に従事すること。

七　法第2章第4節の感染症の予防に関し必要な指導及び助言を行
い，並びに学校における感染症及び食中毒の予防処置に従事す
ること。

八　（　④　)の求めにより，救急処置に従事すること。

	③	④
a	学校薬剤師	養護教諭
b	保健主事	校長
c	学校薬剤師	校長
d	保健主事	養護教諭
e	学校薬剤師	保健主事

‖ 2024年度 ‖ 茨城県 ‖ 難易度 ▓▓▓▓▓▓▓▓░░ ‖

【16】学校保健に関する法規について，次の(1)～(4)の問いに答えよ。

(1) 学校保健安全法第7条について，(　　)に入る最も適切なものを，以下の1～5のうちから一つ選べ。

第7条　学校には，(　　)，健康相談，保健指導，救急処置その他の保健に関する措置を行うため，保健室を設けるものとする。

1　保健調査　　　　2　健康観察　　3　健康診断
4　環境衛生検査　　5　保健教育

(2) 学校保健安全法第13条，第14条について，(　①　)～(　⑤　)に入る適語の組合せとして，最も適切なものを，以下の1～6のうちから一つ選べ。

第13条　学校においては，毎学年定期に，児童生徒等((　①　)を受ける学生を除く。)の健康診断を行わなければならない。

2　学校においては，(　②　)があるときは，臨時に，児童生徒等の健康診断を行うものとする。

第14条　学校においては，前条の健康診断の結果に基づき，疾病の予防処置を行い，又は(　③　)を指示し，並びに(　④　)及び(　⑤　)を軽減する等適切な措置をとらなければならない。

1　①　通級による指導　　②　同意　　③　治療　　④　活動
　　⑤　作業

2　①　通信による教育　　②　必要　　③　受診　　④　活動
　　⑤　学習

3　①　通信による教育　　②　同意　　③　受診　　④　活動
　　⑤　学習

4　①　通級による指導　　②　同意　　③　受診　　④　運動

⑤ 作業

5 ① 通級による指導　② 必要　③ 治療　④ 運動
　⑤ 学習

6 ① 通信による教育　② 必要　③ 治療　④ 運動
　⑤ 作業

(3) 学校保健安全法施行令第8条について，下線部①～⑤の記述の正誤について，最も適切な組合せを，以下の1～6のうちから一つ選べ。

第8条　法第24条の政令で定める疾病は，次に掲げるものとする。
　一　トラコーマ及び①角膜炎
　二　白癬，疥癬及び②膿痂疹
　三　③中耳炎
　四　④急性副鼻腔炎及びアデノイド
　五　齲歯
　六　寄生虫病(虫卵保有を⑤含まない。)

1 ① 誤　② 誤　③ 誤　④ 正　⑤ 誤
2 ① 誤　② 正　③ 正　④ 誤　⑤ 誤
3 ① 正　② 正　③ 誤　④ 正　⑤ 誤
4 ① 正　② 正　③ 誤　④ 誤　⑤ 正
5 ① 誤　② 誤　③ 正　④ 誤　⑤ 正
6 ① 正　② 誤　③ 正　④ 正　⑤ 正

(4) 学校保健安全法施行規則第8条第4項，及び第21条のうち，下線部①～⑤の記述について，正しいものの組合せとして最も適切なものを，以下の1～6のうちから一つ選べ。

第8条

4 児童生徒等の健康診断票は，①5年間保存しなければならない。ただし，第2項の規定により送付を受けた児童又は生徒の健康診断票は，当該健康診断票に係る児童又は生徒が進学前の学校を卒業した日から①5年間とする。

第21条　②養護教諭は，学校内において，感染症にかかつており，又はかかつている疑いがある児童生徒等を発見した場合において，必要と認めるときは，③学校医に診断させ，法第19条の規定による④出席停止の指示をするほか，消毒その他適当な処置をす

るものとする。

2 ②養護教諭は，学校内に，感染症の病毒に汚染し，又は汚染した疑いがある物件があるときは，消毒その他適当な処置をするものとする。

3 学校においては，その附近において，第一種又は第二種の感染症が発生したときは，その状況により適当な⑤消毒方法を行うものとする。

1 ①，②，③ 2 ①，③，④ 3 ①，④，⑤
4 ②，③，⑤ 5 ②，④，⑤ 6 ③，④，⑤

┃2024年度┃ 大分県 ┃ 難易度 ┃■■■■■■■□┃

【17】次の各文は，「学校保健安全法」(昭和33年法律第56号)の条文の一部を抜粋したものである。文中の下線部a〜dについて，正しいものを○，誤っているものを×としたとき，正しい組合せを選びなさい。

第4条

　学校の設置者は，その設置する学校の児童生徒等及び職員の心身の健康の保持増進を図るため，当該学校の施設及び設備並びにa環境の整備充実その他の必要な措置を講ずるよう努めるものとする。

第6条

　文部科学大臣は，学校における換気，採光，照明，保温，b清潔保持その他環境衛生に係る事項(略)について，児童生徒等及び職員の健康を保護する上で維持されることが望ましい基準(略)を定めるものとする。

第15条

　c学校の設置者は，毎学年定期に，学校の職員の健康診断を行わなければならない。

第18条

　学校の設置者は，この法律の規定による健康診断を行おうとする場合その他政令で定める場合においては，d学校医と連絡するものとする。

---

	a	b	c	d
①	×	○	○	×
②	○	○	×	×
③	×	×	○	○
④	×	×	×	○
⑤	○	×	○	×

┃ 2024年度 ┃ 福岡県・福岡市・北九州市 ┃ 難易度 ■■■□□

【18】 法令について，次の(1)，(2)の問いに答えよ。

(1) 次の文は，「学校保健安全法」(昭和33年法律第56号)の一部である。文中の(①)~(③)に当てはまる言葉をそれぞれ書け。

> 第29条
> 3　学校においては，事故等により児童生徒等に危害が生じた場合において，当該児童生徒等及び当該事故等により(①)その他の心身の健康に対する影響を受けた児童生徒等その他の関係者の心身の健康を(②)させるため，これらの者に対して必要な(③)を行うものとする。この場合においては，第10条の規定を準用する。

(2) 次の文は，「独立行政法人日本スポーツ振興センター法」(平成14年法律第162号)の一部である。文中の(①)，(②)に当てはまる言葉をそれぞれ書け。

> 第16条　災害共済給付は，学校の管理下における児童生徒等の災害につき，(①)が，児童生徒等の保護者(児童生徒等のうち生徒又は学生が成年に達している場合にあっては当該生徒又は学生。次条第4項において同じ。)の(②)を得て，当該児童生徒等についてセンターとの間に締結する災害共済給付契約により行うものとする。

┃ 2024年度 ┃ 愛媛県 ┃ 難易度 ■■■■□

31

【19】次の文は,「学校保健安全法施行令」(昭和33年政令第174号)の条文の一部を抜粋したものである。文中の下線部a〜eについて,正しいものを○,誤っているものを×としたとき,正しい組合せを選びなさい。

第4条

2　市町村の教育委員会は,翌学年の初めから_a3月前までに,就学時健康診断票を就学時の健康診断を受けた者の入学する学校の校長に送付しなければならない。

第6条

　校長は,法第19条の規定により_b学校の休業を行うときは,その_c理由及び_d期間を明らかにして,幼児,児童又は生徒(略)にあつてはその保護者に,高等学校の生徒又は学生にあつては当該生徒又は学生にこれを指示しなければならない。

第7条

　校長は,前条第1項の規定による指示をしたときは,文部科学省令で定めるところにより,その旨を_e保健所に報告しなければならない。

---

	a	b	c	d	e
①	×	○	×	○	○
②	○	○	○	×	×
③	○	×	×	○	×
④	×	○	○	×	○
⑤	×	×	○	○	×

2024年度　福岡県・福岡市・北九州市　難易度

【20】「生命(いのち)の安全教育」について,次の1・2に答えなさい。

1　中学校第1学年の特別活動で,「生命(いのち)の安全教育」の一環としてデートDV等の「性暴力」を取り扱うことにしました。指導経験の少ない学級担任から「指導内容についてはおおむね理解できたが,実施に当たって,学級の生徒に対しどのようなことに配慮すればよいかについて不安があるので,アドバイスをしてほしい。」と相談を受けました。養護教諭として,この学級担任に対し,どのよ

うなことを助言しますか。簡潔に2つ書きなさい。

2 高等学校第2学年の女子生徒が，不眠を訴え，保健室に来室しました。この女子生徒が思い詰めた表情をしていたため，養護教諭が「どうしたの。」と聞いてみると，数日前に性被害に遭ったことを打ち明けました。養護教諭が，この生徒から聞き取りを行うこととします。次の(1)～(3)に答えなさい。

(1) 性被害に関する聞き取りを行う際，この生徒に繰り返し同じ話を聞くことは避けるようにします。その理由は何ですか。簡潔に書きなさい。

(2) 聞き取りを行う際，この生徒が安心して話ができるよう，聞き方に留意する必要があります。どのようなことに留意しますか。簡潔に2つ書きなさい。

(3) 聞き取りが終了した後，この生徒の心身の回復に向けた支援を行うこととします。どのような対応をしますか。簡潔に書きなさい。

▌2024年度 ▌広島県・広島市 ▌難易度 ■■■■■□

解答・解説

【1】① 21(二十一) ② 医療 ③ 療養 ④ 特別支援学級 ⑤ 修学旅行 ⑥ 座席

○**解説**○ 学校保健安全法施行規則第9条は，学校に対して健康診断実施後21日以内に，児童生徒及びその保護者に通知することを義務付けるとともに，健康診断の事後措置について規定している。学校保健安全法第14条では，学校は健康診断の結果をもとに事後措置について疾病の予防処置を行い，又は治療を指示し，並びに運動及び作業を軽減する等適切な措置をとらなければならないと規定されている。

【2】① ケ ② コ ③ サ ④ ウ

○**解説**○ ①～④ 学校保健安全法は，学校における児童生徒等及び職員

の健康の保持増進を図るため，学校における保健管理・安全管理に関し必要な事項を定めた法律である。学校保健安全法施行規則とは，法に基づき文部科学省が定めた細則のことである。出題の学校保健安全法第13条では児童生徒等の健康診断について定められており，同法第13条に基づき定められた細則が同法施行規則第11条である。このように法と施行規則は関連しているので，セットで学習するとよい。また，学校における健康診断のねらいは，「学校生活を送るに当たり支障があるかどうかについて疾病をスクリーニングし健康状態を把握すること」と「学校における健康課題を明らかにして健康教育に役立てること」であることもおさえておこう。

【3】問1　ア　　問2　ア
○**解説**○　問1　学校保健安全法第4条，第5条はどちらも「第二章　第一節　学校の管理運営等」に関する条文で，第4条は学校保健に関する学校の設置者の責務についての規定，第5条は学校保健計画の策定等に関する規定である。同法第8，9，10条はいずれも「第二章　第二節　健康相談等」に関する条文で，第8条は健康相談，第9条は保健指導，第10条は地域の医療機関等との連携に関する規定である。平成21(2009)年に，学校保健法の改正で学校保健安全法に改称された際に，保健指導の充実を定めた第9条と地域の医療機関系機関等との連携を規定した第10条が新設された。また，それまで学校保健安全計画として，保健計画と安全計画を一体的に取り扱われてきたものを，同改正により第5条に「学校保健計画」の策定と実施が，第27条に「学校安全計画」の策定及び実施がそれぞれ定められ，義務付けられた。　問2　学校保健計画についての出題であり，「保健主事のための実務ハンドブック－令和2年度改訂－」(日本学校保健会)に記載されている。問題文は全て正しい。学校保健計画は単年度計画ではあるが，前年度の計画の評価や見直し等を踏まえて保健主事が中心となって全教職員の協力のもと作成される。様式の定めはないが，教育目標，学校保健目標，重点目標，役割分担，年間計画一覧などが盛り込まれる。

【4】1 c 2 e 3 b

○解説○ 1 学校保健安全法第6条は，学校環境衛生基準を規定している。同条第2項は学校の設置者，第3項は校長について，それぞれの役割が規定されているので，区別して覚えておきたい。「学校環境衛生管理マニュアル」(文部科学省)には学校環境衛生基準について，教室等の環境に係る基準として「換気及び保温等」，「採光及び照明」などが示され，ほかに飲料水等の水質，学校の清潔，教室等の備品，水泳プールなどにおける清潔保持に関する基準が示されているので，確認しておくこと。 2 学校保健安全法施行令第1条は，就学時の健康診断の時期を規定している。学校教育法施行令第2条には，市町村教育委員会が，毎学年の初めから5か月前(10月31日)までに，10月1日現在の就学予定者の学齢簿を作成することが規定されている。そして，出題の条文には，就学時の健康診断を翌学年の初めから4か月前(11月30日)までに行うことが示されている。 3 学校保健安全法施行規則第16条は，職員の健康診断において健康に異常があると認めた職員についての事後措置を規定している。

【5】(1) ① 保持増進 ② 保健管理 ③ 教育活動 ④ 安全管理 ⑤ 円滑な実施 ⑥ 成果の確保 ⑦ 毎学年定期 ⑧ 臨時 ⑨ 予防処置 ⑩ 治療 ⑪ 運動 ⑫ 作業 ⑬ 軽減 ⑭ 校長 ⑮ 学校の設置者 (2) ① 治療する ② 5日 ③ 2日 ④ 3日 ⑤ 全身状態が良好 ⑥ 発しんが消失 ⑦ すべての発しんが痂皮化 ⑧ 1日 ⑨ 予防処置 ⑩ 適当と認める

○解説○ (1) ①～⑥ 学校保健安全法第1条は，この法律の目的を示している。児童生徒や教職員の健康の保持増進，安全の確保をはかり，学校教育の円滑な実施とその成果の確保に資することを目的としている。 ⑦～⑬ 同法第13条及び第14条は，毎学年定期に行う児童生徒等の健康診断及び臨時の健康診断について規定している。⑭・⑮ 同法第19条及び第20条は，感染症の予防における出席停止及び臨時休業に関する規定である。出席停止の権限は校長にあり，臨時休業の権限は学校の設置者にあることを押さえておく必要がある。

(2) 学校保健安全法施行規則第19条は，感染症に感染した場合の出席停止の期間の基準を規定している。第一種の感染症にかかった場合の出席停止期間の基準は，「治癒するまで」である。第二種の感染症にかかった場合の出席停止期間の基準は，感染症ごとに個別に定められている。ただし，病状により学校医その他の医師において感染のおそれがないと認められたときは，除外される。

【6】(1)　B　　(2)　ア　①　5　　②　抗菌　　③　消失　　④　痂皮化　イ　①　1　　②　火

○**解説**○　(1)　学校保健安全法では条項によって，対象が「学校の設置者」「学校」「校長」等あるが，第6条には唯一「文部科学大臣」と記されている。また，ここで明記されている項目は「換気・採光・照明・保温」である。　(2)　ア　学校保健安全法施行規則第19条では，同第18条による感染症の種類に従い出席停止の期間が定められており，第一種感染症では，感染症が治癒するまで，第二種感染症では，日数や症状がそれぞれの感染症によって規定されている。　イ　出席停止の期間を仮に，○○した後△日を経過するまで。とした場合「○○」という現象が見られた翌日を1日目と算定している。

【7】ア　心身　　イ　保持増進　　ウ　管理運営体制　　エ　健康相談　オ　救急処置　　カ　保健室　　キ　観察　　ク　健康上　　ケ　保護者

○**解説**○　学校保健安全法第4条は学校保健に関する学校の設置者の責務，同法第7条は保健室について，同法第8条は健康相談について，同法第9条は保健指導について定められている。平成21年施行の学校保健安全法で改めて定められた学校の設置者の責務や保健室，保健指導について，また，これまで学校医等のみが行っていた健康相談は教職員全体により行われるようになった。

【8】(1)　①　健康診断　　②　環境衛生検査　　③　計画　　④　手順　　⑤　訓練　　(2)　①　学校安全計画　　②　健康相談　③　保健指導　　④　疾病　　⑤　食中毒　　⑥　救急処置

⑦　保健管理　　⑧　学校医執務記録簿

○**解説**○ (1)　昭和33年に定められた学校保健法は，平成21年4月に学校保健安全法として改正施行された。改正の理由は，学校保健と学校安全の一層の充実を図るためである。学校保健に関する内容では，学校環境衛生基準の法制化や保健室と養護教諭の役割が明確にされ，学校安全に関する内容では，災害や不審者の侵入事件等への対処要領の策定及び適確な対応の確保，学校安全体制の強化などが新たに加わった。なお，旧学校保健法に基づき作成されている学校保健安全計画については，学校保健安全法を受け，学校保健計画と学校安全計画をそれぞれ別に策定し実施することになった。　　(2)　学校保健安全法施行規則第22条は，学校医の職務についての条文である。学校医の執務は，学校保健安全法第5条を根拠に，学校医として行うべき計画立案への参画，健康診断や健康相談，保健指導，感染症予防等への指導，助言が記載されていることを理解しておきたい。また，第23条は学校歯科医の執務，第24条は学校薬剤師の執務である。

【9】 1 6　 2 4　 3 1　 4 2　 5 7

○**解説**○ 学校保健安全法第9条は保健指導について定めている。健康面についての問題については児童生徒への指導が主であるが，生活習慣など家庭と連携して課題を解決することが望ましい事例もある。同法第11条は就学時の健康診断について定めている。就学する学区域の小学校で行われることが多いが，実施主体は市町村教育委員会である。同法第20条は感染症が流行した際の臨時休業について定めている。出席停止を指示するのは学校長，臨時休業を行うことができるのは学校の設置者である。また同法施行規則第21条第2項は感染症の予防に関する細目であり，校長が行う義務である。

【10】 (1)　ア　⑦　　イ　④　　ウ　①　　エ　⑧　　(2)　①，②，⑤
(3)　ア　①　　イ　⑦　　ウ　④　　エ　⑥

○**解説**○ (1)　学校保健安全法第23条には，学校医，学校歯科医及び学校薬剤師は，大学以外のすべての学校に置かれることが規定されている。関係機関から任命され，職務は文部科学省令である学校保健安全法施

行規則の第22条～第24条に定められている。　(2)　③　「色覚の異常」が誤りで，正しくは「眼位の異常」である。　④　「聴覚障害」が誤りで，正しくは「音声言語異常」である。　(3)　感染症ごとの出席停止の期間の基準は，学校保健安全法施行規則第19条に，それぞれ示されている。第一種の感染症にかかった者については，「治癒するまで」，第二種の感染症にかかった者については，感染症ごとに基準が示されている。ジフテリアは第一種であり，「治癒するまで」に該当する。また，イの麻しん，ウの風しん，エの咽頭結膜熱はいずれも，第二種の感染症である。特に第二種感染症については，出席停止の期間の基準について，個別に把握しておく必要がある。

【11】(1)　ア　⑤　　(2)　イ　③　　(3)　ウ　①
○**解説**○　(1)　学校保健は大きく保健管理と保健教育に分けられるが，学校保健安全法は主に保健管理について定めた法律である。保健室の設置をはじめ，学校環境衛生基準，健康診断，健康相談等，感染症などの項目が定められている。　(2)　学校保健安全法施行規則において，健康診断票は5年間保管することが定められている。健康診断票は進学先の校長に送付しなくてはならない。その際は写し等ではなく，原本を送付することになっている。　(3)　児童生徒が，感染症または学習に支障を生じる恐れのある疾病であるとして，学校保健安全法施行令第8条において対象となっている疾病(トラコーマ及び結膜炎，白癬，疥癬及び膿痂疹，中耳炎，慢性副鼻腔炎及びアデノイド，齲歯，寄生虫病)の治療の費用については，生活保護法第6条第2項に該当するその保護者及び準ずる程度に困窮している者に対して，自治体が援助することとなっている。学校は治療を指示するとともに，医療券の発給を行う。

【12】(1)　ア　b　　イ　i　　ウ　g　　エ　j　　オ　a　　カ　m
(2)　〈事故情報の共有〉・全国の事故情報を把握し，転落事故の危険性を共有する。　〈学校の現状把握〉・専門家に点検を依頼する等，様々な視点で点検を行う。　〈安全指導の充実〉・転落事故の危険性について小学1年生でも理解できるように指導する。　・危険な

行動をとらないよう具体的にわかりやすく指導する。(窓から身を乗り出せば転落する危険があることを指導する。等)　〈施設面の配慮〉・効果的な表示等により転落の危険について注意喚起する。・手すりの設置について検討する。　・窓下に足掛かりとなるものを設置しない。(移動する。)　・暗幕(カーテン)は開けておく。・暗幕(カーテン)使用時は窓の開閉状況がわかるようにしておく。・暗幕(カーテン)使用時は窓を閉める。　から3つ。

○**解説**○ (1)　ア〜エ　学校保健安全法施行規則第28条は，安全点検を規定している。安全点検を毎学期1回以上，計画的に行い，教職員全員が組織的に実施する必要がある。学校保健安全法第27条では，安全点検や安全に関する指導等を盛り込んだ学校安全計画の策定等を学校に課している。　オ・カ　同規則第29条は，学校の設備等について日常的な点検を行うなど，日常における環境の安全を規定している。

(2)　文部科学省が平成20(2008)年に作成した「学校における転落事故防止のために」には，転落事故防止のための安全点検として，共通事項では，○事故情報の共有，○学校の現状把握，○安全指導の充実，○施設面の配慮を項目立て，個別事項では，窓，バルコニー等，ひさし，屋上，天窓，その他に分けて，学校における転落事故防止についての留意事項を示しているので，参照するとよい。

【13】1　①　保健体育科　②　教科　③　学校行事　④　個別指導　2　学校保健委員会，職員保健部等の活動

○**解説**○　1　学校における保健教育は，体育科保健領域，学校行事や学級活動などの特別活動，家庭科や道徳などの関連する教科，総合的な学習の時間など関連する教科等がそれぞれの特質に応じて行われる。これらに加えて，日常の生活の指導や個々の児童の健康課題や実態に合わせた個別指導など児童生徒の発達の支援も適宜行われる。　2　学校保健活動を効果的に運営していくには，組織的な活動が必要となる。保健組織活動の例には，学校保健委員会や職員保健部等の活動の他，学校から保護者への啓発，地域の医療・保健機関等との連携・協力体制の整備などがあげられる。

【14】　① 　学校環境衛生基準　　② 　6月30日　　③ 　6　　④ 　21
　　⑤ 　予防処置　　⑥ 　医療　　⑦ 　予防接種　　⑧ 　学習　　⑨ 　特
別支援学級　　⑩ 　停止　　⑪ 　制限　　⑫ 　座席　　⑬ 　保健指導
⑭ 　学校　　⑮ 　理由　　⑯ 　期間　　⑰ 　年月日　　⑱ 　学年
⑲ 　学期

○**解説**○　学校保健安全法施行規則とは学校保健法に基づき，文部科学省
が定めた細則のこと。したがって，法と施行規則は関連しているので，
セットで学習するとよい。また，法，施行規則以外にも内閣が定めた
学校保健安全法施行令がある。　①　学校環境衛生基準は学校におけ
る換気や採光，照明，保温，清潔保持その他環境衛生に係る事項につ
いて，児童生徒等及び職員の健康を保護する上で維持されることが望
ましい基準であり，文部科学大臣が定めている。具体的な数値も頻出
なので，混同に注意しながら学習しておくとよい。なお，学校の適切
な環境維持を義務づけられているのは学校の設置者である。
②～⑬　学校保健安全法で定められている健康診断には「就学時の健
康診断」「児童生徒等の健康診断」「職員の健康診断」の3つがあり，
同法第13条では「児童生徒等の健康診断」について定められている。
また，同法第14条では「学校においては，前条の健康診断の結果に基
づき，疾病の予防処置を行い，又は治療を指示し，並びに運動及び作
業を軽減する等適切な措置をとらなければならない」と結果の通知だ
けでなく，治療の指示といった適切な措置が求められていることも学
習しておくこと。なお，学校における健康診断のねらいは「学校生活
を送るに当たり支障があるかどうかについて疾病をスクリーニングす
ること」であることもおさえておきたい。　⑭～⑱　「令第7条の規定」
とは学校保健安全法施行令第7条のことであり，感染症に罹っている，
または罹っている恐れのある児童生徒に対する出席停止のこと。学校
保健安全法第19条とあわせて学習しておくこと。なお，出席停止の権
限は「校長」にあることもおさえておきたい。同法第20条の臨時休業
と比較しながら学習するとよい。　⑲　「法第27条」とは学校安全計画
の策定等に関する条文。ここでは，児童生徒等の安全の確保を図るた
め，当該学校の施設及び設備の安全点検等に関する事項について計画
を策定し，これを実施しなければならないとしている。

【15】1 (1) d　　(2) a　　(3) e　　2 (1) b　　(2) c

○**解説**○　1　(1)　教育基本法は日本国憲法を受けて教育について幅広く捉えた法律である。教育基本法を受けて学校教育について細かに定められているのが学校教育法であり，就学の義務や各学校種について，また，その目標，修業年限，組織編成などについて定められている。児童生徒学生の区分は，就学前は幼児，初等教育を受けているものが児童，中等教育を受けているものが生徒，高等教育を受けているものが学生と定義されている。学校保健安全法第2条ではこれらの文言の定義を行っている。　(2)　学校保健安全法第9条は保健指導について定められている。学校での健康観察，健康相談は養護教諭及び学年主任を中心に学校全体が共通の認識を持ち連携して行う必要がある。また，健康面の保健指導については児童生徒への直接の指導が主であるが，生活習慣等の家庭と連携して課題を解決することが望ましい事例もある。専門職として家庭の状況を把握し，その状況にあった助言をすることも必要である。　(3)　学校保健安全法第10条は，救急処置，健康相談，保健指導を行うに当たって地域の医療機関等との連携を図ることが示されている。なお，健康診断の場合は同法第18条において，学校の設置者が保健所に連絡を行うことが義務づけられている。

2　(1)　健康診断の項目について定められている。貧血や肥満については栄養状態に含まれている。結核検診については戦後の高まん延期においては健康診断にて早期発見する重要な機会であった。過去にはツベルクリン反応検査を行い，早期発見に努めていたが，罹患率が減少してきたため現在は全ての学年で行う問診票に基づいて精密検査の必要性を判定する形になっている。　(2)　学校に学校医を置くことは学校保健安全法第23条第1項で示されており，その職務内容については学校保健安全法施行規則第22条で定められている。学校環境衛生の維持・改善については，同施行規則第24条でも学校薬剤師が必要な指導・助言を行うことが規定されており，学校医についても学校薬剤師と協力して行うことが明記されている。

【16】(1)　3　　(2)　6　　(3)　2　　(4)　2

○**解説**○　(1)　学校保健安全法第7条では保健室について規定されている。

学校において重要な役割を担う保健室の役割について再確認しておこう。　(2)　学校保健安全法第13条と第14条では，児童生徒等の健康診断について規定している。健康診断の対象に含まれないのは通信による教育を受けている場合である。また，臨時の健康診断は，感染症や食中毒が発生したときや，風水害等により感染症の発生の恐れがあるときなど，集団への対応が素早く行えるように実施することとなっている。健康診断の実際については，「児童生徒等の健康診断マニュアル(平成27年度改訂)」(公益財団法人日本学校保健会)」を確認しておくこと。健康診断については，法的根拠，検査目的，検査方法，事後措置の行い方等，頻出であるので，文言を覚えておくこと。　(3)　学校保健安全法施行令第8条は「感染性又は学習に支障を生ずるおそれのある疾病」を定めたもの。条文中の「法第24条」は，これらの疾病に罹患し，学校から治療を指示された児童生徒のうち，生活保護の要保護又は準要とされた者に対し，地方公共団体が医療費を援助することを規定したもの。①は角膜炎ではなく結膜炎，④は急性副鼻腔炎ではなく慢性副鼻腔炎，⑤は虫卵保有を「含まない」ではなく「含む」が正しい。　(4)　学校保健安全法施行規則第8条では，健康診断票について規定されている。学校教育法施行規則第28条においても，学校に備えなければならない表簿として健康診断票や学校医執務記録簿等が示されているので，併せて覚えておきたい。同法施行規則第21条は，感染症の予防に関する細目を規定したもの。②は養護教諭ではなく校長，⑤は消毒方法ではなく清潔方法が正しい。

【17】①

○**解説**○　学校保健安全法第4条は学校保健に関する学校の設置者の責務について定めた項であり，a「環境」は誤りで正しくは「管理運営体制」である。同法第6条は学校環境衛生基準について定めた項であり，問題文は正しい。同法第15条は職員の健康診断について定めた項であり，問題文は正しい。同法第18条は保健所との連絡について定めた項であり，d「学校医」は誤りである。健康診断や感染症の予防のために保健所と連絡するものとされている。

【18】(1) ① 心理的外傷　② 回復　③ 支援　(2) ① 学校の設置者　② 同意

〇**解説**〇 (1) 出題の学校保健安全法第29条は「危険等発生時対処要領の作成等」の規定である。①は事故による心理的な負傷について着目していること，②は心身の両側面を重視していること，③は①と②は学校が行う支援としていることに注意する。　(2) 独立行政法人日本スポーツ振興センター法第16条は，「災害共済給付及び免責の特約」の規定である。第15条で学校管理下での災害について給付金が支給されることが定められており，これを踏まえて第16条では災害共済給付契約について記載されている。契約するのは学校設置者であり，保護者の同意が必要となる。

【19】⑤

〇**解説**〇 学校保健安全法施行令第4条は就学時健康診断票について定めた項であり，aは正しくは「15日前」である。入学前に就学時健康診断票を送付し，入学時の資料とする。同法施行令第6条は出席停止の指示について定めた項である。bは正しくは「出席を停止させようとする」ときである。c「理由」及びd「期間」を明らかにするのは正しい。同法施行令第7条は出席停止の報告についてであり，報告先はe「保健所」ではなく正しくは「学校の設置者」である。

【20】1　・学級内にすでに被害を受けている生徒がいるかもしれないことを意識し，授業の中で，生徒が二次被害を受けることのないよう配慮すること。　・過去に性暴力に遭った生徒がいることを把握している場合，当該生徒に対し，授業に参加するかどうかを生徒自身に選択させること。　・学校側が把握していなくても，性暴力の被害に遭ったもしくは遭っている生徒がいる可能性を十分に考慮し，気分が悪くなった場合は授業中にいつでも退席してよいと学級全体に伝えること，また，配慮が必要と思われる生徒については授業中の様子を特に注意深く見守ること。　・養護教諭が授業に立ち会い，生徒の様子を見て適宜フォローすることが可能であること。　・授業後に生徒からの相談があった場合のフォローアップについて，養護教諭，ス

43

クールカウンセラー，管理職等で情報共有を行っておくこと。 から2つ　2　(1)　同じ話を聞かれて被害体験を思い出させられることは，トラウマ体験を深めることにつながり，被害生徒の話の内容や記憶が変化してしまう可能性もあるから。　　(2)　・最初の段階では「誰に何をされたか」を聞き取り，「あなたは悪くない」「あなたに落ち度も責任もない」と繰り返し伝える。　　・話を遮らず，丁寧に聞き取る。生徒が話す以上のことを聞き出そうとせず，生徒の使った表現や言葉をそのまま記録に残す。　　・性被害の詳細については無理に聞きすぎない。　　・聞き取りの際，「なぜ」「どうして」という圧力をかける言葉は避け，「どういうことで」に言い換える。例えば，「どうしてそこに行ったの？」ではなく，「どういうことがあってそこに行くことになったの？」と聞く。　　・聞き取る側が怒りや動揺を見せると，被害生徒はそれ以上話ができなくなってしまうため，感情的な対応にならないよう留意する。　から2つ　(3)　・寝られない・食べられない等の身体症状や様々なトラウマ反応が現れることがあることは，自然な反応であることを伝え，不安をやわらげる。　　・必要に応じて，スクールカウンセラー等と連携して対応する。　　・生徒の様子を見守りつつ，生徒の心身の回復に向けて必要なことや保護者が望んでいることを理解するために，保護者と定期的に連絡を取る。・必要に応じて専門機関(警察，性犯罪・性暴力被害者のためのワンストップ支援センター，児童相談所等)と連携して対応する。

○**解説**○　1　性暴力に関しては，被害が増える年代であるとともに，被害を他者に伝えることが難しいこともあるため，申し出がなくても性暴力の被害に遭っている生徒や遭っていた生徒がいることを念頭に置いて指導する必要がある。　2　(1)　被害体験を忘れたいと思っている子どもにとって，トラウマ体験をより深めることは禁忌である。本人が聞いて欲しいと話をしている場合には，それを遮る必要はないが，こちらから根掘り葉掘り聞くことは避ける。また，性暴力被害は医学的な異常所見が見つからず，子どもの話が唯一の証拠になることもある。不適切な対応により，大切な証拠の価値を失うことは避けなければならない。　(2)　性被害の聞き取りに関しては，配慮事項が多く，スキルが必要となるが，大事なことは被害者の意思を大切にすること

である。被害を訴えられた際は重大事項として捉え，即日対応する必要がある。解答例にあげられた聞き方の留意のほか，他者に話を聞き取られない安全で静かな落ち着いた場所での聞き取りなど環境面の留意も必要である。　(3)　心身の回復の支援のために必要なことは，必ずしもカウンセラーがカウンセリングすることだけではない。教職員が児童生徒の状況や今後の見通しなどを理解し，連携して学校や家庭が安心・安全な場所であるように整えることが重要である。養護教諭として，スクールカウンセラーや学校職員・保護者が児童生徒の心と身体の変化や観察ポイントなどを共有したり，健康相談・保健指導を行ったり，連携をすることが考えられる。

からだのしくみ
と働き

学習のポイント

　学校は多くの健康な子どもたちが過ごす場であるが，その子どもたちも学校で怪我をしたり，体調不良になったりしながら成長過程を歩んでいる。一方，数は多いとは言えないが，どの学校にも，慢性の疾病や障害をかかえている子どもも在籍しているものであり，一人ひとりの状況に応じた健康管理によって学習を保障することになる。そのためには，からだの仕組み(解剖・生理，発達)，そして子どもがかかりやすい傷病・障害の種類(鑑別の方法，転帰などを含む)や，その手当ての方法と学校生活を過ごす上での支援の方法(救急処置・救急看護，健康管理基準，指導事項)を知ることは不可欠である。したがって，学習すべき範囲は広い。解剖学・生理学，疾病学・看護学，救急処置，精神保健，学校保健などの科目で学んだことがらを，相互に関連させて，実際に使える知識にしていきたい。

【1】次の図は，消化器系の模式図である。図中の(a)から(i)の
名称を答えよ。

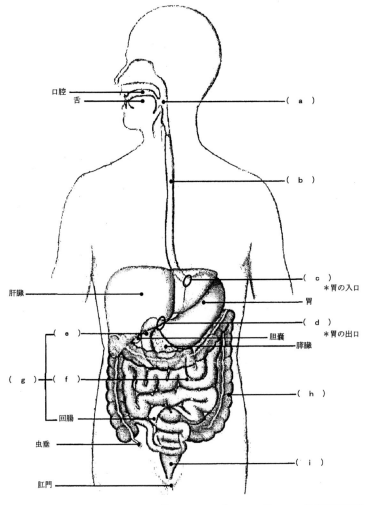

口腔
舌
(a)
(b)
(c)
＊胃の入口
肝臓
胃
(d)
＊胃の出口
(e)
胆嚢
膵臓
(g) (f)
(h)
回腸
虫垂
(i)
肛門

【2】心臓について，次の問いに答えなさい。

1 次の図は，心臓の縦断面図及び心電図波形であり，以下の文章は，刺激伝導系についての説明である。図中及び文中の(①)～(⑩)に入る適切な語句を，それぞれ書きなさい。ただし，同じ記号には同じ語句が入る。

図

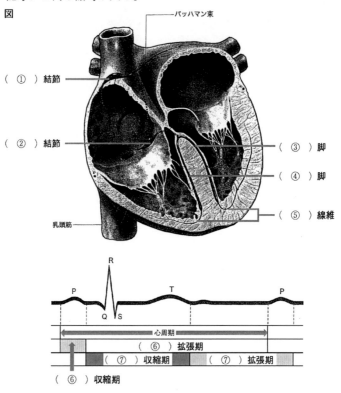

心臓神経は，運動を促進する(⑧)神経と運動を抑制する(⑨)神経によって支配されている。心臓が効率よく血液を駆出するために，心臓全体の収縮を一定の様式で行うためのシステムを刺激伝導系という。心電図は心臓の活動電位の時間的変化をグラフに記録したものであり，P波は(⑥)の興奮，QRS波は(⑦)の興奮，T波は(⑦)収縮の回復を示す。通常の拍動よりも早くQRS波が出る場合は(⑩)収縮であり，一部に危険な不整脈が存在す

る。

2 「児童生徒等の健康診断マニュアル　平成27年度改訂」(公益財団法人日本学校保健会)に示されている，突然死を起こす可能性がある不整脈として適切なものを，次のア〜オからすべて選んで，その符号を書きなさい。

ア　QT延長症候群　　　イ　ネフローゼ症候群

ウ　クッシング症候群　　エ　ライ症候群

オ　ブルガダ症候群

3 次の文章は，AEDについての説明である。文中の(　①　)〜(　④　)に入る語句として適切なものを，以下のア〜ケからそれぞれ1つ選んで，その符号を書きなさい。

> 　AEDは自動体外式(　①　)器といい，心臓が(　②　)を起こし心停止になった場合に，心臓に電気ショックを与え，心臓を正常に戻す医療機器である。AEDの機種によっては小学生〜大人用(従来の成人用)と未就学児用(従来の小児用)の2種類の電極パッドがあり，小学生に未就学児用パッドを使用することは(　③　)とされている。救命の現場に居合わせた一般市民がAEDを使用することは，一般的には反復継続性が認められないため，(　④　)法第17条違反とはならないものと考えられる。

ア　ペースメーカー　　イ　除梗塞　　　ウ　除細動

エ　心室細動　　　　　オ　心筋梗塞　　カ　可

キ　不可　　　　　　　ク　医療　　　　ケ　医師

2024年度　兵庫県　難易度

【3】次の各問いに答えよ。

1 次の図は，下肢帯及び自由下肢の骨の図である。図の(　①　)〜(　④　)に当てはまる骨の名称を書け。

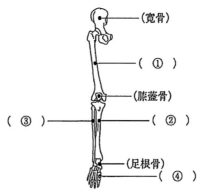

2　体幹の軸となって身体を支えている脊柱は，椎骨が上下に連結してできる骨格である。椎骨について，①頸椎，②胸椎，③腰椎の椎骨の数を次の(ア)〜(カ)からそれぞれ一つずつ選び，記号で答えよ。
(ア)　3　　　(イ)　5　　　(ウ)　7　　　(エ)　9　　　(オ)　12　　　(カ)　15

▌2024年度▕ 岡山市 ▕ 難易度 ▌▆▆▆▢▢▢

【4】脳に関わって，次の問いに答えなさい。

(1)　次は，「医療通訳カリキュラム基準(育成カリキュラム実施要領)」(厚生労働省)　人体各器官図　脳(中枢神経)・皮膚各部位　に示されている図である。次の(ア)〜(カ)に当てはまる語句を書きなさい。

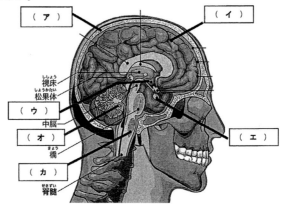

(2)　自律神経には，交感神経と副交感神経があり，互いにバランスを取り合いながら各器官の機能を調節しています。次の①〜⑥につい

てそれぞれ適切なものには○, 適切でないものには×を書きなさい。
① 副交感神経は身体を活発に動かすときに働き, 交感神経は身体を休めるときに働く。
② 交感神経の作用により, 消化液分泌は抑制される。
③ 起立性調節障害は, 呼吸器系の自律神経疾患である。
④ 副交感神経の作用により, 排尿は抑制される。
⑤ 交感神経の作用により, 心拍数は増加する。
⑥ 副交感神経の作用により, 唾液の分泌が促進される。

(3) スポーツ外傷等の後に, 脳脊髄液が漏れ出し減少することによって, 起立性頭痛(立位によって増強する頭痛)などの頭痛, 頸部痛, めまい, 倦怠, 不眠, 記憶障害など様々な症状を呈する疾患名は何か, 書きなさい。

(4) 単なる食行動の異常ではなく, 体重に対する過度のこだわりや自己の体型評価のゆがみなど, 心理的要因に基づく食行動の障害で, 神経性無食欲症(拒食症)と神経性過食症(過食症)がある疾患名は何か, 書きなさい。

┃2024年度┃長野県┃難易度┃███

【5】次の(1), (2)に答えなさい。
(1) 次の図は, 右脳の断面を表したものである。①～⑤の名称を漢字で書き, その説明として最も適するものを以下のa～iから1つずつ選び, その記号を書きなさい。

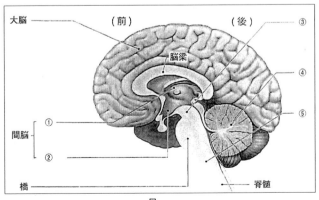

図

● からだのしくみと働き

  a 脊髄反射の中枢。

  b 感覚に関わる介在ニューロンの中継点(嗅覚を除く)。

  c 運動の調節中枢。平衡を保つ中枢。

  d 各種の感覚中枢。各種の随意運動の中枢。

  e 記憶の形成(原皮質の海馬)。情動・欲求などの中枢。

  f 自律神経系の中枢。体温，水分，血糖濃度などの調節中枢。

  g 呼吸運動，心臓の拍動を調節する中枢。消化管の運動，唾液や
     涙の分泌を調節する中枢。

  h 記憶・判断・創造などの高度な精神作用の中枢。

  i 姿勢を保つ中枢。眼球の反射中枢。瞳孔を調節する中枢。

(2) 次の図は，「スポーツ事故対応ハンドブック」(令和2年12月 独
   立行政法人日本スポーツ振興センター)に示されている頭頸部外傷
   への対応のフローチャートである。以下の①，②に答えなさい。

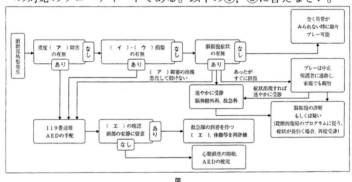

図

① （ ア ）〜（ エ ）に適する語句を書きなさい。

② 脳震盪の症状を，「頭痛」・「吐き気」・「めまい」以外に3つ書
   きなさい。

┃ 2024年度 ┃ 青森県 ┃ 難易度 ■■■□□□

【6】次の問1，問2の各問いに答えなさい。
   問1 次の図は，心臓を表したものである。図中の( )にあてはまる
      語句を，以下の1〜5の中から一つ選びなさい。

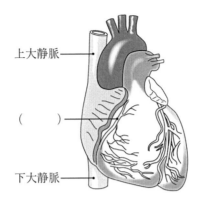

上大静脈

(　　　)

下大静脈

1　大動脈　　2　肺動脈　　3　冠状動脈　　4　頸動脈
5　大腿動脈

問2　次の文章は，女性の体と思春期について述べたものである。下
　　線部①〜⑤について，正しいものを○，誤っているものを×とした
　　とき，組み合わせとして正しいものを，以下の1〜5の中から一つ選
　　びなさい。

(ア)　思春期後半に向かうにつれて，排卵と月経が一定のリズムを
　　もつようになり，多くの人は①性周期が安定する。

(イ)　子宮内膜は，②排卵後，③黄体ホルモンの影響でしだいに厚く
　　なり充血する。

(ウ)　④月経後，⑤卵胞ホルモンの影響で基礎体温が上がる。

1　①○　　②×　　③×　　④×　　⑤×
2　①×　　②×　　③○　　④×　　⑤○
3　①×　　②○　　③×　　④○　　⑤×
4　①○　　②○　　③○　　④○　　⑤○
5　①○　　②○　　③○　　④×　　⑤○

┃2024年度┃鳥取県┃難易度┃

【7】次の図は，消化に関わる器官を示したものです。以下の(1)・(2)の
　各問いに答えなさい。

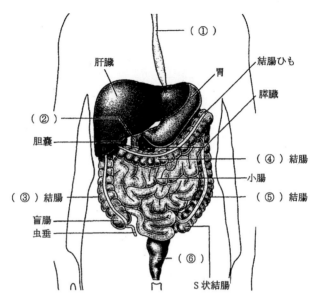

(1) 図の(①)〜(⑥)に当てはまる部位の名称を漢字で書きなさい。

(2) 細菌やウイルスによる胃腸炎について，次の表のA群ア〜エの疾患の説明に当てはまる疾患名をB群a〜dから選び，記号で書きなさい。

A群	ア　家畜，は虫類，ペットなどが保菌している。感染は鶏肉，鶏卵などの食品を介した経口感染が多い。下痢，血便，おう吐，発熱の症状がある。発症数週間後にギランバレー症候群を併発することもある。
	イ　ベロ毒素を産生する細菌による感染症である。全く症状のない人から，腹痛や血便を呈する人まで様々で，合併症として溶血性尿毒症症候群や脳症を併発し，時には死に至ることもある。接触感染，経口感染する。特に小児では，発症した場合重症化につながりやすいので，牛に限らず豚・鳥及びその他鳥獣の肉やレバー類の生食は避けるべきである。

　　　ウ　秋から冬に多く発生し，乳幼児から高齢者まで幅広
　　　　い年齢層にみられる。飛沫(まつ)感染，接触感染，経口感染
　　　　する。貝などの食品を介しての感染もある。乾燥して
　　　　エアロゾル化した吐物が感染源となる空気感染もある。
　　　エ　持続する発熱，発疹(しん)(バラ疹(しん))などで発病する。重症例
　　　　では腸出血や腸穿(せん)孔がある。胆のうへの感染が持続し
　　　　キャリアとなる場合がある。経口感染する。海外渡航
　　　　者にワクチンを投与することがあるが，国内では接種
　　　　可能なワクチンがない。

B群	a	腸チフス
	b	カンピロバクター感染症
	c	ノロウイルス感染症
	d	腸管出血性大腸菌感染症

▌2024年度 ▌名古屋市 ▌難易度 ▌

【8】頭部に関する事項について，次の1・2に答えなさい。
　1　次の図は，脳の構造を模式的に示したものです。図中の(ア)〜(オ)
　　は，何といいますか。その名称をそれぞれ書きなさい。

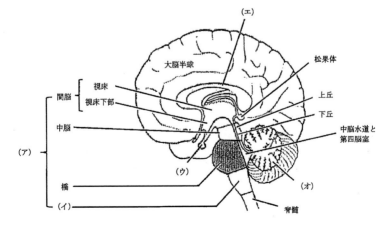

2 次の資料は，ある疾患の説明の一部を示しています。この疾患は何ですか。疾患名を書きなさい。

・スポーツ外傷等の後に，起立性頭痛などの頭痛，頸部痛，めまい，倦怠，不眠，記憶障害など様々な症状を呈する。
・通常の学校生活を送ることに支障が生じているにもかかわらず，まわりの人から単に怠慢である等の批判を受け，十分な理解を得られなかったことなどの事例がある。
・治療法には，ブラッドパッチ療法がある。

(教職員のための子供の健康相談及び保健指導の手引
－令和3年度改訂－により作成。)

▌2024年度 ▌広島県・広島市 ▌難易度 ▅▅▅▅□□

【9】次の(1)，(2)に答えなさい。

(1) 次の図は，腎臓の構造を表したものである。①～⑤の名称を漢字で書きなさい。

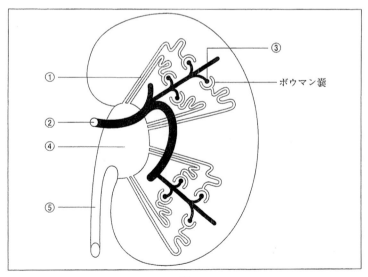

図

(2) 尿検査を実施する際に正確な結果を出すために，採尿する上で注意すべきことを2つ書きなさい。

┃ 2024年度 ┃ 青森県 ┃ 難易度 ■■■□□□

【10】次の文章は，耳(感覚器系)について述べたものである。(1)〜(2)の問いに答えよ。

耳は聴覚と平衡感覚をつかさどり，外耳，中耳，内耳からなる。鼓膜は(☐1)と(☐2)の境にあり，音の発生に伴い振動する。外耳と中耳は(☐3)で，内耳は(☐4)と平衡感覚器である。

難聴は外耳の疾患(外耳道異物など)，中耳の疾患(中耳炎など)，内耳の疾患((☐5)，突発性難聴)，薬剤や騒音，年齢的な原因などで起こる。

(1) (☐1)(☐2)にあてはまる部位を☐から一つ選び，番号で答えよ。ただし，☐1には選択した2つの解答のうち，若い番号を記入すること。

1 外耳　2 中耳　3 内耳　4 三半規管　5 蝸牛

(2) (☐3)(☐4)には各部位の働きを，(☐5)には疾病名を☐から一つ選び，番号で答えよ。

1 三半規管　2 クローン病　3 耳垢栓塞　4 伝音器
5 感音器　6 メニエール病

┃ 2024年度 ┃ 愛知県 ┃ 難易度 ■■■■□

【11】 次の問1, 問2に答えなさい。

問1　次の図は，心臓の構造を表したものである。空欄　a
　　　～　e　にあてはまる語句を，以下の語群1～9のうちから1つずつ
　　　選びなさい。なお，1つの語句は1度しか使えないものとする。

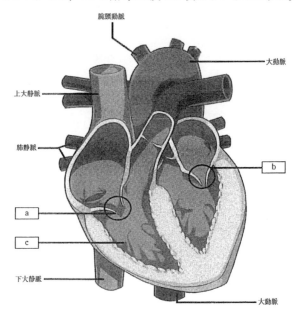

腕頭動脈

大動脈

上大静脈

肺静脈

b

a

c

下大静脈

大動脈

図

[語群]

1　左心室　　2　右心室　　3　右心房　　4　左心房

5　二尖弁　　6　三尖弁　　7　僧帽弁　　8　肺動脈弁

9　大動脈弁

問2　「学校心臓検診の実際」(令和2年度改訂　日本学校保健会)に記
　　　載されている心臓の疾病及び異常の有無における検査について述べ
　　　た次の文a～dの中で，誤っているものの組合せを，以下の1～6のう
　　　ちから1つ選びなさい。

　　a　日本体育・学校健康センターや独立行政法人日本スポーツ振興
　　　　センターの報告によると，学校管理下の心臓突然死は，1987年に
　　　　は年間118名と報告されているが，その後年々増加傾向にある。

b 川崎病は，主として4歳以下の乳幼児に起こる原因不明の疾患で，心臓に後遺症を残すことがあり問題となるが，急性期に冠動脈障害がなかったものについては運動制限の必要はない。

c 心電図検査は小学校，中学校，高等学校，大学の各1学年全員に義務付けられている。

d 完全房室ブロックでは，脈が遅すぎたり心室頻拍が出現したりして失神を起こすことがある。この失神発作をアダムス・ストークス発作といい，この場合はペースメーカー植込みが必要になる。

1 a・b　　2 a・c　　3 a・d　　4 b・c　　5 b・d　　6 c・d

▌2024年度▐宮城県・仙台市▌難易度 ■■■□□

【12】次の(1)〜(4)の各問いに答えなさい。

(1) 次の図は，スキャモンの発育曲線である。この図の説明として最も適切なものを以下の①〜④から1つ選び番号で答えよ。

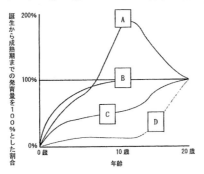

① Aの曲線は，身長や体重，筋肉，骨格などの発育発達を示したものである。

② Bの曲線は，脳や脊髄，視覚器などの神経系や感覚器系の発育発達を示したものである。

③ Cの曲線は，卵巣，精巣など生殖器官の発育発達を示したものである。

④ Dの曲線は，胸腺や扁桃などリンパ組織の発育発達を示したものである。

(2) 次の図は，心臓の刺激伝導系について示したものである。①〜③の名称を答えよ。

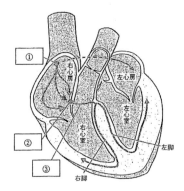

(3) 次の文は，先天性心疾患について説明したものである。①，②の疾患名を答えよ。

① 肺動脈の形成と発育が不良で，大きな心室中隔欠損があり，大動脈が左心室と右心室の両方にまたがるような形態をしている。チアノーゼが出現し，チアノーゼを認める先天性心疾患として，最も多いものである。通常，幼児期までに手術が行われる。

② 大動脈と肺動脈の間が，血管(動脈管)でつながっている疾患である。本来，これは胎児期にのみ開いており，出生後，間もなく閉じる血管であるが，開いたままの状態では，心不全を来たしやすく，幼児期までに手術されていることが多い。

(4) 次の図は，手骨を示したものである。①～⑤の名称を答えよ。

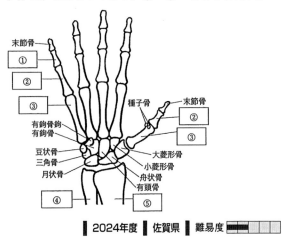

┃2024年度 ┃ 佐賀県 ┃ 難易度 ■■■■□□□

62

【13】眼球のつくり及び眼のけがについて，次の各問いに答えなさい。

(1) 次の図の①~⑥の部位の名称をそれぞれ答えなさい。

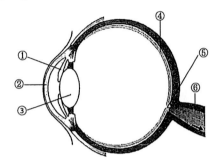

(2) ボール等で眼や眼の周囲を打った(眼球打撲した)時に，起こる可能性のある外傷・病名を2つ答えなさい。

2024年度 **京都府** **難易度** ▮▮▮▭▭

【14】次の図は，「JRC蘇生ガイドライン2020対応　赤十字救急法講習15版」(日本赤十字社)の「資料　3　循環系　(1)血液循環にかかわる人体の器官」に示されている心臓の模式図と説明文である。次の(①)~(⑤)に入る適語の組合せとして，最も適切なものを，以下の1~6のうちから一つ選べ。

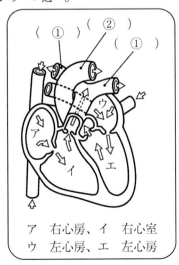

ア　右心房、イ　右心室
ウ　左心房、エ　左心房

心臓は，胸部の中央下方，ほぼ胸骨の後ろのやや(　③　)に偏って位置し，下部は(　④　)に接し，周辺は(　⑤　)で囲まれている。

1　① 肺動脈　② 大動脈　③ 右側　④ 肋間筋
　　⑤ 肺
2　① 肺静脈　② 大静脈　③ 右側　④ 横隔膜
　　⑤ 肝臓
3　① 肺動脈　② 大静脈　③ 左側　④ 肋間筋
　　⑤ 肝臓
4　① 肺動脈　② 大動脈　③ 左側　④ 横隔膜
　　⑤ 肺
5　① 肺静脈　② 大動脈　③ 右側　④ 肋間筋
　　⑤ 肝臓
6　① 肺静脈　② 大静脈　③ 左側　④ 横隔膜
　　⑤ 肺

■ 2024年度 ■ 大分県 ■ 難易度

【15】人の血糖濃度について，空欄[　1　]〜[　3　]に当てはまる最も適切なものを，以下の①〜⑧のうちから選びなさい。

血糖濃度が上昇すると，[　1　]が働き，すい臓のランゲルハンス島のB細胞から[　2　]が分泌される。[　2　]は，細胞内への[　3　]の取り込みや，細胞中の[　3　]の分解を促進する。また，肝臓において，[　3　]からグリコーゲンへの合成を促進する。その結果，血糖濃度が低下する。

① グリシン　② 交感神経　③ グルコース
④ インスリン　⑤ アドレナリン　⑥ 糖質コルチコイド
⑦ グルカゴン　⑧ 副交感神経

■ 2024年度 ■ 神奈川県・横浜市・川崎市・相模原市 ■ 難易度

【16】次の図は，ヒトの耳の内部を模式的に示したものです。（　①　）〜
（　③　）の名称として正しいものを，以下の1〜4の中から1つ選びなさ
い。

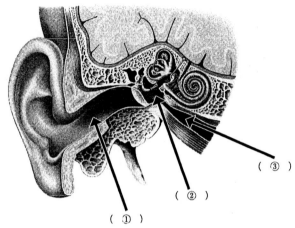

（　③　）

（　②　）

（　①　）

1　①　前庭　　　②　耳小骨　　③　耳管
2　①　外耳道　　②　鼓室　　　③　耳管
3　①　前庭　　　②　鼓室　　　③　耳介
4　①　外耳道　　②　耳小骨　　③　耳介

┃ 2024年度 ┃ 埼玉県・さいたま市 ┃ 難易度 ┃

【17】腎臓のしくみや疾患等について，次の問いに答えなさい。

問1　次の(1)(2)は，腎臓の構造とはたらきについて説明したものであ
る。空欄〔　A　〕〜〔　J　〕に当てはまる語句の組合せとして正
しいものを，それぞれ以下の①〜⑧から一つずつ選びなさい。

(1)　左右の腎臓には〔　A　〕が流れ込んでおり，心臓が送り出す
全血液の約〔　B　〕が常に送り込まれている。〔　C　〕はつく
られた尿を集めて尿管に送る合流点にあたり，腎組織のいちばん
外側は被膜に包まれ，その表面近くに〔　D　〕，内部に〔　E　〕
があり，尿はこれらでつくられている。

65

	A	B	C	D	E
①	腎動脈	4分の1	腎盂	皮質	髄質
②	腎動脈	2分の1	腎門	皮質	髄質
③	腎動脈	4分の1	腎門	髄質	皮質
④	腎動脈	2分の1	腎盂	髄質	皮質
⑤	腎静脈	2分の1	腎盂	髄質	皮質
⑥	腎静脈	4分の1	腎盂	皮質	髄質
⑦	腎静脈	2分の1	腎門	髄質	皮質
⑧	腎静脈	4分の1	腎門	皮質	髄質

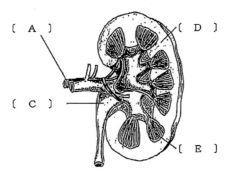

(2) 腎臓の内部は，糸球体と呼ばれる〔 F 〕の束があり，その糸球体はボーマン嚢と呼ばれる袋状になった〔 G 〕に囲まれている。この糸球体とボーマン嚢が1組になったものを〔 H 〕という。糸球体は，おもに〔 I 〕の中に分布している。〔 H 〕は，非常に微小で，左右の腎臓にそれぞれ約〔 J 〕個ずつ詰め込まれている。

	F	G	H	I	J
①	尿細管	毛細血管	腎小体	皮質	1万
②	尿細管	毛細血管	ネフロン	髄質	1万
③	尿細管	毛細血管	腎小体	髄質	100万
④	尿細管	毛細血管	ネフロン	皮質	100万
⑤	毛細血管	尿細管	腎小体	皮質	100万
⑥	毛細血管	尿細管	ネフロン	皮質	1万
⑦	毛細血管	尿細管	腎小体	髄質	1万
⑧	毛細血管	尿細管	ネフロン	髄質	100万

問2　学校検尿は，慢性腎炎や糖尿病等を早期に発見し，適切な治療と管理を受けさせ，将来の疾病の重症化を予防するため実施する。「児童生徒等の健康診断マニュアル　平成27年度改訂」(公益財団法人日本学校保健会：平成27年8月)に示されている検尿の方法について適当なものを，次の①～⑤から全て選びなさい。

①　正しい採尿は，就寝前に排尿をさせ，翌朝一番尿を少し排尿してから中間尿を10ml程度採尿する。

②　前日の夕方からの採尿は，尿中にある細菌が繁殖して，蛋白尿が誤って出たり，血尿が消失したりするので望ましくない。

③　尿の蛋白反応を陰性化するおそれのあるビタミンCを添加したお茶やウーロン茶，ビタミンCの含有量の多いジュースや薬剤は飲まないように指導する。

④　蛋白尿は6～12時間後に陰転することがあるので，検査は採尿した当日(採尿後5時間以内)に完了することが望ましい。

⑤　女子で採尿日が生理日の前後1～2日であれば，採尿させて検査する。

問3　学校検尿で確定診断がついた後，要管理となった児童生徒には，A～Eまでの5段階の管理指導区分の下で生活指導を行う。次の(1)(2)は，「腎疾患児学校生活管理指導のしおり　令和2年度改訂」(公益財団法人日本学校保健会：令和3年3月)に示されている学校生活管理指導表の見方に関する記述である。この記述に相当する指導区分として適当なものを，以下の①～⑤からそれぞれ一つずつ選びなさい。

(1)　腎臓の病気が活動的で高血圧や浮腫(むくみ)などの症状が不安定な場合に，症状によって教室での学習だけなら受けることが可能と主治医が判断する。一部の児童生徒に対しては塩分の多い食品が含まれる学校給食の制限が必要となり，体育系のクラブ活動，部活動はすべて禁止となる。

(2)　中等度以上の蛋白尿がある慢性腎炎症候群や，正常の半分以下の腎機能低下がある慢性腎臓病で症状が有っても安定している場合に該当する。強い運動は禁止だが，症状が安定している慢性腎臓病患児においては中等度の運動は勧めるべきである。腎臓に負

担がかかる肥満を防ぐためにも運動をすすめるが，長時間の激しい運動を伴う部活動は禁止とする。

① A　② B　③ C　④ D　⑤ E

問4　学校検尿においては，平成4年度から尿糖検査も併せて実施することとなり，糖尿病の早期発見と治療への道が開かれた。次の(1)～(4)は，「児童生徒等の健康診断マニュアル　平成27年度改訂」(公益財団法人日本学校保健会：平成27年8月)に示されている尿糖陽性者への対応に関する記述である。正しいものを○，誤っているものを×としたとき，○×の組合せとして正しいものを，以下の①～④から一つ選びなさい。

(1)　尿糖検査が陽性であった場合，その大部分は糖尿病である。

(2)　尿糖陽性者が糖尿病なのか，腎性糖尿なのかを決めるためには，専門機関での尿検査が必要である。

(3)　糖尿病は，体内でブドウ糖を利用する力が障害されている病気であり，血糖が上昇しこれが尿の中に排出されるため，尿糖が陽性となる。

(4)　尿糖が一度陽性であったが，再検査で陰性だった場合も，毎年検査を適切に行い，その結果を慎重に判定することが必要である。

	(1)	(2)	(3)	(4)
①	○	×	○	×
②	○	○	×	×
③	×	○	×	○
④	×	×	○	○

問5　「学校検尿のすべて　令和2年度改訂」(公益財団法人日本学校保健会：令和3年3月)に示されている糖尿病に関する内容について誤りを含むものを，次の①～④から全て選びなさい。

①　子供の尿糖検査で発見される無症状の糖尿病の大部分は1型糖尿病である。

②　一般に診断時に2型糖尿病では多数(おおよそ80％)で肥満がみられ，他方1型ではやせ型の(肥満でない)体型が多い特徴がある。

③　精神的な不満を生じさせないため，学校給食は1型，2型いずれ

の糖尿病であっても普通の子供と同じ量を与える。

④　インスリンで治療している1型糖尿病患児では，食事の摂取量が少なかったり，激しい運動をすると低血糖を起こすことがあるが，インスリンを注射している2型糖尿病患児では起こることはない。

┃ 2024年度 ┃ 石川県 ┃ 難易度 ▰▰▰▰▱▱

【18】次の文は，「『生きる力』を育む学校での歯・口の健康づくり　令和元年度改訂」(令和2年2月　公益財団法人　日本学校保健会)「第2章　歯・口の健康づくりの理論と基礎知識」「第5節　歯・口の外傷とその予防」「2　歯・口の外傷の予防と応急処置」からの抜粋である。文中の[　1　]～[　6　]に当てはまる語句として正しいものを①～⓪の中からそれぞれ一つ選びなさい。

(2)　応急手当

①　[　1　]骨折の場合は重篤な症状となるので，できるだけ動かさずに歯科口腔(くう)外科に搬送する。

②　歯の脱臼はできる限り早急に歯科医療機関で再植する。この際，[　2　]部を持つように注意し，[　3　]を持たないようにする。再植を可能とするには，[　3　]周囲の組織が必要なので，[　3　]には手を触れないことが原則となる。泥などで汚れた場合も洗いすぎない，こすらないようにする。また，乾燥させたり水につけたりするとおおむね[　4　]分程度しか再植可能時間がないといわれる。直ちに対応できないときは乾燥させないよう「市販の保存液」，あるいは「[　5　]」に保存して，可及的速やかに歯科医療機関を受診する。

③　歯の陥入は，止血処置を優先して歯科医療機関へ行く。

④　歯の破折は，[　6　]が見えるようなら直ちに歯科医療機関に行く。

①　象牙質　　②　歯冠　　③　牛乳　　④　歯髄　　⑤　歯槽骨
⑥　顎骨　　⑦　食塩水　　⑧　歯根　　⑨　15　　⓪　30

┃ 2024年度 ┃ 三重県 ┃ 難易度 ▰▰▰▱▱▱

【19】 ヒトの脳について，次の(1)～(3)の問いに答えよ。

(1) 次の図は，脳を大脳縦裂で縦断し，右大脳半球の内側面をみた図である。図中の(①)～(③)の部位の名称をそれぞれ書け。

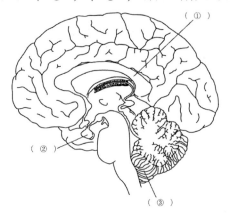

(①)

(②)

(③)

(2) 次の文中の( )に当てはまる言葉を書け。

> 中脳，橋，延髄を合わせて( )という。ここには，生命維持に不可欠な呼吸，循環，意識，覚醒・睡眠，排尿反射などの諸中枢がある。

(3) 大脳皮質のうち，側頭葉に局在する機能について，最も適切なものを次のア～カから一つ選び，その記号を書け。
　　ア　運動野　　イ　ブロカ野　　ウ　感覚野　　エ　味覚野
　　オ　視覚野　　カ　聴覚野

■ 2024年度 ■ 愛媛県 ■ 難易度 ■■■■□□

【20】 次の問いに答えなさい。

1　次の図は，心臓の四つの部屋と血液の流れを示している。図中の(①)～(④)にあてはまる名称を，それぞれ書きなさい。

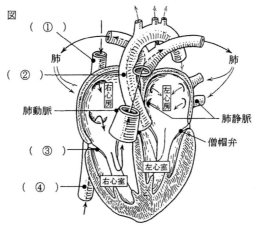

図

(①)

肺

(②)

肺動脈

(③)

(④)

右心房

左心房

右心室

左心室

肺

肺静脈

僧帽弁

（南江堂「入門人体解剖学」による）

2 突然死を引き起こす可能性のある先天性心疾患と不整脈の具体的
な名称を，それぞれ二つずつ書きなさい。

▌2024年度 ▌山形県 ▌難易度 ▇▇▇▇▇▇▇

【21】耳の構造と機能について，次の(1)，(2)の各問いに答えよ。

(1) 図1は，耳小骨の構造を示したものである。以下のア，イの各問
いに答えよ。

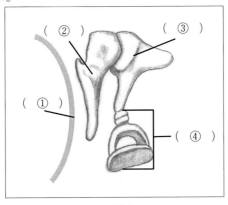

(②)   (③)

(①)

(④)

図1

ア (①)〜(④)の各部位の名称をそれぞれ答えよ。

イ 耳小骨の機能を簡潔に述べよ。

(2)　次のア～ウについて，正しいものには〇，誤っているものには×を記入せよ。

　　ア　耳は，音を感音することと，身体の動きや位置を感受して平衡を保つこととの2つの大きな機能を担う。

　　イ　外耳道の長さは成人で約3cmである。

　　ウ　蝸牛は2回転半のカタツムリのような形をしており，内リンパ液の入った前庭階と鼓室階がある。

2024年度 ┃ 山口県 ┃ 難易度 ■■■■■□□□

【22】歯と口腔について，各問いに答えよ。

　問1　次の図は，歯の構造図を記したものである。図中の(　①　)～(　③　)に当てはまる語句を答えよ。

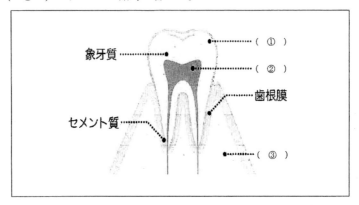

　問2　細菌の感染によって引き起こされる炎症性疾患で，歯の周りの歯肉や歯を支える骨などが壊されてしまう疾病名を答えよ。

　問3　歯科検診において，次の文が示す状態を，健康診断票に記入する場合の記号を答えよ。

　(A)　歯垢の付着があり，歯肉に炎症が認められるが歯石沈着は認められず，生活習慣の改善と注意深いブラッシング等によって炎症が改善されるような歯肉の状態

　(B)　むし歯と断定できないが，むし歯の初期病変の疑いがあり，引き続き口腔環境が悪ければむし歯に移行する可能性が高く，また，逆に口腔環境が改善されれば，健全な状態に移行する可能性

のある歯

(C) 歯石の沈着は認められるが，歯肉に炎症が認められないもの

問4 歯科検診，その他日常の健康観察において，未処置歯の多発性う蝕や未処置歯のう蝕の重症化による顎骨炎，蜂窩織炎，上顎洞炎などや，口腔軟組織の所見として重度の歯肉炎，その他多量の歯垢付着や口臭などの所見がみられる子どもが発見された場合に疑われることは何か答えよ。

■ 2024年度 ■ 長崎県 ■ 難易度 ■■■■■■■■

【23】人体のつくりや働きについての問いに答えよ。

(1) 次の図は，脳の構造である。図中の( )にあてはまる適切なものを①〜⑤から選び，番号で答えよ。

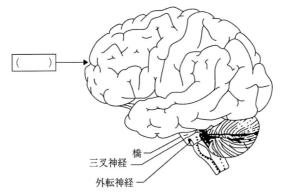

( )

橋
三叉神経
外転神経

① 後頭葉　② 前頭葉　③ 側頭葉　④ 小脳
⑤ 頭頂葉

(2) 次の文は，脳についての記述である。文中の( )にあてはまる適切なものを①〜⑤から選び，番号で答えよ。

　視床下部は，視床の下方に位置する。視床下部は，体温調節，(物質)代謝，食欲，睡眠など，自律機能の最高中枢であり，さらに( )の調節とも関係し，ホルモンを産生して下垂体に送っている。

① 内分泌　② 運動　③ 言語　④ 視覚　⑤ 感情

(3) 次の文は，脊髄についての記述である。文中の( )にあてはまる適切なものを①〜⑤から選び，番号で答えよ。

● からだのしくみと働き

　脊髄は延髄の下方より続き，脊柱管の中にある。上行性，下行性の神経線維で構成され，長さは40〜50cmで円柱状である。脊髄の下端は，第1から第2腰椎である。脊髄の横断面の中央部に(　　)がある。(　　)を囲んで「H」字形の灰白質があり，その周囲を白質が囲む。

① 錐体　　② 錐体交叉　　③ 前角細胞　　④ 中心管
⑤ 神経突起

┃ 2024年度 ┃ 神戸市 ┃ 難易度 ▰▰▰▱▱

【24】次の図は，右手背の図である。図の ⬚ 1 ⬚ ， ⬚ 2 ⬚ に当てはまる最も適切なものを，以下の①〜⑥のうちから選びなさい。

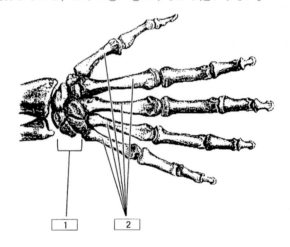

(図　新版　からだの地図帳　講談社　2014年より作成)

① 末節骨　　② 手根骨　　③ 寛骨
④ 中手骨　　⑤ 基節骨　　⑥ 中節骨

┃ 2024年度 ┃ 神奈川県・横浜市・川崎市・相模原市 ┃ 難易度 ▰▰▰▰▱

【25】次の表は，人体の関節について説明したものである。(⬚1⬚)〜(⬚5⬚)にあてはまる人体の関節を▭から一つ選び，番号で答えよ。

関節の種類	形 状 と 可 動 性	関節名
球関節	あらゆる方向に自由に動く多軸性の関節	([1])
楕円関節	関節頭の長径と短径を回転軸にして、二方向に運動する二軸性の関節	([2])
鞍関節	双方の関節面が鞍状で、直角に交わる二つの回転軸をもち、二方向に運動する二軸性の関節	([3])
蝶番関節	円筒状の関節頭とそれがはまり込む関節窩からなり、屈曲・伸展の一方向の回転運動を行う一軸性の関節	([4])
平面関節	向かい合う関節面がいずれも平面に近く、互いにずれるような滑走運動が行われるが、その可動域はきわめて小さい関節	([5])

1　橈骨手根関節	2　肘関節の腕尺関節	3　椎間関節
4　肩関節	5　母指の手根中手関節	6　上橈尺関節

‖ 2024年度 ‖ 愛知県 ‖ 難易度 ‖■■■■■

解答・解説

【 1 】a　咽頭　　b　食道　　c　噴門　　d　幽門　　e　十二指腸
f　空腸　　g　小腸　　h　大腸(下行結腸)　　i　直腸

○**解説**○　消化器系は口から肛門へ続く器官であり、食物を摂取し、摂取した食物を分解(消化)、栄養素の吸収、排泄というはたらきをしている。口腔から摂取された食物は咽頭を通り食道の蠕動運動により胃へと送られる。胃の入り口は噴門、出口は幽門といい食物・胃液の逆流の防止や十二指腸へ送る食物のコントロールをしている。小腸は、十二指腸、空腸、回腸からなる消化器官であり、十二指腸では、胆汁、膵液の消化酵素を混合することで消化を促進し、空腸・回腸でさらに栄養分が吸収され大腸へと送られる。大腸では、水分と塩類の吸収、細菌による食物繊維の発酵が行われ、吸収した食物が便となる。大腸で形成された便は直腸を通り肛門から排泄される。

● からだのしくみと働き

【2】1 ① 洞　　② 房室　　③ 左　　④ 右　　⑤ プルキンエ
　　　⑥ 心房　　⑦ 心室　　⑧ 交感　　⑨ 副交感　　⑩ 期外
　　2 ア，オ　　3 ①ウ　②エ　③キ　④ケ

○**解説**○　1　心臓が規則正しく拍動できるのは，刺激伝導系のはたらき
(自律神経の調節)によるものである。刺激伝導系による興奮は洞結節，
結節間路，房室結節，ヒス束，左脚・右脚，プルキンエ線維の順に伝
わる。拍動の調節を行う自律神経は心臓神経といい交感神経と副交感
神経があるが，交感神経の亢進は心拍数増加，心筋収縮力増強，刺激
伝導系の伝導速度の促進を，副交感神経の亢進は心拍数減少，心筋収
縮力低下，刺激伝導系の伝導速度の遅延といった抑制作用をもたらす。
正常な心電図波形はP波，QRS波，T波の3つで構成されており，P波は
心房の電気的興奮を，P波に続くQRS波は心室の電気的興奮を，そし
てT波は心室が興奮から回復する過程を示している。心室期外収縮で
は，早いリズムで表れるQRS波がみられる。そのQRS波の幅がさらに
広くなり，R波とT波が重なって表れる場合，心室細動などの致死性不
整脈に移行する可能性があり危険である。　2　イ　ネフローゼ症候
群は腎臓の疾患である。　ウ　クッシング症候群はホルモンと代謝の
疾患である。　エ　ライ症候群は急性ウイルス感染から続発する肝障
害を伴う急性脳症のことである。　3　AEDは自動体外式除細動器と
呼ばれる高度管理医療機器であり，除細動とは心臓がけいれん(心室細
動)した状態を取り除くことを指す。AEDの使用ガイドラインでは，子
どもは6歳までを指すため，小学校入学後は大人と同じ方法で使用す
ることになる。一般市民によるAEDの使用と医師法の関連性について，
厚生労働省はAEDの使用は医行為に該当するが，一般的に反復継続性
が認められないため，医師法違反にはならないと解している。

【3】1 ① 大腿骨　　② 脛骨　　③ 腓骨　　④ 中足骨
　　2 ①(ウ)　②(オ)　③(イ)

○**解説**○　1　大腿骨は人の体の中で一番長い骨であり，体を支えたり歩
いたりするのに重要な役割を果たしている。骨折をすると痛みのため
歩行が困難になり，高齢者などは寝たきりの原因となることが多い。
下腿の内側の太い骨は脛骨といい，大腿骨とともに体を支える役割を

持つ。外側の細い骨は腓骨といい，歩行時の衝撃吸収や足関節を動か
すための役割がある。中足骨は足の甲にある細長い骨で，それぞれの
指に1本ずつある。腓骨や中足骨は疲労骨折をしやすい部位である。

2　脊椎は，体重を支えるとともに身体を動かす必要があるため，椎
骨が積み重なって構成されている。椎骨の中には椎孔という空間があ
り，これが重なって管(脊柱管)となっている。脊柱管の中には中枢神
経である脊髄が通っている。

【4】(1)　ア　頭蓋骨　　イ　大脳　　ウ　視床下部　　エ　脳下垂体
(下垂体)　　オ　小脳　　カ　延髄　　(2)　①　×　　②　○
③　×　　④　×　　⑤　○　　⑥　○　　(3)　脳脊髄液減少症
(4)　摂食障害

○**解説**○　(1)　脳は，大脳，小脳，脳幹に大別される。　ア　脳は頭蓋骨
と三層の脳膜で保護されている。　イ　大脳は，脳の中でもっとも発
達した部分で，情報を識別して，それに応じた運動を命じたり，記憶
や情動，認知という高度の精神作用を担当している。　ウ　脳幹の間
脳にある視床下部は，自律神経の中枢として働いている。　エ　脳下
垂体は，脳の底にぶら下がっている小さな器官で，様々なホルモンを
コントロールしている。　オ　小脳は，運動機能の調節や平衡感覚を
司っている。　カ　脳幹にある延髄は，大脳や小脳と脊髄をつなぐ中
継点に位置し，呼吸中枢や循環器中枢など生命維持に重要な中枢神経
がある。　(2)　①　自律神経は交感神経と副交感神経に分けられ，そ
れぞれが異なる働きをしている。交感神経は，活動するときに働く神
経で，副交感神経は，休息やリラックスをするときに働く神経である。
③　起立性運動障害とは，起立時にめまいや動悸，立ちくらみなどが
起きる自律神経の病気である。　④　排尿を促すのは仙髄から出てい
る骨盤神経で，逆に腰髄からの下腹神経は排尿を抑制する働きをする。
排尿に関係する筋肉には随意筋が含まれているため，自分の意思で収
縮させたり，弛緩させたりすることができる。
(3)　脳脊髄液減少症は，交通事故やスポーツ外傷等の後に，脳脊髄液
が漏れ出し減少することによって起こる病気で，起立性頭痛，頸部痛，
めまい，**倦怠**，不眠，記憶障害などの症状を引き起こす。　(4)　摂食

障害とは，摂食または摂食に関連する行動に異常がみられる精神障害
で，10代から20代前半の女性に多く見られる病気である。摂食障害に
は，体重や体型の感じ方に障害があり食物を極端に制限する神経性無
食欲症(拒食症)，大量の食物を一気に食べ，体重増加を防ぐための排
出行為を行うのが特徴の神経性過食症(過食症)，自分ではコントロー
ルできない過食を繰り返す過食性障害などがある。

【5】(1)　①　名称…視床　　記号…b　　②　名称…視床下部　　記号
…f　　③　名称…中脳　　記号…i　　④　名称…小脳　　記号…c
⑤　名称…延髄　　記号…g　　(2)　①　ア　意識　　イ　頸髄
ウ　頸椎(イ，ウは順不同)　　エ　呼吸　　②　・ものが二重に見える。
・時・場所・人が正確に分からない。打撲前後のことを覚えていな
い。　・混乱や興奮状態。普段と違う行動パターン。ふらつき。
から3つ

○**解説**○　(1)　解答参照。　　(2)　①　頭頸部外傷が発生したときは，意
識レベルの確認を行う。意識がない場合，119番通報し心肺蘇生のた
めにAEDの手配を行う必要がある。意識のあるなしに関わらず頸部に
損傷がみられる場合もしくは疑われる場合は，安静にしておく必要が
ある。ただし，通常の呼吸が確認できない場合は即座に心肺蘇生およ
びAEDの使用を開始する必要がある。　　②　解答参照。

【6】問1　3　　問2　1
○**解説**○　問1　心臓を冠状に囲むように流れる血管は冠状動脈といい，
心臓の筋肉を動かすための血液を運ぶ血管である。図の上大静脈の右
隣は大動脈であり，心臓から全身に血液を回す体循環のため太い血管
である。その右隣は肺動脈であり，心臓から肺に血液を送るための血
管である。選択肢4の頸動脈は首にあり，頭部に血液を運んでいる。
選択肢5の大腿動脈は鼠径部から膝までをつなぐ血管で，下肢に血液
を送っている。　　問2　(ア)　一般的な月経周期(月経から次の月経ま
での日数)は25～38日である。月経周期は，月経期，卵胞期(増殖期)，
排卵期，黄体期(分泌期)の4つに分けることができる。　　(イ)　子宮内
では月経後に排卵に向けて子宮内膜を厚くし，受精卵の着床に備える
が，これは卵胞ホルモン(エストロゲン)の働きによるものである。

(ウ) 排卵後は子宮内膜を柔らかく保つために，黄体ホルモン(プロゲステロン)が分泌されるが，このホルモンの影響で基礎体温が上昇する。

【7】(1) ① 食道 ② 十二指腸 ③ 上行 ④ 横行
⑤ 下行 ⑥ 直腸 (2) (A群－B群) ア－b イ－d
ウ－c エ－a

○**解説**○ (1) 消化管の解剖図である。上から，食物を胃に送る食道，胃は食物を貯留しながらゆっくり十二指腸へ流す。十二指腸は脂肪の消化吸収を助ける胆汁と，多数の消化酵素を含む膵液が出てくる消化器であり，胆汁，膵液と食物を混ぜて小腸へ送り込む。小腸では胃や十二指腸で分解された食べ物をさらに分解し，栄養素を吸収する。大腸では，小腸で吸収された食物残渣の水分を調節し便を作る。大腸は，小腸に近い方からその走行に合わせて上行結腸，横行結腸，下行結腸，S状結腸と続き，便を貯める直腸へつながっている。 (2) どの疾患も，感染しておこる胃腸炎である。食品を介して感染することが多いが，接触感染もするため，手洗いの励行が大切である。どの疾患も学校感染症の中では第三種の感染症として分類されるが，ノロウイルス感染症とカンピロバクター感染症は第三種感染症の中でもその他の感染症と位置付けられており，学校で流行が起こった場合に感染拡大を防ぐために，校長が学校医の意見を聞いて，緊急的に第三種の感染症として措置をとることができる疾患である。ノロウイルス感染症は感染力が非常に強く，飛沫感染や，吐物が乾燥してエアロゾル化して感染源となる空気感染を起こすため，吐物等の処理は十分な注意が必要である。

【8】1 (ア) 脳幹 (イ) 延髄 (ウ) 下垂体(脳下垂体も可)
(エ) 脳梁 (オ) 小脳 2 脳脊髄液減少症(脳脊髄液漏出症，低髄液圧症候群も可)

○**解説**○ 1 中枢神経系を構成する間脳，中脳，橋，延髄をまとめて脳幹という。脳の底面中央に位置する下垂体(脳下垂体)は全身の分泌物のコントロールを行っている。脳梁は左右の大脳を繋ぐ交連繊維であり，脳の中央に位置している。後頭葉の下側に位置する小脳は平衡機

能などを司る。　2　脳脊髄液減少症は近年認知が進んでいる疾患である。スポーツ外傷後に脳脊髄液が漏れ出して減少することで症状が出現するものであり，文部科学省からも事務連絡「学校におけるスポーツ外傷等の後遺症への適切な対応について」(平成19年)などで適切な対応を求めている。治療法としてはまず，安静・水分補給をして硬膜の破れが塞がるのを待つが，効果が得られなければ，ブラッドパッチ療法の適応となる。ブラッドパッチ療法は，自分の血液を脊髄液の漏出箇所の近くに注入し，硬膜の破れた部分がくっつくのを助ける働きを促す治療法である。

【9】(1)　①　尿細管　　②　腎動脈　　③　糸球体　　④　腎盂　　⑤　尿管　　(2)　・ビタミンC(アスコルビン酸)を含むサプリメントやビタミン剤などは，検査前日の朝から摂取を控える。　・検査前日は夜間に及ぶ激しい運動は控える。　・就寝直前にトイレに行って完全に排尿する。　・朝一番の早朝第一尿(安静時の尿)を採取する。　・出始めの尿は捨て，途中の尿(中間尿)を採取する。　・月経時の場合は，可能であれば延期(別日)する。　から2つ

○**解説**○　(1)　解答参照。　(2)　多量のビタミンCを前日に摂取すると採取尿の潜血反応が偽陰性を示すおそれがある。また，蛋白が検出されることがあるため，前日の激しい運動は避け，就寝前に排尿し早朝の第一尿を採取する必要がある。採尿は，尿道等の雑菌の混入を防ぐため中間尿で行う。月経時も同様に検査に影響が出るため，別日に採尿を変更する必要がある。

【10】(1)　1　1　　2　2　　(2)　3　4　　4　5　　5　6

○**解説**○　(1)　耳は外側から耳介，外耳，鼓膜，中耳，内耳と位置している。外耳道は音を増幅させ，鼓膜を振動させる。その振動が中耳に伝わり，中耳の耳小骨を経由して内耳へ伝えている。耳小骨はつち骨，きぬた骨，あぶみ骨からなり，体の中でも最小の骨である。　(2)　外耳と中耳は音を空気の振動という物理的なエネルギーで捉えており，内耳へ音を伝えるための器官なので伝音器と言われている。また，内耳は伝わった振動を内耳内のリンパ液，有毛細胞が振動することにより電気信号へと変化させて脳へ伝える器官であり，音を感じるための

器官なので感音器と言われている。メニエール病はこの内耳内のリンパ液が過剰になり，めまいや耳鳴り，難聴が生じる疾患である。

【11】問1 a 6　b 7　c 2　　問2 2

○**解説**○　問1　正常な心臓は，4つの部屋と，それぞれの部屋につながる4種類の主な血管からできている。4つの部屋は右側の右心房と右心室，左側の左心房と左心室と呼ばれ，心房は心房中隔と呼ばれる壁により，心室は心室中隔と呼ばれる壁により左右に分けられている。血管は，心臓に戻る血液を運ぶ血管を静脈(大静脈，肺静脈)，心臓から出ていく血液を運ぶ血管を動脈(大動脈，肺動脈)と呼ばれる。心臓の中には右心房と右心室の間にある三尖弁，右心室の出口にある肺動脈弁，左心房と左心室の間にある僧帽弁，左心室の出口にある大動脈弁の4つの弁がある。　問2　学校管理下の心臓突然死は，日本体育・学校健康センターや日本スポーツ振興センターの報告によると1987年には年間118名と報告されているが，その後，年々減少し，最近は年間10名前後までに減少している。また児童生徒数対10万人当たりでも0.4～0.5人であったものが0.1～0.2人と大幅に減少している。学校心臓検診では，小学校，中学校，高等学校の各1年生全員の心電図検診が義務付けられている。

【12】(1) ②　(2) ① 洞房結節　② 房室結節　③ ヒス束　(3) ① ファロー四徴症　② 動脈管開存症　(4) ① 中節骨　② 基節骨　③ 中手骨　④ 尺骨　⑤ 橈骨

○**解説**○ (1)　A　リンパ型は，胸腺などのリンパ組織の成長を示したものである。年齢を重ねるごとに免疫力は高まっていき，発育曲線は思春期に最も高くなり，そこから徐々に下がっていく形となる。　B　神経型は，脳や脊髄，視覚器などの神経系や感覚器系の成長を示したものである。神経系や感覚器系というのは，生まれてから早い段階で大人と変わらないレベルにまで成長を遂げる。したがって，神経系の発育曲線は，出生後から一気に増加し，成長期には100%の状態にまで達する。　C　一般型は，身長や体重，筋肉，骨格などの成長を示したものである。ヒトの身長や体重の伸びが大きくなるのは，生まれ

てすぐの時期と12歳頃の思春期と呼ばれる時期である。したがって，一般型の発育曲線は，前半と後半に大きな坂が2か所ある。　D　生殖型は，男性や女性の生殖器，乳房，咽頭などの成長を示したものであり，思春期になると急激に上昇する。　(2)　①　心臓が規則的に拍動するためには，歩調取りの命令が必要である。この命令をだしているのが洞房結節とよばれる特殊な細胞の集まりで，右心房に位置している。　②　心房からの興奮は房室結節に集まり，ここから心室に伝導して心室を興奮させる。房室結節は塊状の結節であり，この部位の興奮伝導は遅く，心房が著しく速く興奮してもそのまま心室に伝わらないように調整する機能をもつ。　③　心臓内の刺激伝導系の一部で，房室接合部に続く。ここから左側の膜性中隔部で右脚と左脚とに分かれる。　(3)　①　比較的大きな心室中隔欠損があり，大動脈が前方に偏位することで，心室中隔に乗っかった位置(大動脈騎乗)に肺動脈狭窄(弁下，弁)をきたす病気である。このため，右心室圧は左心室圧と等圧になり，右室肥大を呈する。心室中隔欠損，大動脈騎乗，肺動脈狭窄，右室肥大をもって四徴症と呼ぶ。肺動脈狭窄の程度により症状が異なり，狭窄の程度が軽度の場合には心室中隔欠損と同様な血行動態となり，狭窄の程度が強くなる程，肺への血流が低下しチアノーゼが強くなる。乳幼児期までに心内修復術が行われる事が多く，学校心臓検診で管理が必要となる児童生徒はほとんど術後患者である。　②　動脈管を介し大動脈から肺動脈に血液が流れると同時に全身から戻ってきた血液も右室から肺動脈に流れるため，正常より多くの血液が左心房，左心室にかえる。症状は，動脈管のサイズに左右され，その程度により左心房・左心室の拡大が生じる。軽いもの(動脈管のサイズが小さい)は心雑音があるのみで，左心房・左心室の拡大も目立たない。症状はなく，健康児とかわらず運動制限をする必要はない。サイズが小さくとも感染性心内膜炎のリスクがあり管理が必要となる。　(4)手の骨は，指部分の基節骨・中節骨・末節骨の3つ(親指は2つ)の骨と，手のひら部分の中手骨，手根骨(大菱形骨・小菱形骨・舟状骨・月状骨・有頭骨・有鉤骨・豆状骨・三角骨)から構成される。また，手首とは，前腕と手のひらがつながっている部分のことで手関節とも呼ばれ，手のひらの手根骨と前腕部の橈骨，尺骨の2本の骨から構成される。

さらに，手を自由に動かすことを可能にしているのが，骨の継ぎ目に
ある関節や骨同士をつなぐ靱帯，筋肉が骨に結合する部分の腱，腱を
押さえる腱鞘である。

【13】(1)　①　虹彩　　②　角膜　　③　水晶体　　④　網膜　　⑤　視
神経乳頭　　⑥　視神経　　(2)　結膜下出血，網膜振盪症，前房出血，
網膜剝離，眼窩吹き抜け骨折　から2つ

○**解説**○ (1)　ものが見える仕組みはカメラの構造とよく似ており，光量
を調節する虹彩やピント合わせをする水晶体，光を受け取り視神経へ
伝達するフィルムのような網膜などからなる。角膜は光を集めて眼球
内部に届ける。なお，水晶体や角膜は無色透明であるため，血管によ
る栄養補給が受けられず，毛様体で産生される房水により栄養を受け
ていることも押さえておこう。　(2)　眼球へ直接小さいものが当たっ
た場合に起こる前眼部損傷では，黒目の傷(角膜びらん)や，前房出血
などによる目の痛みや充血，視力低下などがみられる。大きなものが
当たった場合に起こる後眼部損傷では，網膜震盪症，網膜出血や網
膜剝離などによる視力低下や視野欠損が見られる。また，目の周りを
囲む骨が折れて眼球運動に支障をきたす眼窩吹き抜け骨折(眼窩底骨
折)や結膜下出血を起こすこともある。スポーツ中のけがだけでなく，
児童生徒同士が衝突したり，転倒，ケンカなどで起こったりすること
もある。どのようにけがをしたのかの詳細な聞き取りが重要である。

【14】4

○**解説**○ ①　肺動脈は全身から戻った血液を肺へと送り出す血管。左右
の肺に向かって2つに分かれている。　②　大動脈は全身へ血液を送
る体内で一番太い血管。まず上に向かい，弓状に曲がって背中側に回
りながら3本の血管が枝分かれしていく。　③　心臓は通常左側に偏
っているが，ごく稀に体内の臓器が左右逆になっている場合は右側に
偏る。　④　横隔膜は胸腔下部のドーム状の骨格筋である。肋間筋は
肋間にある3層の薄い筋のことである。　⑤　胸腔内にあるのは肝臓
ではなく肺である。

● からだのしくみと働き

【15】1　⑧　　2　④　　3　③

○**解説**○　体内の血糖濃度は概ね80〜100mg/dLに維持されている。血糖値が下がった場合は神経系ホルモンと内分泌系ホルモンによる調節が機能するが，血糖値が上がった場合は内分泌系ホルモンにより調節される。血糖濃度が上昇すると副交感神経が働きインスリンが分泌される。インスリンはグルコースの細胞中への吸収の促進，グルコースからグリコーゲンへの合成を促進することで血糖濃度を低下させる。

【16】2

○**解説**○　耳は外側から耳介，外耳，鼓膜，中耳，内耳と位置している。外耳道は音を増幅させ，鼓膜を振動させる。その振動が中耳(鼓室)に伝わり，中耳の耳小骨を経由して内耳へ伝えている。また，鼓室からは耳管がのびて鼻の奥とつながっている。このことにより，鼓室内圧を外気と同程度に保つ働きをしている。

【17】問1　(1)　①　　(2)　⑤　　問2　①②④　　問3　(1)　②　(2)　④　　問4　④　　問5　①④

○**解説**○　問1　腎臓は腎動脈から流れてきた血液をろ過し尿の生成を行う器官である。腎臓に送られる血液量は全血液量の約$\frac{1}{4}$であり，腎動脈から腎臓に送られた血液は皮質にある糸球体でろ過され髄質の尿細管で必要な成分は再吸収され，尿が生成される。生成された尿は腎盂を経由して尿管を通って膀胱へと送られる。糸球体は毛細血管の束であり，ボーマン嚢は尿細管の一部である。糸球体とボーマン嚢の1組を腎小体といい，腎臓には左右それぞれ100万個程度腎小体が存在している。　問2　③　ビタミンCにより，検査結果が偽陰性となるおそれがあるのは蛋白反応ではなく尿潜血反応等である。　⑤　生理日やその前後1〜2日では，尿潜血や尿蛋白が陽性となるため，生理終了後の別日に採尿を行う。　問3　腎疾患の学校生活管理指導区分はA〜Eの5段階に分かれている。(1)　中等度の運動が認められる場合はDである。　(2)　運動は不可だが，教室での学習を受けられる場合はBである。　問4　(1)　尿糖検査で陽性であった場合，糖尿病ではなく腎性尿糖の可能性がある。　(2)　糖尿病の場合，血糖値が上昇しているた

め，尿糖陽性者が糖尿病か腎性尿糖かを診断するためには専門機関での血糖検査が必要となる。　問5　①　尿糖反応が陽性だが無症状の場合，2型糖尿病の発生初期である可能性が高い。　④　インスリンは血糖値を低く調整するホルモンである。2型糖尿病は生活習慣等により，インスリンの生産力が減少したりインスリン抵抗性が高くなったりすることで高血糖となる病気であるが，激しい運動や食事の摂取量の減少とインスリンの投与によって，低血糖を引き起こすことがある。

【18】1　⑥　　2　②　　3　⑧　　4　⓪　　5　③　　6　④
○**解説**○　歯・口の外傷は学校管理下では発生しやすいけがである。顎骨骨折や歯の脱臼・破折は重篤なけがであり，その対応も緊急を要し重要である。脱臼した歯の再植を可能にするためには，歯根膜の保存が重要である。歯根膜の喪失を防ぐため，歯根部に手を触れないこと，洗浄の際に歯根膜を喪失しないように注意すること，乾燥をさせないように保存液もしくは生理食塩水や牛乳等で保存するなどの対処が必要である。また，歯の破折によって，歯髄が見える場合は歯髄炎を引き起こす可能性があるため可能な限り早急に歯科医療機関を受診する必要がある。

【19】(1)　①　脳梁　　②　脳下垂体(下垂体も可)　　③　小脳
(2)　脳幹　　(3)　カ
○**解説**○　(1)　頭部については外傷だけではなく，生活習慣病や薬物乱用防止教育においても欠かすことできない部位である。脳の名称，働きについては正確に理解したい。　①　脳梁は左右の大脳半球をつなぐ交連線維の太い束で，左右の大脳皮質の間で情報をやり取りする経路となっている。　②　脳下垂体は脳の直下にあって，多様なホルモンを分泌する内分泌器官である。脳下垂体から分泌されるホルモンは，体の成長や出産時など一定の時期に大きく体を変化させる作用がある。　③　小脳の主要な機能は知覚と運動機能の統合であり，平衡・筋緊張・随意筋運動の調節などを司る。このため，小脳が損傷を受けると，運動や平衡感覚に異常をきたし，精密な運動や正常な歩行ができなくなる。　(2)　脳幹には，生命維持に欠かせない呼吸中枢や心臓

中枢がある。また，嚥下，唾液分泌，涙液分泌，発汗などの中枢の神経核もある。　(3)　側頭葉は，聴覚，言語，音楽を処理する神経の要所となっている。なお，ヒトの大脳皮質には，他にも頭頂葉の前部など，音の処理に関わる領域が存在する。

【20】1　①　上大静脈　　②　大動脈　　③　三尖弁　　④　下大静脈
2　先天性心疾患…アイゼンメンジャー症候群，大動脈弁狭窄　　不整脈…QT延長症候群，心室頻拍

○**解説**○　1　心臓は全身から送られた血液を肺に輸送し，また，肺から送られた血液を全身に輸送するためのポンプの役割をしている。上半身の血液は上大静脈から，下半身の血液は下大静脈から心臓の右心房へと輸送される。右心房から血液は右心室を通り肺動脈から肺へと送られる。三尖弁は右心室から右心房へと血液が逆流を防止するための弁である。肺を経由して肺静脈から左心房へ送られた血液は左心室から大動脈を通り全身へと輸送される。　2　突然死を引き起こす可能性がある心疾患には解答例の他に，肥大型心筋症等も挙げられる。また，突然死を引き起こす可能性がある不整脈には解答例の他，房室ブロックや一部のWPW症候群等があげられる。

【21】(1)　ア　①　鼓膜　　②　ツチ骨　　③　キヌタ骨　　④　アブミ骨　イ　鼓膜の振動を内耳に伝える機能　　(2)　ア　○　イ　○　ウ　×

○**解説**○　(1)　音を外耳道から伝わった振動を鼓室内の耳小骨に伝える。耳小骨は三つの骨からなり，最初に鼓室内のツチ骨，キヌタ骨，アブミ骨と順番にテコの原理で増幅させながら伝えていき，最終には鼓膜に伝わった振動(音)を増幅させて内耳へ送っていく。　(2)　ア　内耳は蝸牛とそこに繋がっている管状の三半規管・前庭からなっている。三半規管と前庭は平衡感覚を保つことに重大な役割を持ち，体のバランスを取るための役割をつかさどる。蝸牛は音を感じ取る役割があり，音の振動を波として伝え，内側の有毛細胞という感覚神経を刺激していく。感知された波は電気信号に変換され聴神経に伝えられ，その後大脳に伝えられていく。　イ　外耳道は長さが約3cm，直径が約1cm弱

のゆるく曲がった管状の構造になっている。外耳道の表面は薄い皮膚に覆われているが，穴の入り口に近い外側3分の1は軟骨に，奥の3分の2は骨に囲まれていて，それぞれ軟骨部外耳道，骨部外耳道と呼ばれている。　ウ　ヒトの蝸牛は蝸牛軸を中心に約3回転するらせん状の管構造で，骨により形成された骨迷路と，その内部の膜迷路からなる。膜迷路は3層に仕切られ，上層から前庭階，中心階，鼓室階と呼ばれる。前庭階と中心階はライスネル膜で仕切られ，中心階と鼓室階はコルチ器官をのせた基底膜で仕切られている。前庭階と鼓室階は外リンパ液で満たされ，中心階は内リンパ液で満たされている。

【22】問1　①　エナメル質　　②　歯髄　　③　歯槽骨　　問2　歯周病
問3　(A) GO　　(B) CO　　(C) ZS　　問4　ネグレクト
○解説○　問1　歯の表面はエナメル質であり，昼間が象牙質，中心部が歯髄と呼ばれるもので三層である。歯牙を支えるものが歯槽骨であり，セメント質は歯根の表面を覆っている。歯根と歯槽骨を結ぶ結合組織を歯根膜という。　問2　歯周病とは，歯みがきが十分でないなどにより，増殖した細菌の感染によって歯の周りの組織である歯肉，セメント質，歯槽骨，歯根膜に炎症が起こる疾病である。　　問3　解答参照。　　問4　幼児，低学年児童の歯みがきや歯の治療などは家庭の協力なしにはできない。児童生徒の劣悪な口腔内の状況はネグレクト(虐待)を含めた家庭環境の悪化を疑わせる指標の一つである。

【23】(1)　②　　(2)　①　　(3)　④
○解説○　(1)　脳の大部分を占める大脳の中でも，前方に位置する前頭葉は，思考や自発性，感情，理性などを司っているとされる。前頭葉を損傷すると，感情をコントロールできなくなったり，注意障害や遂行機能障害などの症状が現れる。　　(2)　視床下部は間脳に位置し，生命現象を司る自律神経の中枢である。また，内分泌系の中枢も担っている。　　(3)　脊髄は神経細胞の集合体であり，感覚や刺激などを末端と脳で繋ぐ中枢神経である。脊髄の横断面の中心部にあるのは中心管と呼ばれ，脳室と繋がっている。中は腔であり，脳脊髄液で満たされている。

●　からだのしくみと働き

【24】1　②　　2　④
○**解説**○　手は小さな骨の集まりであり，それぞれが有効に働くことで手の細かな動きを形作っている。手の付け根部分の骨を手根骨といい靭帯で結合された8つの骨で構成されている。手のひらの部分は中手骨といい，それぞれの指に1つずつ5本存在する。

【25】１　4　　２　1　　３　5　　４　2　　５　3
○**解説**○　関節は関節頭(凸部)と関節窩(凹部)からなり，形状により様々な動作に対応している。球関節は肩関節のほか股関節が当てはまる。楕円関節は前後左右に動く手首の関節があてはまる。鞍関節は馬の背に乗せる鞍のような形をした二軸関節であり，親指の付け根の関節のことである。蝶番関節は一方向にのみ動かすことができる関節であり，肘関節のほか指の第一関節などが当てはまる。平面関節は関節面が平面であまり動かないことが特徴で，背骨を構成する椎間関節が当てはまる。なお，問題文の関節の種類には当てはまらない上橈尺関節は車軸関節であり，環状の関節頭が関節窩内を車輪のように回転するような動きをする。

学校環境衛生

学習のポイント

　学校環境衛生に関する活動は，全教職員が共通理解のもとに，組織的・計画的に行うものの代表である。平成21(2009)年4月施行の学校保健安全法によって，学校環境衛生の基準が文科省によって示された。これらの基準は，児童生徒等および職員の健康を保護する上で維持されることが望ましい基準である。そして，学校の設置者は，学校環境衛生基準に照らしてその設置する学校の適切な環境の維持に努めなければならない。また，校長は，学校環境衛生基準に照らし，学校の環境衛生に関し適正を欠く事項があると認めた場合には，遅滞なく，その改善のために必要な措置を講じ，又は当該措置を講ずることができないときは，当該学校の設置者に対し，その旨を申し出ることとなっている。責任者が明らかになったことで，学校環境衛生の向上が望まれる。

	養護教諭	**学校環境衛生**

実施問題

【1】学校環境衛生について，次の[問1]～[問3]に答えよ。

[問1] 次の表は，「学校環境衛生基準」(令和4年文部科学省告示第60号)における「教室等の環境に係る学校環境衛生基準」に示された検査項目と基準の一部である。表中の ① ～ ④ にあてはまる数値をそれぞれ書け。

表

<table>
<tr><th colspan="2">検査項目</th><th>基　準</th></tr>
<tr><td rowspan="14">換気及び保温等</td><td>（1）換気</td><td>換気の基準として，二酸化炭素は， ① ppm以下であることが望ましい。</td></tr>
<tr><td>（2）温度</td><td>② ℃以上，28℃以下であることが望ましい。</td></tr>
<tr><td>（3）相対湿度</td><td>30%以上，80%以下であることが望ましい。</td></tr>
<tr><td>（4）浮遊粉じん</td><td>③ mg／㎥以下であること。</td></tr>
<tr><td>（5）気流</td><td>0.5m／秒以下であることが望ましい。</td></tr>
<tr><td>（6）一酸化炭素</td><td>④ ppm以下であること。</td></tr>
<tr><td>（7）二酸化窒素</td><td>0.06ppm以下であることが望ましい。</td></tr>
<tr><td>（8）揮発性有機化合物</td><td></td></tr>
<tr><td>ア．ホルムアルデヒド</td><td>100μg／㎥以下であること。</td></tr>
<tr><td>イ．トルエン</td><td>260μg／㎥以下であること。</td></tr>
<tr><td>ウ．キシレン</td><td>200μg／㎥以下であること。</td></tr>
<tr><td>エ．パラジクロロベンゼン</td><td>240μg／㎥以下であること。</td></tr>
<tr><td>オ．エチルベンゼン</td><td>3800μg／㎥以下であること。</td></tr>
<tr><td>カ．スチレン</td><td>220μg／㎥以下であること。</td></tr>
<tr><td></td><td>（9）ダニ又はダニアレルゲン</td><td>100匹／㎥以下又はこれと同等のアレルゲン量以下であること。</td></tr>
</table>

[問2] 教室等において燃焼器具を使用していない場合に限り，検査を省略することができる項目を，表中の検査項目(1)～(9)からすべて選び，その記号を書け。

[問3] 次の文は，ダニ又はダニアレルゲンの検査方法について説明したものである。文中の[①]，[②]にあてはまる語句または数値をそれぞれ書け。

● 学校環境衛生

> 　温度及び湿度が高い時期に，ダニの発生しやすい場所において[　①　]m²を電気掃除機で[　①　]分間吸収し，ダニを捕集する。捕集したダニは，顕微鏡で計数するか，アレルゲンを抽出し，[　②　]測定法によりアレルゲン量を測定する。

2024年度 ┃ 和歌山県 ┃ 難易度

【2】次の表は，「学校環境衛生基準」(平成30年4月1日施行)の水泳プールに係る学校環境衛生基準を示したものである。空欄　a　～　e　にあてはまる語句を以下の語群1〜0のうちから1つずつ選びなさい。なお，1つの語句は1度しか使えないものとする。

表

	検査項目	基　準
水質	(1) 遊離残留塩素	a mg/L以上であること。また、 b mg/L以下であることが望ましい。
	(2) pH値	c 以上 d 以下であること。
	(3) 大腸菌	e
	(4) 一般細菌	1mL中200コロニー以下であること。
	(5) 有機物等（過マンガン酸カリウム消費量）	12mg/L以下であること。
	(6) 濁度	2度以下であること。
	(7) 総トリハロメタン	0.2mg/L以下であることが望ましい。
	(8) 循環ろ過装置の処理水	循環ろ過装置の出口における濁度は、0.5度以下であること。また、0.1度以下であることが望ましい。
	(以下略)	(以下略)

[語群]
1　0.2　　2　0.4　　3　1.0　　4　3.8　　5　5.8　　6　6.8　　7　8.6
8　検出されないこと。　　9　1mL中50コロニー以下であること。
0　1mL中100コロニー以下であること。

2024年度 ┃ 宮城県・仙台市 ┃ 難易度

【3】 令和4年3月に一部改正された学校環境衛生基準について，次の各問いに答えよ。

1 次の表は，「第1 教室等の環境に係る学校環境衛生基準」の一部である。(①)～(⑥)に当てはまる数字を書け。

検査項目		基準
換気及び保温等	(1) 換気	換気の基準として，二酸化炭素は，(①)ppm以下であることが望ましい。
	(2) 温度	(②)℃以上，28℃以下であることが望ましい。
	(3) 相対湿度	30%以上，80%以下であることが望ましい。
	(4) 浮遊粉じん	(③)mg／m³以下であること。
	(5) 気流	0.5m／秒以下であることが望ましい。
	(6) 一酸化炭素	(④)ppm以下であること。
	(7) 二酸化窒素	0.06ppm以下であることが望ましい。
	(8) 揮発性有機化合物	
	ア．ホルムアルデヒド	(⑤)μg／m³以下であること。
	イ．トルエン	(⑥)μg／m³以下であること。

2 学校において，必要があるときは臨時検査を行うものとされているが，どのような場合か。示されている四つの場合のうち，「新築，改築，改修等及び机，いす，コンピュータ等新たな学校用備品の搬入等により揮発性有機化合物の発生のおそれがあるとき」「その他必要なとき」以外の二つを書け。

2024年度 ‖ 岡山市 ‖ 難易度 ■■■■□□

【4】 学校環境衛生基準に関する次の(1)～(3)の問いに答えなさい。

(1) 次の各文は，「学校環境衛生基準」(令和4年4月1日施行)の「第1 教室等の環境に係る学校環境衛生基準」について述べたものである。文中の(ア)～(オ)にあてはまる最も適当なものを以下の解答群からそれぞれ一つずつ選びなさい。

・ 温度は，(ア)℃以上，28℃以下であることが望ましい。

・ 相対湿度は，(イ)%以上，(ウ)%以下であることが望ましい。

・ 教室及び黒板のそれぞれの最大照度と最小照度の比は，(エ)：1を超えないこと。

・ 教室内の等価騒音レベルは，窓を閉じているときはLAeq(オ)dB(デシベル)以下であることが望ましい。

解答群

① 10　② 17　③ 18　④ 20　⑤ 30　⑥ 50
⑦ 55　⑧ 60　⑨ 70　⑩ 80

(2)　次の文章は、「学校環境衛生基準」(令和4年4月1日施行)の「第6雑則」について述べたものである。文中の(ア)～(ウ)にあてはまる組合せとして最も適当なものを以下の①～⑧のうちから一つ選びなさい。

・　定期及び臨時に行う検査の結果に関する記録は、検査の日から(ア)保存するものとする。また、毎授業日に行う点検の結果は記録するよう努めるとともに、その記録を点検日から(イ)保存するよう努めるものとする。

・　検査に必要な施設・設備等の図面等の書類は、(ウ)保存するものとする。

	ア	イ	ウ
①	3年間	3年間	作成日から１０年間
②	3年間	5年間	必要に応じて閲覧できるように
③	3年間	1年間	作成日から１０年間
④	5年間	3年間	必要に応じて閲覧できるように
⑤	5年間	5年間	必要に応じて閲覧できるように
⑥	5年間	1年間	作成日から１０年間
⑦	5年間	1年間	必要に応じて閲覧できるように
⑧	5年間	3年間	作成日から１０年間

(3)　次の文章は、「学校環境衛生管理マニュアル『学校環境衛生基準』の理論と実践[平成30年度改訂版]」(文部科学省)の「第Ⅱ章　学校環境衛生基準　第1　教室等の環境に係る学校環境衛生基準　2　採光及び照明」に関する内容について述べたものである。適当なものを次の①～⑤のうちから二つ選びなさい。

①　測定者は、測定時の着衣に注意する。白っぽいものは光を反射し、実際より照度が高くなることがある。服装は、光を吸収する黒っぽいものを着用する。測定時の位置、姿勢についても照度に影響を及ぼさないように注意する必要がある。

②　測定位置は、教室では机上、教室以外では床上100cmを原則とするが、授業の実態に合わせて適切な測定位置を選ぶことが必要である。

③　黒板の照度を測定する場合には、照度計の受光部の背面を黒板面に密着して照度を測定し、傾斜のある黒板・わん曲している黒

板の場合もできるだけ照度計を黒板面に密着させて形状に合わせて測定する。

④ テレビやスクリーン面では中央部分の水平照度を測定する。

⑤ 夜間の学校では,外が暗くなる前に消灯して照度を測定する。

‖ 2024年度 ‖ 千葉県・千葉市 ‖ 難易度 ▓▓▓░░

【5】「学校環境衛生管理マニュアル」(平成30年度改訂版　文部科学省)に示されている,水道水を水源とする飲料水(専用水道を除く。)の水質の検査について,次の(1)～(3)の各問いに答えよ。

(1) 毎学年1回定期に行う水質の検査項目のうち,pH値,味,臭気,遊離残留塩素のほかに二つ答えよ。

(2) 次の文中の(ア)～(ウ)に入る適切な語句をそれぞれ答えよ。

> ・検査は給水系統の代表的な(ア)の給水栓から採水して行う。
>
> ・給水栓水については,遊離残留塩素が(イ)mg/L以上保持されていること。(略)
>
> ・貯水槽の容量が過大で滞留時間が長すぎる場合や,連休等で長時間使用されなかった場合には,遊離残留塩素の減少により,(ウ)の繁殖を抑制できなくなるおそれがある。

(3) 水質の検査結果が基準に適合しない場合に,児童生徒に対して指導すべき事項を一つ述べよ。

‖ 2024年度 ‖ 山口県 ‖ 難易度 ▓▓▓▓░

【6】次の文は,「学校環境衛生管理マニュアル『学校環境衛生基準』の理論と実践　平成30年度改訂版」(文部科学省　平成30年6月)に示されている「第Ⅰ章　学校環境衛生活動　5学校環境衛生活動の内容　3定期検査,日常点検及び臨時検査」を抜粋しまとめたものである。以下の(1)～(3)の各問いに答えなさい。

①定期検査

定期検査は,それぞれの検査項目についてその実態を客観的,(a)な方法で定期的に把握し,その結果に基づいて事後措置を講ずるためのものである。したがって,定期検査に使用する測定機器

はデジタル機器を含め，(b)なものでなくてはならない。検査の実施に当たっては，その内容により，学校薬剤師が自ら行う，学校薬剤師の指導助言の下に(c)が行う，又は学校薬剤師と相談の上で外部の検査機関に依頼することなどが考えられるが，いずれの場合においても各学校における検査の実施については(d)の責任のもと，確実かつ適切に実施しなければならない。

②日常点検

日常点検は，点検すべき事項について，毎授業日の授業開始時，(e)，又は授業終了時等において，主として(f)によりその環境を点検し，その点検結果を定期検査や臨時検査に活用したり，必要に応じて事後措置を講じたりするためのものである。各教室の環境については(g)の役割とするなど，校務分掌等に基づき(c)の役割を明確にした上で，確実に実施する必要がある。学校環境衛生活動は，身の回りの環境がどのように維持されているかを知る(h)の一環として，(i)等が学校環境衛生活動を行うことも考えられる。

③臨時検査

臨時検査は，下記に示すような場合，必要に応じて検査を行うものである。なお，臨時検査を行う場合，定期検査に準じた方法で行う。

・感染症又は(あ)の発生のおそれがあり，また，発生したとき。

・(い)等により環境が不潔になり又は汚染され，感染症の発生のおそれがあるとき。

・新築，改築，改修等及び机，いす，コンピュータ等新たな学校用備品の搬入等により(う)の発生のおそれがあるとき。

(1) 文中の(a)〜(i)に入る語句を次のア〜トから選び記号で答えよ。

ア	観察法	イ	校長	ウ	主観的
エ	適切	オ	事後措置	カ	外観検査
キ	科学的	ク	養護教諭	ケ	学級担任
コ	教職員	サ	官能法	シ	休憩時間中
ス	授業中	セ	児童生徒	ソ	保健教育

タ　安全教育　　チ　組織活動　　ツ　保健主事
テ　適正　　　　ト　設置者

(2)　文中の(　あ　)～(　う　)に入る語句を答えよ。

(3)　次の表は，「【参考】教室等の環境に係る学校環境衛生基準」(文部科学省　令和4年3月31日告示第60号)に示されている「学校環境衛生基準　第1教室等の環境に係る学校環境衛生基準」の検査項目，基準を抜粋しまとめたものである。表中の(　①　)，(　②　)に入る数字を答えよ。

検査項目			基　　準
採光照明及び		(10)　照度	(ウ) コンピュータを使用する教室等の机上の照度は，(　①　)～1000 lx 程度が望ましい。
			(エ) テレビやコンピュータ等の画面の垂直面照度は，(　②　)～(　①　)lx 程度が望ましい。

┃ 2024年度 ┃ 佐賀県 ┃ 難易度 ▮▮▮□□

【7】次は，日常における環境衛生に係る学校環境衛生基準に示された「教室等の環境」についての記述である。(　1　)～(　4　)にあてはまる語句を[　]から一つ選び，番号で答えよ。

　学校環境衛生の維持を図るため(中略)，次表の左欄に掲げる検査項目について，同表の右欄の基準のとおり，(　1　)点検を行うものとする。

検査項目	基　　　　準
(1) 換気	(ア) 外部から教室に入ったとき，不快な(2)や臭気がないこと。
	(イ) 換気が適切に行われていること。
(2) 温度	18℃以上，(　3　)であることが望ましい。
(3) 明るさとまぶしさ (　4　)	(ア) 黒板面や机上等の文字，図形等がよく見える明るさがあること。
	(イ) 黒板面，机上面及びその周辺に見え方を邪魔する(4)がないこと。
	(ウ) 黒板面に光るような箇所がないこと。
(4) 騒音	学習指導のための教師の声等が聞き取りにくいことがないこと。

1　湿度	2　熱気	3　28℃以下	4　30℃以下	
5　汚れ	6　毎月	7　毎週	8　毎授業日に	
9　刺激	0　まぶしさ			

┃ 2024年度 ┃ 愛知県 ┃ 難易度 ▮▮□□□

【8】 次の図は，ある教室の机上の水平照度を測定した結果である。この教室はコンピュータを使用する教室として望ましいか。学校環境衛生基準で示されているコンピュータを使用する教室等の机上の照度の基準を踏まえて説明せよ。

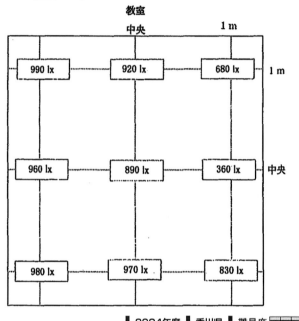

教室

	中央	1 m	
990 lx	920 lx	680 lx	1 m
960 lx	890 lx	360 lx	中央
980 lx	970 lx	830 lx	

▌2024年度 ▌香川県 ▌難易度

【9】 次の表は，ある学校で，学校環境衛生基準(平成21年文部科学省告示第60号)に基づいて実施した，教室の環境に関する定期検査結果の一部を示したものである。表中の検査項目の中で，検査結果が学校環境衛生基準に適合していないものを選びなさい。

	検査項目	検査結果
①	換気（二酸化炭素）	1300ppm
②	相対湿度	75%
③	二酸化窒素	0.05ppm
④	揮発性有機化合物（キシレン）	500 μg/㎥
⑤	照度（教室及び黒板）	600lx（ルクス）

▌2024年度 ▌福岡県・福岡市・北九州市 ▌難易度

【10】学校における環境衛生検査について，次の各問いに答えなさい。

(1) 次の文章は，「学校保健安全法施行規則」(昭和33年文部省令第18号)の抜粋である。空欄(①)～(⑥)に当てはまる語句をそれぞれ答えなさい。

(環境衛生検査)

第1条 学校保健安全法(昭和33年法律第56号。以下「法」という。)第5条の環境衛生検査は，他の法令に基づくもののほか，(①)に，法第6条に規定する学校環境衛生基準に基づき行わなければならない。

2 学校においては，必要があるときは，(②)に，環境衛生検査を行うものとする。

((③)における環境衛生)

第2条 学校においては，前条の環境衛生検査のほか，(③)的な(④)を行い，環境衛生の(⑤)又は(⑥)を図らなければならない。

---

(2) 「学校環境衛生基準」(令和4年文部科学省告示第60号)に示されている教室等の環境に係る基準について，空欄(①)～(⑦)に当てはまる数値を以下のア～セからそれぞれ1つずつ選び，記号で答えなさい。また，空欄　A　に当てはまる数値を答えなさい。

検査項目		基 準
換気及び保温等	換気	換気の基準として，二酸化炭素は，1500 ppm 以下であることが望ましい。
	温度	(①)℃以上，(②)℃以下であることが望ましい。
	相対湿度	(③)%以上，(④)%以下であることが望ましい。
	浮遊粉じん	(⑤)mg/m³ 以下であること。
	気流	(⑥)m/秒以下であることが望ましい。
	一酸化炭素	A　 ppm 以下であること。
	二酸化窒素	(⑦)ppm 以下であることが望ましい。

ア	0.03	イ	0.06	ウ	0.10	エ	0.5	オ	1.0
カ	5	キ	10	ク	17	ケ	18	コ	20
サ	27	シ	28	ス	30	セ	80		

2024年度 ▎京都府 ▎難易度 ■■■□□□

【11】次の表は,「学校環境衛生管理マニュアル 『学校環境衛生基準』の理論と実践[平成30年度改訂版](2018年8月 公益財団法人 日本学校保健会) 第Ⅱ章 学校環境衛生基準 第1 教室等の環境に係る学校環境衛生基準」の記載内容をまとめたものである。検査項目,基準,方法の組合せが適切なものを,次の①～⑤の中から一つ選べ。

	検査項目	基準	方法
①	換気	二酸化炭素は,１５００ppm以下であることが望ましい	二酸化炭素は,検知管法により測定する
②	気流	１.０m／秒以下であることが望ましい	０.２m／秒以上の気流を測定することができる風速計を用いて測定する
③	一酸化炭素	1ppm以下であること	検知管法により測定する
④	二酸化窒素	０.０６ppm以下であることが望ましい	検知管法により測定する
⑤	ダニ又はダニアレルゲン	１００匹／m² 以下又はこれと同等のアレルゲン量以下であること	温度及び湿度が高い時期に,保健室の寝具,カーペット敷の教室等において１m² を電気掃除機で３分間吸引し,ダニを捕集する。捕集したダニは,顕微鏡で計数するか,アレルゲンを抽出し,酵素免疫測定法によりアレルゲン量を測定する

▌2024年度 ▌岐阜県 ▌難易度 ▌▌

【12】次の記述は,「学校保健安全法(昭和33年法律第56号)第6条第1項の規定に基づき,学校環境衛生基準(平成21年文部科学省告示第60号)の一部を改正する件(令和4年文部科学省告示第60号)」の一部である(一部表記を改めたところがある)。空欄 1 , 2 に当てはまる最も適切なものを,以下の①～⑥のうちから選びなさい。

学校環境衛生基準

第1 教室等の環境に係る学校環境衛生基準

1 教室等の環境(換気,保温,採光,照明,騒音等の環境をいう。以下同じ。)に係る学校環境衛生基準は,次表の左欄に掲げる検査項目ごとに,同表の右欄のとおりとする。

検査項目		基準
換気及び保温	（1）換気	換気の基準として、二酸化炭素は、1500ppm 以下であることが望ましい。
	（2）温度	☐1 ℃以上、28℃以下であることが望ましい。
	（3）相対湿度	30％以上、80％以下であることが望ましい。
	（4）浮遊粉じん	0.10mg／m³以下であること。
	（5）気流	0.5m／秒以下であることが望ましい。
	（6）一酸化炭素	☐2 ppm 以下であること。
	（7）二酸化窒素	0.06ppm 以下であることが望ましい。
	（8）揮発性有機化合物	
	ア．ホルムアルデヒド	100μg／m³以下であること。
	イ．トルエン	260μg／m³以下であること。
	ウ．キシレン	200μg／m³以下であること。
	エ．パラジクロロベンゼン	240μg／m³以下であること。
	オ．エチルベンゼン	3800μg／m³以下であること。
	カ．スチレン	220μg／m³以下であること。
	（9）ダニ又はダニアレルゲン	100匹／m²以下又はこれと同等のアレルゲン量以下であること。

① 6　② 8　③ 10　④ 16　⑤ 17　⑥ 18

‖ 2024年度 ‖ 神奈川県・横浜市・川崎市・相模原市 ‖ 難易度 ▨▨▨☐☐

【13】「学校環境衛生基準」(令和4年4月1日施行)について，次の問いに答えなさい。

1　次の表は，教室等の環境における定期検査の項目についてまとめたものである。以下の問いに答えなさい。

表

教室等の環境	換気及び保温等	検査項目	
		（1）ア換気	
		（2）温度	
		（3）相対湿度	
		（4）浮遊粉じん	
		（5）気流	
		（6）一酸化炭素	
		（7）二酸化窒素	
		（8）揮発性有機化合物	
		（9）イダニ又はダニアレルゲン	
	採光及び照明	（10）ウ照度	
		（11）まぶしさ	
	騒音	（12）騒音レベル	

(1)　下線部アについて，次の問いに答えなさい。
　　①　換気の基準として，測定される気体の名称を書きなさい。
　　②　換気の基準として，①の気体が何ppm以下であることが望ましいとされているか，数字を書きなさい。
　　③　①の気体を測定する方法の名称を書きなさい。

(2)　下線部ア～ウについて，毎学年何回定期に検査を行うものとされているか，それぞれ書きなさい。

2　定期検査，臨時検査の結果に関する記録は，検査の日から何年間保存するものとされているか，それぞれ書きなさい。

3　毎授業日に行う点検の結果の記録は，点検日から何年間保存するよう努めるものとされているか，書きなさい。

■ 2024年度 ■ 山形県 ■ 難易度 ■■■■■□□□

【14】学校環境衛生の基準等について，各問いに答えよ。

問1　次の表は，飲料水の水質検査の基準について記されたものである。表中の(　①　)～(　⑤　)に当てはまる語句や数字を答えよ。ただし，同一番号には同一語が入る。

検査項目	基　　　　　準
飲料水の水質	（ア）　給水栓水については，（　①　）が（　②　）mg/L以上保持されていること。ただし，水源が病原生物によって著しく汚染されるおそれのある場合には，（　①　）が（　③　）mg/L以上保持されていること。 （イ）　給水栓水については，（　④　），臭気，（　⑤　）等に異常がないこと。 （ウ）　冷水器等飲料水を貯留する給水器具から供給されている水についても，給水栓水と同様に管理されていること。

問2　水質検査の日常点検で，表中の下線部(　①　)を検査するために使用する試薬名を答えよ。

問3　次の文の下線部について，正しいものには○を，間違っているものには正しい数字を答えよ。

(1)　教室及びそれに準ずる場所の照度の下限値は，300ルクスとする。また，教室及び黒板面の照度は，500ルクス以上であることが望ましい。

(2)　教室等の相対湿度の基準は，50%以上，80%以下であることが望ましい。

(3) 学校における教室等に敷かれたカーペットや保健室の寝具など のダニ又はダニアレルゲンの検査は，<u>100匹/m²</u>以下又はこれと同 等のアレルゲン量以下であること。

(4) プール水は，透明度に常に留意し，水中<u>5m</u>離れた位置からプ ールの壁面が明確に見える程度に保たれていること。

■ 2024年度 ■ 長崎県 ■ 難易度 ■■■■■□□

【15】 表は，「学校環境衛生管理マニュアル 平成30年度改訂版」(文部科 学省)に記載されている教室等の環境に係る学校環境衛生基準の一部で ある。 ア ～ オ にあてはまる語尾が，「であること」の場合 は「A」，「であることが望ましい」の場合は「B」と答えよ。

表

検査項目	基準
換気	換気の基準として、二酸化炭素は、1500ppm 以下 ア
温度	18℃以上、28℃以下 イ
相対湿度	30%以上、80%以下 ウ
浮遊粉じん	0.10mg/m³ 以下 エ
一酸化炭素	6 ppm 以下 オ

■ 2024年度 ■ 島根県 ■ 難易度 ■■■■■□□

【16】 次の表は，学校環境衛生基準の「第5 日常における環境衛生に係 る学校環境衛生基準」及び「第6 雑則」の一部を抜粋し，表にした ものである。下線部①～⑫について，その正誤の組み合わせとして最 も適切なものを，以下のa～eの中からそれぞれ一つ選びなさい。

	検査項目	基準
教室等の環境	換気	(ア) 外部から教室に入ったとき，①<u>不快な刺激や臭気がないこと。</u> (イ) 換気が適切に行われていること。
	温度	②<u>16℃以上，30℃以下であることが望ましい。</u>
	明るさとまぶしさ	(ア) ③<u>机上等の文字，図形等がよく見える明るさがあること。</u> (イ) ④<u>机上面及びその周辺に見え方を邪魔するまぶしさがないこと。</u> (ウ) 黒板面に光るような箇所がないこと。
	騒音	学習指導のための⑤<u>教師の声等が聞き取りにくいことがないこと。</u>
		(ア) 給水栓水については，遊離残留塩素が⑥<u>0.4mg/L以上保持されて</u>

飲料水等の水質及び施設・設備	飲料水の水質	いること。ただし，水源が病原生物によって著しく汚染されるおそれのある場合には，遊離残留塩素が0.2mg/L以上保持されていること。 (イ) 給水栓水については，_⑦濁度，PH等に異常がないこと。 (ウ) 冷水器等飲料水を貯留する給水器具から供給されている水についても，給水栓水と同様に管理されていること。
	飲料水等の施設・設備	(ア) 水飲み，洗口，手洗い場及び足洗い場並びにその周辺は，_⑧排水の状況がよく，清潔であり，その設備は破損や故障がないこと。 (イ) 配管，給水栓，給水ポンプ，貯水槽及び浄化設備等の給水施設・設備並びにその周辺は，清潔であること。
雑則		学校においては，次のような場合，必要があるときは，臨時に必要な検査を行うものとする。 (1) _⑨食中毒の発生のおそれがあり，また，発生したとき。 (2) 風水害等により環境が不潔になり又は汚染され，_⑩感染症の発生のおそれがあるとき。 (3) 新築，改築，改修等及び机，いす，_⑪テレビ等新たな学校用備品の搬入等により_⑫揮発性有機化合物の発生のおそれがあるとき。 (4) その他必要なとき。

(1)

	①	②	③	④
a	正	正	正	正
b	正	誤	誤	誤
c	誤	正	正	誤
d	誤	正	誤	正
e	誤	誤	誤	誤

(2)

	⑤	⑥	⑦	⑧
a	正	正	正	正
b	正	誤	誤	正
c	誤	正	誤	誤
d	誤	誤	正	正
e	誤	誤	誤	誤

(3)

	⑨	⑩	⑪	⑫
a	正	正	正	正
b	正	誤	誤	誤
c	誤	正	誤	正
d	誤	誤	正	正
e	誤	誤	誤	誤

【17】次の表は，「学校環境衛生管理マニュアル『学校環境衛生基準』の
理論と実践[平成30年度改訂版]」(平成30年　文部科学省)「第Ⅱ章　学
校環境衛生基準」「第1　教室等の環境に係る学校環境衛生基準」から
の一部抜粋である。教室等の環境の検査項目とその方法に関する記述
として最も適切なものを①～⑤の中から一つ選びなさい。

	検査項目	方　法
①	換気	二酸化炭素は，検知管法により測定する。
②	温度	1.0度目盛の温度計を用いて測定する。
③	一酸化炭素	ザルツマン法により測定する。
④	二酸化窒素	検知管法により測定する。
⑤	照度	教室の照度は，床上75cmの水平照度を測定する。

‖ 2024年度 ‖ 三重県 ‖ 難易度 ▓▓▓▓▓▓▓□□

【18】次の図は，『学校環境衛生管理マニュアル「学校環境衛生基準」の
理論と実践(平成30年度改訂版)』に示されている学校環境衛生活動の
概略図である。以下の(1)～(4)の問いに答えなさい。

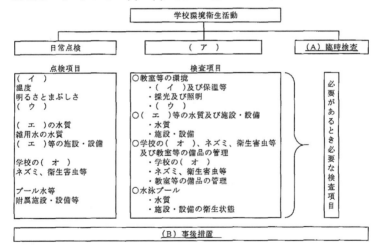

(1)　図中の(ア)～(オ)に適する語句を書きなさい。

(2)　図中の(ア)及び(A)臨時検査の結果に関する記録の保存期間を
書きなさい。

(3)　図中の(A)臨時検査を行う場合について，次の(カ)～(コ)
に適する語句を書きなさい。

105

・感染症又は(カ)の発生のおそれがあり，また，発生したとき。
・(キ)等により環境が(ク)になり又は汚染され，感染症の発生のおそれがあるとき。
・(ケ)，改築，改修等及び机，いす，コンピュータ等新たな学校用備品の搬入等により(コ)の発生のおそれがあるとき。
・その他必要なとき。

(4) 日常点検を実施した担任から，「教室がいつもより暗い」と報告があった。養護教諭が照度の測定をしたところ，基準値を満たしていなかった。この場合にとる(B)事後措置を2つ書きなさい。

▌2024年度▐群馬県▐難易度■■■■■■

【19】学校環境衛生活動について，次の問いに答えなさい。
(1) 次の文章は，照度検査方法等について述べたものである。適切でないものをア～エから1つ，オ～キから1つ選び，記号で答えなさい。
　ア　毎学年2回定期に行う。必ず暗い雨の日と明るい晴天の日の2回実施する。
　イ　学校の授業中等に，各階1以上の教室等を選び検査を行う。
　ウ　測定位置は，教室では机上，教室以外では床上75cmを原則とする。
　エ　窓側等で照度計に直射日光が当たる場合は，カーテン，ブラインド等で遮蔽したときの照度も記録しておく。
　オ　教室の照度は9か所，黒板の照度も9か所で測定し，それらの最大照度，最小照度で示す。
　カ　測定者は，測定時の着衣に注意する。服装は，白っぽいものを着用する。測定時の位置，姿勢についても照度に影響を及ぼさないように注意する必要がある。
　キ　テレビやスクリーン面では中央部分の垂直照度を測定する。テレビの画面等のわん曲している場合もできるだけ照度計を表面に密着させて形状に合わせて測定する。
(2) 次の文章は，揮発性有機化合物の検査について述べたものである。

適切なものをア〜カから選び，記号で答えなさい。

ア　ホルムアルデヒドは毎学年1回，教室等内の温度が低い時期に定期に行う。

イ　トルエン，キシレンは毎学年1回定期に行うが，パラジクロロベンゼン，エチルベンゼン，スチレンについては，必要と認める場合に毎学年1回定期に行う。

ウ　ホルムアルデヒドの基準値は，令和3年4月から870μg/m³以下から200μg/m³以下に見直しされた。

エ　検査時は教室の濃度を外気濃度と同じ程度にするため，教室の窓，戸，戸棚等を開けて30分以上換気する。その後，開放した箇所を閉め，そのまま5時間以上放置する。

オ　空気の採取は，授業を行う時間帯に机上の高さで行う。採取は，原則として児童生徒等がいる状態で行う。

カ　机，いす，コンピュータ等新たな学校用備品の搬入等により揮発性有機化合物の発生のおそれがあるときは，臨時に必要な検査を行ってもよい。

(3)　次の文章は，風水害等により環境が不潔になり，又は汚染され，感染症発生の恐れのあるときの消毒について述べたものである。適切であるものを○，適切でないものを×とした場合，組合せとして正しいものをア〜キから選び，記号で答えなさい。

a　校舎等のまわりは，じょうろや噴霧器などで濡れる程度に散布する。屋外の壁面は，泥などの汚れを水で落としてから，消毒液を浸した布などでよく拭く。または噴霧器で噴霧する場合は，濡れる程度に噴霧する。

b　屋外の消毒薬には，クレゾール石けんやオルソ剤を用いる。

c　屋内で汚水に浸かった壁面や床，教具・備品等は，泥などの汚れを洗い流すか，雑巾などで水拭きしてから，希釈液に浸した布などでよく拭く。または噴霧器で噴霧する場合は，濡れる程度に噴霧する。その後は風通しをよくしそのまま乾燥させる。

d　屋内の消毒には，逆性石けんを用いる。エタノールと混ぜるとより効果的である。

e　後片付けなどで汚染された箇所や土に触れた手指は，汚れを石

けんで洗った後，流水で石けんを落とし，洗面器などに入れた消毒液に手首まで浸し，30秒以上もみ洗いをする。その後，そのまま乾燥させる。石けんが残っていると殺菌力が低下するので，よく洗い流すこと。

f　手指の消毒薬には，逆性石けんを用いる。

g　食器類は水洗いした後，消毒液に5分以上浸し，その上で自然乾燥させる。

h　食器類の消毒薬には，次亜塩素酸ナトリウム，または，次亜塩素酸水を用いる。

ア　a ○　　b ×　　c ○　　d ○　　e ×　　f ○
　　g ○　　h ×

イ　a ×　　b ○　　c ×　　d ○　　e ×　　f ×
　　g ×　　h ○

ウ　a ○　　b ○　　c ○　　d ×　　e ×　　f ○
　　g ○　　h ×

エ　a ×　　b ○　　c ×　　d ○　　e ○　　f ×
　　g ×　　h ×

オ　a ○　　b ×　　c ○　　d ×　　e ×　　f ×
　　g ○　　h ○

カ　a ×　　b ○　　c ○　　d ○　　e ○　　f ○
　　g ×　　h ○

キ　a ○　　b ×　　c ×　　d ×　　e ○　　f ○
　　g ○　　h ○

(4)　次の文章は，環境衛生検査の記録等について述べたものである。適切でない箇所を(ア)〜(オ)から選び，記号で答えなさい。

　　定期検査等を効果的に実施するためには，(ア)施設・設備等を把握し，過去の検査結果を参考にする必要があることから，定期及び臨時に行う検査の結果に関する記録を検査の日から(イ)5年間保存するよう努めるとともに，検査に必要な施設・設備等の図面等の書類は，(ウ)必要に応じて閲覧できるように適切に保存する。

　　日常点検の実施の目的の一つには，それらの結果に基づいて定期検査や臨時検査の実施に役立てることがあることから，毎授業日に

行う点検の結果は(エ)記録するよう努めるとともに，その記録を点検
日から(オ)3年間保存するよう努める。

┃ 2024年度 ┃ 静岡県・静岡市・浜松市 ┃ 難易度 ┃■■■■□□

【20】「学校環境衛生管理マニュアル『学校環境衛生基準』の理論と実践
平成30年度改訂版」(文部科学省)に示されている環境衛生基準を参考
にして，次の1，2，3の問いに答えよ。

1　室内空気中の揮発性有機化合物の臨時検査を行うのはどのような
ときか，二つ答えよ。

2　揮発性有機化合物が基準値を超えた場合の事後措置について，二
つ答えよ。

3　コンピュータを使用する教室等の照度及びコンピュータ画面の照
度について(①)から(⑤)に当てはまる数値または語句を答
えよ。

コンピュータ教室及びコンピュータを使用する教室等において
は，机上の照度は(①)～(②)ルクス程度が望ましい。また，
コンピュータを使用する場合，背後からの光はコンピュータの画面
に映り込むので，画面上の反射や影が少なくなるように留意する必
要がある。なお，本基準でいうコンピュータには，デスクトップ型
パソコンのほか，ノート型パソコンやタブレット端末等を含む。

テレビやコンピュータ等の画面の垂直面照度は，(③)～
(④)ルクス程度が望ましいとされている。また，目の(⑤)
の原因にならないようにするため，画面に強い光が当たらないよう
にするとともに，周囲の明るさ(壁面照度)を確保することが大切で
ある。

┃ 2024年度 ┃ 栃木県 ┃ 難易度 ┃■■■■■□

【21】次の「学校環境衛生管理マニュアル」(平成30年度改訂　文部科学
省)及び「学校環境衛生基準の一部改正について(通知)」(令和4年5月
文部科学省)についての問いに答えよ。

(1)　次の水泳プールに係る学校環境衛生基準における下線部のうち，
適切でないものを①～⑤から選び，番号で答えよ。

	検査項目	基準
水質	遊離残留塩素	①0.4mg/L以上であること。また、1.0mg/L以下であることが望ましい。
	②pH値	5.8以上8.6以下であること。
	大腸菌	検出されないこと
	一般細菌	③検出されないこと。
	有機物等（過マンガン酸カリウム消費量）	12mg/L以下であること。
	濁度	④2度以下であること。
	総トリハロメタン	⑤0.2mg/L以下であることが望ましい。

(2) 次の文は，照度検査の方法の記述である。文中の下線部のうち，適切でないものを①〜⑤から選び，番号で答えよ。

検査場所

学校の授業中等に，各階1以上の教室等を選び検査を行う。

測定位置は，教室では机上，教室以外では床上①1mを原則とするが，②授業の実態に合わせて適切な測定位置を選ぶことが必要である。

検査方法

○③日本工業規格C1609−1に規定する照度計(一般形A級，一般形AA級又は一般形精密級)を用いて測定する。

○照度計には，④光電池照度計や光電管式照度計がある。なお，長期にわたり使用している場合は，誤差が出る可能性があるため，使用前に正確なものと比較し，補正を行う必要がある。

○黒板の照度を測定する場合には，照度計の受光部の⑤背面を黒板面に密着して照度を測定し，傾斜のある黒板・わん曲している黒板の場合もできるだけ照度計を黒板面に密着させて形状に合わせて測定する。

(3) 次の教室の空気の学校環境衛生基準における下線部のうち，適切でないものを①〜⑤から選び，番号で答えよ。

検査項目	基準
温度	①18℃以上、②28℃以下であることが望ましい。
相対湿度	30%以上、③80%以下であることが望ましい。
気流	④0.5m/秒以下であることが望ましい。
⑤二酸化窒素	6ppm以下であること。

【22】学校保健安全法第6条第1項の規定に基づき文部科学大臣が定めた「学校環境衛生基準」について、次の1〜3に答えなさい。

1　次の表は、教室等の環境に係る学校環境衛生基準の検査項目及び基準の一部を示したものです。表中の（　ア　）〜（　オ　）に当てはまる言葉は何ですか。それぞれ書きなさい。

検査項目	基準
温度	（　ア　）であることが望ましい。
（　イ　）	30 ％ 以上、80 ％ 以下であることが望ましい。
一酸化炭素	（　ウ　）であること。
（　エ　）	0.06 ppm 以下であることが望ましい。
ダニ又はダニアレルゲン	（　オ　）以下又はこれと同等のアレルゲン量以下であること。

2　「学校環境衛生管理マニュアル「学校環境衛生基準」の理論と実践 平成30年度改訂版」（平成30年5月　文部科学省）には、臨時検査は必要に応じて行うものとすることが示されています。臨時検査を行う必要があるのはどのようなときですか。簡潔に3つ書きなさい。

3　次の資料は、ある学校の照度検査結果の一部を示したものです。この結果は、学校環境衛生基準に照らして事後措置が必要な状態です。それはなぜですか。資料を踏まえて、その理由を簡潔に2つ書きなさい。

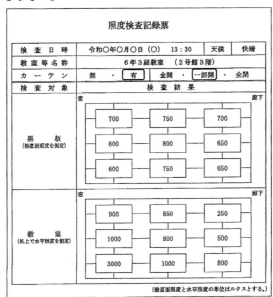

【23】「学校環境衛生管理マニュアル『学校環境衛生基準』の理論と実践 [平成30年度改訂版]」(平成30年8月　日本学校保健会)の「第Ⅱ章　学校環境衛生基準　第1　教室等の環境に係る学校環境衛生基準」に関する記述について，誤っているものを，次の1〜5のうちから一つ選べ。

1　相対湿度は30%以上，80%以下であることが望ましい。

2　浮遊粉じんは0.50mg/m³以下であること。

3　気流は0.5m/秒以下であることが望ましい。

4　二酸化窒素は0.06ppm以下であることが望ましい。

5　ホルムアルデヒドは100μg/m³以下であること。

‖ 2024年度 ‖ 大分県 ‖ 難易度 ▮▮▮▮▮▮▮▯▯

【24】環境基準について，次の(1)，(2)の問いに答えよ。

(1)　学校環境衛生基準について，令和4年3月文部科学省告示第60号に照らして，次の文中の(　①　)〜(　⑤　)に当てはまる数字をそれぞれ書け。

> 【教室等の環境に係る学校環境衛生基準】
> ○　換気及び保温等
>
> | 検査項目 | 基　準 |
> |---|---|
> | 温度 | (　①　)℃以上、28℃以下であることが望ましい。 |
> | 一酸化炭素 | (　②　)ppm以下であること。 |
>
> 【飲料水等の水質及び施設・設備に係る学校環境衛生基準】
> ○　水質
> (1)　水道水を水源とする飲料水(専用水道を除く。)の水質
> 　　コ．遊離残留塩素
> 　　　給水栓における水が，遊離残留塩素を(　③　)mg/L (結合残留塩素の場合は，(　④　)mg/L)以上を保持するように塩素消毒をすること。
> (4)　雑用水の水質
> 　ア．pH値
> 　　5.8以上(　⑤　)以下であること。

(2)　微小粒子状物質(PM2.5)について，次の①，②の問いに答えよ。

　①　微小粒子状物質(PM2.5)に係る環境基準について，平成21年9月

112

環境省告示に照らして，次の文中の（　ア　），（　イ　）に当てはまる数字の組合せとして最も適切なものを以下のA～Fから一つ選び，その記号を書け。

> 1年平均値（　ア　）μg/m³以下であり，かつ，1日平均値が（　イ　）μg/m³以下であること。

	ア	イ
A	10	25
B	10	35
C	15	35
D	15	45
E	20	25
F	20	45

② 平成25年に環境省が設置した「PM2.5に関する専門家会合」で示された「注意喚起のための暫定的な指針」に照らして，次の文中の（　ア　）～（　オ　）に当てはまる言葉や数字の組合せとして最も適切なものを以下のA～Fから一つ選び，その記号を書け。

> 大気中に浮遊している2.5μm以下の小さな粒子のことで，従来から環境基準を定めて対策を進めてきた浮遊粒子状物質(SPM)よりも小さな粒子である。PM2.5は非常に小さいため，肺の奥深くまで入りやすく，呼吸器系への影響に加え，（　ア　）系への影響が心配されている。注意喚起のための暫定的な指針は，（　イ　）つのレベルに区分されている。レベルⅡは，1日平均値(μg/m³)が（　ウ　）超であり，不要不急の外出や屋外での長時間の（　エ　）をできるだけ減らすレベルである。注意喚起に際して，午前中の早めの時間帯に判断する場合には，5時～（　オ　）時に判断する。

	ア	イ	ウ	エ	オ
A	循環器	2	50	激しい運動	9
B	循環器	2	70	激しい運動	7
C	循環器	3	70	運動	9

D	消化器	2	50	運動	9	
E	消化器	3	50	激しい運動	7	
F	消化器	3	70	運動	7	

┃ **2024年度** ┃ 愛媛県 ┃ 難易度 ▧▧▧▧▧

【25】各問いに答えよ。

1 「学校環境衛生管理マニュアル平成30年度改訂版」(文部科学省)に記載されている照度の定期検査について，次の文の(①)～(④)に当てはまる語句や数字を答えよ。

・検査回数は，毎学年(①)回定期に行う。

・検査場所は，学校の授業中等に，各階(②)以上の教室等を選び検査を行う。

・測定位置は，教室以外では床上(③)cmを原則とする。

・テレビやスクリーン面では(④)部分の垂直照度を測定する。

2 次の文章は，学校保健安全法施行規則(昭和33年文部省令第18号)の一部である。(①)～(⑪)に当てはまる語句を答えよ。

第24条 学校薬剤師の職務執行の準則は，次の各号に掲げるとおりとする。

一 (①)及び(②)の立案に参与すること。

二 第1条の環境衛生検査に従事すること。

三 学校の環境衛生の(③)及び(④)に関し，必要な指導及び助言を行うこと。

四 法第8条の(⑤)に従事すること。

五 法第9条の(⑥)に従事すること。

六 学校において使用する医薬品，(⑦)，劇物並びに保健管理に必要な用具及び材料の管理に関し必要な指導及び助言を行い，及びこれらのものについて必要に応じ(⑧)，検査又は(⑨)を行うこと。

七 前各号に掲げるもののほか，必要に応じ，学校における保健管理に関する専門的事項に関する(⑩)及び指導に従事すること。

2 学校薬剤師は，前項の職務に従事したときは，その状況

の概要を学校薬剤師執務記録簿に記入して(⑪)に提出するものとする。

┃ 2024年度 ┃ 岡山県 ┃ 難易度 ▰▰▱▱▱

解答・解説

【1】問1 ① 1500   ② 18   ③ 0.10(0.1)   ④ 6   問2 (6), (7)   問3 ① 1   ② 酵素免疫

○**解説**○ 問1〜問3　環境衛生検査では数値等が頻出であるので，検査項目とその基準値については最新の「学校環境衛生基準」を参照すること。検査の詳細については「学校環境衛生管理マニュアル『学校環境衛生基準』の理解と実践[平成30年度改訂版]」(文部科学省)を十分学習し準備しておきたい。ただし，本資料の刊行後に基準が改正されていることに注意されたい。例えば，出題の表の項目の「(2)　温度」は，本資料刊行後に「17℃以上28℃以下」から「18℃以上28℃以下」に，「(6)　一酸化炭素」の濃度は「10ppm以下」から「6ppm以下」に，「(8) 揮発性有機化合物　ウ　キシレン」の濃度の基準値は「870 μg/m³以下」から「200 μg/m³以下」に改正された。文部科学省のウエブサイトにて改正履歴を確認し，最新の情報にアップデートすること。

【2】a 2   b 3   c 5   d 7   e 8

○**解説**○ 出題の検査項目のうち，学校職員が日常行う検査は(1)(2)であり，プール使用前にプール水の水質が基準に適合していても，一時に多くの児童生徒等が利用することから，プール使用日は毎時間点検を実施することが必要である。プール水中の遊離残留塩素は，日光の紫外線による分解や入泳者の持ち込む汚れ，毛髪・水着等により絶えず消費されることから，塩素剤を投入し，一定濃度以上を維持する必要がある。pH値(水素イオン濃度)は，5.8以上8.6以下であることとされて

いる。pH値が適正範囲にないとき，目に対して痛みを与える。(3)以降は学校薬剤師及び保健所が行う定期的な検査である。大腸菌は，検出されないこととしている。大腸菌が検出された場合は，プール内の遊離残留塩素濃度の基準が，常に保たれていなかったと考えられる。有機化合物は身体の汚れ，特に垢等の汚染が原因で検出される。

【3】1　①　1500　②　18　③　0.10　④　6　⑤　100
⑥　260　2　・感染症又は食中毒の発生のおそれがあり，また，発生したとき　・風水害等により環境が不潔になり又は汚染され，感染症の発生のおそれがあるとき

○解説○　1　令和4(2022)年5月に学校環境衛生基準の一部が改正され，教室内の温度の基準の下限が17℃から18℃に変更されている。また，一酸化炭素の基準の上限は10ppmから6ppmに変更されている。これは「建築物における衛生的環境の確保に関する法律施行令の一部を改正する政令」が令和3(2021)年に出されたためである。学校環境衛生基準は関係法律等の変化により変更されることがあるので，最新の情報を確認しておくこと。　2　臨時検査は普段の学校生活では定期的に生じない事由により必要性を認めたときに，学校薬剤師の助言を受けて校長の責任のもと実施する。記録は定期検査と同様で，5年間保存する。例えば，食中毒等が発生した場合は，飲料水に関する設備，校舎内外の施設設備，便所等の不潔や汚染の有無等について検査を行うことが考えられる。

【4】(1)　ア　③　イ　⑤　ウ　⑩　エ　④　オ　⑥
(2)　④　(3)　①，③

○解説○　(1)　ア　学校環境衛生基準は，令和4(2022)年4月1日に改正され，温度の基準の下限が，17℃から18℃に見直された。　イ，ウ　人体にとって最も快適な相対湿度の条件は50〜60%程度とされているが，夏は高湿，冬は低湿である日本の気候の特徴を考慮し，学校環境衛生基準では教室内の相対湿度は「30%以上，80%以下であることが望ましい。」とされている。　エ　教室及び黒板の明暗の差があまり大きいと，明るさに目を順応させることが必要なことから，目の疲労

の原因となる。このため，教室及び黒板のそれぞれの最大照度と最小照度の比は，20：1を超えないこととされている。　オ　教師の声の平均値はおよそ65dBで，声と騒音の差が少なくとも15dBは必要とされていることから，教室内の騒音レベルは，窓を閉じているときは50dB以下が望ましいとされている。　(2)　学校環境衛生基準の「第6　雑則」については，学校保健等の一部を改正する法律により改正された学校保健安全法第6条の規定に基づき，学校環境衛生基準が平成21(2009)年から施行された際に，適切な環境の維持に努めるために定められた。定期検査及び臨時の検査の結果に関する記録の保存期間と，毎授業日に行う点検の結果の記録の保存期間を，区別して押さえておきたい。　(3)　②　測定位置は，教室以外では「床上75cm」を原則とする。　④　テレビやスクリーン面では，中央部分の「垂直照度」を測定する。　⑤　夜間の学校では，「外が暗くなってから」点灯して照度を測定する。

【5】(1)　大腸菌，塩化物イオン　　(2)　ア　末端　　イ　0.1　ウ　細菌　　(3)　基準に適合するまで飲用などを中止すること。

○解説○　(1)　飲料水の検査については，毎学年1回学校薬剤師によって行うものと，日常学校として行うものがある。出題は年1回実施するものであり，「学校環境衛生管理マニュアル」(平成30年度改訂版　文部科学省)では，水道水を水源とする飲料水(専用水道を除く。)の水質について以下の項目と基準が設定されている。「一般細菌(1mLの検水で形成される集落数が100以下であること。)」，「大腸菌(検出されないこと。)」，「塩化物イオン(200mg/L以下であること。)」，「有機物(全有機炭素(TOC)の量)(3mg/L以下であること。)」，「pH値(5.8以上8.6以下であること。)」，「味(異常でないこと。)」，「臭気(異常でないこと。)」，「色度(5度以下であること。)」，「濁度(2度以下であること。)」，「遊離残留塩素(給水における水が，遊離残留塩素を0.1mg/L以上保持するように塩素消毒)」　(2)　水道水を水源とする飲料水(専用水道を除く。)の水質の検査は給水系統の代表的な末端の給水栓から採水して行う。遊離残留塩素の基準は水道法施行規則第17条第1項第三号が適用され，水質検査基準における0.1mg/L以上の残留塩素が保つようにする。また，

貯水槽の大きさによっては長期休業中のように水道水の使用が少ないとき等は，残留塩素の基準が減少したり，細菌が繁殖したりすることが予想される。　(3)　同マニュアルでは，「検査の結果が基準に適合しない場合は，基準に適合するまで飲用等を中止すること。」ということが示されている。

【6】(1) a　キ　　b　テ　　c　コ　　d　イ　　e　ス　　f　サ
　　g　ケ　h　ソ　i　セ　　(2)　あ　食中毒　　い　風水害
　　う　揮発性有機化合物　　(3)　①　500　　②　100

○**解説**○　学校環境衛生基準は，児童生徒等及び職員の健康を保護する上で維持されることが望ましい基準であるが，学校環境衛生基準の判定基準には「であること」とされている検査項目と，「であることが望ましい」とされている検査項目がある。学校環境衛生活動を進めるに当たり，学校環境衛生基準の考え方を理解しておく必要がある。「であること」とされている検査項目は，この数値を超えると児童生徒等への健康への影響が大きいと考えられるものや，守られるべき値として示されている。　(1)　定期検査に含まれる項目は「教室等の環境(換気，温度，採光及び照明，騒音)」「飲料水などの水質」「学校の清潔，ネズミ，衛生害虫等及び教室の備品の管理」「水泳プール」，日常点検に含まれる項目は「換気，温度，照度，騒音，飲料水の水質，学校の清潔，ネズミ，衛生害虫等，プール水等」，臨時検査に含まれる項目は「必要に応じて」行うことを理解しておくとよい。　(2)　臨時検査が必要な場合は，主に「感染症又は食中毒の発生のおそれがあり，また，発生したとき」「風水害等により環境が不潔になり又は汚染され，感染症の発生のおそれがあるとき」「新築，改築，改修等及び机，いす，コンピュータ等新たな学校用備品の搬入等により揮発性有機化合物の発生のおそれがあるとき」が挙げられているが，これにこだわることなく必要な場合に適正な手順で行えるようにすることが望ましい。　(3)　ICTを活用した教育活動が推進されている今日は，室内の照度，机上や電子黒板やタブレットの画面の照度等を適正な明るさに保つと同時に眼精疲労や視力障がいに十分気を配りたい。

【7】 ① 8 ② 9 ③ 3 ④ 0

○**解説**○ 学校環境衛生の維持のために行われる日常点検の4項目のうちの一つが教室等の環境である。毎授業日にその実態を点検・把握しながら常に衛生状態を保つように努め，必要があれば事後措置を講じる。教室における日常点検の各検査は官能法を用いる，または，定期検査と同様の方法で検査を行う。事後措置の必要があれば，換気，空調機の使用等の環境の整備や授業等での配慮を行う必要がある。

【8】 学校環境衛生基準では，コンピュータを使用する教室等の机上の照度は500～1000lx程度が望ましいとされている。この教室は机上の水平照度の測定結果が360lxと基準値を下回る箇所があるため，コンピュータを使用する教室として望ましくない。

○**解説**○ ICTを活用した教育活動が進められている今日，児童生徒の身体への影響は大きな課題である。特に視力への影響に着目し，コンピュータを使用する教室等の照度は，「コンピュータ教室及びコンピュータを使用する教室等においては，机上の照度は500～1,000ルクス程度が望ましい。また，コンピュータを使用する場合，背後からの光はコンピュータの画面に映り込むので，画面上の反射や影が少なくなるように留意する必要がある。なお，本基準でいうコンピュータには，デスクトップ型パソコンのほか，ノート型パソコンやタブレット端末等を含む」ということを徹底しておきたい。「学校環境衛生管理マニュアル－「学校環境衛生基準」の理論と実践－[平成30年度改訂版]」(文部科学省)を参照するとともに，ICT機器を利用する際の健康面の配慮については，「児童生徒の健康に留意してICTを活用するためのガイドブック」(文部科学省)や「端末利用に当たっての児童生徒の健康への配慮等に関する啓発リーフレット」(文部科学省)等を読み込んでおくことが大切である。

【9】 ④

○**解説**○ 教室の環境に関わる学校衛生基準は，二酸化炭素濃度1,500ppm以下，相対湿度30％以上80％以下，二酸化窒素0.06ppm以下，揮発性有機化合物(キシレン)200μg/m³以下，照度(教室及び黒板)500lx以上で

● 学校環境衛生

あるため，適合していないのは④の揮発性有機化合物(キシレン)である。

【10】(1) ① 毎学年定期 ② 臨時 ③ 日常 ④ 点検
⑤ 維持 ⑥ 改善 (2) ① ケ ② シ ③ ス ④ セ
⑤ ウ ⑥ エ ⑦ イ A 6

○**解説**○ (1) 学校保健安全法第5条(学校保健計画の策定等)において，児童生徒等及び職員の心身の健康の保持増進のために，環境衛生検査について計画を策定し，実施しなければならないとされている。同法施行規則第1条では，環境衛生検査として定期検査及び臨時検査が定められており，同施行規則第2条では日常点検について定められている。臨時検査は感染症発生時，施設・設備更新時の他，風水害等により環境が不潔になったり，汚染されたりした時などにも行われる。なお，臨時検査の方法については，定期検査に準じた方法で実施される。(2) 令和4(2022)年5月に学校環境衛生基準の一部が改正され，教室内の温度の基準の下限が17℃から18℃に変更されている。また，一酸化炭素の基準の上限は10ppmから6ppmに変更されている。これは「建築物における衛生的環境の確保に関する法律施行令の一部を改正する政令」が令和3(2021)年に出されたためである。学校環境衛生基準は関係法律等の改正により変更されることがあるので，最新の情報を確認しておくこと。

【11】①

○**解説**○ ② 基準は「0.5m／秒以下であることが望ましい」が正しい。なお，窓等の開放による自然換気の場合でも適度な気流が必要であるが，冷暖房機等の使用時には，室内は 0.5 m／秒以下であることが望ましい。なお，教室の居住域では 0.2〜0.3 m／秒前後が最も望ましいとされている。 ③ 基準は「10ppm以下であること」が正しい。 ④ 方法は「ザルツマン法により測定する」が正しい。ザルツマン法とは，大気中の二酸化窒素とザルツマン試薬とのジアゾ反応により生成するアゾ染料の発色により，大気中の二酸化窒素濃度を測定する方法である。 ⑤ 方法は「温度及び湿度が高い時期に，ダニの発生し

やすい場所において1m²を電気掃除機で1分間吸引し，ダニを捕集する。捕集したダニは，顕微鏡で計数するか，アレルゲンを抽出し，酵素免疫測定法によりアレルゲン量を測定する」が正しい。

【12】 1　⑥　　2　①
○**解説**○　令和4年4月に学校環境衛生基準の一部が改正され，教室内の温度の基準の下限が17℃から18℃に変更されている。また，一酸化炭素の基準の上限は10ppmから6ppmに変更されている。これは「建築物における衛生的環境の確保に関する法律施行例の一部を改正する政令」が令和3年に施行されたためである。学校環境衛生基準は関係法律等の変化により変更されることがあるので，最新の情報を確認しておくこと。

【13】 1　(1)　①　二酸化炭素　　②　1500(ppm以下)　　③　検知管法
(2)　ア　2回　　イ　1回　　ウ　2回　　2　定期検査…5年間　臨時検査…5年間　　3　3年間
○**解説**○　1　(1)　換気では，空気の入れ替えがない場合，教室内の空気は呼吸による二酸化炭素の増加と同時に汚染物質も増加するとして，二酸化炭素濃度を基準としている。教室内での基準は1500ppm以下とし，検知管法によって検査を行う。検査は授業開始から終了まで経時的に行うことが好ましい。　(2)　検査項目(1)～(7)及び(10)～(12)については毎学年2回，検査項目(8)及び(9)については毎学年1回定期に行う。その際，どの時期が適切かは気温や日照時間，冬季の燃焼器具の利用等，地域の特性を考慮して決定する。　2　定期検査等を効果的に実施するために，施設・設備等を把握し，過去の検査結果を参考にする必要があることから，定期検査の記録は5年間保存するものとされている。　3　日常点検の記録に基づいて定期検査や臨時検査の実施に役立てることがあることから，3年間保存するように努めるものとされている。

【14】 問1　①　遊離残留塩素　　②　0.1　　③　0.2　　④　外観
⑤　味　　問2　DPD試薬　　問3　(1)　○　　(2)　30　　(3)　○

● 学校環境衛生

(4)　3

○**解説**○　問1　飲料水の水質検査は学校薬剤師や保健所が行う定期検査と学校職員が行う日常の検査がある。出題の水質検査は日常の点検と考えてよい。日常点検では，遊離残留塩素の値，外観，臭気，味について検査を行う。　問2　給水栓水の遊離残留塩素の検査はDPD試薬を用いたジエチル−p−フェニレンジアミン法(DPD法)によって行う。問3　(1)　黒板の照度については日本産業規格に準じている。
(2)　一般的には，人体にとって最も快適な相対湿度の条件は50〜60%程度とされているが，日本の気候の特徴を考慮し，学校環境衛生基準では教室内の相対湿度は「30%以上，80%以下であることが望ましい。」としている。　(3)　ダニ又はダニアレルゲンは，アレルギーを引き起こす要因の一つであることから，「快適で健康的な住宅に関する検討会議報告書(平成10年8月，厚生労働省)」等では，健康で快適な住居環境を維持するためにダニやダニアレルゲン対策が重要であるとされている。ダニの基準値は，1m²当たりのダニが100匹以下になるとぜん息の発作が治まったという報告があることなどから，100匹/m²以下であることとされている。　(4)　濁度は，水の濁りの程度を表したものである。一般的な濁度計では液面からの散乱光を測ることで光量的に液中の懸濁物質の量を計測する。

【15】ア　B　　イ　B　　ウ　B　　エ　A　　オ　A
○**解説**○　「であること」とされている検査項目は，この数値を超えると児童生徒等への健康への影響が大きいと考えられるものや，他の法律において同様に「であること」等と定められているものであり，守られるべき値として示されている。一方，「であることが望ましい」とされている検査項目は，周囲の環境等に影響されやすい数値であるなどの理由により，概ねその基準を遵守することが望ましいとされているものである。浮遊粉じんについては，建築物環境衛生管理基準が「空気1m³につき0.15mg/m³以下」と定めているが，学校環境衛生基準では0.10mg/m³以下と，さらに厳しい基準が定められている。一酸化炭素は，建築物環境衛生管理基準が「100万分の6以下(6ppm以下)」であり，同じ基準が定められている。

【16】(1)　b　　(2)　b　　(3)　c

○**解説**○　学校環境衛生基準は，学校において児童生徒等や教職員が安全に過ごすために定められている基準である。　②　教室内の温度は18℃以上28℃以下であることが望ましい。　③④　机上等だけではなく，黒板面の見やすさも必要である。　⑥　遊離残留塩素は0.1mg/Lが基準である。　⑦　外観，臭気，味等に異常がないこと。濁度，pHは毎学年1回以上行われる定期検査にて確認する。　⑨　感染症又は食中毒の発生のおそれ，または発生したときである。　⑪　テレビではなくコンピュータと記載されている。

【17】①

○**解説**○　②　温度の測定は，0.5度目盛の温度計又はこれと同等以上の性能を有する測定器を用いて教室内の児童生徒等の机上で測定する。　③　一酸化炭素は，検知管を用いて教室内の児童生徒等の机上で測定する。検知管の使用に当たっては，測定濃度に応じた検知管を用いる。　④　二酸化窒素の測定は，ザルツマン法を用いて測定する。ザルツマン法は，試料空気中の二酸化窒素をザルツマン試薬により発色させ，吸光光度法で測定する大気環境測定等の標準法である。　⑤　照度は学校の授業中等に，各階1以上の教室等を選び検査を行う。測定位置は，教室では机上，教室以外では床上75cm原則とするが，授業の実態に合わせて適切な測定位置を選ぶことが必要である。

【18】(1)　ア　定期検査　　イ　換気　　ウ　騒音　　エ　飲料水　オ　清潔　(2)　5年間　(3)　カ　食中毒　　キ　風水害　ク　不潔　　ケ　新築　　コ　揮発性有機化合物　(4)　・照明器具の清掃　・暗くなった光源や消えた光源の取り替え　・増灯　から2つ

○**解説**○　学校の環境衛生管理については「学校環境衛生管理マニュアル『学校環境衛生基準』の理論と実践(平成30年度改訂版)」(文部科学省)を参照されたい。ただし，本資料の発行後に学校環境衛生基準が何度か改正されていることに注意したい。こうした改正についての詳細は文部科学省のホームページの「学校環境衛生基準」の項を確認のこと。

例えば，令和4年には，教室の温度が従前の17℃以上28℃以下から18℃以上28℃以下に，一酸化炭素の基準値が10ppmから6ppmに改正されたことなどが示されている。本問では，具体的な数値等は問われていないが，養護教諭志望者として不可欠な知識であるので，常に最新の情報を確認するようにしておいてほしい。　(1)　学校環境衛生検査は学校保健計画等に位置付けて計画的に実施する。日常点検については学級担任や養護教諭が，定期検査及び臨時検査は学校薬剤師が中心となって実施する。実施した結果について評価し，改善すべき点があれば事後措置を行うことで児童生徒等が安全な環境で学校生活を送ることができるようにする。　(2)　検査記録の保存期間は学校環境衛生基準の「第6　雑則」において「定期及び臨時に行う検査の結果に関する記録は，検査の日から5年間保存するものとする」と定められている。日常点検における検査記録及び3年間の保存については努力義務となっている。　(3)　臨時環境衛生検査は，その目的に応じて学校薬剤師と連携し必要な検査項目を設定し実施する。学校の環境衛生が大きく損なわれるような可能性がある際に実施する。　(4)　照度が低いと文字やものが見にくくなるため目に負担がかかる。そのため，照度が足りない場合には，電灯の確認を行い，解答例のような対策を取ることで照度を確保すべきである。他には反射板の清掃，確認，電灯のLED化なども考えられる。

【19】(1)　ア，カ　(2)　エ　(3)　ウ　(4)　(イ)

○**解説**○ (1)　照度が低いと字やものが見にくくなるため目に負担がかかることを予防するために行われる。定期検査としての照度検査は毎学年2回行うが，天候についての指定はない。ただし，天候，日照時間，季節等を考慮し，日常点検の結果を参考に適切な時期を決めることとされている。測定者が白っぽい衣服を着用していると反射で照度が高く出やすいため，黒っぽい衣服を着用する。　(2)　揮発性有機化合物は学校では建築材料，設備や教材・教具のほか，木製合板の机，いす，使用薬剤等に含まれる。そのため，これらの備品の搬入時には臨時で検査を行わなければならない。ホルムアルデヒドは毎学年1回，教室内の温度が高い時期に，原則として児童生徒がいない状態で行うが，

基準(100 μ g/m³)を大幅に下回る場合は，教室の改修や，机・いすの変更等教室環境に変化が認められない限り検査を省略することができる。また，キシレンは，必要と認める場合に毎学年1回定期に行う。選択肢ウはキシレンの基準値である。 (3) d 逆性石けんはエタノール等他の消毒剤や洗剤などと混合して使用しない。 e 消毒液に手首を浸した後はそのまま乾燥させるのではなく，乾いた清潔なタオルなどで拭き取る。なお，洗面器等に貯水する消毒方法の場合は消毒液を放置せず，こまめに取り替える必要がある。 h 次亜塩素酸ナトリウムを使用する。次亜塩素酸水は保存方法によっては急速に効果を失う可能性もあり，消毒剤としての使用には注意を要する。

(4) 定期検査等を効果的に実施するため，過去の検査結果を参考にする必要があることから，定期検査の結果は5年間保存しなければならない。これは日常点検の検査結果とは違い努力義務ではなく義務である。

【20】1 ・新築，改築，改修時。 ・机，いす，コンピュータ等新たな学校用備品の搬入等により揮発性有機化合物の発生のおそれがあるとき。 2 ・その発生の原因を究明し，換気を励行するとともに，汚染物質の発生を低くする等適切な措置を講ずる。 ・学校薬剤師，教育委員会等，必要に応じて関係機関へ報告・相談し，改善に向けての方策を検討する。 ・他の教職員と情報共有し，健康被害が生じないよう必要な対策を講ずる。 から二つ 3 ① 500 ② 1000 ③ 100 ④ 500 ⑤ 疲労

○解説○ 1 揮発性有機化合物とは，蒸発しやすく，大気中で気体となる有機化合物の総称である。室内の建材や教材，塗料や備品等から発生し，状況によってはシックハウス症候群の原因となる。ホルムアルデヒド，トルエンについては毎学年1回以上，キシレン，パラジクロロベンゼン，エチルベンゼン，スチレンについては使用が疑われる場合に行うこととなっているが，新築，改築，改修や，学校用備品の搬入等により揮発性有機化合物の発生源となる可能性があるものが使用された場合は臨時に検査を行うこととされている。 2 揮発性有機化合物の除去には換気と発生源の除去が対策としてあげられている。

具体的な除去の方法については学校薬剤師と検査の行い方や事後措置について連携して対応する。　3　通常の教室の照度の下限値は300ルクスであるが，コンピュータやタブレットなどを使用する教室では机上の照度は暗すぎても明るすぎても児童生徒の目の疲労を早めて円滑な授業の実施に支障をきたす可能性があるため，500～1000ルクス程度で，教室内の明るさをできるだけ均一にすることが望ましい。目の疲労を軽減する観点から教室内を暗くしてタブレットを使用するのではなく，基本的には照明はつけて利用することが望ましい。また，映り込み等を防ぐために，カーテンなどを活用する。ICTの利用に関しては「児童生徒の健康に留意してICTを活用するためのガイドブック」(文部科学省)なども参考になる。

【21】(1)　③　　　(2)　①　　　(3)　⑤

○**解説**○ (1)　水泳プールは海や川などと違い，自然浄化作用が働かないため，常に水を入れ替えるか，循環浄化装置等を使い清浄度を保つ必要がある。水泳プールの衛生管理のためには定められた衛生基準を満たす必要があり，水泳プールを使用するごとに行われる水質検査と，定期的に行われる検査がある。　③　一般細菌の基準は，「1mL中200コロニー以下であること」とされている。一般細菌は，感染症のリスクとなる細菌を直接検出する指標ではないが，水の生物学的な汚染の指標として有効な検査項目である。　(2)　照度は明るすぎたり暗すぎたりすると，目への負担が生じるため，基準が設けられている。また，同じ教室内で照度の差が大きいことも目の疲労の原因となるため，最大照度と最小照度の比も定められている。　①　測定位置は机上での学習場面を想定しているため，概ね75cmを原則としている。

(3)　令和4(2022)年5月に学校環境衛生基準の一部が改正され，教室内の温度の基準の下限が17℃から18℃に変更されている。また，一酸化炭素の基準の上限は10ppmから6ppmに変更されている。これは「建築物における衛生的環境の確保に関する法律施行令の一部を改正する政令」が令和3(2021)年に出されたためである。学校環境衛生基準は関係法律等の改正により変更されることがあるので，最新の情報を確認しておくこと。

【22】1　ア　18℃以上，28℃以下　　イ　相対湿度　　ウ　6ppm以下
エ　二酸化窒素　　オ　100匹／m²　　2　・感染症又は食中毒の発生
のおそれがあり，また，発生したとき。　　・風水害等により環境が不
潔になり又は汚染され，感染症の発生のおそれがあるとき。　　・新築，
改築，改修等及び机，いす，コンピュータ等新たな学校用備品の搬入
等により揮発性有機化合物の発生のおそれがあるとき。　　3　・学校
環境衛生基準では，教室及びそれに準ずる場所の照度の下限値は300
ルクスとされているが，250ルクスの場所が1か所あり，基準を満たし
ていないから。　　・学校環境衛生基準では，教室及び黒板のそれぞ
れの最大照度と最小照度の比は，10：1を超えないことが望ましいと
されているが，教室の最大照度が3000ルクス，最小照度が250ルクス
であることから，比が10：1を超えているため，望ましい状態とは言
えないから。

○解説○　1　健康的で快適な学習環境を作り上げるために学校環境衛生
基準が定められている。令和4年4月に学校環境衛生基準の一部が改正
され，教室内の温度の基準の下限が17℃から18℃に変更されている。
また，一酸化炭素の基準の上限は10ppmから6ppmに変更されている。
教室等の環境は他に換気や浮遊粉じん，気流，二酸化窒素，揮発性有
機化合物が定められている。　　2　臨時検査は普段の学校生活では定
期的に生じない事由により，必要性を認めたときに学校薬剤師の助言
を受けて，校長の責任のもと実施する。記録は定期検査と同様で，5
年間保存する。例えば，食中毒等が発生した場合は，飲料水に関する
設備，校舎内外の施設設備，便所等の不潔や汚染の有無等について検
査を行うことが考えられる。そのほか，工事等により教室外の騒音が
新たに問題となったとき，ネズミ・衛生害虫等が発生したとき，など
必要なときに必要な検査を実施することができる。　　3　教室及びそ
れに準ずる場所は，明るいとよく見えるが，明るすぎるとまぶしさの
原因となる場合が多い。また，暗すぎると見えにくくなり，目の疲れ
等を誘発するため，照度は一定以上保てるようにする。また，教室内
や黒板面の明暗差が大きいと，目の疲労の原因となるため，対応が必
要となる。なお，タブレット端末やコンピュータを使用する教室の机
上の照度は500～1000lx程度が望ましい。また，画面上の反射や影が少

なくなるように留意する必要がある。

【23】 2

○**解説**○ 浮遊粉じんとは空気中に浮遊している微細な物質のことで、タバコの煙やチョークの粉、土由来のもの、外気に由来するもの等が原因となる。基準値は正しくは0.10mg/m³以下である。なお、出題の資料の発行後も、学校環境衛生基準はたびたび改正されていることに注意したい。たとえば、揮発性有機化合物であるキシレンの基準値は870μg/m³(0.20ppm)→200μg/m³(0.05ppm)、室温は17度以上28度以下→18度以上28度以下、一酸化炭素の含有率は10ppm以下→6ppm以下に改正されている。文部科学省の通知等を適宜チェックし、最新の情報を確認しておくこと。

【24】 (1) ① 18 ② 6 ③ 0.1 ④ 0.4 ⑤ 8.6
(2) ① C ② B

○**解説**○ (1) ① 改訂前は17℃であったが、冷暖房の普及等により室内環境が保ちやすくなったことと高齢者の健康保持の観点からWHOの基準に合わせた。 ② 建築物環境衛生管理基準のうち、居室における一酸化炭素の含有率の基準について、近年の大気中における一酸化炭素の含有率が改善していることなどにより、100万分の10以下(10ppm以下)から100万分の6以下(6ppm以下)に見直すこととなった。③〜⑤は「学校環境衛生マニュアル『学校環境衛生基準』の理論と実践[平成30年度改訂版]」を確認しておきたい。 (2) 微小粒子状物質(PM2.5)とは、大気汚染物質の一つで、粒径2.5μm以下の小さな粒子である。大気中には、様々な大きさの粒子状物質が浮遊しているが、その中で粒径が大きく、降下しやすいものを降下ばいじんといい、大気中に長時間留まっているものを浮遊粉じんという。この浮遊粉じんの中に、環境基準が設定されている粒径10μm (1μm＝1mmの千分の1)以下の浮遊粒子状物質(SPM)と、粒径2.5μm以下の微小粒子状物質(PM2.5)が含まれる。従来から、人の健康を保護する上で維持されることが望ましい基準である環境基準を定め対策を進めてきたSPMに比べて、PM2.5は非常に小さく肺の奥まで届くことから、浮遊粒子状物質よりも健康

影響が懸念されている。　①「微小粒子状物質による大気の汚染に係る環境基準について」(平成21年9月9日　環境省告示第33号)に目を通しておくこと。環境基本法第16条第1項に基づく，人の健康の適切な保護を図るために維持されることが望ましい水準として，1年平均値15μg/m³以下，かつ，1日平均値35μg/m³以下と環境基準が定められた。②　イの2つのレベルのうち，レベルⅠでは，1日平均値(μg/m³)70以下で，行動のめやすとして「特に行動を制約する必要はないが，高感受性者は健康への影響がみられることがあるため，体調の変化に注意する」とされている。

【25】1　①　2　　②　1　　③　75　　④　中央　　2　①　学校保健計画　　②　学校安全計画　　③　維持　　④　改善　　⑤　健康相談　　⑥　保健指導　　⑦　毒物　　⑧　試験　　⑨　鑑定　　⑩　技術　　⑪　校長

○**解説**○　1　照度検査は学習時の見やすさを確保し，目の健康を損なわないために行われる。年に2回行われるが，例えば，日照時間の長短や天候など，さまざまな気象条件のもとで行う。　2　学校薬剤師は，学校での医薬品管理のために設置が開始されたが，昭和33(1958)年公布の学校保健法にて，医薬品管理のほかに学校環境衛生の維持管理に関する指導・助言者と位置付けられた。さらに平成21(2009)年に施行された学校保健安全法及び学校保健安全法施行規則では，それまでの職務に加えて健康相談，保健指導にも従事するよう求められている。

健康診断

学習のポイント

　健康診断については，学校保健安全法の第11条～第18条に規定されている。健康診断は，就学時の健康診断，児童生徒等の健康診断，職員の健康診断の3つに大別でき，実施主体は，市町村教育委員会，学校，学校の設置者である。

　また，学校保健安全法施行令と同法施行規則において，3種の健康診断別に，方法及び技術的基準，健康診断票，時期，検査の項目，事後措置，臨時の健康診断，保健調査(児童生徒等の健康診断のみ)と保護者への通知(就学時の健康診断のみ)が規定されている。

　学校で行う健康診断はあくまでもスクリーニング検査である。また，保健管理の要となるものであるが，特に児童生徒等の健康診断については，特別活動の中の学校行事に位置づけられるものであり，教育活動の一環として行われるものである。

　今日では，プライバシーの保護やインフォームドコンセントの観点からも，健康診断の運営を考えていく必要がある。

実施問題

【1】次の図は，定期健康診断における尿検査について，「児童生徒等の健康診断マニュアル(平成27年度改訂)」を踏まえて生徒向けに作成した「保健だより」の一部である。以下の(1)～(3)の問いに答えなさい。

保健だより＜尿検査臨時号＞　　　　　令和5年〇月□日
　　　　　　　　　　　　　　　　　　　　　A中学校　保健室

明日（〇月△日）は尿検査の日です

【どうして尿検査をするの？（検査の意義）】

(ア)

【検査で分かること】
尿検査では、腎臓の病気や (イ)糖尿病 などを発見することができます。

【尿の正しいとり方】

検査の前日	・(ウ)を多く含む飲み物（お茶やジュース）や（ エ ）は飲まない。 ※尿の潜血反応を正確に判定するため。 ・(オ)に排尿する。
採 尿 時	・(カ)の尿を少し排尿してから、(キ)を10mℓ程度採尿する。
そ の 他	・女子で採尿日が（ ク ）及びその前後1～2日であれば別日に採尿することが望ましい。

---

(1) 尿検査の意義について，(ア)に書きなさい。

(2) (イ)糖尿病は，子供の場合，主に2つの種類に分類される。それぞれの種類と中心となる治療法を書きなさい。

(3) 尿検査を実施する際の留意事項について，文中の(ウ)～(ク)に適する語句を書きなさい。

┃ 2024年度 ┃ 群馬県 ┃ 難易度 ■■■□□□

【2】児童生徒等の健康診断に関する次の問いに答えなさい。

(1) 次は，児童生徒等の健康診断に関係する法令の一部である。これに即して，次の(①)～(⑤)に当てはまる適切な語句を書きなさい。

● 健康診断

○学校保健安全法(昭和33年4月10日法律第56号)

第2章　学校保健

　第3節　健康診断

　　(児童生徒等の健康診断)

第13条　学校においては，毎学年定期に，児童生徒等(通信に
　よる教育を受ける学生を除く。)の健康診断を行わなければ
　ならない。

2　学校においては，必要があるときは，臨時に，児童生徒等
　の健康診断を行うものとする。

第14条　学校においては，前条の健康診断の結果に基づき，
　疾病の(　①　)を行い，又は治療を(　②　)し，並びに運動
　及び(　③　)を軽減する等適切な措置をとらなければならな
　い。

○学校保健安全法施行規則(昭和33年6月13日文部省令第18号)

第2章　健康診断

　第2節　児童生徒等の健康診断

　　(検査の項目)

第6条　法第13条第1項の健康診断における検査の項目は，次
　のとおりとする。

一～九　(略)

十　尿

十一　(略)

　　(方法及び技術的基準)

第7条　(略)

2～6　(略)

7　前条第1項第十号の尿は，尿中の蛋白，(　④　)等について
　(　⑤　)により検査する。ただし，幼稚園においては，
　(　④　)の検査を除くことができる。

8　(略)

(2)　次は，「学校検尿のすべて」令和2年度改訂(公益財団法人日本学

校保健会)第3章　腎臓と子供の腎臓病の特徴　1．腎臓の位置とかたち，はたらきに示されている図である。これを踏まえて(　①　)〜(　④　)に当てはまる適切な語句を書きなさい。

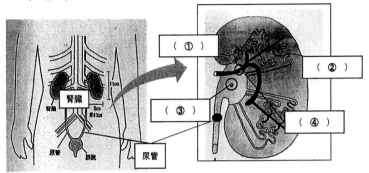

(3)　次の表は，「児童生徒等の健康診断マニュアル」平成27年度改訂(公益財団法人日本学校保健会)に示されている　第2章　健康診断時に注意すべき疾病及び異常　6　内科関連　2　腎臓関連　をまとめたものである。これを踏まえて(　①　)〜(　⑧　)に当てはまる適切な語句を書きなさい。

急性腎炎症候群	(　①　)や血尿が急に出現する腎炎を指す。症状としてはこの他，尿量の減少，頭痛，食欲不振，体のだるさなどがみられる。（略）
(　②　)血尿症候群	学校検尿で最も多く発見される症候群で，血尿以外に症状のないものを指す。（略） 経過観察としては3〜12カ月に1回，尿検査を受けることが望ましい。
(　③　)症候群	腎臓から大量の蛋白尿が出て，血液中の蛋白が減り，(　①　)が出現する病態を指す。児童生徒等ではステロイドホルモンが効果的な微小変化群が多い。（略）
糖尿病	発症の原因や症状の特徴，体質との関係，発症しやすい年齢などから，二つのタイプに大別される。
(　④　)糖尿病	(　⑤　)の(　⑥　)を産生しているβ細胞がウイルス感染や自己免疫現象などによって破壊され，(　⑥　)分泌能が著しく低下して起こる。（略） 治療には(　⑥　)注射が不可欠で，学校においてもこれらの注射が必要になる。治療中は(　⑦　)による糖尿病性昏睡，低血糖による体調不良に気を付けねばならない。いずれも生命に関わることであり，学校における対応も必要になる。
(　⑧　)糖尿病	過食，運動不足などにより，(　⑥　)は分泌されているが，(　⑦　)状態が続く場合を(　⑧　)糖尿病と呼ぶ。これらは生活習慣の変化により児童生徒等での発症が増加傾向にあり，社会問題になっている。（略）

(4)　あなたが勤務する学校で集団検尿を行うための事前指導として，採尿方法を保健だよりに記載することにしました。尿は，尿中の蛋白，糖等について試験紙により検査します。「児童生徒等の健康診

● 健康診断

断マニュアル」平成27年度改訂(公益財団法人日本学校保健会)に示されている　第1章　児童，生徒，学生及び幼児の健康診断の実施 5 　方法及び技術的基準 13 　尿　検査の実際　方法　を踏まえて，保健だよりに記載する必要があると考える内容を3つ書きなさい。

2024年度 | 長野県 | 難易度

【3】次の(1)～(5)の問いに答えなさい。

(1) 次の文は，ある法令の条文である。法令名を書きなさい。

> 第12条　学校においては，別に法律で定めるところにより，幼児，児童，生徒及び学生並びに職員の健康の保持増進を図るため，健康診断を行い，その他その保健に必要な措置を講じなければならない。

(2) 児童生徒等の健康診断について述べた次のa～dの中から，正しいものを1つ選び，その記号を書きなさい。

　a　学校における健康診断は，学習指導要領解説特別活動編において学級活動として例示されている。

　b　学校における健康診断の役割の一つに，学校における健康課題を明らかにして健康教育に役立てるということがある。

　c　定期健康診断の事後措置は30日以内に行わなければならない。

　d　定期健康診断の結果，心身に疾病や異常が認められず，健康と認められる児童生徒に対しては，事後措置としての通知は不要である。

(3) 定期健康診断における選別聴力検査の方法について述べた次の文の[　ア　]～[　エ　]に当てはまる数字の組み合わせが正しいものをa～dの中から1つ選び，その記号を書きなさい。

> 　まず[　ア　]Hz[　イ　]dBの音を聞かせ，聞こえるかどうか応答させる。応答が不明瞭なときには断続音を用いて音を切ったり，出したりして応答を求める。明確な応答が得られたら[　ウ　]Hz[　エ　]dBの音を聞かせ応答を確かめる。

136

選択肢	ア	イ	ウ	エ
a	1000	30	4000	25
b	1000	25	3000	40
c	4000	25	1000	30
d	3000	40	1000	25

(4) 次の図は，耳の構造を示したものである。感音難聴である場合に障害が生じている範囲を，図中のa～cの中から選び，その記号を書きなさい。

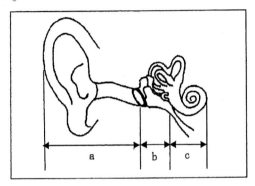

(5) 一側性感音難聴(一側ろう)の児童生徒に対する教室内の座席の配慮について，次の語句を用いて一文で述べなさい。

> 必ず使用する語句：教壇側

‖ 2024年度 ‖ 福島県 ‖ 難易度 ▆▆▆☐☐

【4】次の文a～dについて正しいものの組合せを，以下の1～6のうちから1つ選びなさい。

a　保健調査は，健康診断を的確かつ円滑に実施するため，小学校，中学校，高等学校及び高等専門学校においては全学年において，幼稚園，大学においては必要と認めるときに行うものとする。

b　保健調査票は，健康診断票と同様に，学校保健安全法施行規則第8条において作成，送付，保存しなければならない表簿として定められている。

c　小・中学校の児童生徒に対する定期健康診断における結核検診においては，専用の問診票を使用する代わりに保健調査票に統合して

もよいとされている。

d　就学時健康診断においては，市町村教育委員会が学齢簿を作成し，翌学年の初めから30日前までに，就学時健康診断票を就学時の健康診断を受けた者の入学する学校の校長に送付しなければならない。

1　a・b　　2　a・c　　3　a・d　　4　b・c　　5　b・d　　6　c・d

▌2024年度 ▌宮城県・仙台市 ▌難易度 ■■■□□□

【5】「児童生徒等の健康診断マニュアル　平成27年度改訂(公益財団法人日本学校保健会)」に記載されている児童生徒等の定期健康診断について，次の各問いに答えなさい。

(1)　次の内容について，正しいものを○，正しくないものを×とした場合，正しい組合せを以下の選択肢から1つ選び，記号で答えなさい。

> ①　オージオメータは日本工業規格(JIS)により規格が規定されている。頻繁に使用すると精度に狂いが生じるので，不具合が起きたときには専門業者による校正が必要である。
> ②　聴力検査の際，応答を確認するために被検査者への問いかけを行うことは，配慮として必要である。
> ③　オージオメータの点検が行われていても，しばらく検査していない場合には，児童生徒が受話器で聞いて音を確かめる。
> ④　耳鼻咽喉科健康診断では，検査前少なくとも30分以内に鼻をかまないように指示する。

ア　①－×　　②－×　　③－×　　④－○
イ　①－○　　②－○　　③－×　　④－×
ウ　①－○　　②－○　　③－○　　④－×
エ　①－×　　②－×　　③－○　　④－○

(2)　次の(　　)に当てはまる語句を，以下の選択肢からそれぞれ1つずつ選び，記号で答えなさい。

　視力A(1.0以上)の者については，（　①　）の必要はない。しかし，視力A(1.0以上)の場合の眼は全く異常がないかといえば，必ずしもそうではない。遠距離や近距離が見えにくいとか，長時間見続けると眼が疲れる，頭が痛い，かすんで見える等の訴えがあれば，（　②　）を勧める。この際，（　③　）や日常の（　④　）を参考にする。

ア　連携　　　　イ　予防　　　ウ　措置　　　　エ　保健調査
オ　生活態度　　カ　検討　　　キ　保健教育　　ク　学習態度
ケ　眼科受診　　コ　評価　　　サ　矯正

　身長については身長成長曲線として（　⑤　）することにより，身長の成長が正常であることを（　⑥　）する。
　また，（　⑦　）になる児童生徒等を早期に発見することができる。身長の測定値を単に数値としてみただけでは，身長の伸びが正常であるのか，異常であるのかが分からないので，必ず（　⑧　）の児童生徒等について身長成長曲線を描く必要がある。

ア　判断　　イ　検討　　ウ　低身長　　エ　早熟　　オ　確認
カ　決定　　キ　対象　　ク　一人一人　　ケ　要注意

　近年，（　⑨　）は減少傾向にあり，児童生徒等の腎臓病の治療・管理の重点はIgA腎症などの（　⑩　）やネフローゼ症候群に移りつつある。

ア　腎臓結石　　イ　慢性腎炎　　ウ　急性腎炎　　エ　水腎症

2024年度 ▎宮崎県 ▎難易度 ▰▰▰□□□

【6】次の文章は，「児童生徒等の健康診断マニュアル　平成27年度改訂」(日本学校保健会)に示されている健康診断時に注意すべき疾病及び異常のうち歯科口腔外科関連について述べたものである。（　①　）から（　⑬　）に当てはまる語句を以下のアからネのうちから選び，記号で答えよ。

● **健康診断**

【むし歯(未処置歯：C)】

　むし歯の原因である(　①　)菌は，口腔に食物として摂取された(　②　)を利用して多糖を合成する。この多糖は粘着性が強く他の細菌を付着させ細菌の塊(バイオフィルム)を形成する。この細菌の塊を歯垢または(　③　)と呼ぶ。この細菌が酸を作り，歯を脱灰させ最終的には実質欠損がみられるようになる。実質欠損のある状態がむし歯(未処置歯：C)である。歯垢内の酸性度(pH)が(　④　)以下になると(　⑤　)質の脱灰が始まる。しかし，唾液や歯垢中のタンパク質などの力で歯垢のpHが元に戻ってくると(　⑥　)が起こる。歯面上では絶えず，脱灰と(　⑥　)が繰り返し行われている。このバランスが崩れ脱灰が進むと実質欠損のあるむし歯となる。むし歯の発生しやすい時期は，(　⑦　)から約(　⑧　)年である。口腔内の状態に応じた(　⑨　)指導，食事・間食指導，フッ化物洗口・フッ化物塗布・フッ化物配合歯磨剤の選択に関する学習など，生涯を通じた歯・口腔の健康づくりのために学校での健康教育，保健指導が重要である。

【歯周病】

　歯周病とは，歯の周りの組織である歯肉，セメント質，歯槽骨及び歯根膜(歯根と歯槽骨を結んでいる組織)に病変が起こる疾病の総称で，歯肉の炎症である歯肉炎から始まる。歯周病は，有病率の増加と発病時期が(　⑩　)化している。初期の歯肉炎(GO)では歯と歯の間，歯の縁の歯肉が軽度に腫れて赤くなり，色が赤みを帯びて，ぶよぶよした感じになる。原因とされる歯垢の沈着が認められ，ひどい場合には(　⑪　)が認められることもある。

　　　　　　　　　　　－　中　略　－

　歯周病は，細菌，宿主及び生活習慣の要因が関係して発生する。近年，宿主要因として(　⑫　)，肥満など全身的な疾病との関係が指摘されている。歯の形態，歯列不正，(　⑬　)なども局所的リスクファクターである。

ア	睡眠	イ	8.5	ウ	ショ糖
エ	10〜15	オ	2〜3	カ	5.5
キ	ブラッシング	ク	高年齢	ケ	低年齢

コ サルモネラ	サ ミュータンス	シ 生える直前
ス 食物繊維	セ 再石灰化	ソ 出血
タ 咬合異常	チ 脊柱側わん症	ツ 脂質
テ プラーク	ト 糖尿病	ナ 身長
ニ エナメル	ヌ 象牙	ネ 生えた直後

┃ 2024年度 ┃ 栃木県 ┃ 難易度 ■■■□□

【7】次の文は，学校保健安全法施行規則第9条に規定されている健康診断の事後措置の基準である。(①)～(⑩)にあてはまる語句を書きなさい。

- 疾病の(①)処置を行うこと。
- 必要な(②)を受けるよう指示すること。
- 必要な検査，(③)等を受けるよう指示すること。
- (④)のため必要な期間学校において学習しないよう指導すること。
- 特別支援学級への(⑤)について指導及び助言を行うこと。
- 学習又は運動・作業の(⑥)，停止，変更等を行うこと。
- 修学旅行，対外運動競技等への参加を(⑦)すること。
- 机又は腰掛の調整，(⑧)の変更及び学級の(⑨)の適正を図ること。
- その他発育，健康状態等に応じて適当な(⑩)を行うこと。

┃ 2024年度 ┃ 青森県 ┃ 難易度 ■■■□□

【8】健康診断について，次の(1)～(3)の各問いに答えなさい。

(1) 次の検尿方法に関する①～⑤について，正しいものには○，誤っているものには×と答えよ。

① 出始めの尿は，尿糖が偽陽性になる可能性があるため中間尿を採尿する。

② 体位性蛋白尿は，安静時に消失するため早朝第一尿を採尿する。

③ ビタミンCを含むビタミン剤等は，潜血反応が偽陰性になる可能性があるため，検査前日の朝から摂取を控える。

④　月経中は，高率に尿潜血が陽性になるため，月経終了直後に採尿する。

⑤　蛋白尿は，採尿6〜12時間後に陰転することがあるため，採尿後5時間以内に検査を完了することが望ましい。

(2)　次の症状は，「学校検尿のすべて　令和2年度改訂」(公益財団法人日本学校保健会　令和3年3月)に示されている「第3章　腎臓と子供の腎臓病の特徴　2子供の腎臓病の主な臨床症状」である。(　①　)〜(　③　)に当てはまる語句を答えよ。

Ⅰ．浮腫(むくみ)

Ⅱ．(　①　)

Ⅲ．肉眼的血尿(眼で見てわかる血尿)

Ⅳ．(　②　)の変化

Ⅴ．(　③　)に起因する症状

(3)　次の文は，「児童生徒等の健康診断マニュアル　平成27年度改訂」(公益財団法人日本学校保健会　平成27年8月)に示されている「第2章　健康診断時に注意すべき疾病及び異常　2眼科関連　3屈折異常(遠視，近視，乱視)と不同視」を抜粋しまとめたものである。文中の(　①　)〜(　⑨　)に入る語句を，以下のア〜タから選び記号で答えよ。

■　遠視

無調節状態で，網膜より後ろに焦点を結ぶ眼を遠視という。(　①　)(眼球の奥行き)が短いか，眼の光学系(角膜や水晶体)の屈折が(　②　)ことによる。児童生徒等はピントを合わせる調節力が強いため，軽度の遠視の場合は視力がよい。しかし，遠視は近方のみならず遠方を見るときにも常に調節力を使うために，眼精疲労になりやすく，眼鏡を使用した方がよい。また，中等度以上の遠視は，(　③　)や調節性(　④　)の原因となることがある。

■　近視

遠視とは逆に，無調節状態で，網膜の前で焦点を結ぶ眼を近視という。(　①　)が長いか，眼の光学系の屈折力が(　⑤　)ことによる。遠方はよく見えないが，近くはよく見える。

小学校高学年頃から裸眼視力が低下することが多く，近くを長

時間見ること，つまり調節の持続が(①)の延長に関与しており，家庭でのゲーム機，スマートフォンなどの使用については保護者への注意喚起も必要である。近視の度が強くなると，将来，黄斑部出血・網膜剥離・(⑥)等の病的変化が生じる場合があるので注意が必要である。

■ 乱視

　無調節状態で，平行光線が網膜の1点に像を結ばない状態である。主に角膜が球面でなく，歪んでいるためである。乱視には正乱視と不正乱視がある。正乱視は，(⑦)で矯正される。

■ 調節緊張

　眼の中のピントを合わせる(⑧)という筋肉が，近くを長くみていると緊張し，屈折度が(⑨)に傾いた状態。

■ 不同視

　左右の眼の屈折度が異なるもので，その差が大きいと左右の網膜に映る大きさが異なる(不等像)ため眼精疲労の原因になったり，また，幼児期では(③)や両眼視機能の発達が阻害されることがある。早期に眼鏡やコンタクトレンズでの矯正が必要となる。

ア	円柱レンズ	イ	内斜視	ウ	凸レンズ
エ	弱い	オ	白内障	カ	遠視側
キ	毛様体	ク	近視側	ケ	毛様小帯
コ	眼瞼下垂	サ	外斜視	シ	強い
ス	眼軸	セ	弱視	ソ	視神経
タ	緑内障				

┃ 2024年度 ┃ 佐賀県 ┃ 難易度 ■■■□□□

【9】「児童生徒等の健康診断マニュアル」(平成27年度改訂　公益財団法人　日本学校保健会)に示されている内容について，各問いに答えよ。

(1) 次の文は，「第1章　児童，生徒，学生及び幼児の健康診断の実施　5　方法及び技術的基準」に示されている内容の一部である。文中の(A)〜(E)のうち，正しいものは1，誤っているものは2を書け。

● 健康診断

> 視力
> ＜事後措置＞
> (A)　視力B(0.9〜0.7)の者は，再検査を行い，C以下であれば眼科で受診するように勧める。
> (B)　視力C(0.6〜0.3)・D(0.3未満)の者は，全て眼科への受診を勧め，その指示に従うよう指導する。
>
> 聴力
> ＜検査の実際(方法)＞
> (C)　500Hz30dBの音を聞かせ，聞こえるかどうか応答させる。
> (D)　応答が不明瞭なときには断続音を用いて音を切ったり，出したりして応答を求める。
> (E)　2個以上の受話器を備えたオージオメータの場合は，二人以上を同時に検査することが望ましい。

(2)　次の文は，「第1章　児童，生徒，学生及び幼児の健康診断の実施　7　総合評価・事後措置」に示されている内容の一部である。文中の(F)〜(J)に当てはまる語句を，それぞれ以下の1〜5から1つ選べ。ただし，同じ記号には同じ語句が入るものとする。

> 事後措置の法的根拠
> ＜学習又は運動・作業の軽減，停止，変更等を行うこと＞
> 　健康診断の結果，学習又は運動，作業を軽減，停止，変更等行う必要がある場合は，(F)の指導助言により行うようにする。生活や運動制限，(G)の指導区分が指示される疾病及び異常については，(H)などに基づいて生活管理や生活指導を行う。
> ＜修学旅行，対外運動競技等への参加を制限すること＞
> 　健康診断の結果に基づき，修学旅行，対外運動競技等への参加はできるが，行動，運動等が制限された児童生徒等において，本人はもとより引率する教職員は，(F)の指導助言を十分に把握しておく必要がある。

事後措置の方法

＜健康診断結果の通知＞

　　健康診断は，学校保健安全法施行規則第5条第1項に6月30日までに行うこととされており，同規則第9条に，健康診断を行ったときは，(Ⅰ)に，児童生徒等及び保護者に通知し，法第14条の措置を取らなければいけないと規定されている。健康診断の結果通知は，項目ごと又は終了した項目をまとめて通知するとともに，総合評価を(Ｊ)と相談の上，通知することが望ましい。また，心身に疾病又は異常が認められず，健康と認められる児童生徒等についても，事後措置として健康診断結果を通知し，健康の保持増進に役立てる必要がある。

F　1　学校医　　　　　　　2　専門医　　　3　主治医
　　4　学校医又は主治医　　5　学校医及び主治医

G　1　給食　　　　　　　　2　服薬　　　　3　学習
　　4　学校行事　　　　　　5　医療

H　1　健康診断票　　　　　2　保健調査票　3　学校医執務記録簿
　　4　健康相談面接記録表　5　学校生活管理指導表

I　1　7日以内　　　　　　2　10日以内　　3　14日以内
　　4　21日以内　　　　　5　1月以内

J　1　学校医　　　　　　　2　保健主事　　3　学校管理医
　　4　主治医　　　　　　　5　校長

【10】次のア～オの各文は，「児童生徒等の健康診断マニュアル(平成27年度改訂)」(平成27年8月公益財団法人日本学校保健会)「第1章　児童，生徒，学生及び幼児の健康診断の実施」の聴力に関する検査の方法及び技術的基準について述べたものである。正しいものを○，誤っているものを×としたとき，正しい組合せを選びなさい。

ア　選別聴力検査は聞こえのよい耳から始めるが，どちらがよく聞こえるか分からないときは左耳から始める。

イ　まず，1,000Hz30dBの音を聞かせ，聞こえるかどうか応答させる。明確な応答が得られたら4,000Hz25dBの音を聞かせ応答を確かめる。

ウ　聴力は平均聴力で示される。例えば，500Hzの閾値adB，1,000Hzの閾値bdB，2,000Hzの閾値cdBとすると，平均聴力は，次の式で算出される。

○　平均聴力 $= \dfrac{(a+b+2c)}{4}$

エ　再検査では全く聞こえなくなったときから音量を次第に強めていき，初めて聞こえた点を閾値と決めることが重要である。

オ　検査学年は，全学年で行われることが原則であるが，小学校第2学年及び第6学年，中学校及び高等学校第2学年は除くことができる。

	ア	イ	ウ	エ	オ
①	○	○	×	×	×
②	×	○	×	○	×
③	×	×	○	×	○
④	○	×	×	×	○
⑤	×	×	○	○	×

| 2024年度 | 福岡県・福岡市・北九州市 | 難易度 ■■■□□ |

【11】次の1，2の問いに答えなさい。

1　次の文は，「学校保健安全法(昭和33年4月10日法律第56号)　第3節　健康診断」の条文の一部を抜粋したものである。文中の(①)～(③)に当てはまる語句を，以下のa～eの中からそれぞれ一つ選びなさい。

第3節　健康診断

(就学時の健康診断)

第11条　(①)は，学校教育法第17条第1項の規定により翌学年の初めから同項に規定する学校に就学させるべき者で，当該市町村の区域内に住所を有するものの就学に当たつて，その健康診断を行わなければならない。

(児童生徒等の健康診断)

第13条　(②)は，毎学年定期に，児童生徒等(通信による教育を受ける学生を除く。)の健康診断を行わなければならない。

(職員の健康診断)

第15条 (③)は，毎学年定期に，学校の職員の健康診断を行わなければならない。

①
- a 厚生労働省
- b 都道府県の教育委員会
- c 市(特別区を含む。以下同じ。)町村の教育委員会
- d 学校の設置者
- e 学校において

②
- a 文部科学省
- b 都道府県の教育委員会
- c 市(特別区を含む。以下同じ。)町村の教育委員会
- d 学校の設置者
- e 学校において

③
- a 厚生労働省
- b 都道府県の教育委員会
- c 市(特別区を含む。以下同じ。)町村の教育委員会
- d 学校の設置者
- e 学校において

2 「児童生徒等の健康診断マニュアル 平成27年度改訂」(文部科学省スポーツ・青少年局学校健康教育課監修 公益財団法人日本学校保健会)における「心臓の疾病及び異常の有無」について，次の(1)～(3)の問いに答えなさい。

(1) 次の文は，「検査の意義」について述べたものである。文中の(①)，(②)に当てはまる語句の正しい組み合わせを，以下のa～eの中から一つ選びなさい。

＜検査の意義＞

(i)心疾患の早期発見をすること，(ii)心疾患のある児童生徒等に適切な治療を受けるように(①)することや(iii)日常的に適切な指導を行い児童生徒等の(②)を高め，生涯を通じて，できる

だけ健康な生活を送ることができるようにするために検査をする。

	①	②
a	情報提供	ADL
b	指導	ADL
c	指示	ADL
d	指示	QOL
e	情報提供	QOL

(2) 次の文は，「検査の実際」について述べたものである。これらの説明のうち誤っているものを，次のa〜eの中から一つ選びなさい。

a	調査票：調査票は心電図検査までに配布し，回収しておく。 調査票は心疾患有無の抽出・既往歴に関する重要な情報源であるが，記載の正確性が児童生徒等の日常生活管理の安全性を大きく左右するものであるといえる。したがって，記入については，学級担任に記入を依頼することが必要である。
b	調査票を家庭から回収後，学校における日常の健康観察（学級担任，養護教諭による）に記入を加えて，検査の参考にする。
c	心疾患の既往，心疾患管理の有無，家族歴（特発性心筋症，若年者急死），自覚症状（失神発作（特に運動時），胸痛，不整脈），心疾患を起こす可能性のある罹患歴等の記載は特に留意を要する。
d	事前指導：児童生徒等は，初めて検査を受けることが多く，不安がったり緊張したりすることがあるため，事前に心電図検査の目的とその方法を説明しておく。
e	場所：原則として，1学級の検査が1時限以内に終了できるようにすることが望ましい。なるべく外部の雑音が入らない静かな部屋で，音の反響が少ないところがよい。 高温，低温の部屋は避ける。

(3) 次の文は，「事後措置」について述べたものである。文中の（ ① ）〜（ ⑤ ）に当てはまる語句の正しい組み合わせを，以下のa〜eの中から一つ選びなさい。

1 心疾患のある児童生徒等を早期に発見し，適切な指導を行い，心臓突然死を可能な限り，未然に防ぐ目的があり，そのためには，（ ① ）を専門医に紹介し，学校生活管理区分に従った指導を行う等，適切な事後措置が必要である。

2 学校では，学校生活管理指導表に基づいて生活管理や生活指

導を行うため，家庭と連絡を取り，保護者や本人と話し合い，具体的な活動内容を確認する。確認した内容に基づき(　②　)でAEDの適正使用も含めた共通理解を図り，管理・指導を行う。

3　学校での心臓突然死に関して，注意喚起が必要な心臓病は一覧表(略)に示すとおりである。(中略)学校生活管理指導表には，(　③　)にならないように，児童生徒等の学年ごとに運動の内容についての運動強度の指導区分が記載されており，児童生徒等の指導区分を十分に把握して，学校での心臓突然死の予防に努めなければいけない。

4　学校生活の中で指導区分を利用するに当たって，児童生徒等の(　④　)などにより，運動内容も総合的に判断されるべきであるが，判断が難しい場合等は，保護者の了解を得た上で，主治医(専門医)などに連絡相談を行うことも必要である。このように，日頃から学校，保護者，主治医(専門医)，学校医が(　⑤　)に連携できる体制を整えておくことが必要である。

	①	②	③	④	⑤
a	有病者	関係職員	過度の運動	意欲、関心、態度	緊急時や必要時
b	有所見者	関係職員	過度の運動	意欲、習熟度	定期的
c	有所見者	関係職員	過度の運動制限	意欲、関心、態度	定期的
d	有所見者	全教職員	過度の運動制限	意欲、習熟度	緊急時や必要時
e	有病者	全教職員	過度の運動	意欲、関心、態度	緊急時や必要時

▌2024年度 ▌茨城県 ▌難易度 ▌▌▌

【12】「学校検尿のすべて」(令和2年度改訂　日本学校保健会)に記載されている，1型糖尿病の特徴について述べた次の文a〜dの中で，誤っているものの組合せを，以下の1〜6のうちから1つ選びなさい。

a　突然，口渇，多飲，多尿，体重減少などの症状があらわれ，糖尿病であることがわかる場合が多い病型である。インスリンを産生している腎臓のβ細胞が自己免疫現象などによって破壊されることが原因である。

b　糖尿病性ケトアシドーシスは，乳幼児で多くみられる。血糖コン

● 健康診断

トロールは，個々の症例によってその目標値は個別化されるが，基準はHbA1c値で7.0%未満を目指す。

c　家族内に糖尿病者は少なく，インスリンの注射が治療の中心である。インスリン治療をしている時に激しい運動をすると，血中のブドウ糖の利用が促進され，血糖値が下がり，震えや頻脈などといった低血糖の症状があらわれることがある。

d　発症年齢と頻度は，10〜15歳以上に多く，乳幼児では稀である。

1　a・b　　2　a・c　　3　a・d　　4　b・c　　5　b・d　　6　c・d

┃2024年度┃宮城県・仙台市┃難易度■■■□□

【13】児童生徒等の健康診断について，次の(1)，(2)の問いに答えよ。

(1)　次の文は，学校教育法(昭和22年法律第26号)及び学校保健安全法(昭和33年法律第56号)の条文の一部を示そうとしたものである。文中の①〜④の[　]内にあてはまる語句をそれぞれ書け。

> 学校教育法第12条
> 　　学校においては，別に法律で定めるところにより，幼児，児童，生徒及び学生並びに職員の健康の[　①　]を図るため，健康診断を行い，その他その保健に[　②　]を講じなければならない。
> 学校保健安全法第13条
> 　　学校においては，[　③　]に，児童生徒等(通信による教育を受ける学生を除く。)の健康診断を行わなければならない。
> 　2　学校においては，[　④　]ときは，臨時に，児童生徒等の健康診断を行うものとする。

(2)　身長に対比して体重を評価する指標である肥満度が26.8%であった小学5年生の男子児童は，「高度やせ」・「やせ」・「普通」・「軽度肥満」・「中等度肥満」・「高度肥満」のいずれの判定になるか書け。

┃2024年度┃香川県┃難易度■■■□□

【14】次の問1，問2に答えなさい。

問1　心疾患・腎疾患を有する児童生徒の学校生活における適切な健

150

康管理を行う上で，学校生活管理指導表の活用は重要である。「児童生徒等の健康診断マニュアル」(平成27年度改訂　日本学校保健会)に記載されている学校生活管理指導表について述べた次の文a〜dの中で，正しいものの組合せを，以下の1〜6のうちから1つ選びなさい。

a　心疾患・腎疾患を有する児童生徒を対象とした学校生活管理指導表は，学校の教科体育を軽い運動，中等度の運動，強い運動の3段階に分け，また，疾患の重症度によりA，B，C，D，Eの5段階に分け，適切な生活指導を行うことができるように表示したものである。

b　運動強度の定義として，「中等度の運動」とは，同年齢の平均的児童生徒にとって，息がはずみ，息苦しい程度の運動である。

c　心疾患・腎疾患を有する児童生徒の運動部(クラブ)活動への参加の可否は，運動種目によって決定する。

d　学校生活管理指導表指導区分において，指導区分の「B」は，登校はできるが運動は不可である。

1　a・b　　2　a・c　　3　a・d　　4　b・c　　5　b・d　　6　c・d

問2　「学校のアレルギー疾患に対する取り組みガイドライン」(令和元年度改訂　日本学校保健会)に記載されている学校におけるアレルギー疾患への対応について述べた次の文a〜dの中で，正しいものの組合せを，以下の1〜6のうちから1つ選びなさい。

a　学校生活管理指導表は，主治医・学校医もしくは保護者が記載し，学校に提出されるものであり，配慮や管理が必要な間は，毎年提出を求める。

b　学校生活管理指導表には児童生徒等の健康に関わる重要な個人情報が記載されているので，学校での管理には十分注意する必要がある一方，緊急時に誰でも対応できるように教職員全員がその情報を共有しておくことも重要である。

c　学校給食において除去食対応していたものを解除する場合は，血液検査の結果を記載した主治医が作成する「除去解除申請書」の提出を求め，保護者と学校の間で書類を作成して対応を協議する。

　　d　学校は，校長を責任者として関係者で組織するアレルギー対応
　　　委員会を設置し，アレルギー疾患への対応に関する協議や情報共
　　　有を行うほか，実践的な訓練を定期的に行い，緊急時対応体制の
　　　整備を図る。

　1　a・b　　2　a・c　　3　a・d　　4　b・c　　5　b・d　　6　c・d

2024年度　宮城県・仙台市　難易度 ■■■□□□

【15】次の文章及び表は，「児童生徒等の健康診断マニュアル　平成27年
度改訂(平成27年8月　公益財団法人　日本学校保健会)　第1章　児童，
生徒，学生及び幼児の健康診断の実施　5　方法及び技術的基準　5
視力」の記載内容の一部及び「表4　視力判定の手順」である。文章
及び表中の(ア)〜(オ)に当てはまる語句の組合せとして適切な
ものを，以下の①〜⑤の中から一つ選べ。

　　　はじめに(ア)の指標から開始するのを原則とする。上下左
　右のうち4方向を任意に見させ，指標の提示時間は(イ)秒間
　とする。

表4　視力判定の手順

視力の判定	使用視標	判定の可否	判定結果	次の手順	備考（事後措置等）
	(ア)	判別できない	D	終了	視力C，Dの場合は眼科への受診を勧める。
		正しく判別	—	(ウ)で検査	
	(ウ)	判別できない	C	終了	視力Bの場合，幼稚園の(エ)を除く児童生徒等には受診を勧める。(エ)には受診の勧めは不要。
		正しく判別	—	1.0で検査	
	1.0	判別できない	B	終了	
		正しく判別	A	終了	受診の勧めは不要。

　※「正しく判別」とは，上下左右4方向のうち(オ)方向以
　　上を正答した場合をいう。

	ア	イ	ウ	エ	オ
①	0.3	1〜3	0.7	年少児	3
②	0.3	3〜5	0.5	年少児	2
③	0.1	1〜3	0.7	年中，年少児	2
④	0.1	1〜3	0.5	年少児	3
⑤	0.3	3〜5	0.7	年中，年少児	3

‖ 2024年度 ‖ 岐阜県 ‖ 難易度 ■■■□□

【16】色覚について，次の(1)〜(3)の問いに答えよ。

(1) 色覚の検査は定期健康診断の項目に含まれていないが，学校医による健康相談等において，必要に応じ個別に検査を行うとされている。色覚の検査の意義を答えよ。

(2) 色覚の検査を実施する際の留意事項を2つ書け。

(3) 色覚異常のある人が色間違いしやすい色の組合せを「ピンクと白・灰色」，「緑と灰色・黒」以外で2つ答えよ。

‖ 2024年度 ‖ 香川県 ‖ 難易度 ■■■■□

【17】「児童生徒等の健康診断マニュアル」(平成27年度改訂　日本学校保健会)及び「教職員のための子供の健康相談及び保健指導の手引」(令和3年度改訂　日本学校保健会)に示されている健康診断における栄養状態の評価と肥満の指導について述べた次の文a〜dの中で，誤っているものの組合せを，以下の1〜6のうちから1つ選びなさい。

a　貧血の疑いと判定された児童生徒については，医療機関等で血液検査を受けることが望ましい。健康診断時に学校医に指摘されなくても，日常の健康観察で顔色が悪い，疲れやすい等の症状がある場合は，受診を勧める。

b　健康診断時に体重成長曲線と肥満度曲線を作成することによって，神経性食欲不振症や虐待を早期に発見して適切な対応をすることが必要である。

c　小児肥満は生活習慣が直接的な原因であり，生活習慣病を引き起こすものであるため，学校では早期から食事や運動などの生活習慣について指導・管理を徹底する。

　d　成長期にある児童生徒等においては，急激な身長の伸び(思春期成長促進現象)により個人差が大きいため，肥満及びやせの傾向を判定するには，一時点の身長や体重の測定値に基づいて判定・指導する必要がある。

1　a・b　　2　a・c　　3　a・d　　4　b・c　　5　b・d　　6　c・d

‖ 2024年度 ‖ 宮城県・仙台市 ‖ 難易度 ■■■□□

【18】次の文章は，「児童生徒の健康診断マニュアル　平成27年度改訂」(平成27年8月　公益財団法人　日本学校保健会)に示されている脊柱側わん症について述べたものである。次の(ア)～(オ)にあてはまる最も適当なものを以下の解答群からそれぞれ一つずつ選びなさい。

・ 脊柱側わん症は脊柱が何らかの原因により側方，かつ捻れを伴いわん曲した病態である。その中には捻れを伴わず，姿勢性，疼痛性，ヒステリー性，脚長差によるものなどの(ア)側わん症も含まれており，捻れを伴う構築性側わん症とは明確に区別されている。

・ 健康診断の目的は捻れを伴う構築性側わん症のなかでも(イ)脊柱側わん症の早期発見である。その特徴は脊柱の回旋(捻れ)変形であり，(ウ)テストにおいて背部の高さの左右差が生じる原因となっている。

・ 側わんの大きさは側わん角度((エ)角)で表される。(エ)角が(オ)度以下では悪化しない症例が30％前後ある。

解答群

① 単純性　　② 特発性　　③ 機能性　　④ 症候性
⑤ 前屈　　　⑥ 後屈　　　⑦ モアレ　　⑧ Cobb
⑨ 30　　　　⑩ 25

‖ 2024年度 ‖ 千葉県・千葉市 ‖ 難易度 ■■□□□

【19】次の文は，児童生徒等の健康診断における皮膚の検査についての記述である。文中の下線部のうち，適切でないものを①～⑤から選び，番号で答えよ。

(1)　検査会場は，個室あるいは個室に準じた場所を確保する。①肉眼での観察が容易に行えるよう，②照明の明るい部屋が望ましい。全

154

身を診察することが多いため，プライバシーに十分配慮する必要がある。

(2) 視診では，③脱毛，色調の異常，④掻破痕，紅斑や色素斑，丘疹や結節の有無などの皮膚の異常を診察する。

(3) 皮疹の硬さ，腫れ方，熱感，皮膚の乾燥の程度などは触診で確認する必要がある。

(4) 皮膚のかゆみや痛みについては⑤問診を行う。慢性じん麻疹では健康診断時には皮疹はないこともあるため，連日のかゆみを訴えるときには症状がなくても取り上げる。

| 2024年度 | 神戸市 | 難易度 ■■■□□

【20】次の文は，「児童生徒等の健康診断マニュアル　平成27年度改訂」(平成27年8月　公益財団法人日本学校保健会)に記載されている視力検査についての記述である。[ア]～[カ]にあてはまる語句や数値を答えよ。

・ 視力表は，国際標準に準拠した[ア]を使用した視力表の0.3，0.7，1.0の視標を使用する。
・ 視標面の照度は500～[イ]ルクスとする。
・ 眼の高さと視標の高さはほぼ等しく，視標は視線に対し[ウ]に提示する。
・ はじめに[エ]の指標から開始するのを原則とする。
・ 4方向のうち[オ]方向を正答できれば「正しい判別」と判定する。
・ 眼鏡やコンタクトレンズを常用している者については，[カ]の検査を省略することができる。

| 2024年度 | 島根県 | 難易度 ■■■■□

【21】「児童生徒等の健康診断マニュアル　平成27年度改訂」(平成27年8月　日本学校保健会)に示されている内容について，次の(1)～(3)に答えなさい。

(1) 身長検査の方法について，次の(①)～(⑤)に適する語句を書きなさい。

● 健康診断

> ・ 測定の際には，被検査者は必ず裸足で行う。
>
> ・ 被検査者を身長計の踏み台に上がらせ，両かかとをよくつけて直立させる。
>
> ・ 尺柱には，両かかとと，(①)，背の一部が触れた状態とする。正面から見ると，身体の(②)と尺柱が重なっていなければならない。両上肢は(③)に垂れさせる。頭部を正位((④))に保たせるため，軽く(⑤)を引かせる。

(2) 一般的には男子は10歳過ぎから，女子では8歳過ぎから急激に身長の伸びがみられる。この現象名を書きなさい。

(3) 次の式から算出される肥満度と肥満度による肥満・やせの判定について，以下の①，②に答えなさい。

$$肥満度 = \frac{(a)体重〔kg〕 - 身長別(b)体重〔kg〕}{身長別(b)体重〔kg〕} \times 100 〔\%〕$$

① (a)，(b)に適する語句を書きなさい。

② 次の表は，肥満度に基づく判定を示したものである。(c)～(g)にあてはまる数字を以下のア～ソから1つずつ選び，その記号を書きなさい。

	やせ傾向		普通	肥満傾向		
	(c)%以下			(d)%以上		
判定	高度やせ	やせ		軽度肥満	中等度肥満	高度肥満
肥満度	(e)%以下	(e)%超〜(c)%以下	(c)%超〜(d)%未満	(d)%以上〜(f)%未満	(f)%以上〜(g)%未満	(g)%以上

表

ア －10　イ －20　ウ －30　エ －40　オ －50
カ －60　キ －70　ク ＋10　ケ ＋20　コ ＋30
サ ＋40　シ ＋50　ス ＋60　セ ＋70　ソ ０

┃2024年度┃青森県┃難易度

【22】日本学校保健会「児童生徒等の健康診断マニュアル 平成27年度改訂版」に基づいた学校における健康診断について次の問いに答えなさい。

156

(1) 次の文章は学校における健康診断の目的と役割について述べられている部分である。(①)〜(③)に当てはまる語句を以下の語群ア〜クからそれぞれ一つ選び，記号で答えなさい。

> 学校保健安全法では，学校における児童生徒等の健康の保持増進を図るため，学校における(①)について定めており，学校における健康診断は，この中核に位置する。また，学習指導要領解説特別活動編において(②)・体育的行事として例示されており，(③)として実施されているという一面も持っている。

ア 保健教育　　イ 学校保健活動　　ウ 保健行事
エ 健康安全　　オ 健康教育　　カ 教育活動
キ 儀式的行事　ク 保健管理

(2) 学校における健康診断には大きく二つの役割がある。二つの役割について答えなさい。

(3) 検尿において尿糖が陽性であった児童が専門医を受診後，保護者から次のような連絡があった。この児童の考えられる診断名を答えなさい。

> 血糖検査を行ったところ血糖値は正常であり，医師からは「腎臓のブドウ糖排泄閾値が低い，尿に糖が出やすい体質である。」と言われた。この子の姉も同じ診断を受けたことがある。

(4) 次の項目は学校保健安全法施行規則の健康診断について規定されているものである。次の[A]，[B]，[C]に当てはまる名称を答えなさい。

> 学校保健安全法施行規則
> 　第2章　健康診断
> 　　第1節[A]の健康診断(第3条・第4条)
> 　　第2節[B]の健康診断(第5条 ― 第11条)
> 　　第3節[C]の健康診断(第12条 ― 第17条)

● 健康診断

【23】次の表は,「児童生徒等の健康診断マニュアル　平成27年度改訂」(平成27年8月　公益財団法人　日本学校保健会)「第1章　児童, 生徒, 学生及び幼児の健康診断の実施」「5　方法及び技術的基準」「6　眼の疾病及び異常の有無」「表5　学校における健康診断で対象となる主な眼科所見名の説明」からの抜粋である。文中の　1　～　4　に当てはまる語句として正しいものを①～⑧の中からそれぞれ一つ選びなさい。

所見名	内容と説明
①結膜炎	・細菌性とウイルス性に大別されます。 ・ウイルス性のものは感染性があり,ほとんどが接触感染で出席停止が必要です。 ・充血,流涙,痛み,目やになどの症状も強く,発熱や　1　を伴うこともあります。
②アレルギー性結膜炎	・目のかゆみ,充血,目やになどの症状のほかに,まばたき,　2　,視力低下などの症状があります。
③眼瞼炎	・目の周囲のただれ,かぶれ,　3　,切れなどで,かゆみ,痛みを訴えます。
④内反症	・さかまつげのことです。 ・　4　を訴えて,よく目をこすります。 ・角膜(くろめ)が傷つくことがあり,症状が強い場合は,手術が必要な場合があります。
⑤麦粒腫	・まぶたの急性の細菌感染です。 ・ひどくなると,眼の周囲に感染が広がっていくことがあります。
⑥霰粒腫	・まぶたの慢性肉芽腫性炎症です。 ・麦粒腫と似ていますが,炎症が治まっても,しこりが残ることが少なくありません。
⑦眼位の異常	・斜視(常にどちらかの目が斜めを向いている)と,斜位(通常は両眼ともに正常であるが,視線をさえぎられた目が斜めを向く)に大別されます。 ・眼鏡でもコンタクトレンズでも視力が出にくいこともあり,詳しい検査が必要です。

① かさつき　② 疲れ　③ まぶしさ　④ 異物感
⑤ 腫れ　⑥ のどの痛み　⑦ かすみ　⑧ 熱感

2024年度 ┃ 三重県 ┃ 難易度 ■■■□□

【24】次の文は,「学校検尿のすべて　令和2年度改訂」(令和3年3月　公益財団法人　日本学校保健会)「第3章　腎臓と子供の腎臓病の特徴」「1. 腎臓の位置とかたち,はたらき」からの一部抜粋である。文中の[　1　]～[　5　]に当てはまる語句として正しいものを①～⓪の中からそれぞれ一つ選びなさい。

腎臓は体の中でも腰のあたりの背骨のほぼ隣に左右1つずつあります。ソラマメに似た楕円形をしていて，大きさは大人で縦[1]cm，横5.5cm，厚さ3cmくらいです。生まれたばかりの乳児の腎臓は縦4cmくらいの大きさですが，体の成長にともなって腎臓のサイズも大きくなっていきます。

腎臓には糸球体とよばれる小さな[2]装置が1つの腎臓に対して[3]万個くらいずつあり，血液中の老廃物を尿中に出す働きをしています。腎臓はそれ以外にも体の中の水分や[4]を一定に保つバランスをとる働きをしたり，[5]を一定に保つためにホルモンを出したり，血液をつくるためのホルモンを出したり，多くの大切な働きをしています。

①　ミネラル　　②　濃縮　　③　代謝　　④　血圧　　⑤　ろ過
⑥　体温　　　　⑦　11　　　⑧　21　　　⑨　100　　⓪　250

▌2024年度▐三重県▐難易度▰▰▰▱▱

【25】「児童生徒等の健康診断マニュアル」(平成27年度改訂　公益財団法人日本学校保健会)について，次の(1)，(2)の各問いに答えよ。

(1) 表は，結核の有無に関する検査の方法について示したものである。
（　ア　）〜（　エ　）に入る適切な語句をそれぞれ答えよ。

表

小学校・中学校	高等学校，高等専門学校・大学の第1学年
問診による情報の把握 　①　本人の結核罹患歴 　②　予防（　ア　）歴 　③　家族の結核罹患歴 　④　（　イ　）での居住歴 　⑤　自覚症状，健康状態 　　（特に，（　ウ　）以上の長引く咳や痰） 　⑥　BCG接種の有無 学校医による診察（問診票記載事項の確認，触診，聴打診）	（　エ　） 学校医による診察（問診票記載事項の確認，触診，聴打診）

(2)　次の文は，結核対策について述べたものである。文中の（　ア　）〜（　ウ　）に入る適切な語句をそれぞれ答えよ。

　　結核対策において重要なことは，①児童生徒等への感染防止，②感染者及び（　ア　）者の早期発見・早期治療，③患者発生時の対応の3点からの対策の充実・強化である。また，学校における結核対策においては，（　イ　）をはじめとする地域保健との連携が必要不可欠である。健康診断の結果を踏まえて，適切

> な健康観察，結核に関する(ウ)などを実施する。(略)

┃ 2024年度 ┃ 山口県 ┃ 難易度 ┃▪▪▪▪▪▪▪┃

【26】 健康診断について，次の問いに答えなさい。

(1) 次の文章は，学校保健安全法施行規則である。(a)～(h)
に当てはまる語句の組合せとして正しいものをア～カから選び，記
号で答えなさい。

学校保健安全法施行規則第7条第6項

　前条第1項第九号の心臓の疾病及び異常の有無は，(a)検査
(b)検査によつて検査するものとする。ただし，幼稚園(特別支
援学校の幼稚園部を含む。以下この条及び第11条において同じ。)の
(c)幼児，小学校の第(d)学年以上の児童，中学校及び高等学
校の第(e)学年以上の生徒，高等専門学校の第(f)学年以上の学
生並びに大学の(g)学生については，(h)検査を除くことがで
きる。

ア　a　心電図　　　b　その他の必要な　　　　　c　一部の
　　d　5　　　　　e　2　　　　　　　　　　　f　3
　　g　一部の　　　h　心臓
イ　a　心電図　　　b　その他の臨床的医学的　　c　全
　　d　2　　　　　e　2　　　　　　　　　　　f　2
　　g　全　　　　　h　心電図
ウ　a　心臓　　　　b　その他の必要な　　　　　c　全
　　d　5　　　　　e　2　　　　　　　　　　　f　3
　　g　一部の　　　h　胸部X線
エ　a　心電図　　　b　その他の臨床的医学的　　c　一部の
　　d　5　　　　　e　2　　　　　　　　　　　f　2
　　g　一部の　　　h　心臓
オ　a　心臓　　　　b　その他の予診的事項に属する　c　全
　　d　2　　　　　e　3　　　　　　　　　　　f　2
　　g　全　　　　　h　運動負荷心電図
カ　a　心臓　　　　b　その他の予診的事項に属する　c　全

d 5   e 2   f 3
g 全   h 心電図

(2) 次の文章は，心臓に関して述べたものである。(a)～(e)に
当てはまる語句の組合せとして正しいものをア～オから選び，記号
で答えなさい。

　心臓は，4つの部屋と，それぞれの部屋につながる4種類の主な血
管からできている。心臓に戻る血液を運ぶ血管を静脈((a)と肺
静脈)，心臓から出ていく血液を運ぶ血管を動脈(大動脈と肺動脈)と
呼ぶ。

　体静脈血と(b)は，全身で酸素が消費された酸素含有量が少な
い血液であり，肺静脈血と(c)は，肺で十分な酸素を受け取った
酸素含有量が多い血液である。

　心臓は，全身の細胞に酸素と栄養を送り届けるポンプの役割を果
たしている。また，規則正しい心臓の動きを司るのが，刺激伝導系
であり，(d)の上の方にある(e)からリズムとりの刺激が発生
している。

ア　a　体静脈　　b　大動脈血　　c　体静脈血　　d　右心房
　　e　房結節
イ　a　体静脈　　b　大静脈血　　c　体動脈血　　d　右心房
　　e　洞結節
ウ　a　大静脈　　b　肺動脈血　　c　大動脈血　　d　左心房
　　e　洞房結節
エ　a　大静脈　　b　肺動脈血　　c　大動脈血　　d　右心房
　　e　洞結節
オ　a　大静脈　　b　大動脈血　　c　大静脈血　　d　左心房
　　e　房結節

(3) 次の表は，学童期によくみられる心臓病について説明したもので
ある。症状等の説明のうち，適切でないものをア～オから選び，記
号で答えなさい。

記号	名称	症状等の説明
ア	心房中隔欠損 (ASD)	心房中隔に孔があいているため，肺から左心房にかえってきた血液の一部が左心房から右心房に流れ，全身から戻ってきた血液とともに右心房・右心室に流れ，正常より多くの血液が肺血管に流れる。このため右心房・右心室の縮小が生じる。
イ	WPW症候群	心電図のQRS波の始まりに特徴的な波（デルタ波）を認めるものである。発作性上室頻拍を起こすことがある。運動で発作性上室頻拍が誘発される場合には運動制限が必要である。
ウ	QT延長症候群	心電図上QT時間が長く，かつ，突然，特有の心室頻拍や心室細動が出現し，失神や突然死する可能性のある疾患である。運動や水泳が心室頻拍の誘因となるタイプが多い。
エ	川崎病	原因不明であり，発熱，発疹，結膜の充血，口唇および口の粘膜の発赤，四肢末端の変化，リンパ節の腫脹などを認め，血管炎を起こしている症状とされる。後遺症でもっとも多いのは冠動脈瘤であり，突然死が報告される例もある。
オ	心筋症	家族性（遺伝性）であることが少なくない。心不全，不整脈，運動中の突然死，血栓症などが問題となることがあるので，必ず専門医の指示に従って管理すべきである。

(4) 次の文章は，心臓の疾病及び異常の有無の検査の留意事項について述べたものである。適切な説明でないものをア～ウから1つ，エ～カから1つ選び，記号で答えなさい。

ア　調査票は心疾患有無の抽出・既往歴に関する重要な情報源である。記載の正確性が児童生徒等の日常生活管理の安全性を大きく左右するものであるため，児童生徒等の保護者に記入を依頼することが必要である。

イ　児童生徒等は，初めて検査を受けることが多く，不安がったり緊張したりすることがあるため，事前に心電図検査の目的とその方法を説明しておくことが重要である。

ウ　学校で行う心電図検査には外部の雑音や反響は影響しない。場所は，静かな場所よりも児童生徒が速やかに集合できる利便性を優先する必要がある。

エ　心電図検査よりも児童生徒等の学校教育活動を優先する必要があるため，心電図検査直前に体育の授業やスポーツ活動をしていてもかまわない。

オ　検査には，心疾患のある児童生徒等を早期に発見し，適切な指導を行い，心臓突然死を可能な限り，未然に防ぐ目的がある。そのために，有所見者を専門医に紹介し，学校生活管理指導表の指

導区分に従った指導を行う等が必要である。

カ　過度の運動制限にならないように，学校生活管理指導表の指導区分を十分に把握して，学校での心臓突然死の予防に努める。

(5)　次の事例を読み，小学生Aが，より安心で安全な学校生活を送ることができるよう支援するために，あなたは養護教諭として，どのような対応をするか，適切でないものをア〜ウから1つ，エ〜キから1つ選び，記号で答えなさい。

【事例】

　小学生のAは，学校の心電図検査で不整脈が発見された。その後，保護者から学級担任と養護教諭へ連絡があり，「専門医を受診したところ，心室期外収縮と診断を受けた。学校生活管理指導表をもらい，指導区分Dと指示を受けた。」ということであった。

　保護者はAの突然死をとても心配しており，「学校生活では保護者が管理できないため全ての運動をさせたくない。しかし，Aは，体育の授業や運動が好きなため，どうしたらよいかわからない。」と申し出があった。

ア　何故このような生活が必要なのか，専門医から本人や保護者にどのような説明があったのか確認する。

イ　次回受診日を過ぎても受診がない場合，Aの健康状態や家庭の状況によっては，必ずしも受診を勧めなくてもよいが，Aの健康状態を丁寧に観察する。

ウ　日頃から，学校，保護者，主治医(専門医)，学校医等が，緊急時や必要時に相互に連絡できる体制を整える。

エ　保護者の心配を取り除くため，学校から直接関係機関に連絡をとり，細やかな内容を確認する。

オ　同級生が理解できるように保護者の了解を得た上で，Aの疾病について指導する。

カ　Aの様子を注意して観察及び情報共有し，健康状態に問題があるときは，早めに専門医の受診を勧める。

キ　校内研修で心肺蘇生法(AEDも含む)やシミュレーション訓練を実施する。

2024年度　静岡県・静岡市・浜松市　難易度

● 健康診断

【27】 次の図は，中学校2年女子生徒の歯・口腔の健康診断票である。歯
科検診の結果からこの生徒に対してどのような個別指導をすべきか。
① むし歯に関する保健指導，② 歯周病に関する保健指導について，
根拠を明確にしながら具体的に答えよ。

児童生徒健康診断票（歯・口腔）

小・中学校用

| 氏 名 | 栃 木 花 子 | | | | 性別 | 男 ⊛女 | 生年月日○○○○年 ○月 ○日 |

| 2024年度 | 栃木県 | 難易度 ■■■■■□ |

【28】 児童生徒の健康診断について，次の(1)，(2)の問いに答えよ。

(1) 「児童生徒等の健康診断マニュアル　平成27年度改訂」(日本学校
保健会)の「第1章　5　方法及び技術的基準　4　脊柱及び胸郭の
疾病及び異常の有無並びに四肢の状態」に示されている留意事項に
関する記述について，(①)～(⑤)に入る適語の組合せとし
て，最も適切なものを，以下の1～6のうちから一つ選べ。

・ 背骨が曲がっている。
　肩の高さ・肩甲骨の高さや後方への出っ張り・ウェストラインの
　左右差の有無を確認する。また(①)テストを実施する。

・ 腰を曲げたり，反らしたりすると痛みがある。
　かがんだり(屈曲)，反らしたり(伸展)したときに，腰に痛みが出
　るか否かをたずね，後ろに反らせることにより(②)が誘発さ
　れるかどうか確認する。

・ 肩関節に痛みや動きの悪いところがある。
　肩関節の可動性は(③)より観察して，児童生徒等の両肘関節
　を伸展させた状態で上肢を(④)挙上させて異常の有無を検査
　する。上腕が耳につくか否かに注意する。

・ 片脚立ちが(⑤)秒以上できない。しゃがみこみができない。

164

立つ，歩行，しゃがむなどの動作がぎこちないか，また左右それぞれに片脚立ちするとふらつかないか，骨盤が傾いたり，背骨が曲がったりしないかを観察する。

1　① 後屈　② 先天性股関節脱臼　③ 側面　④ 前方
　　⑤ 10

2　① 前屈　② 先天性股関節脱臼　③ 正面　④ 後方
　　⑤ 10

3　① 前屈　② 腰痛　　　　　　　③ 側面　④ 前方
　　⑤ 5

4　① 後屈　② 腰痛　　　　　　　③ 側面　④ 後方
　　⑤ 10

5　① 後屈　② 腰痛　　　　　　　③ 正面　④ 後方
　　⑤ 5

6　① 前屈　② 先天性股関節脱臼　③ 正面　④ 前方
　　⑤ 5

(2)　「学校保健安全法施行規則の一部改正等について(通知)」(平成26年4月30日　文部科学省)に示されている改正に係る留意事項及びその他健康診断の実施に係る留意事項に関する記述のうち，下線部①〜⑤の記述について，誤っているものの組合せを，以下の1〜5のうちから一つ選べ。

・　①座高の検査を必須項目から削除したことに伴い，児童生徒等の発育を評価する上で，身長曲線・体重曲線等を積極的に活用することが重要となること。

・　②寄生虫卵検査の検出率には地域性があり，一定数の陽性者が存在する地域もあるため，それらの地域においては，今後も検査の実施や衛生教育の徹底などを通して，引き続き寄生虫への対応に取り組む必要があること。

・　児童生徒等の健康診断には，家庭における健康観察を踏まえ，学校生活を送るに当たり支障があるかどうかについて，疾病をスクリーニングし，児童生徒等の健康状態を把握するという役割と，学校における健康課題を明らかにすることで，③学校保健委員会

の充実に役立てるという役割があることに留意すること。

・　教職員が，④色覚異常に関する正確な知識を持ち，学習指導，生徒指導，進路指導等において，④色覚異常について配慮を行うとともに，適切な指導を行うよう取り計らうこと等を推進すること。

・　健康診断の結果，心身に疾病又は異常が認められず，健康と認められる児童生徒等についても，事後措置として健康診断の結果を⑤通知する必要がないこと。

1　①，②　　2　①，③　　3　②，④　　4　③，⑤
5　④，⑤

2024年度｜大分県｜難易度

【29】公益財団法人　日本学校保健会が発行した「児童生徒等の健康診断マニュアル　平成27年度改訂」について，次の各問いに答えよ。

1　健康診断実施上の留意点について，次の（　①　）〜（　⑤　）に当てはまる語句を書け。

> ア　健康診断の（　①　）体制
> イ　検査の項目
> ウ　（　②　）の保護及び（　③　）の管理
> エ　（　④　）への配慮
> オ　（　⑤　）の健康診断

2　聴力検査について，次の各問いに答えよ。
（1）次の文は，「方法及び技術的基準」の一部である。（　①　）〜（　④　）に当てはまる語句を書け。

> 方法
> 1　選別聴力検査は聞こえのよい耳から始めるが，どちらがよく聞こえるか分からないときは（　①　）から始める。
> 2　受話器を被検査者の耳に密着させる。
> 3　まず1,000Hz（　②　）dBの音を聞かせ，聞こえるかどうか応答させる。応答が不明瞭なときには断続音を用いて音を切ったり，出したりして応答を求める。明確な応答

が得られたら4,000Hz(③)dBの音を聞かせ応答を確か
める。応答は応答ボタンを押すか手を挙げるなどの合図
で行わせる。

※検査は可能な限り静寂な部屋で，(④)行うのが望
ましい。

(2) 500Hzの閾値を*a*dB，1,000Hzの閾値を*b*dB，2,000Hzの閾値を
*c*dBとするとき，*a*，*b*，*c*を使用して，平均聴力を算出する式を書
け。

┃ 2024年度 ┃ 岡山市 ┃ 難易度 ┃■■■■□

【30】各問いに答えよ。
1 次の文章は「児童生徒等の健康診断マニュアル(平成27年度改訂)」
(公益財団法人日本学校保健会)に記載されている尿の検査の方法で
ある。(①)～(⑨)に当てはまる語句や数字を(ア)～(ソ)から
選び，それぞれ一つ記号で答えよ。

【方法】
1 正しい採尿は，(①)に排尿をさせ，翌朝一番尿を少し
排尿してから中間尿を(②)ml程度採尿する。
2 女子で採尿日が生理日及びその前後1～2日であれば，別の
日に採尿させて検査する。
3 学校では，直射日光を避け，(③)場所に検体を集める。
4 蛋白尿は(④)～(⑤)時間後に(⑥)することがあ
るので，検査は採尿した当日(採尿後(⑦)時間以内)に完
了することが望ましい。
・前日の夕方からの採尿は，尿中にある細菌が繁殖して，
蛋白尿が誤って出たり，血尿が消失したりするので望ま
しくない。
・尿の(⑧)反応を陰性化するおそれのある(⑨)を添
加したお茶やウーロン茶，(⑨)の含有量の多いジュー
スや薬剤は飲まないように指導する。
5 1次検尿を行い，陽性と判断された児童生徒等に通知して2

次検尿を，早朝一番尿の中間尿を用いて試験紙法，スルホサリチル酸法，煮沸法による検査を行う。
6　2次検尿で(＋)の陽性者に尿沈渣を行う。

(ア)	8	(イ)	6	(ウ)	ビタミンC
(エ)	12	(オ)	糖	(カ)	潜血
(キ)	就寝前	(ク)	カルシウム	(ケ)	夕食前
(コ)	5	(サ)	密閉した	(シ)	糖化
(ス)	風通しの良い	(セ)	10	(ソ)	陰転

2　腎臓から非常に多くの蛋白質が漏れ出てしまい，その結果血液中の蛋白質が少なくなり，全身の浮腫をきたす病気を何というか答えよ。

3　血糖が正常域にあるにもかかわらず常に尿糖陽性または食後や糖負荷後にのみ尿糖を認める先天性異常を何というか答えよ。

▌2024年度▌岡山県▌難易度▐▐▐▐▐

解答・解説

【1】(1)　尿検査でわかる病気は無症状で経過することがあるので，尿に異常があるかどうかを調べたり，早期に病気を見つけ適切な治療を行ったりするために学校で尿検査を行います。　(2)　・種類…1型　治療法…インスリン注射　・種類…2型　治療法…食事療法と運動療法及び経口血糖降下薬　(3)　ウ　ビタミンC　エ　薬剤　オ　就寝前　カ　朝一番　キ　中間尿　ク　生理日

○**解説**○　(1)　「児童生徒等の健康診断マニュアル(平成27年度改訂)」(公益財団法人日本学校保健会)の「尿」の「検査の意義」の項目には，慢性腎炎は初期には無症状で経過し，放置されると将来腎不全に移行することから早期発見を目指す目的と，生活習慣の変化に伴い若年者で2型糖尿病を発症することも報告されることから糖尿病の早期発見をする目的があると説明されている。保健だよりでは，これらの内容を

生徒にわかりやすく簡潔に伝えることが求められる。 (2) 糖尿病は膵臓から出るインスリンというホルモンの働きが悪く，血液中のブドウ糖が増えすぎてしまう病気である。糖尿病には1型と2型があるが，日本人のほとんどは2型糖尿病である。1型糖尿病は子どもに発症することが多い。膵臓でインスリンをつくるβ細胞が破壊され，インスリンがほとんど出なくなってしまうために，インスリン注射で補う必要がある。2型糖尿病は生活習慣病といわれ成人に発症することが多い。遺伝的な影響に加えて，食べ過ぎ，運動不足，肥満などの生活習慣に伴う要因によりインスリンが出にくくなったり，インスリンが効きにくくなったりすることで血糖値が高くなる。そのため，治療としては食事療法，運動療法が非常に重要となり，また経口血糖降下薬や場合によってはインスリン注射なども必要になる。 (3) 尿検査の検査項目として，学校保健安全法施行規則第7条7項により尿蛋白，尿糖が必須であるが，実際は尿潜血についても調べることが多い。ビタミンCを大量に摂取すると，尿中に含まれる糖の反応を抑える働きがあるため陰性と判定されることがある。そのため，ビタミンCを含む飲料や，薬剤，サプリメントなどは摂取を控えて検査する。ヒトの身体は起床後身体を起こしたり，運動をしたりすることで尿中に蛋白が出やすくなる。これは生理的なもので異常ではない。就寝中につくられる尿を検査することが一番正確であると考えられるため，就寝前には排尿をし，朝一番の尿を採取する必要がある。尿量が少なすぎる場合は検査できず，再検査となるおそれがある。また，出始めの尿は雑菌が混入することがあるので，途中まで出した中間尿を採尿する。生理中は血液が混入しやすく，尿蛋白や尿潜血に影響が出やすい。生理日を考慮した予備日の設定が望ましい。

【2】(1) ① 予防措置 ② 指示 ③ 作業 ④ 糖 ⑤ 試験紙法 (2) ① 尿細管 ② 糸球体 ③ 腎盂 ④ 腎動脈 (3) ① むくみ(浮腫) ② 無症候性 ③ ネフローゼ ④ 1型 ⑤ 膵臓 ⑥ インスリン(インシュリン) ⑦ 高血糖 ⑧ 2型 (4) ・早朝第一尿(翌朝一番尿) ・中間尿 ・就寝前に排尿する。 ・前日，ビタミンCの多く含まれる

● 健康診断

ジュースやビタミンCが添加されたお茶やウーロン茶を取り過ぎないこと。　　　・女子で採尿日が生理日及びその前後1～2日の場合，別の日に提出すること。　　　・検査前日は，夜間に及ぶ部活動などの激しい運動を行うと運動性蛋白尿が出現するため，激しい運動は控える。から3つ

○**解説**○　(1)　学校保健安全法第2章第3節は健康診断について定めている。その第13条は，毎学年定期に健康診断を行うこと及び臨時の健康診断について規定している。第14条は，健康診断の事後措置について定めている。定期に行う健康診断の詳細については，学校保健安全法施行規則の第2章第2節児童生徒等の健康診断(第5条～第11条)に規定されている。そのうち，第6条は検査の項目を，第7条は方法及び技術的基準を規定している。尿の検査については，尿中の蛋白，糖等について試験紙法によって検査することとされている。健康診断の事後措置の詳細については，学校保健安全法施行規則第9条に規定されている。(2)　②　腎臓の大きな役割として，血液中の老廃物をろ過して，尿として体の外に排出することがある。この働きをしているのが糸球体で，1つの腎臓に約100万個の糸球体がある。　①　糸球体でろ過された尿は，1日におよそ150Lになるが，この尿細管でその99％が再吸収され，残りの約1.5Lの尿が外に排出される。　③　腎盂は，腎臓中央の空洞部分である。　④　腎臓には，大動脈から腎動脈を通じて血液が流れ込む。腎臓に流れ込んだ血液は，最終的に糸球体に流入し，ろ過されて腎静脈を通って腎臓に戻り，静脈を通って出て行く。　(3)　①　急性腎炎症候群は，急性に腎臓が炎症を起こし，高血圧，蛋白尿，むくみ，血尿などが出現する病気である。溶連菌感染後の急性糸球体腎炎であることが多い。　②　無症候性血尿は，尿中に血液が認められるが，それ以外の尿異常は認められない状態であり，ほとんどの場合一過性のもので，自然に治癒する。　③　ネフローゼ症候群は，尿中に大量の蛋白質が出る糸球体の病気である。アルブミンなどの重要な蛋白質の血中濃度が低下し，それに伴ってむくみなどの症状が現れる。ネフローゼ症候群が原因で，糖尿病や全身性エリテマトーデスなどを引き起こす恐れがある。　④～⑧　糖尿病は，インスリンが十分に働かないために，血液中の糖が増える病気で，1型糖尿病と2型糖尿病に

大別される。1型糖尿病は，膵臓からインスリンがほとんど出なくなることによって血糖値が高くなるタイプで，インスリン依存型とも呼ばれる。生命を維持していくためには，注射でインスリンを補う治療が必須となる。2型糖尿病では，遺伝的要因のほか，過食や運動不足，ストレスなどの生活習慣的な要因によって発症するタイプである。日本では，この2型糖尿病が全体の約95％を占めている。　(4)　健康な児童生徒の1割程度に，体位性蛋白尿という生理的な蛋白尿が見られるが，安静にしていれば消失するため，就寝後の早朝第一尿が望ましい。出始めの尿は捨てて中間尿を採尿する理由は，排尿部周囲の汚れなどの影響を除くためである。ビタミンCは，その抗酸化作用によって潜血反応を正確に判定できず，偽陰性になる可能性があるため，検査前日の朝から摂取を控える必要がある。激しい運動を行うと，運動性蛋白尿が出現して，翌朝の検尿に影響が出る可能性があるため，控えるようにする必要がある。女子が月経時に検尿を行うと，尿潜血が陽性になる可能性が高くなるため，別の日に採尿させて検査を行うようにする。

【3】(1)　学校教育法　　(2)　b　　(3)　a　　(4)　c　　(5)　聞こえる側の耳が教壇側になる座席にする。

○**解説**○ (1)　学校において，児童生徒等及び職員の健康診断を行うことを規定した学校教育法第12条である。出題の学校教育法及び「児童生徒等の健康診断マニュアル　平成27年度改訂」(公益財団法人日本学校保健会)をよく読み，確認しておくことが大切である。また，教育基本法，学校教育法，学校保健安全法での健康診断の関連性についても理解しておきたい。　(2)　a　学校における健康診断は，特別活動における「学校行事」の健康安全的行事として例示されている。c　学校保健法施行規則第9条には，健康診断の事後措置は，21日以内に児童生徒等及び保護者全員に通知しなければならないことが規定されている。　d　心身に疾病又は異常が認められず，健康と認められる児童生徒等についても，事後措置として健康診断結果を通知し，健康の保持増進に役立てる必要があるとしている。　(3)　聴力検査では左右各耳について，低音域の1000Hz30dBの音を聞かせ，高音域の

4000Hz25dBの音を聞かせて，検査音が聴きとれたかどうかで判定される。小学校低学年の児童では，検査に不慣れのため応答が不明確になりやすく，難聴を見逃すおそれもあるので，保健調査票等を参考として検査を慎重に進める必要がある。　(4)　難聴には，外耳，中耳に原因のある伝音難聴と，内耳(蝸牛)や聴神経に原因のある感音難聴がある。伝音難聴は，適切な治療を行うことで，多くの場合は聴力の回復が期待できる。一方感音難聴は，解剖学的な特徴により，治療が難しいと言われている。　(5)　一側性難聴は，片方の耳が高度の難聴である状態をいう。教室内の座席の配慮としては，聞こえる側の耳が，教師が普段位置する教壇側になるように，座席を用意するよう配慮する必要がある。

【4】2

○**解説**○　保健調査については，学校保健安全法施行規則第11条において規定されている。また，結核検診問診票は結核検診時の問診を実施するにあたっては，専用の問診票を使用する代わりに保健調査票に統合してもよい。　b　学校保健安全法施行規則第8条では，健康診断表について規定されているが，保健調査票については明記されていない。　d　学校保健安全法施行令第4条第2項において，就学時健康診断票について，市町村の教育委員会は，翌学年の初めから15日前までに，就学時健康診断票を就学時の健康診断を受けた者の入学する学校の校長に送付しなければならない。と規定している。

【5】(1)　ア　　(2)　①　ウ　　②　ケ　　③　エ　　④　ク
　　⑤　イ　　⑥　オ　　⑦　ウ　　⑧　ク　　⑨　ウ　　⑩　イ

○**解説**○　保健管理の中核となる健康診断は「児童生徒等の健康診断マニュアル〈平成27年度改訂〉」(公益財団法人 日本学校保健会)で健康診断項目ごとに系統立てて学習するとよい。　(1)　①　オージオメータは「定期的に」専門業者による校正が必要であるとしているので，「不具合が起きたときには」は誤りである。　②　応答を確認するために被検査者への問いかけを「むやみに行うと，誤った結果を導きやすい」とされているため，「問いかけを行うことは，配慮として必要である」

というのは誤りである。　③　「検査者自身が」受話器で聞いて音を確かめるとされており，「児童生徒が」は誤りである。　④　正しい。現在の状態や所見を正確に把握するためである。　(2)　健康診断を通して明らかとなる所見とその対応について，またスクリーニングされる疾病についての知識も必要となるため十分学習しておきたい。本問はいずれも「児童生徒等の健康診断マニュアル」に記載されている各検査の「事後措置」(視力，身長)及び「留意事項」(尿検査)からの出題である。

【6】　①　サ　　②　ウ　　③　テ　　④　カ　　⑤　ニ　　⑥　セ
　　　⑦　ネ　　⑧　オ　　⑨　キ　　⑩　ケ　　⑪　ソ　　⑫　ト
　　　⑬　タ

○**解説**○　ミュータンス菌は，ショ糖を原料にグルカンを合成し，細菌の塊である歯垢(プラーク)を形成する。ミュータンス菌が増殖するとこれらが生成する酸によって，歯のエネメル質が脱灰する。だ液などで口腔内のpHが戻ると歯は再石灰化するが，脱灰が進むと歯に欠損が生じてむし歯となる。むし歯は乳歯が生え始めた頃から2〜3年の歯のエナメル質が未成熟な時期で発生しやすい。歯垢を除去する丁寧なブラッシングや食生活により，むし歯は防止することができる。歯周病は，むし歯と同じくプラーク内の細菌によって，歯肉や歯根膜に病変が起こる疾病の総称である。初期では歯肉炎が起き時には歯肉から出血を起こすこともある。むし歯や歯周病は生活習慣病の側面が大きく，歯みがきの習慣が大きく関わっているが，歯の形態や歯列，咬合異常によって，磨き方が不足する部分ができることなどで発生しやすくなる場合がある。歯周病は糖尿病の患者では進行しやすいことが分かっており，個人それぞれの習慣や特徴に応じた口腔の健康管理が必要となる。

【7】　①　予防　　②　医療　　③　予防接種　　④　療養　　⑤　編入
　　　⑥　軽減　　⑦　制限　　⑧　座席　　⑨　編成　　⑩　保健指導

○**解説**○　学校保健安全法施行規則第9条は健康診断を行ったときの事後措置について記している。健康診断には，学校生活を送るに当たり支

健康診断

障があるかどうかについて疾病をスクリーニングし，健康状態を把握するという役割と，学校における健康課題を明らかにして健康教育に役立てるという，大きく二つの役割がある。同施行規則第9条に定められている基準はそれぞれこの意義を満たすものである。

【8】(1) ① ×　② ○　③ ○　④ ×　⑤ ○
(2) ① 高血圧　② 尿量　③ 尿毒症　(3) ① ス
② エ　③ セ　④ イ　⑤ シ　⑥ タ　⑦ ア
⑧ キ　⑨ ク

○**解説**○ (1)　現在学校で毎年行われている尿検査は，昭和48年5月の学校保健施行令，同施行規則の改正に伴い，学校での健康診断の一環として実施するよう義務づけられ，翌年から全国で一斉に始められた。このように尿検査が法律で義務づけられた背景には，それまで圧倒的に多かった感染症や疾病が激減し，代わりに腎臓病や心臓病，ぜん息といった慢性の病気が増えてきたため，学校保健も子供たちがかかる病気の変化に対応してこのような慢性の病気を早い時期に発見し，適切な治療と管理を受けさせるとともに，できる限り充実した楽しい学校生活を送れるように指導するといったことが必要になったからである。しかしながら，検尿の結果が必ずしも疾病とはいえない場合も多い。そのため，腎臓病についての正しい知識を指導するとともに，検尿する上での注意すべき点を事前指導できるようにしておきたい。
①　尿路に残っている出始めの尿は細菌感染していたり，尿蛋白が擬陽性になったりする可能性がある。　④　尿に血液が混じることがあるので，2〜3日後に検査を行う。　(2)　①　糸球体への血流が腎炎あるいは先天性腎症のために低下すると，糸球体の血圧を上げようとレニンが分泌され血圧が上昇する。　②　腎臓機能が低下すると，尿量が減少する。尿細管機能異常を伴う腎機能の低下は尿量が増える。　③　腎機能が著しく低下して尿毒症物質が体内に蓄積すると，全身症状が悪化する。　(3)　眼軸の長さ(短いと遠視，長いと近視)や内斜視と外斜視(中等度以上の遠視は調節性内斜視の原因となる)など，出題の資料と眼の構造をよく理解していないと混乱するものがあるので注意したい。

【9】(1) (A) 2　(B) 1　(C) 2　(D) 1　(E) 2
(2) F 4　G 5　H 5　I 4　J 1

○**解説**○ (1)　(A)　C以下ではなく，再度B以下が正しい。
(C)　500Hz30dBではなく，1000Hz30dBが正しい。　(E)　2個以上の受話器を備えたオージオメーターであっても二人以上を同時に検査することは誤った結果が生じやすい。そのため検査は可能な限り静寂な部屋で，一人ずつ行うのが望ましい。　(2)　学校保健安全法施行規則第9条に，健康診断後の事後措置として健康診断の結果を診断後21日以内に通知しなければならないこと，また，結果の通知だけでなく，診断の結果から「疾病の予防処置を行うこと。」，「必要な医療を受けるよう指示すること。」，「必要な検査，予防接種等を受けるよう指示すること。」，「療養のため必要な期間学校において学習しないよう指導すること。」，「特別支援学級への編入について指導及び助言を行うこと。」，「学習又は運動・作業の軽減，停止，変更等を行うこと。」，「修学旅行，対外運動競技等への参加を制限すること。」，「机又は腰掛の調整，座席の変更及び学級の編制の適正を図ること。」，「その他発育，健康状態等に応じて適当な保健指導を行うこと。」が規定されている。運動や学校行事の制限については，学校医もしくは主治医の指示の下に行い，医療の指導区分が行われる場合，生活管理指導表に基づいて管理・生活指導などを行う。

【10】②

○**解説**○ ア　聴力検査は聞こえのよい耳から行うが，わからない場合は右耳から行う。　ウ　平均聴力の算出方法は正しくは$\frac{(a+2b+c)}{4}$である。　オ　検査を省くことができるのは，正しくは小学校第4学年及び第6学年と，中学校及び高等学校第2学年である。

【11】1 ① c　② e　③ d　2 (1) d　(2) a　(3) d

○**解説**○ 1　学校保健安全法において定められている，就学時健康診断，児童生徒等の健康診断，教職員の健康診断について，実施主体を問われた問題である。就学前健康診断は市町村が，職員の健康診断は学校の設置者が行う。学校健康診断は，学校において行われる。また，こ

れらの健康診断の方法と基準は文部科学省令で定められる。

2 (1) 学校健康診断における学校心臓検診の意義とは，心疾患を早期に発見し，治療を受けることを指示することである。また，生活指導に主眼を置き，適切な生活管理等によって健康の保持増進やQOL(Quality Of Life)を高めることも健康診断の大きな目的の一つである。なお，ADL(Activities of Daily Living)は日常生活動作のことであり，食事や排泄，更衣，移動などの基本的な行動のことである。

(2) 心臓検診の問診票は記入の正確性を期すために保護者の協力が必要であり，学級担任が記入するものではない。 (3) ① 心臓検診はあくまでもスクリーニングであり，有病であるかの判断は精密検査を行わなければ診断できない。心臓検診を含む健康診断は有所見者を専門医につなぐことが目的の一つである。 ② いつ誰が本人の急変に携わるかわからないため，校内の全教職員が対応できるようにする必要がある。 ③ 疾患による運動制限は必要になるが，一方で発育発達のために，過度な運動制限がかからないよう定期的な受診が必要である。④⑤ 主治医により指導区分が指示された場合，学校において身体活動指導を実施・管理するのは教職員である。必要時に主治医と連携が取れるような体制を取り，児童生徒が安全に日常生活を送れるように配慮することが必要である。

【12】3

○**解説**○ 子どもの糖尿病は発症の原因や症状の特徴，発症しやすい年齢，体質との関係などから1型と2型の2種類の型がある。1型は，膵臓のインスリンを産生しているβ細胞がウイルス感染や自己免疫現象などによって破壊され，インスリン分泌能が著しく低下，急速に悪化して糖尿病性ケトアシドーシスを引き起こし，多尿，多飲，口渇，吐き気，意識障害などの症状が起こる糖尿病である。幼少期に糖尿病であることがわかる場合が多く乳幼児にも発症する病型であるが，学校検尿で尿糖陽性者として発見される場合もある。治療にはインスリン注射が不可欠で，インスリン注射をしないと日常生活が困難で，時には命にもかかわる状態になる。一方，2型糖尿病は，過食，運動不足などにより，インスリンは分泌されているが，高血糖状態が続く場合の糖尿

病である。

【13】(1) ① 保持増進 ② 必要な措置 ③ 毎学年定期
④ 必要がある (2) 軽度肥満

○**解説**○ (1) 学校における健康診断の根拠となる法令は確実に覚えておきたい。また、健康診断の意義は検診を受ける対象者、及び保護者に理解できるように伝えられるようにしておく必要がある。学校においては、定期健康診断と臨時に行う健康診断がある。定期健康診断の項目、対象学年、結果の通知をいつまでに行うか等や、どのような時に臨時に健康診断を行うのかを、学校保健安全法施行規則などで確認しておきたい。 (2) 肥満度については、測定値を体重成長曲線として検討し評価することによって、正常な体重の発育を確認すると同時に、身長と体重の測定値に基づき肥満度を計算し、肥満とやせを判定する。なお、肥満度に基づく判定は「高度やせ(−30%以下)、やせ(−30%〜−20%以下)、普通(−20%〜20%未満)、軽度肥満(20%以上30%未満)、中等度肥満(30%以上50%未満)、高度肥満(50%以上)」である。

【14】問1 3 問2 5

○**解説**○ 問1 心疾患・腎疾患の児童生徒を対象とした学校生活管理指導表は、学校の教科体育を軽い運動、中等度の運動、強い運動の3段階に分け、また、疾患の重症度によりA, B, C, D, Eの5段階に分け適切な生活指導が行うことができるように表示したものである。この指標を用いることで統一した基準で管理することができるようになり、運動制限を必要とする各種疾患へ用いることができるばかりでなく、運動を奨励する場合にもこれらが用いられることが期待される。運動強度は、軽い運動…同年齢の平均的児童生徒にとって、ほとんど息がはずまない程度の運動。レジスタンス運動(等尺運動)は軽い運動には含めない。中等度の運動…同年齢の平均的児童生徒にとって、少し息がはずむが息苦しくない程度の運動。パートナーがいれば楽に会話ができる程度の運動。レジスタンス運動(等尺運動)では強い運動ほどの力はこめて行わないもの。強い運動…同年齢の平均的児童生徒にとって、息がはずみ息苦しさを感じるほどの運動。と定義されている。

学校生活管理指導表指導区分はA…入院または在宅医療が必要なもので，登校はできない。B…登校はできるが運動は不可。C…同年齢の平均的児童生徒にとっての軽い運動にのみ参加可。D…同年齢の平均的児童生徒にとっての中等度の運動にまで参加可。E…同年齢の平均的児童生徒にとっての強い運動にも参加可。と定義されている。また，運動部の参加の可否は，部活動の学校差，個人差が大きいことを考慮すると種目のみで一律に決定することは不可能である。そのため，個人それぞれの部活動の活動状態を確認して決定する。　問2　アレルギー疾患の児童生徒等に対する取組を進めるためには，個々の児童生徒等について症状等の特徴を正しく把握することが前提となる。その一つの手段として，「学校生活管理指導表(アレルギー疾患用)」を用いて学校で対応が必要な情報を把握し，学校は提出された管理指導表を，緊急時に教職員誰もが閲覧できる状態で一括して管理するとともに，個人情報の取り扱いに留意する。管理指導表は個々の児童生徒等についてのアレルギー疾患に関する情報を，主治医・学校医に記載してもらい，保護者を通じて学校に提出されるものである。また，除去していたものを解除するときには，原則として医師による解除の指示書は必要ない。しかし，負荷試験などの結果で解除する場合は，食べられるという医師からの診断があっても，家庭において，複数回，学校での最大摂取量を食べても症状が誘発されないことを確認した上で，解除をすすめるべきである。なお，解除は口頭のやりとりのみで済ますことはせず，必ず保護者と学校間で，所定の書類を作成して対応することが必要である。

【15】⑤

○**解説**○　健康診断は，保健管理上において重要な職務である。検査は方法を理解して，適切に行えるように確認しておきたい。視力検査の意義は，学校生活に支障のない見え方であるかどうかを検査することである。検査の方法としては，はじめに0.3の指標から開始するのを原則とし，上下左右のうち4方向を任意に見させ，指標の提示時間は3～5秒間とする。判定に関しては，0.3の視標が4方向のうち正答が2方向以下の場合は「判別できない」とし，「D」と判定する。4方向のうち3方

向を正答できれば「正しい判別」と判定し，次に0.7の視標にうつる。0.7の視標で同じく「判別できない」なら「C」と判定，「正しい判別」と判定されれば1.0の視標にうつる。1.0の視標で同じく「判別できない」なら「B」と判定，「正しく判別」できれば「A」と判定する。なお，眼科への受診を勧める基準は，幼児の場合は左右どちらか片方で年長児は1.0未満，年少・年中児は0.7未満であるものに，児童生徒の場合は左右どちらか片方でも1.0未満であるものに受診を勧める。

【16】(1) 児童生徒等が自身の色覚の特性を知らないまま進学・就職等で不利益を受けることがないようにすること。 (2) ・検査は本人，保護者の同意を得て実施する。 ・机上に置いた検査表が光源の光を照り返さないように注意する。 ・眼鏡等の所有者には装用させて検査する。 ・答えた内容について訂正したり，念を押したりしてはいけない。 ・検査者の態度で答えの正否が被検査者に知られないように配慮する。 ・検査室には一人ずつ入れ，前の被検査者の検査が済んでから次の児童生徒等を入れる。 ・検査を受ける児童生徒等がほかの者から特別視されないように配慮するとともに，本人が嫌な思いや恥ずかしい思いをしないよう，態度や言葉づかいに気を付ける。 ・希望者には適切な時期に色覚の検査が受けられるように体制を整える。 等から2つ (3) ・茶と緑 ・橙と黄緑 ・赤と緑 ・青と紫 ・赤と黒 ・ピンクと水色 から2つ

○解説○ 色覚の検査は，定期健康診断の項目に含まれていないが，児童生徒等が自身の色覚の特性を知らないまま進学，就職等で不利益を受けることがないように，学校医による健康相談等において，必要に応じ個別に検査を行う。検査の実施には，児童生徒等や保護者の事前の同意が求められる。検査の意義や方法については，「児童生徒等の健康診断マニュアル 平成27年度改訂」(平成27年8月 日本学校保健会)を読み確認しておきたい。

【17】6

○解説○ 出題の資料を熟読して検査の留意事項を確認しておきたい。栄養状態の検査の意義は次の通りである。「食物の栄養摂取バランスが

適切で，体内の組織・器官での代謝が円滑に行われているかどうかを把握する。具体的に把握するには，全身状態の観察，貧血の有無，皮膚の状態の検討に加えて，成長曲線と肥満度曲線を描くことが必要である。」小児肥満は，食事など生活習慣による単純性肥満と甲状腺機能低下症等の疾患が原因となる症候性肥満がある。身長及び体重から発育を評価し，疾病の兆候を確認し，成長期にある児童生徒等について肥満傾向を判定するには，一時点の身長や体重の測定値に基づいて判定するのではなく，成長曲線，肥満度曲線を描いた上で検討しなければならない。

【18】ア ③　イ ②　ウ ⑤　エ ⑧　オ ⑩
○解説○ 脊柱が左右に曲がっている状態を，脊柱側わん症という。わん曲の大きさは，上下で最も傾いている背骨同士でつくられる側わん角度のCobb角で判断され，この角度が10度以上が側わん症と診断される。Cobb角が25度以下の軽度の側わん症では，定期的に進行具合のチェックが行われる。一方，骨成熟前でCobb角が25度以上の場合には装具療法などの治療が行われ，さらにCobb角が40度以上の場合には，必要に応じて手術療法などの治療が行われる。

【19】②
○解説○ 皮膚疾患の有無は，感染性のある疾患を早期に発見することと，学校生活に影響がある皮膚疾患を早期に発見することが目的である。肉眼での観察が容易に行えるように，自然光の明るい部屋が望ましい。

【20】ア ランドルト環　イ 1,000　ウ 垂直　エ 0.3　オ 3
　カ 裸眼視力
○解説○ ア　視力表は，国際標準に準拠したランドルト環を使用した視力表の0.3，0.7，1.0の視標を使用する。　イ　照明について，視標面の照度は500〜1,000ルクスとする。　ウ　眼の高さと視標の高さはほぼ等しく，視標は視線に対し垂直に提示する。　エ　はじめに0.3の指標から開始するのを原則とする。上下左右のうち4方向を任意に見させ，指標の提示時間は3〜5秒間とする。　オ　0.3の視標が4方向のう

ち正答が2方向以下の場合は「判別できない」とし、「D」と判定される。4方向のうち3方向を正答できれば「正しい判別」と判定され、次に0.7の視標にうつる。0.7の指標，1.0の指標ともに「正しい判別」と判定されれば「A」と判定される。0.7の指標で判別できなければ「C」，1.0の指標で判別できなければ「B」と判定される。　カ　眼鏡やコンタクトレンズを常用している者については，裸眼視力の検査を省略することができる。　出題資料「児童生徒等の健康診断マニュアル平成27年度改訂」を確認しておきたい。

【21】(1)　①　臀部　②　正中線　③　体側　④　眼耳水平位
⑤　顎　(2)　思春期成長促進(現象)　(3)　①　a　実測
b　標準　②　c　イ　d　ケ　e　ウ　f　コ　g　シ
○**解説**○ (1)　通常の身長の測定は，被検査者を尺柱と身体の正中線が重なるように直立させ，腕は体側に垂れさせ，両かかとと，臀部，背の一部，後頭部の4点が尺柱に触れた状態で測定する。また，頭部は眼耳水平位を保つために軽く顎を引かせるとよい。　(2)　思春期成長促進現象は，思春期にみられる急激に身長が伸びる現象である。この現象が始まる年齢と終わる年齢は男女ともに個人差が大きい。男子では10歳を過ぎる頃から始まり，17歳頃で終わり，女子では8歳を過ぎる頃から始まり，15歳頃に終わる。女子は男子より2年ほど早くこの現象がみられ，2年ほど早く終わることに注意しておく必要がある。
(3)　体重が正常であるのか，異常であるのかについては，身長と対比して評価する必要がある。身長と対比して体重を評価する方法が肥満度である。

【22】(1)　①　ク　②　エ　③　カ　(2)　・学校生活を送るに当たり支障があるかどうかについて疾病をスクリーニングし，健康状態を把握するという役割　・学校における健康課題を明らかにして健康教育に役立てるという役割　(3)　腎性糖尿　(4)　A　就学時
B　児童生徒等　C　職員
○**解説**○ (1)　①　学校保健安全法では，法の目的を定めた第1条に「児童生徒等及び職員の健康の保持増進を図るため，学校における保健管

● 健康診断

理に関し必要な事項を定める」ことが示されている。健康診断については，同法の「第二章　第三節　健康診断」(第11条〜第18条)に規定されている。　②・③　小学校学習指導要領(平成29年告示)特別活動には，「健康な生活」の内容の取扱いに「健康診断や学校給食など様々な活動が行われていることについて触れる」ことが示されている。

(2)　健康診断は，児童生徒等が自分自身の健康状態を認識するとともに，教職員がこれを把握して適切な学習指導等を行うことによって，児童生徒等の健康の保持増進を図ることが求められる。また，学校での健康診断は，病院での診断と違って確定診断ではないことについて，保護者の理解を図ることが大切である。　(3)　健康な人の場合は，腎臓でろ過されたブドウ糖はすべて再吸収されて血液中に戻るが，腎性糖尿の人の場合は，尿細管細胞に異常がありブドウ糖を再吸収する力が低下しているために，尿中に排泄されてしまう。尿糖陽性者が糖尿病なのか，腎性糖尿なのかを鑑別するには，血糖検査が必要となる。

(4)　学校保健安全法施行規則第3条及び第4条には，学校保健安全法第11条を受けて「就学時の健康診断」の詳細が規定されている。また，同施行規則第5条〜第11条には，同法第13条を受けて，児童生徒等の健康診断の詳細が規定されている。さらに，同施行規則第12条〜第17条には，同法第15条を受けて，職員の健康診断の詳細が規定されている。

【23】　1　⑥　　2　③　　3　①　　4　④

○**解説**○　結膜炎とは結膜に炎症ができる疾患であり，細菌性とウイルス性，アレルギー性のものがある。結膜の炎症によって，視力の低下や充血，過剰なまぶしさを感じるなどの症状の他，発熱やのどの痛みを伴う場合もある。ウイルス性のものでは咽頭結膜熱等のように感染の拡大を予防するために出席停止の措置が必要なものもある。眼瞼炎は細菌・ウイルス・アレルギーなどにより，瞼や目の周囲の炎症である。まつげが内向きに向くことで眼球に触れている状態を内反症(さかまつげ)という。症状が強い場合，角膜を傷つけるおそれがあるため手術が必要となる。

【24】 1 ⑦　　2 ⑤　　3 ⑨　　4 ①　　5 ④

○**解説**○ 腎臓は第12胸椎から第3腰椎の位置で腹腔の背中側に脊柱をは
さんで左右に1つずつある。腎臓はしばしばお腹の中にあるといわれ
るが，正確には肝臓や腸が入っている腹腔の中ではなく，腹腔の背中
側の後腹膜と呼ばれる部位にある。右腎は左腎よりも少し低く位置し
ている。大きさは左右共に成人で縦11cm，横5.5cm，厚さ3cm程度であ
る。腎臓は血液をろ過して原尿を作り出す糸球体と原尿から体にとっ
て必要な蛋白質や水，電解質を再吸収したり逆に排泄したりする尿細
管の二つに大きく分けられる。糸球体の血管の中を血液が通過すると
血液がろ過され，(血管の壁を通り抜けて血液の血漿成分が血管の外側
にしみ出る現象)を経て原尿が作られる。糸球体血管の壁から血管外に
しみ出た原尿はボーマン嚢の内部である糸球体の血管を囲むように覆
っているのがボーマン腔から尿細管に送られる。尿細管の中を原尿が
通過するときにミネラル・水・蛋白質などが再吸収あるいは分泌され
最終的に尿となる。糸球体と尿細管とは互いに構造的に連続し尿を作
り出している機能的単位であり，これらをまとめてネフロンと呼ぶ。
1つの腎臓は100万個以上のネフロンを持っている。腎臓は糸球体が数
多く存在する表面に近い皮質とその内側にあって糸球体が存在しない
髄質に分かれる。

【25】 (1)　ア　内服　　イ　高まん延国　　ウ　2週間　　エ　胸部エッ
クス線撮影　　(2)　ア　発病　　イ　保健所　　ウ　健康相談

○**解説**○ (1)　小中学校の健康診断における結核の診断項目は，①　本人
の結核罹患歴　②　本人の予防内服歴　③　家族等の結核罹患歴　④
高まん延国での居住歴　⑤　自覚症状，健康状態(特に，2週間以上の
長引く咳や痰)　⑥　BCG接種歴の6項目あり，このうち，「家族などの
結核罹患歴」「高まん延国での居住歴」の2項目は精密検査の対象にな
りうるため，特に重要である。また，高等学校，高等専門学校などの
結核の診断は胸部エックス線撮影を行う。　(2)　学校における結核対
策において重要なことは，感染の予防と集団感染及び感染の拡大を防
ぐことである。そのために，①　児童生徒への感染防止，②　感染者
及び発病者の早期発見・早期治療，③　患者発生時の対応の三方向か

らの対策の充実・強化が必要である。また，これらの学校における結核対策に円滑に行うためには，保健所をはじめとする地域保健との連携が必要不可欠である。

【26】(1)　イ　　　(2)　エ　　　(3)　ア　　　(4)　ウ，エ　　　(5)　イ，エ

○**解説**○ (1)　心臓検診は心疾患の早期発見や適切な管理による心疾患児のQOLの向上等を目的とし，スクリーニングによる一次検診，専門医による二次検診等が行われる。心電図検査は小学校，中学校，高等学校の第1学年全員に義務付けられている。その他は経過観察の児童生徒等が対象となる。その他の臨床医学的検査とは胸部X線や心エコー，ホルター心電図，CTなどのことである。　(2)　心臓と血管から構成される循環器系は体内の生命活動を支える重要な仕組みである。大動脈と肺静脈は酸素を多く含み，大静脈と肺動脈は酸素を失った血液である。右心室から肺を通って左心室までを肺循環といい左心室から右心房までを体循環という。拍動は右心房にある洞結節からの信号によって生じている。　(3)　心房中隔欠損は心房中隔に欠損孔が生じる疾患である。右心房・右心室への負荷がかかることで，拡大が生じる。(4)　心電図検査の際に周囲の雑音や反響は大きく影響するため，検査場所の選び方には工夫が必要である。また，検査前に運動をすることで，正しい結果が得られなくなることがあるので，実施時間等も工夫することが必要である。　(5)　心臓検診の目的の一つとして過度な運動制限を防ぐことがあげられる。この事例の場合，予期せず疾患が見つかったということもあり，本人や保護者が受け止めきれていないことが考えられるため，丁寧な健康相談・保健指導を通して管理・指導を行う必要がある。　イ　次回受診時期が決まっており，受診の連絡がない場合は受診を勧める必要がある。　エ　学校から直接医療機関等に連絡をとるのではなく，保護者の了解を得る。必要時に主治医に連絡相談を行えるような体制を整えておくことが必要である。

【27】①　上下の右奥歯においてC及びCOがみられることから，・右側のブラッシングが不十分であると考えられるので，右側のブラッシングを特に丁寧に(角度を変えたり，歯の形，歯並びにあわせて

磨く，力の入れ具合，フロスの適切な使用など)行うよう指導する。／・適切な食事と糖質のコントロールにより，むし歯になりにくい生活習慣の確立に関する保健指導を行う。／・Cがあり，永久歯であることから，地域の歯科医療機関への受診を勧める。　②　「歯垢の状態」及び「歯肉の状態」が「1(定期的な観察が必要)」となっていることから，・本人のブラッシングが不十分であることが推測されるので，必要に応じてフロスなど適切な器具を使い，特に歯と歯ぐきの境目のブラッシングを丁寧に行うよう指導する。／・ストレスやホルモンバランスの変化が歯周病に関連することからストレスへの適切な対処や規則正しい生活習慣について指導する。

○**解説**○　中学生期の歯・口腔内の特徴として，乳歯が全て抜け，永久歯列が完成することや，歯肉炎や口臭が気になる，第3大臼歯(親知らず)が生え始めるなどの特徴がある。問題の健康診断表から，右の上下の7番が虫歯になっており，その手前6番上下が要観察歯であることがわかる。また歯肉・歯垢の状態がともに1であることから，歯肉に軽度の炎症がみられ，歯垢が歯にみられる状態である。このことから特に右奥への丁寧なブラッシングや食生活の改善や歯みがきのタイミングの指導，むし歯となっている歯の治療のための医療機関への受診，フロスなどを利用した歯と歯ぐきの間のブラッシングの方法などを指導する必要がある。

【28】(1)　3　　(2)　4
○**解説**○ (1)　運動器検診は運動のしすぎによるスポーツ障害や，運動しないことによる体力・運動能力低下に対して早期発見・指導・治療するために行われる。検査項目と検査内容に目を通しておこう。
(2)　近年の児童生徒等の健康上の問題の変化，医療技術の進歩，地域の保健医療状況の変化などを踏まえて，検査項目等が見直された。また，他に，保健調査を全学年で行うようにすることや，職員の健康診断方法等の変更を通知している。　③　「学校保健委員会」ではなく「健康教育」が正しい。　⑤　健康診断結果は健康と認められる児童生徒等についても通知し，自分たちの健康の保持増進の役に立つようにする。

185

● 健康診断

【29】1　①　実施　　②　プライバシー　　③　個人情報　　④　男女差　　⑤　臨時　　2　(1)　①　右耳　　②　30　　③　25　　④　一人ずつ　　(2)　平均聴力 $=\dfrac{(a+2b+c)}{4}$

○**解説**○　1　健康診断は学校における健康管理の中核であるとともに，教育活動としても実施される学校行事である。そのため，教育的効果を高めるために教職員が連携して一定の時期に集中的に行えるようにすることや，学校保健安全法施行規則に規定された項目についてもれなく実施すること，健康について扱うためプライバシーの保護や個人情報の管理に十分配慮すること，全ての校種・学年で男女別に実施すること，感染症や食中毒が発生したときや，風水害等の被害があるときに素早く適切に対応するために臨時の健康診断を実施することなどが，留意点として挙げられている。　2　(1)　全体を対象に行う聴力検査では，定められた1,000Hz30dBと4,000Hz25dBの2音の確認をし，応答がなければ難聴の疑いとする。2つ以上の受話器を備えたオージオメーターであっても，2人以上同時に検査をすることは誤った結果が生じやすいため避けるべきである。　(2)　再検査を行う場合は平均聴力の算出を行う。この方法は4分法といわれ，平均聴力の算出には500Hz，1,000Hz，2,000Hzの閾値が必要である。音の確認をした後，全く聞こえない状態から音を強くしていき，初めて聞こえた点を閾値とする。500Hzの閾値 adB，1,000Hzの閾値 bdB，2,000Hzの閾値 cdB，さらに4,000Hzの閾値を求める。これらを $\dfrac{(a+2b+c)}{4}$ の式にあてはめて算出し，算出された平均聴力の後に4,000Hzの閾値をカッコ付きで記入する。

【30】1　①　(キ)　　②　(セ)　　③　(ス)　　④　(イ)　　⑤　(エ)　　⑥　(ソ)　　⑦　(コ)　　⑧　(カ)　　⑨　(ウ)　　2　ネフローゼ症候群　　3　腎性糖尿

○**解説**○　1　学校保健安全法施行規則第7条7項より，尿検査の検査項目として尿蛋白及び尿糖の検査は必須であるが，実際は尿潜血についても調べることが多い。ビタミンCを大量に摂取すると，尿中に含まれる糖の反応が抑えられ，陰性になりやすい。したがって，ビタミンCを含む飲料や，薬剤，サプリメントなどの摂取を控えて検査する。ヒ

186

トの身体は起床後身体を起こしたり，運動をすることで尿中に蛋白が出やすくなったりする。これは生理的なもので異常ではない。蛋白尿は時間を置くと陰転することがあることなどから，就寝中に作られる尿を検査するのが最も正確であると考えられるため，就寝前には排尿をし，朝一番の尿を採取する必要がある。尿量が少なすぎる場合は検査できず，再検査となる恐れがある。また，出始めの尿は雑菌が混入することがあるので，途中まで出した中間尿を採尿する。生理中は血液が混入しやすく，尿蛋白や尿潜血に影響が出やすい。生理日を考慮した予備日の設定が望ましい。　2　ネフローゼ症候群は通常糸球体で回収される蛋白が尿中に漏れ出し，その結果，血管内の蛋白質が減ることで，血管内の水分が減少し，血管外に水分等が出てしまうことで浮腫が生じる疾患である。小児の場合，ほとんどは原因が特定できない特発性ネフローゼ症候群である。ステロイドによる治療が効くことが多いが再発も多く，治療が長期にわたることもある。　3　学校検尿において尿糖が陽性になった場合，糖尿病が発見される場合と腎性糖尿が発見される場合がある。健康診断はあくまでスクリーニングのため，異常値が出た場合に精密検査を受けられるように支援する必要がある。

健康観察・健康相談

学習のポイント

　学校保健安全法第7条には「学校には，健康診断，健康相談，保健指導，救急処置その他の保健に関する措置を行うため，保健室を設けるものとする。」とある。そして，その第8条には「学校においては，児童生徒等の心身の健康に関し，健康相談を行うものとする。」と新たな形での心身の健康相談が取り上げられた。また，健康相談・健康観察により健康上の問題があると認めるときは，遅滞なく，当該児童生徒等に対する保健指導や保護者への助言を行うことが第9条で規定された。

　そのほか，養護教諭の行う健康相談については，保健体育審議会答申(平成9年)のほか，「子どものメンタルヘルスの理解とその対応〜心の健康つくりの推進に向けた組織体制づくりと連携〜」(日本学校保健会，平成19年)，「学校における子供の心のケア─サインを見逃さないために─」(文部科学省，平成26年)「教職員のための子供の健康相談及び保健指導の手引─令和3年度改訂─」(日本学校保健会，令和4年)，等にも記載されている。学校医，スクールカウンセラーなどの健康相談にかかわる専門家・専門機関についての理解も深めておきたい。

養護教諭　健康観察・健康相談

実施問題

【1】日本学校保健会「教職員のための子供の健康相談及び保健指導の手引　令和3年度改訂」に基づいた学校における健康相談について次の問いに答えなさい。

(1) 次の文章は「学校における健康相談の対象者」について述べられている部分である。(①)～(④)に当てはまる語句を以下の語群ア～コからそれぞれ一つ選び，記号で答えなさい。

1　(①)の結果，継続的な観察指導を必要とする者。
2　保健室等での児童生徒の対応を通して(②)の必要性があると判断された者。
3　日常の(③)の結果，継続的な観察指導を必要とする者。
4　健康相談を希望する者。
5　(④)等の依頼による者。
6　学校行事に参加させる場合に必要と認めた者。

ア	健康観察	イ	心理検査	ウ	学校医	エ	管理職
オ	保護者	カ	健康診断	キ	出欠状況	ク	保健指導
ケ	健康相談	コ	受診				

(2) 「健康相談」は中央教育審議会答申(平成20年1月)において，5項目に整理された「養護教諭の職務」の一つである。この他の4項目のうち二つを答えなさい。

(3) 次の文章は「基本的な相談技術及び留意点」について記載されたものである。正しいものには○，誤っているものには×をつけなさい。

① 児童生徒や保護者が話しやすく，受容的で温かい雰囲気づくりに努める。

② 対面で座るのは避け，横並びに座ると緊張が和らぐ。

③ 相談時間は30分以上を基本として，短時間で終わらないように工夫をする。

④ 相談における基本的姿勢は，相談者の気持ちを受け止め，相手

191

の話をよく聞こうとすることである。

⑤　できるだけ，先入観にとらわれないようにし，相談者の立場に立って話を聞く姿勢に心がける。

⑥　相談者の話を受容的に聞くだけとして，途中で質問はせず，最後に気持ちを確認する。

⑦　相談は児童生徒や保護者との良好な信頼関係を築くことが大切である。

⑧　相談は児童生徒を理解し，こちらの考えた解決策を提示し，それを行うよう指導する。

⑨　守秘義務については保護者に伝える。

⑩　児童生徒は，学校での様子と家庭での様子が異なる場合があることを認識する。

▌2024年度 ▌京都市 ▌難易度 ■■□□□□

【2】保健管理に関する次の各問に答えよ。

〔問1〕　次の表は，聴力検査の結果をまとめたものである。この結果から，平均聴力を4分法で求めた値として，「児童生徒等の健康診断マニュアル　平成27年度改訂」(公益財団法人日本学校保健会　平成27年8月)に照らして適切なものは，以下の1〜4のうちのどれか。

表

	500 Hz	1000 Hz	2000 Hz	4000 Hz
右	35 dB	40 dB	50 dB	60 dB
左	25 dB	40 dB	50 dB	60 dB

	右	左
1	40 dB（60 dB）	35 dB（60 dB）
2	41.25 dB（60 dB）	38.75 dB（60 dB）
3	46.25 dB（60 dB）	43.75 dB（60 dB）
4	155 dB（60 dB）	145 dB（60 dB）

〔問2〕　次の記述は，色覚の検査に関するものである。記述中の下線部①〜④のうち，色覚の検査の実施方法として，「児童生徒等の健康診断マニュアル　平成27年度改訂」(公益財団法人日本学校保健会　平成27年8月)に照らして適切でないものは，以下の1〜4のうちのど

れか。

養護教諭Aは，検査者や被検査者の姿や声がほかの児童生徒に見えたり聞こえたりせず，①着色した壁やカーテンは使用していない場所を検査室に選んだ。また，②照明は十分な明るさがある自然光の下で行うことにした。

検査時には，③検査表を机上に置いて，光源の光が照り返さないように注意した。また，日頃から眼鏡を使用していた生徒Bには，④眼鏡を装着させずに検査を行った。検査中は，答えた内容について，訂正をしたり念を押したりはせず，検査者の態度で答えの正否が被検査者に知られないように配慮して実施した。

1　下線部①　　2　下線部②　　3　下線部③　　4　下線部④

〔問3〕　1型糖尿病に関する記述として適切なものは，次の1〜4のうちのどれか。

1　遺伝的な影響でインスリンが十分に作られなかったり，食べ過ぎや運動不足などの生活習慣の影響で，インスリンの効果が効きにくい状態になったりすることが原因で起きる。

2　インスリンを作る膵臓の β 細胞が壊れ，インスリンが分泌されないことが原因で起きる。

3　遺伝子異常，膵外分泌疾患，内分泌疾患，肝疾患，薬剤や化学物質などが原因で起こる。

4　血糖を下げるインスリンが，妊娠中に効きにくくなるため，血糖が高くなる糖代謝異常が原因で起こる。

〔問4〕　熱中症に関する記述として，「学校における熱中症対策ガイドライン作成の手引き」(環境省・文部科学省　令和3年5月)に照らして適切なものは，次の1〜4のうちのどれか。

1　学校での熱中症による死亡事故は，近年は増加傾向にあり，ほとんどが体育・スポーツ活動によるものである。

2　日常生活における熱中症の予防は，体温の上昇と脱水を抑えることが基本である。そのため，暑い環境下に長時間いることを避けることが大切である。

3　熱中症警戒アラートは，人体と外気との熱のやりとりに着目し，熱収支に与える影響の大きい気温，湿度，日射・輻射など周辺の熱環境，風の要素を取り入れた指標である。

4　暑さ指数は，熱中症の危険性が極めて高い暑熱環境が予測される際に，環境省・気象庁で新たに暑さへの気づきを呼びかけ，国民の熱中症予防行動を効果的に促すための情報提供のことである。

〔問5〕　ICT機器を利用する際の健康面への配慮に関する記述として適切なものは，次の1〜4のうちのどれか。

1　端末を使用する際に良い姿勢を保ち，机と椅子の高さを正しく合わせて，目と端末の画面との距離を30cm以上離す。

2　長時間にわたって継続して画面を見ないよう，50分に1回は，20秒以上，画面から目を離して，近くのものを見るなどして目を休める。

3　夜に自宅で使用する際には，昼間に学校の教室で使用する際よりも，明るさ(輝度)を上げることが推奨される。

4　睡眠前に強い光を浴びると，入眠作用があるホルモンの分泌が促進されるため，就寝1時間前からのICT機器の利用が適切である。

〔問6〕　健康と環境に関する記述として適切なものは，次の1〜4のうちのどれか。

1　明るさには，物が見えやすく，目が疲労しにくい至適範囲があり，その範囲は，学習や作業の内容によって異なる。教室の照度は，100ルクス〜200ルクスが望ましいとされている。

2　温熱条件には，体温を無理なく一定に保つことができ，生活や活動がしやすい至適範囲がある。温度について，15℃以上，28℃以下であることが望ましいとされている。

3　体内の水分は，生命を維持するために重要な働きをしている。学校の水道水を水源とする飲料水(専用水道を除く。)の水質については，大腸菌やpH値，臭気，色度などの検査項目がある。

4　一酸化炭素は，体内に入ると，酸素と白血球の結合を妨げる性質があり，体の組織や細胞が酸素不足となり一酸化炭素中毒を起こし，頭痛やめまいが起こり，意識がなくなり死に至ることもあ

る。一酸化炭素濃度は，15ppm以下であることとされている。

║2024年度║ 東京都 ║ 難易度■■■□□□

【3】健康観察について，次の(1)，(2)の問いに答えよ。

(1) 「教職員のための子どもの健康観察の方法と問題への対応」(平成21年　文部科学省)の「第5章　事例から見る子どものメンタルヘルスの理解と対応」に示されている健康観察のポイントについて，誤っているものを，次の1〜5のうちから一つ選べ。

1　児童・思春期の双極性障害は大人と違い，躁やうつなどの症状が分かりにくく周囲を驚かすような行動をきっかけとして，発症に気付かれる場合が多い。

2　体重減少の原因の一つとして拒食症(神経性無食欲症)があることを念頭に置く。

3　自傷行為の背景の一つとして境界性パーソナリティ障害がある。

4　てんかん発作では，一見，発作には見えないようなタイプの多彩な症状はみられない。

5　不登校の原因の一つとして生活態度の問題とは無関係に生じる睡眠障害がある。

(2) 「学校における子供の心のケア−サインを見逃さないために−」(平成26年3月　文部科学省)の「第1章　健康観察の進め方　2　危機発生時の健康観察」に示されている内容①〜⑤について，誤っているものはいくつあるか。以下の1〜5のうちから一つ選べ。

①　災害や事件・事故発生時における子供のストレス症状の特徴を踏まえた上で，健康観察を行い，子供が示す心身のサインを見過ごさないようにすることが大切です。

②　危機発生時の子供の心身の健康問題を把握するための方法としては，子供の様子の直接的な観察，保護者との話合いによる間接的観察及び質問紙を使った調査等の方法がありますが，いずれも記録に残すことが大切です。

③　子供は，自分の気持ちを自覚していないことや，言葉でうまく表現できないことが多く，心の問題が行動や態度の変化，頭痛・腹痛などの身体症状となって現れることは少ないです。

195

④ 危機発生時にもすぐに健康観察ができるように，日頃から危機発生時に行う健康観察の項目を考え，記録用紙を用意するなどの準備をしておくとよいでしょう。

⑤ 子供の心身の健康状態の観察においては，危機発生時に子供に現れやすい心身の反応について，校内研修会等により周知しておく必要があります。

1　1つ　　2　2つ　　3　3つ　　4　4つ　　5　5つ

‖ 2024年度 ‖ 大分県 ‖ 難易度 ▓▓▓░░

【4】次の(1)，(2)の問いに答えよ。

(1)　次の文は，学校保健安全法(昭和33年法律第56号)の条文の一部を示そうとしたものである。文中の①～⑤の　　　　　内にあてはまる語句をそれぞれ書け。

> 第9条
>
> 　養護教諭その他の職員は，相互に　①　して，健康相談又は児童生徒等の健康状態の　②　により，児童生徒等の　③　を把握し，　④　と認めるときは，遅滞なく，当該児童生徒等に対して必要な指導を行うとともに，必要に応じ，その保護者(学校教育法第16条に規定する保護者をいう。第24条及び第30条において同じ。)に対して　⑤　を行うものとする。

(2)　次の表は，「教職員のための子どもの健康観察の方法と問題への対応」(平成21年3月　文部科学省)の「第1章　健康観察　4　健康観察の機会」の一部を示そうとしたものである。表中の①～⑥の　　　　　内にあてはまる語句を以下の㋐～㋘からそれぞれ一つ選んで，その記号を書け。ただし，同じ番号の空欄には，同じ語句が入るものとする。

	時間	主な実施者	主な視点
学校における	朝や帰りの会	①	登校の時間帯・形態，朝夕の健康観察での　②
	授業中	学級担任及び教科担任等	③ ，友人・教員との人間関係，授業の　④
	休憩時間	⑤	友人関係，⑥
	給食（昼食）時間	①	食事中の会話・食欲，食事摂取量

健康観察	保健室来室時	養護教諭	③ ， 来室頻度
	部活動中	部活動担当職員	④ ， 部活動での人間関係、体調
	学校行事	⑤	④ ， ③ ， 人間関係
	放課後	⑤	友人関係，下校時の時間帯・形態

語群

㋐	教職員	㋑	睡眠の状況
㋒	学級担任(ホームルーム担任)	㋓	表情・症状
㋔	過ごし方	㋕	学校医
㋖	参加態度	㋗	心身の状況
㋘	校長・教頭		

‖ 2024年度 ‖ 香川県 ‖ 難易度 ■■■■□□

【5】「教職員のための子どもの健康観察の方法と問題への対応」(平成21年3月　文部科学省)の内容について，次の各問いに答えなさい。

(1) 次の文章は，「第1章　健康観察」からの抜粋である。空欄(①)～(⑧)に当てはまる語句をそれぞれ答えなさい。

3　健康観察の法的根拠

　健康観察は，(①)(H20.1.17)「子どもの心身の健康を守り，安全・安心を確保するために学校全体の取組を進めるための方策について」で，その重要性が述べられており，(②)(H21.4.1施行)においても，健康観察が新たに位置付けられ，充実が図られたところである。

(①)(H20.1.17)

> Ⅱ　学校保健の充実を図るための方策について
> 2　学校保健に関する学校内の体制の充実
> 　(3)　学級担任や教科担任等
> 　　　(中略)

(②)(H21.4.1施行)

> (保健指導)

197

> 第(③)条　養護教諭その他の職員は，相互に連携して，
> 健康相談又は児童生徒等の(④)の日常的な観察によ
> り，児童生徒等の(⑤)を把握し，(⑥)の問題があ
> ると認めるときは，遅滞なく，当該児童生徒等に対して
> 必要な(⑦)を行うとともに，必要に応じ，その保護
> 者(学校教育法第16条に規定する保護者をいう。第24条
> 及び第30条において同じ。)に対して必要な(⑧)を行
> うものとする。

(2)　健康観察の目的は，大きく3つに分けられる。次の文は，目的の
うち1つを述べたものである。残り2つを簡潔に答えなさい。

> 日々の継続的な実施によって，子どもに自他の健康に興味・関
> 心をもたせ，自己管理能力の育成を図る。

■ 2024年度 ■ 京都府 ■ 難易度 ■■■□□

【6】次の問1，問2に答えなさい。
問1　「教職員のための子供の健康相談及び保健指導の手引」(令和3年
度改訂　日本学校保健会)で示されている健康相談について述べた
次の文a～dの中で，正しいものの組合せを，以下の1～6のうちから
1つ選びなさい。
a　学校保健安全法施行規則にある学校医，学校歯科医及び学校薬
剤師の職務執行の準則には，「法第8条の健康相談活動に従事する
こと」とある。学校医，学校歯科医及び学校薬剤師が主に医療的
な観点，専門的な立場から行うものを健康相談活動，養護教諭そ
の他の職員が行うものを健康相談と分けている。
b　健康相談は，児童生徒や保護者等からの希望に応じて行い，個
別の事情に配慮した一対一の相談に限定されるものである。
c　健康相談は，学校保健計画に位置付けて実施するが，状況に応
じて随時行われるものもある。健康相談を実施するに当たり，最
も留意しなければならない点は，カウンセリングで解決できるも

198

のと医療的な対応が必要なものとがあることである。

d 児童生徒の心身の健康課題が多様化し，すべて学校のみで解決することは困難な状況にある。そのため，医療機関をはじめとする地域の関係機関等との連携が必要となっている。このことは，学校保健安全法第10条に定められている。

1 a・b　　2 a・c　　3 a・d　　4 b・c　　5 b・d

6 c・d

問2　次の文章は，「教職員のための子供の健康相談及び保健指導の手引」(令和3年度改訂　日本学校保健会)に記載されている健康相談の事例である。この事例の対応として述べた文a〜dについて，適切な内容の組合せを，以下の1〜6のうちから1つ選びなさい。

遅刻が目立つようになった要因の一つが起立性調節障害であった生徒：中学2年生　男子(一部抜粋)

(1)　健康相談対象者の把握方法：保健室利用

(2)　事例の概要

夏休み明けから遅刻がちとなり，頭痛，めまいを訴えて来室した。顔色が悪いため，下肢を挙上して休養すると回復した。「最近，疲れやすく，だるい」と話し，次第に欠席も増えていった。

(3)　課題の背景の把握

養護教諭が学級担任・教科担当教員と学校生活の様子について情報共有をした結果，授業中は無気力で寝ていること，忘れ物が多く宿題が提出できずに，放課後に居残りをして宿題をしていることが分かった。学級担任・教科担当教員は，夜遅くまでインターネットをしているため，怠惰であるととらえていた。

養護教諭は起立性調節障害の疑いがあると推測し，チェックシートを使用して問診した結果，小児科受診の必要があると判断した。

(4)　支援方針・経過

養護教諭が，本人にストレスが疾患の一因になることが

> あるので，思い当たることはないか尋ねると，「何回，確認しても忘れ物をしてしまう。部屋が散らかっていて教科書が見つからず，学校の準備に時間がかかる。先生に怒られてばかりでいやになる」と話した。

a　起立性調節障害は，思春期に好発する自律神経機能不全の1つである。発症の早期から重症度に応じた適切な治療と家庭生活や学校生活における環境調整を行い，適切な対応を行うことが不可欠である。

b　養護教諭は本人から，忘れ物が多いことや宿題が提出できずに怒られることがストレスであると聞き取ったため，この生徒は発達障害であると，その場で本人に伝えた。

c　学級担任は，学校生活における環境調整の一環として，本人からの承諾を得る前にクラスの生徒に対して本人の病名を知らせ，怠惰で遅刻や早退があるわけではないことを説明し，理解を求めた。

d　校内委員会で，遅刻や欠席の増加は，怠惰ではなく身体的疾患が原因であること，周囲が理解することで心が安定し，身体症状の改善につながることを共通理解した。

1　a・b　　2　a・c　　3　a・d　　4　b・c　　5　b・d　　6　c・d

┃ 2024年度 ┃ 宮城県・仙台市 ┃ 難易度 ┃

【7】次の図は，「教職員のための子供の健康相談及び保健指導の手引－令和3年度改訂－」(令和4年3月　公益財団法人　日本学校保健会)の「第4章　個別の保健指導の進め方」を基に作成した個別の保健指導の基本的なプロセスを示したものである。次図に沿った個別の保健指導について，以下の(1)，(2)の問いに答えよ。

(1)　図中の下線部Aについて，保健指導の対象者を把握する方法にはどのようなものがあるか。3つ書け。

(2) 図中の下線部Bについて，保健指導を実施する上で，発達段階に即した指導内容に努めることが留意点の一つとしてあげられる。発達段階別身体の健康問題の特徴について述べた次の①～⑤について，各文が正しければ○を，間違っていれば×を，それぞれ書け。

① 学童期(小学校)は，学校教育を通じて高度な心身の活動が継続する時期であるが，心身のバランスはよくとれ，疾病にかかることは比較的少なく，成長期のうちで最も安定した時期に相当する。この時期における1年あたりの成長の平均は，体重3～3.5kg，身長約6cmである。学童期を通じて頭囲の成長はわずか2～3cmであり，これは以前よりも脳の発育速度が遅くなることを示している。

② 成長期の運動器は発育途上で未成熟の状態であり，骨は弾力性に富み筋肉・靱帯も柔軟であるが，損傷されやすい状態にある。このことから，身長が伸びる成長期の関節周囲への過大なストレスは，骨粗しょう症のリスクを高くする。そのため，児童期における過度な運動は避ける必要がある。

③ 青年前期(中学校)は，成長・発達の個人差が小さく，男女差もあまりみられないのが特徴である。発達のバランスという観点から個々の生徒を見る必要があり，個別対応を心掛けることが望ましい。身長は，学童期の年間成長率を上回り，女子は男子より約2歳早く伸び始め，身長の伸びが止まるのも2歳ほど早い。この時期に男子は筋肉量が増加し，女子は皮下脂肪が発達する。

④ 青年前期(中学校)は，自律神経の調節が崩れやすい時期でもあり，心身ともに不安定となりその不調を訴える生徒が多くなる。疾患としては心身症を伴う不登校，起立性調節障害，ストレスが原因となっている過敏性腸症候群などに注意が必要である。

⑤ 青年後期(高等学校)は，自己同一性を確立していく中で，心身の調子を崩し，摂食障害(拒食症，過食症)，パニック発作などを発症することがあるため注意が必要である。

| 2024年度 | 香川県 | 難易度 ■■■□□ |

【8】次は，「教職員のための子供の健康相談及び保健指導の手引－令和3年度改訂－」(令和4年3月　日本学校保健会)に示されている「第1章

● 健康観察・健康相談

学校における健康相談と保健指導の基本的な理解　3　学校における健康相談の基本的理解」の一部です。(　①　)〜(　③　)にあてはまる語句の組み合わせとして正しいものを，以下の1〜4の中から1つ選びなさい。

> 　養護教諭の職務については，中教審答申において，保健管理，保健教育，健康相談，(　①　)，保健組織活動の5項目に整理されている。健康相談が特出されていることは，単に個々の児童生徒の健康管理に留まらず，(　②　)を育むなど児童生徒の(　③　)に大きく寄与しており，養護教諭の職務の中でも大きな位置を占めているとともに期待されている役割でもあるからである。

1　①　保健室経営　　②　自己解決能力　　③　健全な発育発達
2　①　救急処置　　　②　自己肯定感　　　③　健全な発育発達
3　①　保健室経営　　②　自己肯定感　　　③　良好な人間関係づくり
4　①　救急処置　　　②　自己解決能力　　③　良好な人間関係づくり

2024年度　埼玉県・さいたま市　難易度

【9】「教職員のための子供の健康相談及び保健指導の手引－令和3年度改訂－」(令和4年3月　公益財団法人　日本学校保健会)に示されている内容に関する次の(1)〜(4)の問いに答えなさい。

(1)　次の各文は，学校における健康相談の基本的理解について述べたものである。適当なものを次の①〜④のうちから全て選びなさい。

①　健康相談の目的は，児童生徒の心身の健康に関する課題について，児童生徒や保護者等に対して，関係者が連携し相談等を通して課題の解決を図り，学校生活によりよく適応していけるように支援していくことである。

②　健康診断の結果，継続的な観察指導を必要とする者は健康相談の対象者にしない。

③　健康相談の課題の把握に当たっては，健康観察をはじめ情報の収集に当たり，養護教諭や学校医等と連携して的確な課題把握に努めることが大切である。

④ 学校医・学校歯科医・学校薬剤師等の医療的見地から行う健康相談・保健指導の場合は，事前の打合せは必要ない。

(2) 次の表は，発達段階別心身の健康問題の特徴と理解について述べたものである。表中の(ア)〜(エ)にあてはまる最も適当なものを以下の解答群からそれぞれ一つずつ選びなさい。ただし，同じ番号を何回使ってもよい。

発達段階	心身の健康問題の特徴
(ア)	ホルモン内分泌器官の発達が盛んになり，身体が急速に変化する，性衝動や初経，ひげが生えるなどがみられ，とまどいや罪悪感をもちつつ，一定の対応もできてくる。
(イ)	自分自身の精神状態を十分には自覚できず，言葉で上手く表現できないことが多い。
(ウ)	心身の発達が大人に近付き，知識や行動範囲の広がりとともに，ほぼ成人同様のメンタルヘルスの問題がみられる。
(エ)	学校教育を通じて高度な心身の活動が継続する時期であるが，心身のバランスはよくとれ，疾病にかかることは比較的少なく，成長期のうちで最も安定した時期に相当する。

解答群

① 学童期(小学校)　　② 青年前期(中学校)

③ 青年後期(高等学校)

(3) 次の各文は，学校における健康相談の進め方と支援体制づくりについて述べたものである。基本的な相談技術及び留意点として，適当なものを次の①〜⑤のうちから三つ選びなさい。

① 相談者の説明や気持ちを確認しながら話を進める。

② 対面する座り方のほか，斜めあるいは90度に座ると緊張感が増す。

③ 相談時間は一般的に50分を上限とし，いたずらに長時間にならないよう心がけることが基本であるが，児童生徒の状況に合わせて柔軟に対応する。

④ 児童生徒は，学校での様子と家庭での様子が異なる場合があることを認識する。

⑤ 守秘義務については相談者に伝えない。

(4) 次の各文は，学校における健康相談の進め方と支援体制づくりについて述べたものである。健康相談の基本的なプロセスとして，適当なものを次の①〜④のうちから全て選びなさい。

① 健康相談は，本人や教職員の負担にならないよう必ず1回で終わらせる。

② 定期的に校内委員会(組織)を開催し，情報交換，支援検討会議

(事例検討会)，経過から支援方針や支援方法を見直し，改善・評価を行う。

③　最初から心の問題だと決めつけることのないようにする。

④　児童生徒の心身の健康課題の背景は多様化しているが，課題の把握に当たっては，保健室で得た情報で十分な場合が多い。

▌2024年度 ▌千葉県・千葉市 ▌難易度 ■■■□□

【10】次の①〜⑤のうち，「教職員のための子供の健康相談及び保健指導の手引—令和3年度改訂—(令和4年3月　公益財団法人　日本学校保健会)　第2章　発達段階別心身の健康問題の特徴と理解　2　発達段階別心の健康問題の特徴と理解　(1)　学童期(小学校)①小学校低・中学年(第1〜4学年)」の記載内容をまとめたものとして下線部が適切でないものを，一つ選べ。

①　ストレス反応

　　小学校低学年のうちは，自分自身の精神状態を十分には自覚できず，言葉で上手く表現できないことが多い。そのため，実際には虐待やトラウマを生むような強いストレスを受けていても，自分でそれに気付くことができず，心理面での訴えよりも，頭痛・腹痛・おう吐など体の症状や，落ち着きのなさなど行動面の変化，あるいは睡眠の障害などとなって現れやすい。

②　学習障害(LD)と知的障害

　　学習上の困難もメンタルヘルスと密接に関係しており，大きなストレスの原因となる。関連する障害としては，読み書きや計算など一部の学習技能だけに遅れがみられる学習障害と，知的発達に全般的な遅れのある知的障害の2つが主なものである。学習に遅れがある場合，できるだけ早期にこれらの障害に気付き，適切な学習指導・支援や進路指導と合せてソーシャルスキルの観点から健康相談を行うことが重要である。

③　てんかん

　　この年代からてんかんが発症することは，まれではない。発作の症状は意識消失による転倒や全身のけいれんだけでなく，周りが突然変に見えたり，一瞬ぼんやりするなど，様々な症状がある。発作

は学習をはじめとする日常生活への影響を通じて精神発達上の問題を生じやすい。そのため，気付きにくいてんかん発作に気付けるようにし，適切に対応することもメンタルヘルスの重要な課題の一つである。

④　チック障害

瞬き，首をビクッとさせる，頭を振るなどの随意運動を繰り返すチック障害は，小学校低学年を過ぎるころから出現する可能性のある障害である。単なる癖と誤解されやすいが，いじめの原因になることがあるため，適切な対応と支援を行う必要がある。

⑤　行為障害や反抗挑戦性障害

しばしばけんかをする，うそをつく，放火，盗み，動物をいじめるなど行為障害や大人に対して反抗的，拒否的，攻撃的になり，問題行動を繰り返す反抗挑戦性障害も，小学校低学年を過ぎるころから出現する可能性のある障害である。意図的な社会規範の逸脱や大人への反抗という形で現れるため，生徒指導上の問題として取り上げられやすいが，実際には専門医による治療を必要とする障害であり，メンタルヘルスの視点からの対応が必要となることに留意する必要がある。

▌ 2024年度 ▌ 岐阜県 ▌ 難易度 ■■■□□

【11】次の(1)，(2)の問いに答えなさい。

(1)　次の文は，「子どもの心身の健康を守り，安全・安心を確保するために学校全体としての取組を進めるための方策について」(答申)(平成20年1月17日中央教育審議会)の一部である。文中の[　ア　]～[　エ　]に当てはまることばを書きなさい。

> 健康観察は，[　ア　]，養護教諭などが子どもの体調不良や欠席・遅刻などの日常的な心身の健康状態を把握することにより，[　イ　]や心の健康課題などの心身の変化について[　ウ　]・早期対応を図るために行われるものである。また，子どもに自他の健康に興味・関心を持たせ，[　エ　]の育成を図ることなどを目的として行われるものである。

(2) 「教職員のための子どもの健康観察の方法と問題への対応」(平成21年3月文部科学省)について，次の①，②の問いに答えなさい。

　　① 「第4章　心の健康問題への対応」で示されている，養護教諭の役割のポイントについて，次のa〜eの文中の下線部が正しい場合は○を，誤りの場合は正しいことばを書きなさい。

　　　a　子どもの心の健康問題の解決に向けて中核として<u>保健主事</u>を助け円滑な対応に努める。

　　　b　子どもが相談しやすい保健室の<u>環境つくり</u>に努める。

　　　c　校内関係者や関係機関等との<u>連携調整</u>等を行う。

　　　d　常に情報収集に心がけ，問題の<u>全体像</u>の把握に努める。

　　　e　子どもの<u>個別の教育計画</u>作成に参画する。

　　② 「第2章　健康観察の実際」「1　朝の健康観察」「(5)特別支援学校における健康観察」で示されている，特別支援学校の健康観察において注意すべき点を2つ書きなさい。

┃ 2024年度 ┃ 福島県 ┃ 難易度■■■■■□□□

【12】健康相談について，次の問に答えよ。

　問1 「児童生徒等の健康診断マニュアル　平成27年度改訂」(平成27年8月　公益財団法人日本学校保健会)における色覚検査に関する記述のうち，誤っているものをA〜Eからすべて選び，記号で答えよ。

　　A　色覚の検査は定期健康診断の項目に含まれている。

　　B　児童生徒等が自身の色覚の特性を知らないまま進学・就職等で不利益を受けることがないように，学校医による健康相談等において，必要に応じ個別に検査を行う。

　　C　十分な明るさがある直射日光の下で行う。

　　D　眼鏡等の所有者には装用させないで検査する。

　　E　学校での色覚の検査はスクリーニングであり，診断せず「色覚異常の疑い」とする。

　問2 「教職員のための子供の健康相談及び保健指導の手引―令和3年度改訂―」(令和4年3月　公益財団法人日本学校保健会)に記載されている健康相談実施上の留意点を三つ記せ。

　問3 「教職員のための子供の健康相談及び保健指導の手引―令和3年

度改訂―」(令和4年3月　公益財団法人日本学校保健会)に記載され
ている心身の健康問題の特徴，疾患の特徴について，[　ア　]～
[　エ　]にあてはまる疾患名を答えよ。

[　ア　]：　青年期に好発する代表的な精神病であり，幻覚や
　　　　　　妄想が主な症状である。約100人に1人の割合で罹
　　　　　　患し，まれに小学生にも発病する。

[　イ　]：　思春期やせ症(神経性食欲不振症)，過食症(神経性
　　　　　　過食症)，分類不能に分けられる。思春期女子に増
　　　　　　加傾向にあり，低年齢化もみられ，男子にも発症す
　　　　　　る。

[　ウ　]：　立ちくらみ失神，朝起き不良，倦怠感，動悸，頭
　　　　　　痛などの症状を伴い，思春期に好発する自律神経機
　　　　　　能不全の一つである。

[　エ　]：　スポーツ外傷等の後に，脳脊髄液が漏れ出し減少
　　　　　　することによって，起立性頭痛(立位によって増強
　　　　　　する頭痛)などの頭痛，頸部痛，めまい，倦怠，不
　　　　　　眠，記憶障害など様々な症状を呈する疾患である。

問4　「学校・教育委員会等向け虐待対応の手引き　令和2年6月改訂版」
　　(文部科学省)に記載されている児童虐待の早期発見，早期対応につ
　　いての記述のうち，正しいものをA～Eからすべて選び，記号で答
　　えよ。

A　虐待と疑われる事実関係は，本人の発言内容の概要のみを記録
　　する。

B　ドメスティック・バイオレンス(DV)により子供に心理的な外傷
　　を与えることも虐待のひとつである。

C　性的虐待が疑われる場合は，一定期間経過観察した後，児童相
　　談所等に通告する。

D　養護教諭をはじめとする教職員は，幼児児童生徒の健康状態を
　　日常的に観察するとともに，心身の状況を把握することにより，
　　健康上の問題があるときは幼児児童生徒に必要な指導を行うよ

う，法律で定められている。

E　虐待に関する本人からの詳しい聞き取りは，学校関係者が対応することが望ましい。

2024年度　島根県　難易度

【13】健康観察について，各問いに答えよ。

問1　健康観察の目的や重要性について，文中の（　①　）～（　④　）に当てはまる語句を語群から選び，記号で答えよ。

> 健康観察は，学級担任，養護教諭などが子どもの体調不良や欠席・遅刻などの日常的な心身の健康状態を把握することにより，（　①　）や心の健康課題などの心身の変化について（　A　）・（　B　）を図るために行われるものである。また，子どもに自他の健康に興味・関心を持たせ，（　②　）能力の育成を図ることなどを目的として行われるものである。
>
> 学級担任等により行われる朝の健康観察をはじめ，（　③　）全般を通して健康観察を行うことは，体調不良のみならず心理的ストレスや悩み，いじめ，（　④　），虐待や精神疾患など，子どもの心の健康問題の（　A　）・（　B　）にもつながることから，その重要性は増してきている。

語群

ア　学校生活　　イ　自己管理　　ウ　心疾患　　エ　通級指導

オ　不登校　　カ　自己認識　　キ　教育課程　　ク　過呼吸

ケ　人間関係　　コ　感染症

問2　文中の（　A　）・（　B　）に当てはまる語句を答えよ。ただし，同一記号には同一語が入る。

問3　文中の波線部について，以下の役割を担う職種をそれぞれ答えよ。

（ア）　制度や法律を活用して，子供と子供を取り巻く環境に働き掛けて，家庭，学校，地域の橋渡しなどにより子供の悩みや抱えている問題に関する現実的課題の解決に向けて支援する。

（イ）　カウンセリング等を通じて，子供の悩みや抱えている問題の

解決を支援するもので，直接面接に力を発揮する心理に関する高度な専門職である。

問4　健康観察における養護教諭の役割について，文中の（　①　）～（　⑤　）に当てはまる語句を語群から選び，記号で答えよ。

(1)　観察の方法や技術・観察の視点などについて一般教諭への指導・助言を行う。

(2)　一般教諭の観察を生かして（　①　）に観察する。

(3)　健康観察全体の総括と最終判断を行い健康評価につなげる。

(4)　あらゆる機会を捉えて健康観察を実施する。(保健室来室時，校内巡視時など)

(5)　児童生徒を長期的，（　②　）的に観察する。

(6)　児童生徒が（　③　）能力を養うため支援する。

(7)　得られた（　④　）を整理して，児童生徒，保護者へ伝える。

(8)　健康観察の結果を保健学習，保健指導，（　⑤　）に生かす。

語群
ア　積極的　　イ　健康管理　　ウ　意欲　　　　エ　健康相談
オ　継続　　　カ　運動　　　　キ　体力テスト　ク　情報
ケ　専門的　　コ　課題

| 2024年度 | 長崎県 | 難易度

【14】「教職員のための子供の健康相談及び保健指導の手引－令和3年度改訂－」(令和4年3月　公益財団法人日本学校保健会)の内容について，次の各問いに答えなさい。

(1)　次の文章は，「第1章　学校における健康相談と保健指導の基本的な理解」からの抜粋である。空欄（　①　）～（　⑦　）に当てはまる語句をそれぞれ答えなさい。

> 2　健康相談と保健指導の重要性と法的根拠
> (1)　健康相談の重要性
> 　近年，肥満・瘦身，（　①　）の乱れ，（　②　）の問題，（　③　）疾患の増加，性に関する問題など，児童生徒の心身の健康課題が複雑化・多様化している。身体的な不調の背景には，いじめ，

　　児童虐待，不登校，（　④　）などの問題が関わっていることもある。(中略)

　　健康相談は，児童生徒の発達に即して一緒に心身の健康課題を解決していく過程で，（　⑤　）を深め自分自身で解決しようとする人間的な成長につながることから，健康の(　⑥　)だけでなく（　⑦　）的な意義が大きく，学校教育において重要な役割を担っている。

(2)　健康相談における養護教諭の役割について，児童生徒の心身の健康課題を発見しやすい立場であるという職務の特質を踏まえて答えなさい。

(3)　次の＜事例＞は，養護教諭の気づきから支援につながった初動の様子である。空欄(　①　)・(　②　)に当てはまる最も適当な語句をそれぞれ答えなさい。

＜事例＞

　　養護教諭が，健康診断の結果(肥満度曲線)を確認していたところ，陸上部Aさんの肥満度が昨年度は「普通」だったが「やせ傾向」に変化していることに気付いた。記録を確認したところ，1年間で約8kgの体重減少が見つかった。

　　養護教諭は，課題の背景を把握するため，まず(　①　)・顧問にAさんの状態を尋ねた。摂食障害の可能性を念頭に置きながらも，本人との信頼関係の構築に心掛けた。並行して状況を管理職に伝え，(　②　)に相談し，Aさんに対して健康相談を行った。

┃2024年度┃京都府┃難易度■■■■■■

【15】健康相談について，「現代的健康課題を抱える子供たちへの支援～養護教諭の役割を中心として～」(平成29年3月　文部科学省)に示されている養護教諭の役割について説明したa～cの文の最も適当な正誤の組合せとして，正しいものを選びなさい。

a　課題に対応した校内委員会を活用するなど，健康課題を抱える児童生徒を組織で継続的に支援する体制づくりを推進する。

b　地域の関係機関と連携できるような関係性を築くとともに，地

域の関係機関をリスト化し，教職員等に周知する。

c 学級担任や保護者等から情報収集を行い，整理した情報を基に，専門性を生かしながら，課題の背景について分析を行う。

	a	b	c
ア	正	正	正
イ	正	正	誤
ウ	正	誤	誤
エ	誤	正	正
オ	誤	誤	正

┃ 2024年度 ┃ 北海道・札幌市 ┃ 難易度 ■■■■■■■■■■

【16】健康相談，心のケアについて，次の(1)～(3)の問いに答えよ。

(1) 「教職員のための子供の健康相談及び保健指導の手引」(令和3年度改訂　日本学校保健会)の「第3章　学校における健康相談の進め方と支援体制づくり　4　基本的な相談技術及び留意点」に関する記述について，文中の(①)～(④)に入る適語の組合せとして，最も適切なものを，以下の1～6のうちから一つ選べ。

・相談時間は一般的に(①)を上限とし，いたずらに長時間にならないように心がけることが基本であるが，児童生徒の状況に合わせて柔軟に対応する。

・(②)について相談者に伝える。

・児童生徒の特性，問題の状況，精神疾患の可能性などに応じて，相談者の話を受容的に聞くだけでなく，問題解決に向けた(③)のための質問をしたり，教員の意見や助言を伝える。

・(④)のある児童生徒の場合，相談の目的を明確にし，えん曲な質問や曖昧な言い方を避け，児童生徒の状況のみならず，特性に合った相談を行う。

1 ① 50分　　② 通告義務　　③ 情報収集
　④ 性被害

2 ① 90分　　② 守秘義務　　③ 資質・能力の育成
　④ 性被害

3 ① 50分　　② 守秘義務　　③ 資質・能力の育成
　④ 広汎性発達障害

4 ① 90分 ② 通告義務 ③ 情報収集
④ 性被害
5 ① 50分 ② 守秘義務 ③ 情報収集
④ 広汎性発達障害
6 ① 90分 ② 通告義務 ③ 資質・能力の育成
④ 広汎性発達障害

(2) 「学校における子供の心のケア－サインを見逃さないために－」
(平成26年3月 文部科学省)の「第2章 心のケアの進め方 1 心の
ケアの基本」に示されている学校における日常のケアに関する記述
ア～エについて，正誤の組合せとして，最も適切なものを，以下の
1～6のうちから一つ選べ。

○学校におけるストレスとその対策の基本

ア 学校生活におけるストレスは，災害や事故が生じた場合はもと
より，日常の学業や行事によるストレス，友達関係の問題，子供
と教職員の間の問題など学校生活のあらゆる場面にストレス因は
あるが，そのストレス因そのものをなくすことができる。

イ 同じ状況においても，その出来事をストレスと感じる子供とそ
れ程に感じない子供がいる。これは，ストレスの強弱が，個人の
経験や特性に影響されるからである。

ウ 心のケア(ストレスケア)の基本は，かかっているストレス因と
反対のことをすることである。

エ 本来，子供にとっては力を発揮し，安心できるはずの日常生活
であるが，これらも場合によってはストレス因になることはある。

1 ア 誤 イ 正 ウ 正 エ 正
2 ア 誤 イ 誤 ウ 誤 エ 正
3 ア 誤 イ 正 ウ 誤 エ 誤
4 ア 正 イ 誤 ウ 正 エ 正
5 ア 正 イ 正 ウ 誤 エ 誤
6 ア 正 イ 誤 ウ 正 エ 誤

(3) 「養護教諭のための児童虐待対応の手引」(平成19年10月 文部科
学省)の「第2章 児童虐待の理解 2 児童虐待と心身の健康との
関連性 (1)心身の健康への影響」に関する記述ア～オのうち，下線

部①～⑤の記述の正誤について，最も適切な組合せを，以下の1～6のうちから一つ選べ。

○行動面に現れる影響

ア いつ加えられるかわからない暴力は，子どもにとって自分をどのようにコントロールすればよいかを学ぶ指標にはならない。そのため，虐待を受けた子どもの多くは落ち着きがなく，<u>①衝動的な行動</u>をとりやすい。

イ 攻撃性の背景には，<u>②生活習慣</u>，低い自己肯定感など，自分を肯定的に見ることができないなどのことがある。

ウ <u>③食行動の異常</u>は，心を満たされていない思いが，過食など異常な食行動に結びつく場合がある。子どもの給食時間の様子が，虐待の発見に結びつくことも少なくない。

エ 虐待を受けながらも子どもは，自らを受け容れてもらいたいという欲求を強くもっている。少しでも，受け容れてもらえると感じる大人と出会うとき，どこまで自分を受け容れてくれるか，拒絶されるのかを確かめる行動をとるようになる。それを<u>④解離</u>という。

オ 子どもの<u>⑤自尊感情</u>が損なわれ，「自分の存在価値がない」と感じたときに，自分が生きている存在であると感じるために，また，周囲の注意を引くために自傷行為に及ぶ子どももいる。

1 ① 正 ② 正 ③ 誤 ④ 誤 ⑤ 正
2 ① 正 ② 誤 ③ 正 ④ 正 ⑤ 誤
3 ① 誤 ② 正 ③ 正 ④ 誤 ⑤ 誤
4 ① 誤 ② 誤 ③ 正 ④ 正 ⑤ 誤
5 ① 誤 ② 正 ③ 誤 ④ 正 ⑤ 正
6 ① 正 ② 誤 ③ 正 ④ 誤 ⑤ 正

| 2024年度 | 大分県 | 難易度 |

【17】次の文章は，「教職員のための子供の健康相談及び保健指導の手引令和3年度改訂」(日本学校保健会)に示されている，発達障害のうちの広汎性発達障害，学習障害(LD)及び注意欠陥多動性障害(ADHD)に関する解説の内容である。(①)から(⑫)に当てはまる語句を以下

213

のアからニのうちから選び，記号で答えよ。

【広汎性発達障害】

　広汎性発達障害とは，自閉症，アスペルガー症候群，特定不能の広汎性発達障害が含まれる。

　自閉症とは，3歳ぐらいまでに現れ，他人との社会的関係の形成の困難さ，(　①　)の発達の遅れ，興味や関心が狭く特定のものにこだわることを特徴とする(　②　)発達の障害であり，中枢神経系に何らかの要因による機能不全があると推定される。

　自閉症に限らず広汎性発達障害は，対人交流や集団への適応に苦労し(対人性／社会性の障害)，こだわりや固執が強いのが特徴である。また，物音など環境の刺激に(　③　)で，予期せぬ状況に遭遇すると激しく動揺したり泣き出すなどのパニックを起こす場合がある。これらは障害に気付かれないと"身勝手"な行動と誤解され，(　④　)の対象としてのみとらえられがちである。本来，授業中や休み時間，あるいは学校行事の様子を観察すれば比較的気付きやすい障害であるが，無口で受け身の場合，(　⑤　)のみが目立ち，障害であることが見落とされ易いので注意が必要である。学習面では，得意なことと苦手なことのアンバランスがみられることが多い。

【学習障害(LD)】

　学習障害(LD)とは，基本的には全般的な(　⑥　)発達に遅れはないが，(　⑦　)，話す，読む，書く，計算する又は推論する能力のうち特定のものの習得と使用に著しい困難を示す様々な状態を示すものである。

　学習障害(LD)は，その原因として，中枢神経系に何らかの機能障害があると推定されるが，視覚障害，聴覚障害，(　⑥　)障害，情緒障害などの障害や，環境的な要因が直接の原因となるものではない。

　本人が努力するにもかかわらず，文字の読み，書字，計算など一部の学習能力に限り著しい遅れがみられるのが特徴である。学習面での遅れが(　⑧　)の低下，対人面での自信のなさ，(　⑨　)状態をもたらすなどメンタルヘルスの問題を生みやすい。教科の成績に大きなアンバランスがある場合には学習障害がないかどうか調べることが大切である。

【注意欠陥多動性障害(ADHD)】

　注意欠陥多動性障害(ADHD)はアメリカの調査によれば，数%の児童生徒にみられるという。(　⑩　)が特徴であり，多動，衝動性を併せ持つことが多い。忘れ物，聞き落とし，おしゃべり，けが，段取りの苦手さなどが目立ちやすい。"あわてもの"，"おっちょこちょい"など性格の問題や親のしつけの問題と誤解されやすく，大人から叱責を受けやすいため，劣等感を抱いたり，(　⑪　)な態度を身につけてしまうケースが少なくない。多動が目立だたないタイプ(不注意優勢型)は(　⑫　)にやや多く，"ぼんやりした性格"として障害が見過ごされやすいため注意が必要である。注意欠陥多動性障害(ADHD)には，数種類の治療薬があるが，薬を用いた治療については医療との緊密な連携が必要である。しばしば別の障害(LDなど)を併存することがあるため，学習能力の評価を始め(　②　)医学的スクリーニングと合わせて行うことが重要である。

ア	他者評価	イ	自己評価	ウ	反抗的	エ	鈍麻
オ	過敏	カ	生徒指導	キ	体力的	ク	興奮
ケ	言葉	コ	男子	サ	女子	シ	保健指導
ス	過干渉	セ	抑うつ	ソ	不注意	タ	楽観的
チ	孤立	ツ	聞く	テ	知的	ト	精神
ナ	運動	ニ	走る				

| 2024年度 | 栃木県 | 難易度 ■■■■□

【18】「教職員のための子供の健康相談及び保健指導の手引(令和3年度改訂　公益財団法人日本学校保健会)」について，次の1，2の問いに答えなさい。

1　次の文は，「第1章　学校における健康相談と保健指導の基本的な理解　3　学校における健康相談の基本的理解　(5)　健康相談における養護教諭，学級担任等，学校医等の役割　①　養護教諭が行う健康相談」について述べたものである。文中の(　①　)～(　⑤　)に当てはまる語句を，以下のa～eの中からそれぞれ一つ選びなさい。

　養護教諭の行う健康相談は，児童生徒の健康に関して専門的な観

点から行われる。児童生徒の心身の健康課題の変化に伴い，従来((　①　)年代から)から養護教諭の重要な役割となっていたが，平成9年の保健体育審議会答申においては，広く周知され，中央教育審議会答申(平成20年1月以下，中教審答申という)においても，その重要性が述べられている。学校保健安全法に養護教諭を中心として学級担任等が相互に連携して行う健康相談が明確に規定されるなど，個々の心身の健康課題の解決に向けて養護教諭の役割がますます大きくなっている。

　　養護教諭の職務については，中教審答申において，保健管理，保健教育，健康相談，(　②　)，保健組織活動の5項目に整理されている。健康相談が特出されていることは，単に個々の児童生徒の健康管理に留まらず，自己解決能力を育むなど児童生徒の健全な発育発達に大きく寄与しており，養護教諭の職務の中でも大きな位置を占めているとともに期待されている役割でもあるからである。

　　また，養護教諭は，職務の特質*から児童生徒の心身の健康課題を発見しやすい立場にあることから，いじめや児童虐待などの早期発見，早期対応に果たす役割や，健康相談や保健指導の必要性の判断，受診の必要性の判断，医療機関などの地域の関係機関等との連携におけるコーディネーターの役割などが求められている。

　*養護教諭の職務の特質として挙げられる主な事項
ア　全校の子供を対象としており，入学時から(　③　)に成長・発達を見ることができる。
イ　活動の中心となる保健室は，誰でもいつでも利用でき安心して話ができるところである。
ウ　子供は，心の問題を言葉に表すことが難しく，(　④　)として現れやすいので，問題を早期に発見しやすい。
エ　保健室頻回来室者，不登校傾向者，非行や性に関する問題など様々な問題を抱えている子供と保健室でかかわる機会が多い。
オ　職務の多くは学級担任をはじめとする教職員，学校医等，

（　⑤　）等との連携の下に遂行される。

　などが，主な養護教諭の職務の特質として挙げられる。

①

a　2000　　b　1990　　c　1980　　d　1970　　e　1960

②

a　保健室経営　　b　健康診断　　c　救急処置　　d　健康観察
e　環境衛生管理

③

a　断続的　　b　定期的　　c　横断的　　d　経年的
e　計画的

④

a　退行現象　　b　問題行動　　c　身体症状　　d　精神症状
e　不安症状

⑤

a　保護者　　b　保健所　　c　地域医師会　　d　有識者
e　専門家

2　次の文は，「第3章　学校における健康相談の進め方と支援体制づくり　4　基本的な相談技術及び留意点　(1)相談に当たっての基礎事項」の一部を抜粋したものである。誤っているものを，次のa～eの中から一つ選びなさい。

a	相談は，児童生徒や保護者が話しやすく受容的で温かい雰囲気づくりに努める。対面する座り方のほか，斜めあるいは90度に座ると緊張感が和らぐ。横並びに座るのは，児童生徒と一緒に作業をしながらの会話に適している。
b	相談時間は一般的に20分を下限とし，短時間にならないよう心がけることが基本であるが，児童生徒の状況に合わせて柔軟に対応する。すぐに相談できないときは，約束するなどにより話を聴く機会を保証しておくことが重要である。
c	相談における基本的姿勢は，相談者の気持ちを受け止め，相手の話をよく聴こうとすることである。原則として，できる限り先入観にとらわれないようにし，相談者の立場に立って話を聞く姿勢に心がける。
d	相談者の説明や気持ちを確認しながら話を進める。(例えば，「そのとき……という気持ちだったのですね」，「……と理解しましたがそれでよいですか」)
e	児童生徒の特性，問題の状況，精神疾患の可能性などに応じて，相談者の話を受容的に聞くだけでなく，問題解決に向けた情報収集のための質問をしたり，教員の意見や助言を伝える。

【19】健康相談及び保健指導について，「教職員のための子供の健康相談及び保健指導の手引―令和3年度改訂―」(令和4年3月公益財団法人日本学校保健会)に照らして，次の(1)～(4)の問いに答えよ。

(1) 養護教諭は，職務の特質から児童生徒の心身の健康問題を発見しやすい立場にあると言われる。この養護教諭の職務の特質について，誤っているものを次のア～オから一つ選び，その記号を書け。

　ア　全校の子供を対象としており，入学時から経年的に成長・発達を見ることができる。

　イ　活動の中心となる保健室は，守秘義務を果たすため利用時間を制限するなど，安心して話ができる。

　ウ　子供は，心の問題を言葉に表すことが難しく，身体症状として現れやすいので，問題を早期に発見しやすい。

　エ　保健室頻回来室者，不登校傾向者，非行や性に関する問題など様々な問題を抱えている子供と保健室でかかわる機会が多い。

　オ　職務の多くは，学級担任をはじめとする教職員，学校医等，保護者等との連携の下に遂行される。

(2) 保健指導の目的について，次の文中の(　)に当てはまる言葉を以下のア～オから一つ選び，その記号を書け。

> 　個別の保健指導の目的は，個々の児童生徒の心身の健康問題の解決に向けて，自分の健康課題に気付き，理解と関心を深め，自ら積極的に解決していこうとする自主的・(　)な態度の育成を図るために行われるものである。

　ア　行動的　　イ　意欲的　　ウ　実践的　　エ　共感的
　オ　協調的

(3) 不登校及び保健室登校について，誤っているものを次のア～カから全て選び，その記号を書け。

　ア　高校生の不登校に対しては，登校することにこだわらず生徒に適した進路変更も含めた相談を進め，引きこもりにならないように関係機関との連携も積極的に取り組んでいく必要がある。

　イ　不登校の背景がある程度明らかになった後は，家庭訪問や保護

者を介して児童生徒と意思疎通を図ることになるが，受容的な面接を通じて自然に再登校の意欲がわくまで待つことが重要である。

ウ　保健室登校は不登校状態から再登校を目指すステップとして，あるいは，教室に入りづらい生徒が不登校にならずに学校生活を送る手段として，不登校問題の解決の一助となっている。

エ　保健室利用状況調査(平成28年)によると，保健室登校の開始月は，小学校・中学校・高等学校ともに9月が最も多く，開始学年は，中学校・高等学校ともに第1学年が多かった。

オ　保健室利用状況調査(平成28年)によると，保健室登校している児童生徒がいる割合は，中学校が最も多かった。

カ　対応が長期化していくことも考え，同じ指導方法を継続するよう保護者や関係教職員が十分認識しておく必要がある。

(4)　小学校低学年を過ぎるころから出現する可能性のある障害について，次の文中の(　　)に当てはまるものを以下のア～カから一つ選び，その記号を書け。

> 　行為障害や(　　)は，意図的な社会規範の逸脱や大人への反抗という形で現れるため，生徒指導上の問題として取り上げられやすいが，実際には専門医による治療を必要とする障害であり，メンタルヘルスの視点からの対応が必要となることに留意する必要がある。

ア　チック障害　　　　　　イ　てんかん
ウ　注意欠陥多動性障害　　エ　広汎性発達障害
オ　反抗挑戦性障害　　　　カ　アニバーサリー反応

▐ 2024年度 ▐ 愛媛県 ▐ 難易度 ▐▐▐▐▐▐▐▐

【20】次の問いに答えよ。

(1)　次の文は，健康観察についての記述である。文中の下線部のうち，適切でないものを①～⑤から選び，番号で答えよ。

・学校における健康観察は，学級担任や①養護教諭が中心となり，教職員との連携の下に実施すべきものであることから，全教職員

が健康観察の意義と重要性を理解し共通認識のもとに実施できるようにすることが重要である。

・児童生徒等は，自分の気持ちを言葉でうまく表現できないこともあり，心の問題が②顔の表情や行動に現れたり，頭痛・腹痛などの身体症状となって現れたりすることもあるため，きめ細やかな観察が必要である。

・心の健康課題が疑われる場合でも，まず，③身体的な疾患があるかないかを見極めてから対応することが大切である。

・「④心に現れるサイン」・「行動や態度に現れるサイン」・「⑤対人関係に現れるサイン」の3観点から，健康観察ができるようにする。

(2) 次の文は，保健室経営計画についての記述である。文中の下線部のうち，適切でないものを①～⑤から選び，番号で答えよ。

　①保健体育審議会答申(平成20年1月)では，学校保健関係者の役割の明確化，校内外の②組織体制づくりの二点に焦点を当て，具体的な提言がなされた。その中で子供の健康づくりを効果的に推進するために，学校保健活動の③センター的役割を果たしている保健室の経営の充実を図ることが求められた。保健室経営計画については，「保健室経営計画とは，当該学校の④教育目標及び学校保健の目標などを受け，その具現化を図るために，保健室の経営において達成されるべき目標を立て，計画的に・組織的に運営するために作成される計画である」と述べている。

　学校教育の基盤となる児童生徒等の健康や安全を確保するには，全職員が相互に連携していくことが重要である。そのためには，⑤課題解決型の保健室経営計画を立て児童生徒の心身の健康づくりを効果的に進めていくことが必要である。

▎2024年度 ▎神戸市 ▎難易度 ▨▨▨▨▨▨

解答・解説

【1】(1) ① カ　② ケ　③ ア　④ オ　(2) 保健管理, 保健教育, 保健室経営, 保健組織活動　から二つ　(3) ① ○　② ×　③ ×　④ ○　⑤ ○　⑥ ×　⑦ ○　⑧ ×　⑨ ×　⑩ ○

○**解説**○ 健康相談については, 学校保健安全法第8条(健康相談)に「学校においては, 児童生徒等の心身の健康に関し, 健康相談を行うものとする」と規定されている。　(1) 健康相談の対象者は, 健康診断の結果による者, 保健室での対応で必要と判断された者, 日常の健康観察による者, 自発的な希望者, 保護者の依頼による者などが並べられている。近年, 児童生徒の心身の健康課題が複雑化・多様化している。養護教諭の職務の特性上, 児童生徒の心身の健康問題を発見しやすい立場にあるため, 健康相談の対象者を把握した場合, 養護教諭は学級担任, 学校医等校内関係者のみならず, 地域の関係機関等とも連携するためにコーディネーターの役割を担い, 組織的に健康相談を行うことが必要である。　(2) 養護教諭の職務は, 中央教育審議会答申(平成20年1月)において, 保健管理, 保健教育, 健康相談, 保健室経営, 保健組織活動の5項目に整理され, 明確化が図られている。　(3) ② 緊張感が和らぐ座り方は, 斜めあるいは90度に座るのがよい。横並びに座るのは, 児童生徒と一緒に作業をしながらの会話に適している。(対面での座り方は, 一般的には緊張感が高まるといわれている。)　③ 相談時間は一般的に50分を上限とし, いたずらに長時間にならないよう心がけることを基本とする。　⑥ 最後に気持ちを確認するのではなく, 相談者の説明や気持ちを確認しながら話を進める。　⑧ 一緒にどうしたらよいかを考えていくことが大切であるため, 指導が強くならないように十分留意する必要がある。　⑨ 守秘義務は, 相談者に伝えるようにする。

【2】問1 2　問2 4　問3 2　問4 2　問5 1　問6 3
○**解説**○ 問1　健康診断における聴力検査の意義は, 難聴の有無と難聴

の程度を検査することである。聴力は「平均聴力」で示され，平均聴力を求める4分法は，学校保健以外でも聴力を表すためにしばしば使われている。500Hzの閾値がa dB，1,000Hzの閾値がb dB，2,000Hzの閾値がc dB の場合，平均聴力$=\dfrac{a+2b+c}{4}$の式で求め，4,000Hzの閾値は，平均聴力の後にカッコ書きする。この式に表の値を当てはめると，右は$\dfrac{35+40\times2+50}{4}=41.25(60dB)$，左は$\dfrac{25+40\times2+50}{4}=38.75(60dB)$となる。　問2　色覚の検査は定期健康診断の項目に含まれていない。ただし，児童生徒等が自身の色覚の特性を知らないまま進学・就職等で不利益を受けることがないように，学校医による健康相談等において，必要に応じ個別に検査を行う。学校での色覚の検査の実施には，児童生徒等や保護者の事前の同意が求められる。その際，保護者に対して色覚の検査の意義について説明した上で，学校医と相談し，希望者を対象とした色覚の検査を行う。検査の意義や方法については「児童生徒等の健康診断マニュアル　平成27年度改訂」で確認しておきたい。下線部④は，「眼鏡等の所有者には装用させて検査する」が正しい。その他，検査方法についての注意事項として，「検査室には一人ずつ入れ，前の被検査者の検査が済んでから次の児童生徒等を入れる」がある。　　問3　糖尿病は発症の原因や症状の特徴，体質との関係，発症しやすい年齢などから，1型糖尿病と2型糖尿病の2つのタイプに大別される。1型糖尿病は，膵臓のインスリンを産生しているβ細胞がウイルス感染や自己免疫現象などによって破壊され，インスリン分泌能が著しく低下して発症する。治療にはインスリン注射が不可欠で，学校においてもこれらの注射が必要になる。2型糖尿病では，インスリンは分泌されているが，高血糖状態が続く。遺伝要因に加えて，過食による肥満などの素因を有している児童生徒等が，運動不足，エネルギーや動物性脂肪が過剰な食事，ストレスの多い生活などを続けていると発症すると考えられる。生活習慣の変化により児童生徒等での発症が増加傾向にある。治療の基本は，食事療法，運動療法と，薬物療法(インスリンは初期には用いない)である。　　問4　人体には，異常な体温上昇を抑えるための体温調節機能が備わっている。暑い時には，かいた汗が蒸発することで熱が奪われ(気化熱)，体温を低下させる。また，自律神経を介して末梢血管が拡張するため，皮膚に多くの血液

が分布し，外気へ放熱することで体温低下を図ることができる。しかし，発汗によって体から水分や塩分(ナトリウムなど)が失われ脱水状態になることや，体内で本来必要な重要臓器への血流が皮膚表面へ移動することに対して，体が適切に対処できなければ，筋肉のこむら返りや失神(いわゆる脳貧血：脳への血流が一時的に滞る現象)を起こす。そして，熱の産生と熱の放散とのバランスが崩れてしまえば，体温が急激に上昇する。このような状態を熱中症という。　1　学校での熱中症による死亡事故は，近年減少傾向にあるので誤り。　3　熱中症警戒アラートではなく暑さ指数(WBGT：Wet Bulb Glove Temperature(湿球黒球温度))の説明文である。熱中症警戒アラートは，暑さ指数33以上と予測されたときに発表される。　4　暑さ指数ではなく熱中症警戒アラートの説明文である。暑さ指数は，1954年にアメリカで提案された。　問5　ICT機器を利用する際の健康面の配慮については新しい分野なので，文部科学省による「児童生徒の健康に留意してICTを活用するためのガイドブック」や「端末利用に当たっての児童生徒の健康への配慮等に関する啓発リーフレット」等を読み込んでおくことが大切である。　2　ICT機を使用する際は，長時間にわたって継続して画面を見ないように，30分に1回20秒以上目を離して遠くを見る。　3　夜，自宅で使用する際には，学校で使用するより部屋の明るさに合わせて明るさを下げるようにする。　4　睡眠前に強い光を浴びるとメラトニンの分泌が阻害されるため，就寝1時間前にはICT機器の利用を控える。　問6　近年の環境の変化は児童生徒の健康への影響が著しい。適正な環境基準も改正されているので常に情報収集を行うことが大切である。　1　普通教室及び黒板の照度は，300〜500ルクスが望ましい。なお，コンピュータを使用する教室等の机上の照度は，500〜1000ルクス程度が望ましい。　2　室内の温度は18℃以上28℃以下が望ましい。　4　一酸化炭素濃度は6ppm以下に改正されている。

【3】(1)　4　　(2)　1

○解説○ (1)　近年，子どもが抱える心の健康問題は多様化，深刻化しており，保健室の利用件数も，校種を問わず心の問題が体の問題を上回

っている。子どものメンタルヘルスについて正しい知識を持ち対応できる必要がある。4について、てんかん発作は大きく部分発作と全般発作の2つに分けられるが、イメージされる激しい発作は全般発作であり、脳の一部分だけ興奮して起こる部分発作の中には、一過性の意識消失を起こすものもある。なお、5の睡眠障害は、概日リズム睡眠障害(体内時計の周期が外界の周期に同調できなくなることによって生じる)のことである。　(2)　学校における日々の健康観察は大切である。これは危機発生時に、子供の示すサインを見逃さないことにもつながる。危機は予期せず起こるので、できることは備えておくことが望ましい。なお、③は、子供の心の問題は身体症状となって現れることが多いため、誤りである。

【4】(1)　①　連携　②　日常的な観察　③　心身の状況
④　健康上の問題がある　⑤　必要な助言　(2)　①　㋒
②　㋔　③　㋗　④　㋖　⑤　㋐　⑥　㋕

○解説○ (1)　平成21年4月に施行された学校保健法の一部改正により、学校保健法は学校保健安全法に改称されるとともに、健康観察が新たに位置付けられた。これが健康観察の法的根拠となっている。　(2)健康観察の目的は、「子どもの心身の健康問題の早期発見・早期対応を図る」「感染症や食中毒などの集団発生状況を把握し、感染の拡大防止や予防を図る」「日々の継続的な実施によって、子どもに自他の健康に興味・関心をもたせ、自己管理能力の育成を図る」である。学校における健康観察は、学級担任や養護教諭が中心となり、教職員との連携の下で実施すべきものであることから、全教職員が共通の認識をもつことが大切である。また、中央教育審議会答申(平成20年1月)でも述べられているように、学級担任等により毎朝行われる健康観察は特に重要である。

【5】(1)　①　中央教育審議会答申　②　学校保健安全法　③　9
④　健康状態　⑤　心身の状況　⑥　健康上　⑦　指導
⑧　助言　(2)　・子どもの心身の健康問題の早期発見・早期対応を図る　・感染症や食中毒などの集団発生状況を把握し、感染の拡大防止や予防を図る

○**解説**○ (1) 健康観察により，児童生徒の心身の体調面を教職員全体で把握できるように組織立てることが重要である。なお，健康観察の法的根拠である学校保健安全法第9条(保健指導)の条文は，確実に覚えておくこと。 (2) 学校において日常的に子どもの健康観察をすることで，心身の健康問題を早期に発見して適切な対応をし，学校における教育活動を円滑に行う目的がある。また，感染症などの早期発見・早期対応や，継続的に健康観察を行うことで子どもに自他の健康に興味・関心を持たせ，自己管理能力の育成を図る目的もある。

【6】問1 6 問2 3

○**解説**○ 問1 健康相談については，従来，学校医・学校歯科医が行うものを健康相談，養護教諭が行うものを健康相談活動と区別していたが，学校保健法から学校保健安全法への改正の際に，特定の教職員に限らず，養護教諭，学校医・学校歯科医・学校薬剤師，学級担任等が行う健康相談として整理された。健康相談と保健指導については，学校保健安全法第8条(健康相談)に「学校においては，児童生徒等の心身の健康に関し，健康相談を行うものとする」第9条(保健指導)に「養護教諭その他の職員は，相互に連携して，健康相談又は児童生徒等の健康状態の日常的な観察により，児童生徒等の心身の状況を把握し，健康上の問題があると認めるときは，遅滞なく，当該児童生徒等に対して必要な指導を行うとともに，必要に応じ，その保護者に対して必要な助言を行うものとする」と規定されている。学校における健康相談では，個別の事情に配慮することは必要であるが，必ずしも一対一の相談に限定されるものではなく，関係者の連携のもと教育活動のあらゆる機会をとらえて，健康相談における配慮が生かされるようにするものである。 問2 起立性調節障害とは，立ちくらみ失神，朝起き不良，倦怠感，動悸，頭痛などの症状を伴い，思春期に好発する自律神経機能不全の一つである。過去には思春期の一時的な生理的変化であり身体的，社会的に予後は良いとされていたが，近年の研究によって重症ODでは自律神経による循環調節(特に下半身，脳への血流低下)が障害され日常生活が著しく損なわれ，長期に及ぶ不登校状態や引きこもりをまねき，学校生活やその後の社会復帰に大きな支障となるこ

とがわかった。発症の早期から重症度に応じた適切な治療と家庭生活
や学校生活における環境調整を行い、適切な対応を行うことが不可欠
である。　b　「発達障害であるとその場で本人に伝える」ことは、
専門的な検査や専門機関での判定を受けずに判断することになるので
行ってはいけない。　c　「本人承諾を得る前にクラスの生徒に対し
て本人の病名を知らせる」ことは、本人のプライバシーにかかわるこ
となので避けなければならない。

【7】(1)　・健康観察　　・健康診断　　・健康に関する調査　　・保健室
利用状況(救急処置簿)　　・健康相談　等から3つ　　(2)　①　○
②　×　③　×　④　○　⑤　○

○解説○ (1)　個別の保健指導の目的は、個々の児童生徒の心身の健康課
題の解決に向けて、自分の健康課題に気付き、理解と関心を深め、自
ら積極的に解決していこうとする自主的、実践的な態度の育成を図る
ために行われるものである。主な対象者は、「健康診断の結果、保健
指導を必要とする者」「保健室等での児童生徒の対応を通して、保健
指導の必要性がある者」「日常の健康観察の結果、保健指導を必要と
する者」「心身の健康に問題を抱えている者」「健康生活の実践に関し
て問題を抱えている者」等である。なお、健康相談の目的は、児童生
徒の心身の健康に関する課題について、児童生徒や保護者等に対して、
関係者が連携し相談等を通して課題の解決を図り、学校生活によりよ
く適応していけるように支援していくことである。　(2)　②　「骨粗し
ょう症のリスク」が「成長軟骨部の障害(骨端症)」となれば正しい。
③　「個人差が小さく、男女差もあまりみられない」が「個人差が大
きく、男女差も著しい」となれば正しい。

【8】1

○解説○ 養護教諭の職務は、保健管理、保健教育、健康相談、保健室経
営、保健組織活動に分類できる。健康相談の目的は、児童生徒の健康
管理とともに、心身の問題の解決の過程で児童生徒の成長、健全な発
育発達に寄与する教育的な意義もある。養護教諭の行う健康相談につ
いては、児童生徒の心身の健康課題の変化に伴いますます重要性が示

唆されており，学校保健安全法にも明確に規定されている。

【9】(1)　①，③　　(2)　ア　②　　イ　①　　ウ　③　　エ　①
(3)　①，③，④　　(4)　②，③

○**解説**○　(1)　②　「健康診断の結果，継続的な観察指導を必要とする者」は，日常の健康観察の結果，継続的な観察指導を必要とする者や，健康相談を希望するものなどとともに，健康相談の対象者の一つとして示されている。　④　学校医・学校歯科医・学校薬剤師等の医療的見地から行う健康相談・保健指導の場合は，事前の打合せを十分に行い，相談の結果について養護教諭，学級担任等と共通理解を図り，連携して支援を進めていくことが必要であることが，健康相談実施上の留意点の一つとして示されている。　(2)　ア　ホルモン内分泌器官の発達が盛んになるのは，思春期の前期に当たる「青年前期(中学校)」である。　イ　「自分自身の精神状態を十分には自覚できず」とあることから，「学童期(小学校)」であると判断できる。学童期の小学校低・中学年におけるストレス反応として記述された内容である。　ウ　「心身の発達が大人に近づき」とあることから，「青年後期(高等学校)」である。エ　心身のバランスが取れ，成長期のうちで最も安定した時期に相当するのは，「学童期(小学校)」である。「青年前期(中学校)」では発達のバランスという観点から個人差が大きく，「成年後期(高等学校)」ではメンタルヘルスの問題がみられ，特に，うつ病，躁うつ病，統合失調症の頻度が高くなり，パーソナリティ障害が出現するのも高校生以降である。　(3)　②　斜めあるいは90度に座ると，「緊張感が和らぐ」が正しい。　⑤　守秘義務については，「相談者に伝える」が正しい。
(4)　①　健康相談は，1回で終わるものもあれば，継続的な支援が必要なものもある。児童生徒の訴え(腹痛や頭痛等)に対しては，病気や障害があるかないかを確かめることが大切である。　④　児童生徒の心身の健康課題の背景は多様化しており，課題の把握に当たっては，一人の情報では不十分であるため，学級担任や養護教諭をはじめとする関係者との情報交換から，児童生徒を多面的・総合的に理解した上で，課題の本質(医学的・心理社会的・環境要因)をとらえていく必要がある。

【10】②

○**解説**○ 「ソーシャルスキル」ではなく「メンタルヘルス」である。健康相談の目的は，児童生徒の心身の健康に関する問題について，児童生徒や保護者等に対して，関係者が連携し相談等を通して問題の解決を図り，学校生活によりよく適応していけるよう支援していくことである。心身の健康問題を解決する過程で，自分自身で解決しようとする人間的な成長につながることから，健康の保持増進だけではなく教育的意義が大きい。

【11】(1) ア 学級担任 イ 感染症 ウ 早期発見 エ 自己管理能力 (2) ① a 校長 b ○ c ○ d 背景要因 e 個別の教育支援計画 ② ・保護者からの家庭での様子(睡眠・発作・排泄・食事・体調等)の報告を受ける。 ・学校医や主治医，看護師等の助言を受ける。 ・健康状態の変動が起こりやすいため，1日を通して，子どもの健康状態を観察し把握する。 ・障害等の特性等を踏まえた健康観察の項目を加える。

○**解説**○ (1) 健康観察は，学級担任や養護教諭を中心として日常的に子どもの健康状態を観察し，心身の健康問題を早期に発見して適切な対応を図ることによって，学校における教育活動を円滑に進めるために行われる重要な活動である。学校保健安全法にも，その第9条に「養護教諭その他の職員は，相互に連携して，健康相談又は児童生徒等の健康状態の日常的な観察により，児童生徒等の心身の状況を把握し，健康上の問題があると認めるときは，遅滞なく，当該児童生徒等に対して必要な指導を行う」と定められている。 (2) ① a「保健主事」ではなく，「校長」である。養護教諭は，学校における心の健康問題への対応については，中心的な役割が求められている。 d「全体像」ではなく，「背景要因」である。特に保健室来室が多かったり，欠席がちな児童生徒には，情報収集・分析を行い，問題の背景や背景要因を的確に把握することが大切である。 e「個別の指導計画」ではなく，「個別の教育支援計画」である。個別の指導計画が学級担任を中心として作成されるのに対して，個別の教育支援計画は長期的な視点で幼児期から学校卒業後までの一貫した支援を行うために作成するも

ので，学級担任をはじめ養護教諭など関わりのある全ての教諭のほか，教育，医療，福祉等の関係機関等と連携して作成される。　②　特別支援学校には，先天的な内臓疾患がある子ども，医療的ケアを必要とする子ども，てんかんやパニック発作のある子ども，疾患や発作がなくても障害の程度が重い子どもなどが在籍している。これらの子どもたちの心身の状態を把握するうえでは，教職員による健康観察は重要である。その際には，一人一人の障害の状態に応じた視点が必要となる。

【12】問1　A，C，D　　　問2　・学校保健計画に健康相談を位置付け，計画的に実施する。　・学校医・学校歯科医・学校薬剤師等の医療的見地から行う健康相談・保健指導の場合は，事前の打合せを十分に行い，相談の結果について養護教諭，学級担任等と共通理解を図り，連携して支援を進めていく。　・健康相談の実施について周知を図るとともに，児童生徒，保護者等が相談しやすい環境を整える。
問3　ア　統合失調症　　イ　摂食障害　　ウ　起立性調節障害　エ　脳脊髄液減少症　　問4　B，D
○解説○　問1　A　平成14(2002)年，学校保健法施行規則の一部を改正する省令により，色覚は検査が必須の項目から削除された。現在，色覚の検査は定期健康診断の項目に含まれていないが，児童生徒等が自身の色覚の特性を知らないまま進学・就職等で不利益を受けることがないように，学校医による健康相談等において，必要に応じ個別に検査を行うこととされている。　C　検査する際の照明については，「十分な明るさがある自然光の下で行う。ただし，直射日光は避け，北側の窓からの採光で，午前10時から午後3時の間が最もよい」とされている。また，自然光で十分な照度が得られない場合は，昼光色の蛍光灯を使用するとされている。　D　方法として，眼鏡等の所有者には装用させて検査するとされている。　問2　「教職員のための子供の健康相談及び保健指導の手引－令和3年度改訂－」には，健康相談を実施するに当たり，最も留意しなければならない点は，カウンセリングで解決できるものと医療的な対応が必要なものとがあることであると示されている。課題の本質を見極め，課題の把握に当たっては健康観

察などにより，養護教諭や学校医等と連携して的確な課題把握に努めることが大切である。健康相談実施上の留意点としてはほかに，「相談場所は，相談者のプライバシーが守られるように十分配慮する」，「継続支援が必要な者については，校内組織及び必要に応じて関係機関と連携して実施する」ことが示されている。　問3　ア　統合失調症は，10〜20歳代の青年期から成人期にかけて発病することが多い。代表的な症状は，「幻覚」と「妄想」である。治りにくい疾患と思われていたが，早期治療と適切なケアにより3人に1人は治癒し，完治しない場合でも治療を受けながら復学できるケースも多い。　イ　摂食障害は，「食べること」が当たり前にできなくなってしまう病気で，主な種類には思春期やせ症(神経性食欲不振症)，過食症(神経性過食症)，過食性障害がある。10代から20代の女性に多くみられる。特に思春期やせ症は，重症化すると低栄養による無月経，腎不全，低血糖，不整脈などが起こり，死に至ることもある病気である。　ウ　起立性調節障害は自律神経系の異常で，循環器系の調節がうまくいかなくなる病気である。小学校高学年〜中学生の児童生徒に多く見られる。この時期は第二次性徴期にもあたり，自律神経系も合わせて変化が起こる時期だが，循環器系の調整がうまくいかなくなることがその一因とみられている。　エ　脳脊髄液減少症は，脳脊髄液が減少状態になることで，頭痛，めまいなどの諸症状を引き起こす病気である。交通事故やスポーツ外傷などによって髄液が漏れ出すことが，主な原因とされている。　問4　A　出題の手引では，虐待と疑われる事実関係は，時系列に本人の発言内容も含めて具体的に記録することを求めている。C　性的虐待が疑われる場合は，直ちに校長等管理職と共有し，学校として積極的な情報の収集や確認を行うより前に，早急に児童相談所に通告することが重要である。　E　虐待に関する本人からの詳しい聞き取りは，児童相談所職員や市町村(虐待対応担当課)職員などの専門の部署が対応する方が望ましく，学校関係者はあまり踏み込んだ聴取や度重なる質問はしないほうがよい。

【13】問1　①　コ　②　イ　③　ア　④　オ　　問2　A　早期発見　　B　早期対応　　問3　(ア)　スクールソーシャルワーカー

（イ）　スクールカウンセラー　　問4　①　ケ　　②　オ　　③　イ
④　ク　　⑤　エ

○**解説**○　問1　健康観察は学校保健安全法第9条により，養護教諭だけで
なく学校全体で行うことが示されている。その目的は，学校における
教育活動を円滑に進めるために，日常的に子どもの健康状態を観察し，
感染症や疾患，いじめや不登校・虐待などの心身の健康問題を早期に
発見して適切な対応を図ること，継続的な実施により，児童生徒に自
他の健康に興味・関心をもたせ，自己管理能力の育成を図ることであ
る。　問2　解答参照。　問3　（ア）　児童生徒の問題行動等の背景に
は，生徒児童自身が置かれている家庭や友人，地域など様々な環境の
問題が複雑に関係している。スクールソーシャルワーカーは，関係機
関等と連携・調整するコーディネートと児童生徒が置かれた環境の問
題に働き掛けることで児童生徒の問題に対して現実的課題の解決に向
けて支援を行う。　（イ）　スクールカウンセラーは児童生徒の心の在
り様と関わる様々な問題において，児童生徒に対する相談のほか，保
護者及び教職員に対する相談，教職員等への研修，事件・事故等の緊
急対応における被害児童生徒の心のケアなど教職員ではカバーし難い
役割を担い，教育相談を円滑に進めるための潤滑油としての役割があ
る。　問4　健康観察における養護教諭の役割は，その他教職員と連
携しつつ専門性を生かした観察・評価を行い児童生徒の問題の早期発
見・対応に努めることである。養護教諭は，その職務の特性から児童
を継続的に観察することができ，児童生徒の変化・疾病の兆候などを
発見しやすい立ち位置にあり，一般教諭に必要な情報を共有する必要
がある。また，健康観察の結果から児童生徒やその保護者が健康を管
理するために必要な保健指導・健康相談に生かすことができる。

【14】(1)　①　生活習慣　　②　メンタルヘルス　　③　アレルギー
④　貧困　　⑤　自己理解　　⑥　保持増進　　⑦　教育　　(2)　・い
じめや児童虐待などの早期発見，早期対応に果たす役割。　・健康
相談や保健指導の必要性の判断，受診の必要性の判断ができる。
・医療機関などの地域の関係機関等との連携におけるコーディネータ
ーの役割。　(3)　①　学級担任　　②　学校医

○**解説**○ (1)　現代的な健康課題の増加に伴い健康相談と保健指導の重要性は増しており，中央教育審議会答申「子どもの心身の健康を守り，安心・安全を確保するために学校全体としての取組を進めるための方策について」(平成20(2008)年)においてその重要性が述べられた。これを踏まえて，平成21(2009)年に改正された学校保健安全法でも，健康相談と保健指導が保健室の機能として位置付けられた。　(2)　養護教諭の職務の中でも大きな役割を占めている健康相談は，子どもの健康課題の解決に向けて大きく期待されている。養護教諭の職務の特質としては，入学時から経年的に子どもの成長・発達を見ていることや，保健室が誰でもいつでも利用できる安心できる場所であること，子どもが心の問題を言葉に表しにくくても，子どもの身体症状からアプローチできること，職務の多くが関係機関等との連携の下に遂行されることなどが挙げられる。　(3)　学級担任や顧問は，児童生徒の変化にいち早く気づける立場にある。養護教諭は保健室で得られる情報や，担任等から得られた情報を収集し，専門性を活かしながら課題の背景について分析を行う。また，学校医やスクールカウンセラー(SC)やスクールソーシャルワーカー(SSW)などの専門スタッフと連携し，より効果的に支援していけるように，養護教諭が連携の窓口としてコーディネーター的な役割を果たしていくことが重要である。

【15】エ
○**解説**○　学校における児童生徒の課題解決の基本的な進め方について，「現代的健康課題を抱える子供たちへの支援～養護教諭の役割を中心として～」(平成29年3月　文部科学省)では，4つのステップに分けて解説されている。また，養護教諭，管理職，学級担任等，教員以外の専門スタッフ，学校の設置者のそれぞれの役割について言及されている。aは，「(ステップ2)課題の背景の把握」のために行う校内委員会における管理職の役割の説明である。管理職は，その他教職員が情報を共有しやすい雰囲気の醸成や，学校として他機関との連携を推進するなどの役割がある。bは「(ステップ1)対象者の把握」のための体制整備における養護教諭の役割，cは「(ステップ2)課題の背景の把握」のための情報収集・分析における養護教諭の役割の説明である。

【16】 (1)　5　　(2)　1　　(3)　6

○**解説**○ (1)　相談時間が50分を上限とし，いたずらに長時間にならない
ようにするのは，相談者，また相談を聞く教職員の集中力が途切れな
いようにするためである。また，守秘義務を相談者に伝えるのは安心
して相談してもらうためである。健康相談の基本的姿勢として相談者
の気持ちを受け止め，相手の話をよく聞こうとする態度は大切である
が，解決につなげるための質問や助言等も行う。性被害にあった児童
生徒の場合は，何度も同じ話を聞かれるということも二次被害につな
がるので注意する。　(2)　ストレスの原因となるストレス因は外部環
境からの刺激全般であり，同じストレス因でも人によってストレスを
強く感じたり，弱く感じたりすることがある。ストレス因そのものを
なくすことは困難である。　(3)　虐待は，子どもの心身の成長及び人
格の形成に重大な影響を与える，子どもに対する重大な権利障害であ
る。厚生労働省調査による「令和3年度の児童相談所での児童虐待相
談対応件数」は 20万件を超えている。学校は児童生徒の安全を守る立
場から虐待について関わる機会が多いため，正しい知識を身につけて
おこう。　②　生活習慣ではなく無力感が正しい。　④　解離ではな
く，ためし行動が正しい。解離は，苦しい場面の記憶を自分から切り
離そうとする心の動きが現れ，無反応になったり，痛みを感じたりし
ない状態のことである。

【17】 ①　ケ　　②　ト　　③　オ　　④　カ　　⑤　チ　　⑥　テ
　　　⑦　ツ　　⑧　イ　　⑨　セ　　⑩　ソ　　⑪　ウ　　⑫　サ

○**解説**○ 広汎性発達障害とは，自閉症，アスペルガー症候群を含むその
他の特定不能の広汎性発達障害を含む総称である。この総称について
自閉症スペクトラム障害ともいわれるが，現在の発達障害者支援法な
どでは，自閉症，アスペルガー症候群その他の広汎性発達障害と明記
されている。自閉症にみられる特徴として言葉の発達の遅れ等による
対人関係・コミュニケーションの障害や限定した精神の発達の遅れに
よる常同的な興味，行動および活動などがある。また，広汎性発達障
害でみられる特徴として，物音などの刺激に過敏であり，動揺したり
パニックを起こすことで生徒指導の対象ととらえられたり，無口な場

合では孤立しているだけと見られたりする場合があり，発達障害が見落とされやすい。学習障害(LD)とは，全般的な知的発達に遅れはないが，聞く，読む，書く，計算するなどの特定の能力の習得に著しい困難がある状態である。学習面での遅れが自己評価の低下につながり，自信のなさや抑うつ状態をもたらすことがある。注意欠陥多動性障害(ADHD)とは，活動に集中できない，気が散りやすい，忘れ物が多い，段取りの苦手さなどの不注意が特徴であり，多動・衝動性を併せ持つことも多い。これらの特徴から大人から叱責されることが多く，劣等感を抱いたり，反抗的な行動を取ったりすることもある。女性では不注意優勢型が多く見られ，ぼんやりしている性格であるとして障害が見逃されることも多い。

【18】1 ① e ② a ③ d ④ c ⑤ a 2 b
○**解説**○ 1 養護教諭は，戦前の学校看護婦を継承し学校内での衛生活動が主であったが，学校の衛生環境が向上していくとともに，子どもの心の健康問題への対応も求められるようになってきた経緯がある。中央教育審議会答申でまとめられた養護教諭の職務の5項目は保健管理，保健教育，健康相談，保健室経営，保健組織活動である。養護教諭はその職務の上で，児童生徒の成長・発達を経年的に見ることができ，また，身体症状など，普段の健康観察等から心身の問題を早期に発見しやすい立場にある。また，職務の多くは学校全体だけでなく地域や保護者との共通理解や連携が求められる。 2 健康相談は児童生徒等を理解し，一緒にどうしたら良いかを考えていくことが大切である。相談時間の下限は特に決まっていないが，上限は50分程度である。これはいたずらに長時間になることで，相談者，養護教諭双方の集中力が低下してしまうからである。また，相談者の依存を引き起こす可能性もあるため，時間の上限を設定しておくことは重要である。

【19】(1) イ (2) ウ (3) イ，オ，カ (4) オ
○**解説**○ (1) 保健室経営，養護教諭の職務等の資料も目を通しておくと良い。イは「守秘義務を果たすため利用時間を制限するなど」の部分が誤り。正しい記述は「活動の中心となる保健室は，誰でもいつでも

利用でき安心して話ができるところである」である。 (2) 保健指導には,特別活動において実施するものと,個別に実施するものとがある。特別活動における保健指導は集団(学級や学年等)を対象にして行われ,教育課程に位置付けられ実施される一方,個別の保健指導は学校保健安全法に規定されていることが大きな相違点であるが,各校における児童生徒の心身の健康問題等が特別活動の保健指導の題材に取り上げられることが多いことから,相互に深く関連するものである。学校における健康に関する指導については,児童生徒の発達段階を考慮して学校教育活動全体を通じて行い,それぞれの特質に応じて適切に行うよう努めることが大切である。 (3) 出題の「教職員のための子供の健康相談及び保健指導の手引(令和3年度改訂)」には,健康相談及び保健指導の基本的な考え方をはじめ,心身の健康課題や背景の把握方法,児童生徒や保護者への基本的な支援や指導・助言,校内外の連携等について具体的に例示されているので,参照されたい。

イ 出題資料には,「再登校に向けた働きかけを開始する時期や方法は,不登校の背景によって大きく異なるのが常である。そのため児童生徒によっては,受容的な面接を通じて自然に再登校の意欲が沸くのを待つという対応が,かえって再登校の機会を遠ざける場合があることに注意する必要がある」との記載がある。 エ 保健室利用状況調査(平成28年)によると,保健室登校している児童生徒がいる学校の割合は,小学校32.4%,中学校36.5%,高等学校36.8%であったとされている。 オ 「長期化することは望ましくないので,その場合には指導方法の再検討が必要となることを,保護者や関係教職員が十分認識しておく必要がある」とある。 (4) 小学校低学年を過ぎるころから出現する可能性のある障害には,チック障害(瞬き,首をビクッとさせる,頭を振るなどの随意運動を繰り返す),行為障害(しばしばけんかをする,うそをつく,放火,盗み,動物をいじめるなど),反抗挑戦性障害(大人に対して反抗的,拒否的,攻撃的になり,問題行動を繰り返す)などがある。

【20】(1) ④ (2) ①
○**解説**○ (1) 健康観察は,日常的に子どもの健康状態を観察し,心身の

健康問題を早期に発見して適切な対応を図ることによって，学校における教育活動を円滑に進めるために行われる重要な活動である。学校生活全般を通じて行う健康観察については，「体に現れるサイン」，「行動や態度に現れるサイン」，「対人関係に現れるサイン」の3つの視点から観察することが指摘されている。「体に現れるサイン」の例としては，発熱が続く，吐き気・嘔吐・下痢等が多くみられる，体の痛みをよく訴える，などである。文部科学省が作成した「教職員のための子供の健康観察の方法と問題への対応」等を参照するとよい。　(2)保健室経営計画について述べられた答申は「子どもの心身の健康を守り，安全・安心を確保するために学校全体としての取組を進めるための方策について」(平成20年1月)であり，これは中央教育審議会から出されたものである。この答申では，保健室経営計画の重要性が示唆され，養護教諭は保健室経営計画を立て，教職員に周知を図り連携していくことが求められている。

心理・心の健康問題

【1】「学校における子供の心のケア－サインを見逃さないために－」(平成26年3月　文部科学省)の「第3章　メンタルヘルスの理解を深めるために　1　危機状況におけるトラウマ　(4)　障害のある子供への留意点」に示されている内容として適切でないものを，次の1～4の中から1つ選びなさい。

1　災害がもたらした状況が同じであれば，体験の仕方は子供によって違いはなく，トラウマの形成のされ方も同じである。

2　てんかんの既往がある場合，睡眠覚醒リズムの乱れで発作を起こしやすくなる。

3　知的障害があると，例えば被災の影響で夜間に停電が起きた時，突然暗闇が生じた経緯が理解しづらくなり，強い恐怖と混乱が生じ，暗闇に襲われた体験自体がトラウマとなりがちである。

4　統合失調症や双極性障害(そううつ病)などの精神疾患にり患している子供は，被災のストレスによって症状が悪化するか再発しやすくなる。

▌ 2024年度 ▌ 埼玉県・さいたま市 ▌ 難易度 ■□□□□

【2】次の各問に答えよ。

〔問1〕　性同一性障害に係る児童生徒への支援に関する記述として，「性同一性障害や性的指向・性自認に係る，児童生徒に対するきめ細かな対応等の実施について(教職員向け)」(文部科学省　平成28年4月)に照らして適切でないものは，次の1～4のうちのどれか。

1　性同一性障害に係る児童生徒の支援は，最初に相談を受けた者だけで抱え込むことなく，組織的に取り組むことが重要である。

2　教職員等の間における情報共有に当たっては，児童生徒が自身の性同一性を可能な限り秘匿しておきたい場合があること等に留意しつつ，一方で，学校として効果的な対応を進めるためには，教職員等の間で情報共有しチームで対応することが欠か

せない。

3　医療機関との連携に当たっては，当事者である児童生徒や保
護者の意向を踏まえることが原則であるが，当事者である児童
生徒や保護者の同意が得られない場合，具体的な個人情報に関
連しない範囲で一般的な助言を受けることは考えられる。

4　医療機関を受診して性同一性障害の診断がなされない場合は，
児童生徒の支援を行うことはできない。

〔問2〕　障害の種類のうち，LDとADHDが表す発達障害の名称の組合
せとして適切なものは，次の1〜4のうちのどれか。

	L D	A D H D
1	学習障害	高機能自閉症
2	学習障害	注意欠陥多動性障害
3	広汎性発達障害	高機能自閉症
4	広汎性発達障害	注意欠陥多動性障害

〔問3〕　知的障害に関する次の記述ア〜エのうち，「障害のある子供の
教育支援の手引〜子供たち一人一人の教育的ニーズを踏まえた学び
の充実に向けて〜」(文部科学省初等中等教育局特別支援教育課
令和3年6月)に照らして，正しいものを選んだ組合せとして適切な
ものは，以下の1〜4のうちのどれか。

ア　知的障害とは，日常生活や社会生活などについての適応能力は
十分であるが，知的機能の発達に遅れが認められ，特別な支援や
配慮が必要な状態である。

イ　知的障害は，精神的，神経発達的，医学的及び身体疾患の併発
がしばしばみられ，運動障害を併存していることも少なくない。

ウ　知能発達検査としては，日本版VinelandⅡ適応行動尺度がある。

エ　適応行動の問題は，その適応行動が要求されない状況になると
顕在化しなくなるということもある。

1　ア・イ　　2　ア・ウ　　3　イ・エ　　4　ウ・エ

〔問4〕　薬物乱用防止に関する記述として，「『第五次薬物乱用防止五か
年戦略』フォローアップ」(薬物乱用対策推進会議　令和4年6月)に
照らして適切なものは，次の1〜4のうちのどれか。

1　令和3年の薬物情勢として，覚醒剤事犯の検挙人員は6年連続で

増加しており，再犯者率も増加し続けている。

2　取締りのより一層の強化や若年層に焦点を当てた効果的な広報・啓発活動を推進するとともに，「大麻等の薬物対策のあり方検討会」において示された基本的な方向性を踏まえ，関連法令の制度改正に向けた議論を行っている。

3　令和3年度から「依存症対策総合支援事業」を新規に実施し，依存症専門医療機関及び依存症治療拠点機関の選定を推進している。

4　関係機関間における緊密な連携を強化したことで，薬物密輸入事犯の検挙件数，検挙人員ともに近年大幅に減少している。

┃2024年度┃東京都┃難易度┃■■■□□

【3】性的マイノリティについて，次の各問いに答えなさい。

(1)　「生徒指導提要」(令和4年度改訂)第12章　性に関する課題　12.4「性的マイノリティ」に関する課題と対応について，次の(①)～(⑨)に当てはまる語句を答えなさい。

「性同一性障害者の性別の取扱いの特例に関する法律」第2条においては，性同一性障害者とは，「生物学的には性別が明らかであるにもかかわらず，心理的にはそれとは別の性別(以下「他の性別」という。)であるとの(①)的な確信を持ち，かつ，自己を身体的及び社会的に他の性別に(②)させようとする意思を有する者であって，そのことについてその診断を的確に行うために必要な知識及び経験を有する(③)人以上の医師の一般に認められている(④)に基づき行う診断が一致しているもの」とされます。

このような性同一性障害に係る児童生徒については，学校生活を送る上で特別の支援が必要な場合があることから，個別の事案に応じ，児童生徒の心情等に配慮した対応を行うことが求められています。生物学的な性と性別に関する自己意識(以下「(⑤)」という。)と「(⑥)」は異なるものであり，対応に当たって混同しないことが必要です。(⑥)とは，恋愛対象が誰であるかを示す概念とされています。

LGBTとは，Lが(⑦)，Gが(⑧)，Bが(⑨)，Tがトラン

スジェンダー(Transgender　身体的性別と(⑤)が一致しない人),
それぞれ4つの性的なマイノリティの頭文字をとった総称で, 性の
多様性を表す言葉です。このうち, LGBは「○○が好き」というよ
うな(⑥)に関する頭文字ですが, Tは「心と体の性別に違和感を
持っている」性別違和に関する頭文字で, (⑥)を表す頭文字で
はありません。また, いわゆる「性的マイノリティ」は, この4つ
のカテゴリーに限定されるものではなく, LGBTのほかにも, 身体
的性, (⑥), (⑤)等の様々な次元の要素の組み合わせによ
って, 多様な(⑥)・(⑤)を持つ人々が存在します。

(2)　次の表は, 性同一性障害に係る取組の経緯である。(①),
(②)に当てはまる年を答えなさい。

平成　　15　　年	「性同一性障害者の性別の取扱いの特例に関する法律」の成立
平成（ ① ）年	「児童生徒が抱える問題に対しての教育相談の徹底について」事務連絡の発出
平成　　26　　年	学校における性同一性障害に係る対応に関する状況調査の実施
平成（ ② ）年	「性同一性障害に係る児童生徒に対するきめ細かな対応の実施等について」通知発出
平成　　28　　年	「性同一性障害や性的指向・性自認に係る, 児童生徒に対するきめ細かな対応等の実施について（教職員向け）」周知資料発出

【4】発達障害について, 次の各問いに答えなさい。

(1)　平成28年に改正された「発達障害者支援法」に定義されている
「発達障害」について(①)～(⑥)に当てはまる語句を答えな
さい。

「(①), アスベルガー症候群その他の(②), (③),
(④)その他これに類する(⑤)の障害であってその症状が通
常(⑥)において発現するものとして政令で定めるものをいう。」

(2)　養護教諭は, 各学校の特別支援教育の校内体制の中で, 児童等の
心身の健康課題を把握し, 児童等への指導及び保護者への助言を行
うなど, 重要な役割を担っている。「発達障害を含む障害のある幼
児児童生徒に対する教育支援体制整備ガイドライン」(平成29年3月
文部科学省)の中で, 校内における教育支援体制の整備に求められ

る養護教諭の役割が4つあげられているが，それぞれについて，具体的な対応を1つ答えなさい。

① 児童等の健康相談等を行う専門家としての役割

② 特別支援教育コーディネーターとの連携と校内委員会への協力

③ 教育上特別の支援を必要とする児童等に配慮した健康診断及び保健指導の実施

④ 学校医への相談及び医療機関との連携

(3) 高等学校においても発達障害を含む障害のある生徒が一定数入学していることを前提として，個別の教育支援計画や個別の指導計画を作成・活用し，適切な指導及び必要な支援を行うことが重要であり，「高等学校学習指導要領」(平成30年告示)解説　総則編　第2節　特別な配慮を必要とする生徒への指導　にも次のように示されている。(　①　)〜(　⑪　)に当てはまる語句を答えなさい。

【個別の教育支援計画】

(〜前略〜)障害のある生徒などは，学校生活だけでなく家庭生活や(　①　)での生活を含め，(　②　)的な視点で幼児期から学校卒業後までの(　③　)した支援を行うことが重要である。このため，教育関係者のみならず，家庭や医療，(　④　)などの関係機関と連携するため，それぞれの側面からの(　⑤　)を示した個別の教育支援計画を作成し活用していくことが考えられる。

(〜中略〜)個別の教育支援計画の活用に当たっては，例えば，中学校における個別の支援計画を引き継ぎ，適切な支援の(　⑥　)や教育的支援の内容を設定したり，(　⑦　)に在学中の支援の(　⑥　)や教育的支援の内容を伝えたりするなど，入学前から在学中，そして(　⑦　)まで，切れ目ない支援に生かすことが大切である。その際，個別の教育支援計画には，多くの関係者が関与することから，(　⑧　)の同意を事前に得るなど(　⑨　)の適切な取扱いと保護に十分留意することが必要である。

【個別の指導計画】

個別の指導計画は，個々の生徒の(　⑩　)に応じて適切な指導を行うために学校で作成されるものである。個別の指導計画は，(　⑪　)を具体化し，障害のある生徒など一人一人の指導目標，指

導内容及び指導方法を明確にして，きめ細やかに指導するために作成するものである。(〜後略〜)

┃ 2024年度 ┃ 長野県 ┃ 難易度 ■■■□□□

【5】次の児童生徒の心身の健康問題に関する疾病について，(1)の名称を日本語で書きなさい。また，(2)〜(4)で説明しているものを何というか，その名称を書きなさい。

(1) PMS

(2) 発熱，頭痛，嘔吐を主症状とする疾患である。抗菌薬の発達した現在においても，発症した場合は後遺症や死の危険性がある。飛沫感染するもので，学校において流行を広げる可能性が高い疾病であることから，第二種感染症に追加されている。

(3) 立ちくらみ失神，朝起き不良，倦怠感，動悸，頭痛などの症状を伴い，思春期に好発する自律神経機能不全の一つである。近年の研究によって重症では自律神経による循環調節(特に下半身，脳への血流低下)が障害され日常生活が著しく損なわれ，長期に及ぶ不登校状態や引きこもりをまねき，学校生活やその後の社会復帰に大きな支障となることがわかった。

(4) スポーツ外傷等の後に，起立性頭痛(立位によって増強する頭痛)などの頭痛，頸部痛，めまい，倦怠，不眠，記憶障害など様々な症状を呈する疾患である。事故後の後遺症として通常の学校生活を送ることに支障が生じているにもかかわらず，まわりの人から単に怠慢である等の批判を受け，十分な理解を得られなかったことなどの事例があるとの指摘もなされている。教職員等の理解を深めるとともに個々の児童生徒等の心身の状態に応じ適切に対応することが重要である。治療法には，ブラッドパッチ療法(硬膜外自家血注入療法)がある。

┃ 2024年度 ┃ 青森県 ┃ 難易度 ■■■■□□

【6】「子どもの心のケアのために－災害や事件・事故発生時を中心に－」(平成22年7月　文部科学省)の「第2章　子どもの心のケアの体制づくり　1　心のケアの体制づくり　(4)心の健康問題の対応における教職

● 心理・心の健康問題

員等の役割」に「養護教諭の役割のポイント」として示されているものを，次の1〜4の中から1つ選びなさい。

1 心の健康問題の対応に当たってリーダーシップをとる。

2 校内組織(教育相談部等)が有効に機能できるように体制の整備を図る。

3 学校保健活動が円滑に行えるように総合的な学校保健計画の策定を行う。

4 医学的な情報を教職員等に提供する。

| 2024年度 | 埼玉県・さいたま市 | 難易度

【7】下線部ア〜オのうち，「精神疾患に関する指導参考資料 新学習指導要領に基づくこれからの高等学校保健体育の学習 (令和3年3月 公益財団法人 日本学校保健会) Ⅰ 精神疾患に関する指導の重要性 1 精神疾患をめぐる現状と課題 (5)若者をめぐる精神疾患」の記載内容をまとめたものとして適切であるものを「○」，適切でないものを「×」としたとき，その組合せの正しいものを，以下の①〜⑤の中から一つ選べ。

うつ病は，(1)抑うつ気分，興味や喜びの喪失，自責感といった感情の障害，(2)意欲や行動の低下，ア注意や集中力の低下，自信の喪失や自己評価の低下，(3)頭が回転しない，思考制止などの思考の障害，(4)易疲労性，イ食欲亢進や睡眠障害などの身体症状があり，時には希死念慮や，症状の日内変動も認められる。

不安症は，パニック症，全般不安症，社交不安症，分離不安症，恐怖症などが含まれ，わが国では不安症全体で約9％の人が経験するもので，精神疾患の中では最も多い。不安症が先行し，後にウ統合失調症を発症した場合には回復しづらいので，早期における適切な対処が必要である。

神経性やせ症の特徴は，著しい低体重でエBMI21あるいは22前後で月経不順がみられる。本人は自覚がないことが多く，オ筋肉量の減少により女性ホルモンが減少し，骨粗しょう症などが進行し，身長の伸びが止まることもある。症状としては肥満恐怖があり，過活動や運動強迫が特徴である。

244

	ア	イ	ウ	エ	オ
①	○	○	○	○	○
②	○	×	○	×	×
③	×	×	×	○	○
④	○	×	×	×	×
⑤	×	○	×	○	○

┃ 2024年度 ┃ 岐阜県 ┃ 難易度 ▃▃▃▃▃▃▃▃

【8】「子どもの心のケアのために－災害や事件・事故発生時を中心に－」
(平成22年7月　文部科学省)に示されている，災害や事件・事故発生時に
おけるストレス症状のある子どもへの基本的な対応を6つ書きなさい。

┃ 2024年度 ┃ 新潟県・新潟市 ┃ 難易度 ▃▃▃▃▃▃▃▃

【9】次の表は，「性同一性障害や性的指向・性自認に係る，児童生徒に
対するきめ細かな対応等の実施について(教職員向け)」(平成28年4月
文部科学省)に示されている内容である。性同一性障害に係る児童生徒
に対する支援の事例について，(　①　)～(　⑨　)に適する語句を書き
なさい。

項目	学校における支援の事例
服装	自認する性別の制服・衣服や，(　①　)の着用を認める。
髪型	標準より(　②　)髪型を一定の範囲で認める（戸籍上男性）。
更衣室	保健室・多目的トイレ等の利用を認める。
トイレ	(　③　)・多目的トイレの利用を認める。
呼称の工夫	校内文書(通知表を含む。)を児童生徒が希望する呼称で記す。 自認する性別として(　④　)上扱う。
授業	体育又は保健体育において(　⑤　)を設定する。
水泳	(　⑥　)が隠れる水着の着用を認める（戸籍上男性）。 補習として別日に実施，又は(　⑦　)提出で代替する。
運動部の活動	自認する性別に係る活動への参加を認める。
修学旅行等	(　⑧　)の使用を認める。 (　⑨　)時間をずらす。

表

┃ 2024年度 ┃ 青森県 ┃ 難易度 ▃▃▃▃▃▃▃▃

● 心理・心の健康問題

【10】 子どもが抱える現代的な健康課題について，次の(1)～(5)の問いに
答えよ。

(1) 次の文は，過換気症候群について述べたものである。文中の
（　　）に当てはまる言葉を書け。

> 　何らかの原因，たとえばパニック障害や極度の不安，緊張
> などで息を何回も激しく吸ったり吐いたりする状態(過呼吸状
> 態)になると，動脈血の(　　)濃度が低くなり，呼吸をつかさ
> どる神経(呼吸中枢)により呼吸が抑制され，呼吸ができない，
> 息苦しさ(呼吸困難)を感じる。このため，余計に何度も呼吸し
> ようとする。血液がアルカリ性に傾くことで血管の収縮が起
> き，手足のしびれや筋肉のけいれんや収縮も起きる。このよ
> うな症状のためにさらに不安を感じて過呼吸状態が悪くなり，
> その結果症状が悪化する一種の悪循環状態になる。

(2) 自殺対応について，「生徒指導提要」(令和4年12月文部科学省)に
照らして，次の(　　)に当てはまる言葉を，アルファベット大文字
で書け。ただし，(　　)には同じ言葉が入る。

> 　自殺の危険の高まった児童生徒への関わり
> 　自殺の危険に気付いたときの対応の参考になるのが，
> 「(　　)の原則」である。
>
> > (　　)の原則
> > ・　心配していることを言葉に出して伝える。
> > ・　「死にたい」と思うほどつらい気持ちの背景にあ
> > るものについて尋ねる。
> > ・　絶望的な気持ちを傾聴する。話をそらしたり，叱
> > 責や助言などをしたりせずに訴えに真剣に耳を傾け
> > る。
> > ・　安全を確保する。一人で抱え込まず，連携して適
> > 切な援助を行う。
>
> 　自殺未遂が校外で発生したり，救急措置を要請したりしな
> い場合でも，児童生徒の安全を確保した上で，「(　　)の原則」

246

に基づいて，受容的な態度で児童生徒の苦しい気持ちを受け止めるよう傾聴に努めることが大切である。そうすることで，心の安定がもたらされ，再発防止にもつながる。

(3) 次の文中の(　　)に当てはまる言葉を書け。

　　　(　　)は，主に思春期に好発し，自律神経失調症の一種とも考えられている身体の病気である。循環系の自律神経機能の調節不全により，脳や全身に必要な血液がいきわたらないので，立ちくらみやめまい，動悸，朝起き不良，倦怠感や頭痛・腹痛など，様々な症状を現す。起床時に症状が強く現れて，登校できなくなる子どももいる。

(4) 次の文は，「生命の安全教育指導の手引き」(文部科学省)に示されている，生命(いのち)の安全教育のねらいの一部である。このねらいを達成することを目指す発達段階として適切なものを以下のア～オから一つ選び，その記号を書け。

　　　自分と相手の体を大切にする態度を身に付けることができるようにする。また，性暴力の被害に遭ったとき等に，適切に対応する力を身に付けることができるようにする。

ア　幼児期　　イ　小学校低・中学年　　ウ　小学校高学年
エ　中学校　　オ　高校

(5) 心的外傷後ストレス障害(PTSD)について，「子どもの心のケアのために―災害や事件・事故発生時を中心に―」(平成22年7月文部科学省)に照らして，次のア～カの正誤の組合せとして最も適切なものを以下のA～Fから一つ選び，その記号を書け。

　　ア　災害や事件・事故に遭遇すると，「その時の出来事を繰り返し思い出し，悪夢を見たりする」，「体験した出来事が目の前で起きているかのような生々しい感覚がよみがえる」などの症状を来たすことがある。
　　イ　災害や事件・事故に遭遇すると，「よく眠れない」，「イライラする」，「怒りっぽくなる」，「落ち着かない」など，感

　　　　情や緊張が高まる覚せい亢進症状を来たすことがある。
ウ　災害や事件・事故に遭遇した後の諸症状は，誰でも起こり得ることであり，ほとんどは時間の経過とともに薄れていくが，6週間以上長引く場合をPTSDという。
エ　症状が必ず和らいでいくことを伝え，安心感を与えることが重要である。
オ　ふだんの生活リズムを取り戻すことは，PTSDの予防にならない。
カ　体験を連想させるものからの回避症状は，PTSDの症状である。

	ア	イ	ウ	エ	オ	カ
A	正	正	誤	誤	正	誤
B	誤	正	正	正	誤	正
C	正	誤	誤	誤	正	誤
D	誤	誤	正	誤	正	誤
E	正	正	誤	正	誤	正
F	誤	誤	正	正	誤	正

‖ 2024年度 ‖ 愛媛県 ‖ 難易度 ■■■■□

解答・解説

【1】1
○**解説**○　トラウマは本来持っている個人の力では対処できないような圧倒的な体験をすることによって被る著しい心理的ストレスのことであり，自然災害，事件や犯罪被害，児童虐待や暴力の目撃などが原因となる。同じ体験でも，個人によって体験の仕方が異なり，トラウマの形成のされ方も異なる。1の「体験の仕方は子供によって違いはなく」という部分が誤りである。

【2】問1 4　　問2 2　　問3 3　　問4 2

○**解説**○ 問1　出題の資料の中の「(1)　性同一性障害に係る児童生徒についての特有の支援　③　学校生活の各場面での支援について」の項では,「医療機関を受診して性同一性障害の診断がなされない場合であっても, 児童生徒の悩みや不安に寄り添い支援していく観点から, 医療機関との相談の状況, 児童生徒や保護者の意向等を踏まえつつ, 支援を行うことは可能である」と示されている。　問2　「学習障害(LD：Learning Disability)」とは, 基本的には全般的な知的発達に遅れはないが, 聞く, 話す, 読む, 書く, 計算する又は推論する能力のうち, 特定のものの習得と使用に著しい困難を示す様々な状態を示すものである。学習障害の原因として, 中枢神経系に何らかの機能障害があると推定されるが, 視覚障害, 聴覚障害, 知的障害, 情緒障害などの障害や, 環境的な要因が直接の原因となるものではない。本人の努力にもかかわらず, 文字の読み, 書字, 計算など, 一部の学習能力に限って著しい遅れが見られる。「注意欠陥多動性障害(ADHD：Attention-Deficit/Hyperactivity Disorder)」は, 年齢あるいは発達に不釣り合いな注意力, 又は衝動性・多動性を特徴とする行動の障害で, 社会的な活動や学業の機能に支障をきたすものである。7歳以前に症状が現れ, その状態が継続する。何らかの要因による中枢神経系の機能不全であると考えられている。不注意が特徴であり, 忘れ物, 聞き落とし, おしゃべり, けが, 段取りの苦手さなどが目立ちやすい。性格の問題や親のしつけの問題と誤解されやすく, 大人から叱責を受けやすいため, 劣等感を抱いたり, 反抗的な態度を身に付けてしまったりするケースが少なくない。表中のLDの項の誤肢である「広汎性発達障害」は, 対人交流や集団への適応に苦労し(対人性/社会性の障害), こだわりや固執が強いのが特徴である。また, 物音など環境の刺激に過敏で, 予期せぬ状況に遭遇すると激しく動揺したり泣き出したりするなどのパニックを起こす場合がある。自閉症は, 「①他人との社会的関係の形成の困難さ, ②言葉の発達の遅れ, ③興味や関心が狭く特定のものにこだわる」ことを特徴とする行動の障害である。表中のADHDの項の誤肢である「高機能自閉症」とは, 自閉症のうち, 知的発達の遅れを伴わないものをいう。　問3　ア　知的障害とは, 一般

に，同年齢の子供と比べて，「認知や言語などにかかわる知的機能」
の発達に遅れが認められ，「他人との意思の交換，日常生活や社会生
活，安全，仕事，余暇利用などについての適応能力」も不十分であり，
特別な支援や配慮が必要な状態とされている。　ウ　説明文中の日本
版VinelandⅡ適応行動尺度は，「知能発達検査」ではなく「適応機能検
査」である。その他の適応機能検査には，新版SM式社会能力検査，
ASA旭出式社会適応スキル検査がある。知能発達検査には，田中ビネ
ー知能検査やWechsler式知能検査などがある。　問4　1　令和3年の薬
物情勢としては覚醒剤事犯の検挙人員は6年連続で減少しており，再
犯者率も15年ぶりに減少した。　3　「依存症対策総合支援事業」は，
令和3年度ではなく平成29年度から新規に実施し，依存症専門医療機
関及び依存症治療拠点の選定を推進している。　4　薬物密輸入事犯
の検挙件数，検挙人員ともに前年より増加した。

【3】(1)　①　持続　　②　適合　　③　2　　④　医学的知見
⑤　性自認　　⑥　性的指向　　⑦　レズビアン(Lesbian　女性同性
愛者)　　⑧　ゲイ(Gay　男性同性愛者)　　⑨　バイセクシャル
(Bisexual　両性愛者)　(2)　①　22　　②　27

○**解説**○　性同一性障害とは，生物学的な性と性別に関する自己意識(以
下「性自認」と言う。)が一致しないため，社会生活に支障がある状態
とされる。このような性同一性障害に係る児童生徒については，学校
生活を送る上で特有の支援が必要な場合があることから，個別の事案
に応じ，児童生徒の心情等に配慮した対応を行うことが求められてい
る。このことは養護教諭だけではなく教職員全員の共通理解の下，学
校全体で取り組んでいけるようにしたい。文部科学省から出されてい
る「性同一性障害や性的指向・性自認に係る，児童生徒に対するきめ
細かな対応等の実施について」(教職員向け)を熟読しておきたい。
(1)「性的マイノリティ」とされる児童生徒が求める支援は，当該児童
生徒が有する違和感の強弱などに応じて様々である。学校として，先
入観をもたず，その時々の児童生徒の状況などに応じた支援を行うこ
とが必要である。性同一性障害者の性別の取扱いの特例に関する法律
は，特定の要件を満たす者について，家庭裁判所の審判によって法令

上の性別の取扱いと戸籍上の性別記載を変更できるようにする法律
で，平成15(2003)年に制定された。ただし，この法令については，特
定の要件が厳しすぎるなど様々な課題が指摘されている。また，2022
年から，WHO(世界保健機関)の国際的診断基準から「性同一性障害」
という言葉が消え，病理の定義から外れている。LGBTは，四つの性
的なマイノリティの頭文字をとった総称である。また，今日では
LGBTQやLGBTQ＋という表現で表されることが多くなっている。
Q(クエスチョニング)は，性的指向や性自認が定まっていない者を表し
ている。　(2)　①「児童生徒が抱える問題に対しての教育相談の徹底
について(通知)」は，平成22(2010)年に発出された。各学校において，
学級担任や管理職のほか，養護教諭，スクールカウンセラーなど教職
員等の協力によって相談に応じ，必要に応じて医療機関とも連携する
ことなどの対応を求めている。　②「性同一性障害に係る児童生徒に
対するきめ細かな対応の実施等について」の通知は平成27(2015)年に
発出された。その中では，性的マイノリティとされる児童生徒全般を
対象として取り組むことや，服装，髪型，更衣室，トイレなどの学校
における支援の事例の紹介などが盛り込まれている。

【4】(1)　①　自閉症　　②　広汎性発達障害　　③　学習障害
④　注意欠陥多動性障害　　⑤　脳機能　　⑥　低年齢
(2)　①　・日々の健康観察や保健調査及び健康診断結果等から一人一
人の健康状態を把握する。　　・保健室に来室した際の何気ない会話
や悩み相談等から，生徒等を取り巻く日々の生活状況，他の生徒等と
の関わり等に関する情報を得る。　　・障害のある生徒等に対して，
特別支援教育を念頭に置き，個別に話を聞ける状況を活用しつつ，生
徒等に寄り添った対応や支援を行う。　　・生徒等から収集した情報
について，必要に応じて学級担任や他の関係する教職員と共有する。
②　・生徒等の心身の健康課題を発見しやすい立場にあり，校内の学
年等の枠や校種間を超えて，情報を収集する。　　・情報収集に当た
っては，特別支援教育コーディネーターと事前に協議し，校内での効
果的な情報の共有を図ることを心がける。　　・定期的な相談や情報
交換を行う体制づくり。　　・校内委員会の構成員になる(ことが望ま

しい)。　③　・健康診断における困難さとして，例えばLD(学習障害)があり，ランドルト環方式の視力検査が苦手だったり，ADHD(注意欠陥多動性障害)があり，聴力検査や心電図検査が円滑にできなかったりすることが挙げられるが，こうした生徒等が在籍する場合は，あらかじめ校内委員会等において，健康診断及び保健指導の計画の立案を積極的に行い，方針を決めた上で，事前に保護者と相談を行いつつ，健康診断を実施することが重要。これらをきっかけに保護者との連携を深めることもできる。　④　・生徒等の心身の健康課題を把握し，医療機関への受診の必要性等について，学校医に相談を行う。
・必要に応じて学校医に対して，授業や休み時間等に生徒等の様子を共に観察することを提案するなど，生徒等の日常的な様子や実態を把握する働きかけを行う。　・医療的ケアが必要な生徒等に対する支援に当たって，特別支援教育コーディネーターが医療機関等の専門家と連携を図る必要がある場合には，積極的に協力することが望ましい。

(3)　①　地域　②　長期　③　一貫　④　福祉　⑤　取組　⑥　目的　⑦　進路先　⑧　保護者　⑨　個人情報　⑩　実態　⑪　教育課程

○**解説**○　(1)　主な発達障害としては，広汎性発達障害，注意欠陥多動性障害(ADHD)，学習障害(LD)がある。なお，アメリカ精神医学会による疾病分類のDCM-5では，広汎性発達障害は自閉スペクトラム症に，注意欠陥多動性障害は注意欠如・多動症に変更されている。世界保健機関(WHO)が定める国際疾病分類ICD-11が2022年1月に発効され，現在邦訳中だが，DSM-5と同様な方向となっていると言われており，日本語版が出た時点で，発達障害の定義が一部変更される可能性がある。
(2)　養護教諭の役割は，学校教育法で「児童生徒の養護をつかさどる」と定められており，それを踏まえて，救急処置，健康診断，疾病予防などの保健管理，保健教育，健康相談，保健室経営，保健組織活動などの役割を担っている。養護教諭は，特別支援教育の校内体制の中で，児童生徒等の心身の健康課題を把握し，児童生徒への指導及び保護者への助言を行うなど，重要な役割を担っている。障害のある児童生徒に対する対応においては特に，特別支援教育コーディネーターとの連携や，学校医等の医療関係者との連携が特徴的と言える。校内の教職

員や専門スタッフそれぞれの役割や連携体制に着目しておきたい。

(3)「個別の教育支援計画」は，障害のある児童生徒の一人一人のニーズを正確に把握し，教育の視点から適切に対応していくという考えの下，長期的な視点で乳幼児期から学校卒業後までを通じて一貫して的確な教育的支援を行うことを目的としている。「個別の指導計画」は，個々の児童生徒の教育課程を具体化したもので，障害のある児童生徒の実態に応じて適切な指導を行うために，個別の教育支援計画や学習指導要領などを踏まえ，児童生徒一人一人の教育的ニーズに応じたきめ細かな指導が行えるよう，指導目標や指導内容などを具体的に表した指導計画である。個別の教育支援計画と個別の指導計画を，明確に区別して理解することが必要である。

【5】(1)　月経前症候群　　(2)　髄膜炎菌性髄膜炎　　(3)　起立性調節障害(ODも可)　　(4)　脳脊髄液減少症

○**解説**○　(1)　PMS(Premenstrual Syndrome)とは，月経前3〜10日の間，継続する抑うつやイライラや下痢痛，肌荒れや過食など精神的あるいは身体的症状が月経開始とともに軽快ないし消失するものをいう。重度の場合では，学校に登校することや授業の参加が困難な場合もあり，教職員の理解が必要となる。　(2)　第二種感染症に指定されている疾病のなかで細菌によるものは百日咳，結核，髄膜炎菌性髄膜炎である。この中で発熱，頭痛，嘔吐を主症状とするものは髄膜炎菌性髄膜炎である。　(3)　起立性調節障害は，立ちくらみや朝起き不良などの症状を伴う自律神経機能不全である。午前中の活動が困難になる場合もあり，治療と並行して病状や配慮事項の共通理解を図り必要な支援を連携して行う必要がある。　(4)　スポーツ外傷等の後に，脳脊髄液が漏れ出し減少することによって，起立性頭痛(立位によって増強する頭痛)などの頭痛，頸部痛，めまい，倦怠，不眠，記憶障害など様々な症状を呈する疾患を脳脊髄液減少症とよぶ。患者の静脈血を脊椎硬膜外腔に注入することで髄液の漏出を防ぐ硬膜外自家血注入療法(ブラッドパッチ)とよばれる治療法がある。

● 心理・心の健康問題

【6】4
○**解説**○ 子どもの心のケアについては長期的に支援を必要とすることが多い。学校，家庭，地域が連携し支援を行う必要がある。1，2は管理職の役割のポイントであり，3は保健主事の役割のポイントである。

【7】④
○**解説**○ イは「食欲亢進」ではなく「食欲低下」である。うつ病などのこころの病気にかかり，不安感や焦燥感，抑うつなどにさいなまれると，摂食中枢が鈍くなり食欲を感じにくくなる。　ウは「統合失調症」ではなく「うつ病」である。不安は健常な心の動きである一方で，総合失調症など他の精神疾患の前駆症状である可能性もあるため，注意が必要である。　エは「BMI 21あるいは22」ではなく「BMI 17あるいは18」，オは「筋肉量」ではなく「体脂肪」である。神経性やせ症は摂食障害の一つである。好発年齢は10代が多く，90％以上が女性であるが，近年の報告では男性の患者も増加している。本人に自覚がないことが多く，注意が必要である。

【8】・ふだんと変わらない接し方を基本とし，優しく穏やかな声掛けをするなど本人に安心感を与えるようにする。　・ストレスを受けたときに症状が現れるのは普通であることや症状は必ず和らいでいくことを本人に伝え，一人で悩んだり孤独感を持たずに済むように，信頼できる人に相談したり，コミュニケーションをとることを勧める。　・学級(HR)活動等において心のケアに関する保健指導を実施する。　・保護者に対しては，ストレス症状についての知識を提供するとともに，学校と家庭での様子が大きく異なることがあるため，緊密に連絡を取り合うことを心がける。　・ストレス症状に，心理的退行現象と呼ばれる一時的な幼児返りが認められることがあるが，無理に制止することなく経過観察するようにする。　・症状からASDやPTSDが疑われる場合には，児童精神科医などの専門医を受診する必要がある。学校医等の関係者と相談の上，受診の勧めを行い，専門医を紹介するなど適切な支援を行う。
○**解説**○ 災害や事件・事故は，子どもたちの心身の健康に大きな影響を

与える。災害等に遭遇し，強い恐怖や衝撃を受けた場合，不安や不眠などのストレス症状が現れることが多い。これらのストレス症状は，時間の経過で回復するものであるが，場合によっては長引き，生活に支障を来すなどして，その後の成長や発達に大きな障害となることもある。災害や事件・事故発生時におけるストレス症状のある子どもへの対応は，基本的には平常時と同じである。専門的な治療は医療機関で行うものであり，学校では，児童生徒が日常と安全感を取り戻して安心した学校生活をおくれるように支援することである。そのために健康観察等により速やかに子どもの異変に気づき，対応が必要なのか，医療を要するかを判断し，保護者を含めた関係各所と連携し，組織的に支援に当たることが必要である。

【9】① 体操着　② 長い　③ 職員トイレ　④ 名簿
　　⑤ 別メニュー　⑥ 上半身　⑦ レポート　⑧ 1人部屋
　　⑨ 入浴

○**解説**○ 性同一性障害とは，生物学的な性と性別に関する自己意識(以下「性自認」)が一致しないため，社会生活に支障がある状態とされる。このような性同一性障害に係る児童生徒については，学校生活を送る上で特有の支援が必要な場合があることから，個別の事案に応じ，児童生徒の心情等に配慮した対応を行うことが求められている。これらは養護教諭だけではなく教職員全員の共通理解の下，学校全体で取り組む必要がある。

【10】(1) CO_2(二酸化炭素，炭酸ガスも可)　(2) TALK　(3) 起立性調節障害(ODも可)　(4) イ　(5) E

○**解説**○ (1) ヒトの肺は酸素を体内に取り込み，体内で作られた二酸化炭素を体外に排出しており，酸素・二酸化炭素のバランス，血液中の酸・アルカリのバランスを保っているが，過換気症候群では，過呼吸状態により血液中の二酸化炭素濃度が減少してしまい，体内がアルカリに傾くことでさまざまな症状がおこる。実際に低酸素血症(血液中の酸素が不足している状態)になることはないが，うまく呼吸ができない，酸素が足りないなどの空気飢餓感を訴える人が多く，ほとんどの場合，

強い不安を伴っている。 (2) 自殺の危険に気付いたときの対応の参考になるのが，TALK の原則である。TALKとは，「Tell(心配していることを言葉に出して伝える。)」「Ask(「死にたい」と思うほどつらい気持ちの背景にあるものについて尋ねる。)」「Listen(絶望的な気持ちを傾聴する。話をそらしたり，叱責や助言などをしたりせずに訴えに真剣に耳を傾ける。)」「Keep safe(安全を確保する。一人で抱え込まず，連携して適切な援助を行う。)」の頭文字をとったもの。『生徒指導提要』(令和4年12月改訂版)では，自殺の危険の高まった児童生徒への関わりに当たって最も大切なのは，「児童生徒の声をしっかりと『聴く』ことである。共感的に理解するためには，たとえ子供であっても，その子なりに精一杯生きていることを尊重し，言いくるめたりコントロールしたりすることはできないし，そう思うのは大人の側の欲だと自覚することが必要である。また，児童生徒の話をきちんと受け止めるためには，教職員自身が自分の考え方や感じ方のクセを知ること(自己理解)と，言葉にならない『ことば』(例えば，困った行動をするという形でしか困っていることを表現できないなど)を聴こうとする姿勢を持つことが大切である」と述べている。 (3) 起立性調節性障害とは，立ちくらみ，朝起き不良，倦怠感，動悸，頭痛などの症状を伴い，思春期に好発する自律神経機能不全の一つである。重症例では，自律神経による循環調節(特に下半身，脳への血流低下)が障害され日常生活が著しく損なわれ，長期に及ぶ不登校状態や引きこもりをまねき，学校生活やその後の社会復帰に大きな支障となる。発症の早期から，重症度に応じた適切な治療と家庭生活や学校生活における環境調整を行い，適切な対応を行うことが不可欠である。 (4) 「生命の安全教育」の趣旨は，性犯罪・性暴力の根絶に向けた取り組みや被害者支援であり，各段階共通の目標は，「性暴力の加害者，被害者，傍観者にならないようにするために，生命の尊さを学び，性暴力の根底にある誤った認識や行動，また，性暴力が及ぼす影響などを正しく理解した上で，生命を大切にする考えや，自分や相手，一人一人を尊重する態度等を，発達段階に応じて身に付ける」ことである。
(5) 出題資料をよく確認しておくこと。 ウ 災害や事件・事故後4週間以内に再体験症状，回避症状，覚せい亢進症状のような強いスト

レス症状が現れ，その症状が2日以上〜4 週間以内の範囲で持続する場合を急性ストレス障害(ASD：Acute Stress Disorder)と呼ぶ。一方，外傷後ストレス障害(PTSD：Posttraumatic Stress Disorder)では，症状が現れるのは事件・事後直後のこともあれば数カ月，数年後のこともあり，症状は4週間以上持続する。　オ　なるべくそれまでの生活のパターンを変えずに，なるべく規則正しい生活を心がけて，自分に対するコントロール能力を回復するのを支援する。そのために，食事と睡眠を適切に取り規則正しい生活ができるように支援する。

応急手当・
救急処置

学習のポイント

　子どもが傷病を発生した場合には，誰であっても，そばにいる者が応急手当をすることになる。教職員はそのような場面に遭遇しやすいので，応急手当ができるよう現職研修は欠かせない。傷病発生時に適切な処置がなされれば，その後の治癒過程が短縮され，子どもの学習への支障も少なくなる。その意義を踏まえて，適切な対応(判断と処置)ができるように，学習を進めていきたい。さらに学校教職員は，子どもたちの傷病発生を予防するための方策も考え，取り組まなければならない。

　内容としては，予防と事故発生時の連絡システム等の学校体制づくり，救急車要請の基準，突然死の予防対策，心肺蘇生法(AEDを含む)，捻挫・骨折・脱臼・擦過傷・創傷・(頭部・腹部などの)身体打撲・熱傷等の鑑別と処置の方法(とりわけ止血法・包帯法・体位)，眼・耳・歯の外傷に対する処置の方法，頭痛・腹痛・気分不良・熱中症に対する鑑別と処置の方法，および慢性疾患(アレルギー，てんかん，糖尿病，心臓疾患など)を抱える者の緊急時の対応，あとは厚生労働省「救急蘇生法の指針2015(市民用)の追補及び周知について(医政地発0522第1号令和2年5月22日)」などについて，一つひとつ整理しておく必要がある。

実施問題

【1】次の記述は，救急処置に関する事例である。記述中の下線部のうち，救急処置として誤っているものを1つ選び，記号で答えなさい。

> 小学校5年生の児童Aさんは，体育の授業中，シャトルラン終了直後に，足がもつれて座り込んだ。学級担任が声をかけると，めまいがすると訴えた。体育館の気温が高く，5月でまだ暑さに慣れていない状況や雨上がりで湿度も高かったこと，さらに大量の発汗がみられたことから熱中症が疑われた。
>
> 学級担任は児童Aさんを連れて保健室へ行った。保健室で養護教諭が体温を測ると37.5℃あり，全身倦怠感を訴えたため，ァ経口補水液で水分補給を行い，さらにィ衣服をゆるめ，ゥ上半身を高くして休ませた。
>
> しかし，顔色が悪くなり，応答も鈍くなったため，再度体温を測ると38.5℃に上がっていた。すぐに学級担任が管理職に連絡し，救急車を要請した。救急車到着まで，ェ首，腋下，鼠径部の太い血管がある部分に氷やアイスパックを当て，冷却を試みた。

▌ 2024年度 ▌ 宮崎県 ▌ 難易度 ■■□□□□

【2】「救急蘇生法の指針2020(市民用)」(日本救急医療財団心肺蘇生法委員会)における市民による救急蘇生法の主な変更点について，次の①～④の文の内容が正しければ○，誤っていれば×とすると，○×を正しく組み合わせているものはどれか，以下のア～オから1つ選び，記号で答えなさい。

①　傷病者に反応がない場合だけ，119番通報とAEDの要請を行うようにした。

②　「普段どおりの呼吸」がない場合だけでなく，「普段どおりの呼吸」かどうかの判断に迷う場合にも，ただちに胸骨圧迫から心肺蘇生を開始することを明示した。「死戦期呼吸」の用語は手順の図の中では用いないこととした。

③ AEDについて，従来の「未就学児用パッド(モード)」を「小児用パッド(モード)」に，「小学生〜大人用パッド」を「成人用パッド」に名称を変更した。

④ 気道異物による窒息で反応はあるが，声が出ない，強い咳ができない傷病者には，まず手技が容易で，害もない腹部突き上げ法を試み，腹部突き上げ法で異物が除去できない場合は，次に背部叩打法を行うこととした。

	①	②	③	④
ア	○	○	×	○
イ	○	×	○	×
ウ	×	○	○	×
エ	×	○	×	×
オ	○	×	×	○

┃ 2024年度 ┃ 京都府 ┃ 難易度

【3】 次の図は，JRC蘇生ガイドライン2020(医学書院発行 一般社団法人日本蘇生協議会監修)に基づき，主に市民が行う一次救命処置の手順について示したものであり，以下の文は，手順における「呼吸の確認」について述べたものである。図中及び文中の(ア)〜(カ)に当てはまる語句または数字を記入しなさい。ただし，同じ記号には，同じ語句が入る。

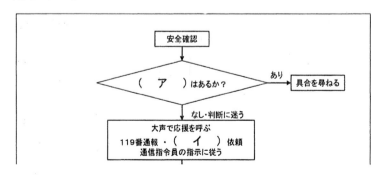

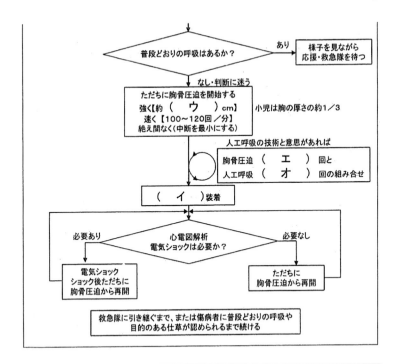

```
      ┌──────────────────────────┐       あり   ┌──────────────────┐
      │  普段どおりの呼吸はあるか？  │ ─────────→ │ 様子を見ながら     │
      └──────────────────────────┘            │ 応援・救急隊を待つ   │
                    │                           └──────────────────┘
              なし・判断に迷う
                    ↓
      ┌──────────────────────────┐
      │ ただちに胸骨圧迫を開始する   │
      │ 強く【約（  ウ  ）cm】      │  小児は胸の厚さの約1／3
      │ 速く【100〜120回／分】       │
      │ 絶え間なく（中断を最小にする）│
      └──────────────────────────┘
```

人工呼吸の技術と意思があれば

胸骨圧迫（　エ　）回と
人工呼吸（　オ　）回の組み合せ

（　イ　）装着

心電図解析
電気ショックは必要か？

必要あり　　　　　　　　　　　　　必要なし

電気ショック
ショック後ただちに
胸骨圧迫から再開

ただちに
胸骨圧迫から再開

救急隊に引き継ぐまで、または傷病者に普段どおりの呼吸や
目的のある仕草が認められるまで続ける

　　突然の心停止直後には「（　カ　）」と呼ばれる，しゃくりあげるような途切れ途切れの呼吸が見られることがあるが，これは普段どおりの呼吸ではないため，ただちに胸骨圧迫を開始する。

┃ 2024年度 ┃ 福岡県・福岡市・北九州市 ┃ 難易度 ▮▮▯▯▯

【4】次は，「『改訂6版　救急蘇生法の指針2020市民用』(日本救急医療財団　心肺蘇生法委員会)　Ⅴ　一次救命処置　1　心肺蘇生の手順　主に市民が行う一次救命処置の手順」の図です。（　①　）〜（　④　）に入る数字や語句の組み合わせとして正しいものを，以下の1〜4の中から1つ選びなさい。

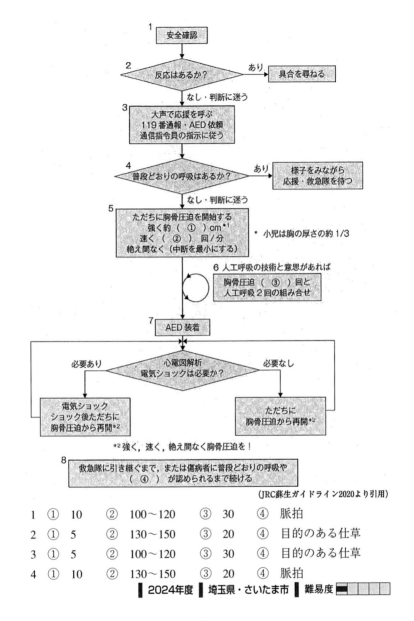

1 安全確認

2 反応はあるか？ → あり → 具合を尋ねる

なし・判断に迷う

3 大声で応援を呼ぶ
119番通報・AED依頼
通信指令員の指示に従う

4 普段どおりの呼吸はあるか？ → あり → 様子をみながら
応援・救急隊を待つ

なし・判断に迷う

5 ただちに胸骨圧迫を開始する
強く約（ ① ）cm*¹
速く（ ② ）回／分
絶え間なく（中断を最小にする）

* 小児は胸の厚さの約1/3

6 人工呼吸の技術と意思があれば
胸骨圧迫（ ③ ）回と
人工呼吸2回の組み合せ

7 AED装着

心電図解析
電気ショックは必要か？

必要あり → 電気ショック
ショック後ただちに
胸骨圧迫から再開*²

必要なし → ただちに
胸骨圧迫から再開*²

*²強く，速く，絶え間なく胸骨圧迫を！

8 救急隊に引き継ぐまで，または傷病者に普段どおりの呼吸や
（ ④ ）が認められるまで続ける

(JRC蘇生ガイドライン2020より引用)

1 ① 10 ② 100～120 ③ 30 ④ 脈拍
2 ① 5 ② 130～150 ③ 20 ④ 目的のある仕草
3 ① 5 ② 100～120 ③ 30 ④ 目的のある仕草
4 ① 10 ② 130～150 ③ 20 ④ 脈拍

▌2024年度▐埼玉県・さいたま市▌難易度

【5】救急処置に関する次の各問に答えよ。

〔問1〕 胸骨圧迫に関する記述として，「JRC蘇生ガイドライン2020」

(一般社団法人日本蘇生協議会　2021年6月)に照らして適切なもの
は，次の1〜4のうちどれか。

1　救助者が複数いる場合には，5分を目安に役割を交代する。
2　圧迫のテンポは，1分間当たり60〜90回である。
3　傷病者が成人の場合の圧迫の深さは，胸が約8cm沈む程度とする。
4　圧迫の部位は，胸骨の下半分とする。

〔問2〕　RICE処置について，「R」，「I」，「C」，「E」の表す意味の組合せ
として適切なものは，次の1〜4のうちどれか。

	R	I	C	E
1	安静	冷却	圧迫	拳上
2	急速	集中	呼ぶ	拳上
3	急速	冷却	呼ぶ	早く
4	安静	集中	圧迫	早く

‖2024年度‖東京都‖難易度‖

【6】保健室における救急処置について，次の問いに答えなさい。

1　次の(1)〜(6)は，応急手当について述べた文である。下線部a〜fに
ついて，正しいものには○を，誤っているものには正しい語句を，
それぞれ書きなさい。

(1)　創傷，骨折などの応急手当の際に患部に包帯をする目的
は，a安静・固定・圧迫・保持である。

(2)　骨折が疑われるような場合，固定の原則として，骨折が
疑われる部位を中心に2つのb関節を固定する。

(3)　固定の原則では，患部にc近いところから順に固定する。

(4)　打撲，捻挫等の外傷時に実施するRICE処置は，安静・冷
却・圧迫・d保持である。

(5)　鼻出血の場合，椅子に座らせ，頭をやや e後方に傾け，安
静にさせる。

(6)　意識があり，嘔吐を伴わず，頭部に出血がある場合の体
位は f足側高位を保つ。

2　次の(1)〜(4)は，「学校のアレルギー疾患に対する取り組みガイドライン　令和元年度改訂」(公益財団法人日本学校保健会)に示されている気管支ぜん息の発作及びその対応について述べた文である。文中の(　①　)〜(　⑤　)に入る適切な語句を，それぞれ書きなさい。

> (1)　「強いぜん息発作のサイン」がある場合，大発作ではすみやかに救急要請を行い，楽な姿勢として(　①　)位をとらせる。
>
> (2)　大発作から症状が増悪すると，動脈血液ガスの特にO_2とCO_2が異常値を示し，そのために生体が正常な機能を営みえない病態である(　②　)になる。その際，グッタリしてゼーゼー，ヒューヒューという(　③　)が聞こえにくくなり，呼吸困難が改善して落ち着いたように見えることがある。この誤認が対応の遅れにつながるので細心の注意を要する。
>
> (3)　発作時はゆっくりと(　④　)呼吸をさせる。
>
> (4)　適切に水分を摂取させ，(　⑤　)を排出しやすくさせる。

2024年度｜兵庫県｜難易度

【7】救急処置，危機管理について，次の(1)〜(3)の問いに答えよ。

(1)　「救急蘇生法の指針2020(市民用)」(厚生労働省)の「Ⅵ　ファーストエイド」に示されている捻挫，打ち身(打撲)，骨折，やけど，歯の損傷に関する記述①〜⑥について，正しいものの組合せとして最も適切なものを，以下の1〜6のうちから一つ選べ。

①　捻挫や打ち身(打撲)は，冷却パックを皮膚に直接当て，冷やす。

②　けがで手足が変形している場合，変形した状態をできるだけ元に戻してから，添え木や三角巾などで固定する。

③　やけどをすぐに氷や氷水で冷却すると，やけどが悪化するのを防ぎ，治りを早めることができる。

④　やけどをした部位に水疱(水ぶくれ)ができている場合は，つぶれないようにそっと冷却し，触らないように保護する。

⑤　歯が抜けた場合，抜けた歯を「歯の保存液」もしくは冷えた牛乳にひたすか，それらがなければ，乾燥させないようにラップフ

ィルムに包んで，すみやかに歯科医師の診察を受ける。

⑥ 抜けた歯を持つときには付け根の部分に触れないようにする。

1 ①，②，④　　2 ①，③，⑤　　3 ②，③，⑤
4 ②，④，⑥　　5 ③，⑤，⑥　　6 ④，⑤，⑥

(2) 「学校保健の課題とその対応－養護教諭の職務等に関する調査結果から－－令和2年度改訂」(日本学校保健会)の「第2章　調査結果から見た学校保健の課題とその対応　Ⅱ　保健管理　1　救急処置 (5)救急体制の確立」に示されている保護者への連絡の留意点に関する記述①～⑤について，誤っているものはいくつあるか。以下の1～5のうちから一つ選べ。

① 保護者に対し，事故等の発生(第1報)は可能な限り早く連絡する。その際，事故等の概況，けがの程度など最低限必要とする情報を整理できてなくても構わない。

② 被害等の詳細や搬送先の医療機関等，ある程度の情報が整理できた段階で，第2報を行う。

③ 第2報以後，正確かつ迅速な連絡に努める。

④ 緊急の際の連絡方法を複数確保しておく。

⑤ 搬送者や搬送先を記録しておく。

1 なし　　2 1つ　　3 2つ　　4 3つ　　5 4つ

(3) 「学校のアレルギー疾患に対する取り組みガイドライン　令和元年度改訂」(日本学校保健会)の「第2章　疾患各論　1.食物アレルギー・アナフィラキシー」に示されている緊急時に備えた処方薬に関する説明のうち，下線部①～⑤の記述の正誤について，最も適切な組合せを，以下の1～6のうちから一つ選べ。

　内服薬としては，多くの場合，抗ヒスタミン薬や①ステロイド薬が処方されています。しかし，これらの薬は，内服してから効果が現れるまでに②30分以上かかるため，アナフィラキシーなどの緊急を要する重篤な症状に対して効果を期待することはできません。誤食時に備えて処方されることが多い医薬品ですが，③呼吸症状などに対して使用するものと考えてください。

　アナフィラキシー症状は時に2相性反応(一度おさまった症状が④数分後に再び出現する)を示します。ステロイド薬は急性期の症状

を抑える効果はなく，⑤1相目の反応を抑える効果が期待されています。

1 ① 正 ② 正 ③ 誤 ④ 誤 ⑤ 誤
2 ① 正 ② 正 ③ 誤 ④ 正 ⑤ 正
3 ① 正 ② 誤 ③ 正 ④ 誤 ⑤ 誤
4 ① 誤 ② 誤 ③ 誤 ④ 正 ⑤ 正
5 ① 誤 ② 誤 ③ 正 ④ 誤 ⑤ 正
6 ① 誤 ② 正 ③ 正 ④ 正 ⑤ 誤

┃ 2024年度 ┃ 大分県 ┃ 難易度 ┃███□□

【8】次の文は，学校における心臓病のスクリーニング及び管理について書かれたものです。文中の(①)・(②)に適する語句を書きなさい。

○ (①)心雑音は，心臓に異常がないにもかかわらず聴かれる「ブーンブーン」という楽音様の収縮期心雑音である。子どもには非常に多いものである。心臓病を疑われることがあるが，(①)心雑音は病気ではなく，運動なども普通に行ってよい。

○ (②)は，前胸部に鈍的衝撃が加わることで，既存の心疾患を有さない場合でも心肺停止をきたし，突然死の原因となる病態である。若年者のスポーツ活動中に起きることが多く，野球，ソフトボール，アイスホッケー等のボールや他の選手の拳などの衝撃で心室細動が発生することが原因と考えられている。

┃ 2024年度 ┃ 名古屋市 ┃ 難易度 ┃██□□□

【9】次の各文は，学校における突然死予防について述べたものである。(1)～(5)の説明文で正しいものは「1」を，誤っているものは「2」を選び，番号で答えよ。

(1) 心肺蘇生・AEDの実態

「学校における心肺蘇生とAEDに関する調査報告書」(平成30年3月　日本学校保健会)によれば，AEDを使用した場面は体育・スポーツ活動中が多く，小学校で最も多かった場面は「持久走・マラソン」であった。

(2) AEDの設置に当たっての考慮すべきポイント

AEDの設置に当たっては，校内のどこで倒れても，片道1分程度でAEDにアクセスできる配置が理想である。

(3) AEDの管理に当たってのポイント

AEDがいざという時，きちんと使えるように，日ごろから正常に動くかどうか示すためのインジケーターの確認と，電極パッドやバッテリーなどの消耗品の使用期限を必ず養護教諭が確認しなければならない。

(4) 教職員の研修と訓練の実施

ア 危機管理マニュアルの作成について，学校保健安全法第27条において「学校においては，児童生徒等の安全の確保を図るため，当該学校の実情に応じて，危険等発生時において当該学校の職員がとるべき措置の具体的内容及び手順を定めた対処要領を作成するものとする。」と明示されている。

イ 傷病者の呼吸は，胸と腹部の動きを観察する。呼吸の観察には15秒以上かけないようにする。約15秒かけても判断に迷う場合は，心停止とみなして胸骨圧迫を開始する。

(5) 学習指導要領における心肺蘇生法とAEDの取り扱い

中学校保健体育保健分野の「傷害の防止」においては，「応急手当を適切に行うことによって，傷害の悪化を防止することができること。また，心肺蘇生法などを行うこと。」と示され，技能として実技が明示されている。

| 2024年度 ‖ 愛知県 ‖ 難易度 ■■■■□□□

【10】救急処置について，次の問いに答えなさい。

問1 次の(1)(2)の文章について，空欄[ア]〜[ウ]に入る語句として最も適当なものを，以下の①〜⓪からそれぞれ一つずつ選びなさい。

(1) 学校管理下での死亡事故の中では，いわゆる[ア]が半数以上を占めている。[ア]などを防止するためには，まず[イ]などを的確に把握し，それを活かすことが必要である。

(2) 救急車を呼んでから現場へ到着するまでには，約9.4分かかるとされている(消防庁「令和4年版 救急・救助の現況」より)。一

方で，心停止から1分ごとに救命率は[　ウ　]下がるとされており，救急車が到着するまでの間，いかに迅速・的確な救急処置(心肺蘇生)を行うかが命を救う上で重要となっている。

① 熱中症　　　　　　　② 頭頸部外傷
③ 突然死　　　　　　　④ 体格の発育
⑤ 定期健康診断の結果　⑥ 運動能力
⑦ 気象条件　　　　　　⑧ 7〜10%
⑨ 17〜20%　　　　　　⑩ 27〜30%

問2　次の事例を読み，この現場に駆けつけた養護教諭がとるべき救命処置として正しいものを，以下の①〜④から一つ選びなさい。

> 体育の水泳授業中，生徒Aが，泳いでいる最中に突然気分が悪くなり，自力でプールサイドにあがってうなだれていた。様子に気づいた授業者が生徒Aへの対応を行うと同時に，授業者の指示を受けた生徒Bが保健室へ養護教諭を呼びに行った。養護教諭がプールに駆けつけた後，生徒Aはひきつけをおこし，白眼をむいて意識を消失し，呼吸も見られなくなった。

① 約30秒かけても，普段どおりの呼吸があるか判断に迷う場合，直ちに胸骨圧迫を開始する。
② AEDが到着するまで絶え間なく胸骨圧迫を行い，電極パッドを貼り付ける際も胸骨圧迫を継続する。
③ 傷病者の体が濡れていると，電極パッドがしっかりと貼り付かないだけでなく，電気が体表の水を伝わって流れてしまうために，効果が十分に発揮されない。そこで，乾いた布やタオルで全身を拭いてから電極パッドを貼り付ける。
④ AED装着後，音声メッセージが「ショックは不要です」の場合，胸骨圧迫を中断し，傷病者の様子を見ながら救急車の到着を待つ。

▌2024年度 ▌石川県 ▌難易度 ■■■□□□

【11】次の各文は，「改訂6版　救急蘇生法の指針2020(市民用)」(2021年9月発行　日本救急医療財団心肺蘇生法委員会監修)に示されている一次救命処置について述べたものである。適当でないものを次の①〜⑤の

うちから二つ選びなさい。

①　普段どおりの呼吸があるか傷病者の上半身をみて，10秒以内で胸と腹の動き(呼吸をするたびに上がったり下がったりする)を観察する。

②　胸骨圧迫の深さは，傷病者の胸が約5cm沈み込むように強く，速く，絶え間なく圧迫する。小児では胸の厚さの約1/3沈み込む程度に圧迫する。

③　人工呼吸を行う技術と意思がある場合には，胸骨圧迫に人工呼吸を組み合わせ，30：1の回数で繰り返し行う。

④　未就学児の傷病者にAEDを使用する場合，未就学児用パッドや未就学児用モードの切り替えがなければ小学生～大人用パッドを使用する。

⑤　突然の心停止直後のしゃくりあげるような途切れ途切れの呼吸は「死戦期呼吸」と呼ばれるもので，ただちに胸骨圧迫をする必要はない。

‖ 2024年度 ‖ 千葉県・千葉市 ‖ 難易度 ▣▣▣□□□

【12】次の(1)～(7)の各問いに答えなさい。

(1)　気道異物除去法を2つ答えよ。

(2)　脳振盪になった後，回復しないうちに再度，脳振盪になるような強い衝撃が脳に伝わると，脳が腫れやすく血管が破綻しやすい状態になり，硬膜下血腫が起こることがある。このことを何というか答えよ。

(3)　眼部に手拳・膝・野球のボールなどが当たったときにみられる特殊な顔面骨骨折で，複視(物が二重に見える)，眼球陥没(眼の落ち窪み)や頬から上口唇のしびれなどの症状がみられる。この骨折の名称を答えよ。

(4)　ボールなどが心臓直上の前胸部に当たることによって誘発される致死的不整脈として考えられるものは，心室頻拍ともう一つは何か答えよ。

(5)　青年期に好発する代表的な精神病であり，幻覚や妄想が主な症状である。約100人に1人の割合で罹患し，まれに小学生にも発病する。

　この疾患名を答えよ。

(6)　心停止直後には，頻度の少ない，全身を使った，吸気が急速な，しゃくりあげるような呼吸が途切れ途切れに起こることがあり，数分続くことが報告されている。この呼吸の名称を答えよ。

(7)　次の文は，「JRC蘇生ガイドライン2020」に示されている「第1章　一次救命処置　2BLSのアルゴリズム　5胸骨圧迫」を抜粋しまとめたものである。文中の(　①　)～(　⑦　)に入る数字または語句を答えよ。

> 　深さは胸が約(　①　)cm沈むように圧迫するが，(　②　)cmを超えないようにする。圧迫のテンポは1分間あたり(　③　)～(　④　)回とする。なお，小児における圧迫の深さは胸郭前後径(胸の厚さ)の約(　⑤　)分の1とする。毎回の胸骨圧迫の後には，胸を完全に元の位置に戻すために，圧迫と圧迫の間に(　⑥　)に力がかからないようにする。ただし，そのために胸骨圧迫が(　⑦　)ならないよう注意する。

▐ 2024年度 ▐ 佐賀県 ▐ 難易度 ■■□□□

【13】次の文章は，「日本医師会　救急蘇生法」の心肺蘇生法の手順をまとめたものである。次の①～⑤のうち，適切でないものを一つ選べ。

①　傷病者の胸と腹部の動きを見て，普段通りの息があるかないかをみる。正常な呼吸がない場合は，ただちに胸骨圧迫を行う。

②　人工呼吸ができる場合は，まずは気道を確保する。その後，胸骨圧迫を30回と人工呼吸を2回を交互に繰り返す。

③　胸骨圧迫の中断は，最少にする。

④　胸骨圧迫では，傷病者の胸が少なくとも5cm沈み込むようにする。これを1分間あたり，120～150回のテンポでおこなう。

⑤　AEDによる電気ショック後，ただちに心肺蘇生を再開する。

▐ 2024年度 ▐ 岐阜県 ▐ 難易度 ■■■□□

【14】応急処置に関する内容について述べた次の文a～dの中で，正しいものの組合せを，以下の1～6のうちから1つ選びなさい。

a　胸骨圧迫の際には，手のひらの付け根だけに力が加わるようにするのではなく，手のひら全体で肋骨に力を加え，1分間に60回の速いテンポで連続して絶え間なく圧迫する。

b　気道からの異物除去としてはハイムリック法(腹部突き上げ法)と背部叩打法があり，ハイムリック法を実施した場合は，救急隊にその旨を伝えるか，すみやかに病院での診察を受けさせる。

c　腹部を打撲したのち，顔面蒼白で冷や汗をかくなどのショック症状が見られた場合は，救急車を要請するとともに，半座位をとらせ，全身状態の観察を続ける。

d　人が倒れた場合，意識の確認中にしゃくりあげるような途切れ途切れの呼吸が見られるような時は，正常な呼吸なしと判断し胸骨圧迫を開始する。

1　a・b　　2　a・c　　3　a・d　　4　b・c　　5　b・d　　6　c・d

‖ 2024年度 ‖ 宮城県・仙台市 ‖ 難易度 ■■■□□

【15】救急処置について，次の問に答えよ。

問1　次の文は，胸骨圧迫について述べたものである。[　　]にあてはまる語句を答えよ。

> 　心臓が止まると普段どおりの呼吸がなくなる。傷病者の呼吸を観察するには，胸と腹部の動き(呼吸をするたびに上がったり下がったりする)を見る。胸と腹部が動いていなければ，呼吸が止まっていると判断する。呼吸が止まっていれば心停止なので，胸骨圧迫を開始する。
> 　一方，突然の心停止直後には，「[　　]」と呼ばれるしゃくりあげるような途切れ途切れの呼吸がみられることも少なくない。このような呼吸がみられたら心停止と考えて，胸骨圧迫を開始する。また，普段どおりの呼吸かどうかがわからないときも胸骨圧迫を開始する。

問2　一次救命処置の流れについての説明a〜dのうち，正しいものは○，誤っているものは×を記せ。

a　傷病者の肩を軽くたたきながら大声で呼びかける。何らかの応

273

答や仕草がなければ「反応なし」とみなす。

b　呼吸の確認は1分間以内に行う。1分間近く観察しても呼吸の状態がわからないときは、「判断に迷う」すなわちCPRの適応である。

c　胸骨圧迫の部位は胸骨の上半分とする。

d　人工呼吸を行う際には気道確保を行う必要がある。気道確保は頭部後屈あご先挙上法で行う。

┃ 2024年度 ┃ 島根県 ┃ 難易度 ┃

【16】救急処置について、次の問いに答えなさい。

(1) 次の文章は、歯のけがについて述べたものである。（　a　）〜（　d　）に当てはまる語句の組合せとして正しいものをア〜オから選び、記号で答えなさい。

　　衝突や転倒の際に口やあごを強くぶつけることで、歯の脱落や、一部が欠けたり、歯根が折れたりすることがあり、（　a　）に達している歯折の痛みは（　b　）。

　　（　c　）の（　d　）に多く見られる。

ア　a　歯髄　　b　強い　　c　上顎　　d　前歯

イ　a　神経　　b　弱い　　c　上顎　　d　前歯

ウ　a　歯髄　　b　強い　　c　上顎　　d　犬歯

エ　a　神経　　b　強い　　c　下顎　　d　前歯

オ　a　歯髄　　b　弱い　　c　下顎　　d　犬歯

(2) 次の文は、歯のけがの手当てについて述べたものである。適切でないものをア〜オから選び、記号で答えなさい。

ア　歯茎などからの出血はガーゼなどで圧迫して止血をする。

イ　抜けた歯は「歯の保存液」もしくは牛乳に浸して歯科医師の診察を受ける。

ウ　抜けた歯は、きれいに洗って速やかに歯科医師を受診する。

エ　抜けた歯を持つときには、歯の付け根の部分を手で触れない。

オ　歯が中にめりこんだ場合、後からまた出てくることが多いので、慌てず受診する。

(3) 次の文章は、マダニに刺された場合の対応について述べたもので

ある。(a)~(e)に当てはまる語句の組合せとして正しいもの
をア～オから選び，記号で答えなさい。

マダニはウイルスなどを媒介する場合がある。代表的なのは，
SFTSウイルスで，感染すると(a)を発症する。症状は発熱，お
う吐，下痢，頭痛，筋肉痛などで(b)になる場合もある。

マダニの活動時期は(c)から(d)で，農作業やレジャーで森
林や藪に立ち入る場合は，肌の露出を少なくする。

マダニに嚙まれたら，無理に引き抜いたり，力づくで取ったりし
ないようにする。引き抜いたり，取ったりするとマダニの(e)が
傷口の内部に残る場合がある。

ア a 血球貪食症候群 b 血栓 c 春
　 d 夏 e 足のとげ
イ a 重症熱性血小板減少症候群 b 意識障害 c 夏
　 d 秋 e 足のとげ
ウ a 血球貪食症候群 b 血栓 c 春
　 d 夏 e 口先
エ a 重症熱性血小板減少症候群 b 意識障害 c 春
　 d 秋 e 口先
オ a 重症熱性血小板減少症候群 b 興奮状態 c 夏
　 d 秋 e .口先

(4) 次の文章は，血液について述べたものである。(a)~(f)に
当てはまる語句の組合せとして正しいものをア～オから選び，記号
で答えなさい。

心臓の拍動によって送り出された血液は，血管，毛細血管を通っ
て体の隅々を巡り心臓に戻る。これを(a)といい，血液が体内を
一巡するのに約(b)秒かかるといわれている。大人の体には約
(c)Lの血液があり，体重のおよそ(d)%((e)分の1)を占め
る。

血液の75%は静脈内に存在し，20%が動脈内に，そして残り5%
は(f)内に存在する。

ア a 血液の循環 b 20 c 4~5 d 8 e 13
　 f 毛細血管

イ a 体液の循環 b 40 c 8〜10 d 16 e 16
　 f 毛細血管

ウ a 血液の循環 b 20 c 8〜10 d 16 e 16
　 f 赤血球

エ a 血液の循環 b 40 c 4〜5 d 8 e 13
　 f 赤血球

オ a 体液の循環 b 40 c 4〜5 d 8 e 13
　 f 毛細血管

(5) 次の文章は，出血・止血について述べたものである。適切でない
ものをア〜カから選び，記号で答えなさい。

ア 出血とは，血液が血管外に失われることをいう。けがなどによ
って血管が破れることで生じる。破れた血管の種類により，動脈
性出血，静脈性出血，毛細血管性出血に分けられる。

イ 動脈性出血は，拍動性に暗紅色の血液が勢いよく出る。静脈性
出血は，鮮赤色の血液が比較的穏やかに出る。毛細血管性出血は，
日常的に多くみられるもので，鮮紅色の血液がじわじわ出るよう
に出血する。また，出血は血液が体表から外にでる外出血と，体
の中に溜まる内出血とに分けられる。

ウ 一般的に体内の血液の20％以上が急速に失われるとショックと
呼ばれる状態になるといわれている。

エ 止血の仕組みは，血管が破れ，出血する→血管が細くなり出血
量を減らす→血小板が集まり血栓(一次血栓)を作る→一次血栓に
フィブリノーゲンなどが作用し，強い血栓(二次血栓)ができ止血
する。

オ 直接圧迫止血法は，出血部位にガーゼ，ハンカチ，タオルなど
を当てその上から直接圧迫して止血する基本的な止血法である。

カ 圧迫しても出血がおさまらない場合は，圧迫位置が出血部位か
ら外れていたり，圧迫する力が弱かったりすることなどが考えら
れる。

(6) 次の文章は，鼻出血について述べたものである。(a)〜(e)
に当てはまる語句の組合せとして正しいものをア〜オから選び，記
号で答えなさい。

鼻出血の大部分は, 鼻の入り口に近い(a)の(b)血管が外傷や血圧, 気圧の変化などで腫れて出血します。

座って軽く下を向き, 鼻を(c)つまむことで大部分は止まります。鼻出血の場合, 頭を後ろにそらせると, 温かい血液が喉に回り, 苦しくなったり, 飲み込んで気分が悪くなったりすることがあるので, (d)を向かせないようにする。

(e)を打って鼻出血がある場合は, 止めようとむやみに時間をかけず, 手当とあわせて直ちに119番通報する。

ア a 鼻中隔粘膜　　b 細い　　c 軽く　　d 下　　e 鼻部
イ a 鼻中隔粘膜　　b 太い　　c 強く　　d 上　　e 頭
ウ a 鼻中隔粘膜　　b 細い　　c 強く　　d 上　　e 頭
エ a 外鼻孔　　　　b 細い　　c 強く　　d 上　　e 頭
オ a 外鼻孔　　　　b 太い　　c 軽く　　d 下　　e 頭

(7) 次の文章は, 骨折について述べたものである。適切であるものを○, 適切でないものを×とした場合, 組合せとして正しいものをア～オから選び, 記号で答えなさい。

a 非開放性骨折では, 全身及び患部を安静にして, 患部を固定する。(動かすと痛むため, 手袋や靴, 靴下などはそのままにしておく。)

b 骨折部が屈曲している場合, 元に戻そうとすると, 鋭利な骨の端が神経, 血管などを傷つける恐れがあるので, そのままの状態で固定する。

c 開放性骨折では出血を止め, 傷の手当をしてから固定する。(皮膚の外に出ている骨を元に戻そうとしない。)

d 患部や患部の上下の関節を固定して患部の動揺を防ぐごとにより, 次の効果がある。患部の痛みを和らげる, 出血を防ぐ, 傷病者が体位を変えたり移動したりする場合に, 患部の動揺で新たに傷がつくことを防ぐ。

e 脊椎が骨折または脱臼すると, 脊髄が傷つくことがある。脊髄が頸(第4頸椎)の上方で傷つくと, 呼吸が止まる。

ア a × 　b ○ 　c ○ 　d ○ 　e ○
イ a × 　b ○ 　c × 　d ○ 　e ○

277

```
ウ  a ×    b ○    c ○    d ×    e ×
エ  a ○    b ○    c ○    d ×    e ○
オ  a ○    b ×    c ×    d ○    e ×
```

(8) 次の文は，眼のけがの対応について述べたものである。適切でないものをア～オから選び，記号で答えなさい。

ア　痛みの強さで障害の程度は，判断できない。

イ　応急処置では，まぶたは無理に開かない。

ウ　目に薬品が入ったり，目を火炎であおられたりしたときには，できるだけ早く多量の水道水で患部を下にして十分に洗う。

エ　眼に消石灰が入った時はよく洗う。

オ　眼のけがについて，全身症状が出ることはない。

(9) 次の文は，眼のけがについて述べたものである。適切なものをア～イから1つ，ウ～エから1つを選び，記号で答えなさい。

ア　バスケットボールのような大きいものが当たると，眼球前部が傷害される。

イ　バスケットボールのような大きいものが当たると，眼球後部が傷害される。

ウ　シャトルのような小さいものが当たると眼球前部が傷害される。

エ　シャトルのような小さいものが当たると眼球後部が傷害される。

┃2024年度┃静岡県・静岡市・浜松市┃難易度┃■■■■□□

【17】救急処置について，各問いに答えよ。ただし，同一番号には同一語が入る。

問1　日常的な応急手当について，文中の(①)～(⑨)に当てはまる語句を答えよ。

(1) けがをした場合は，まず，出血の有無を確認する。出血している場合には，通常，ガーゼなどを傷口にあてて押さえる(①)法によって止血する。

(2) 転倒で頭部を打撲したり，脳が激しく揺さぶられたりすることにより，脳しんとうその他の頭頚部外傷を引き起こす場合がある。

その際, (②)は脳損傷の程度を示す重要な症状であり, 意識状態を見極めて, 対応することが重要である。

(3) 捻挫や打撲の手当は, 「安静・(③)・圧迫・(④)」を基本に行う。

(4) 歯・口のけがの手当で重要なことは, 「抜けたり折れたりした歯を(⑤)させず, いかに早く元に戻すか」である。歯の保存液は, 歯や歯根膜の(⑤)を防ぎ, (⑥)に必要な歯根膜細胞を守るために使用する。

(5) 火傷をしたときは, 衣服は脱がせず, すぐに(⑦)などで十分に冷やす。

(6) (⑧)の手当として, まず, 涼しくて風通しのよい場所に移して安静を保つ。体温上昇が激しい場合には, 腋の下, 首や腿の付け根にある(⑨)のあたりにアイスパックや氷を当てるなど, 体温を下げるための処置を組み合わせて行う。

問2 救急車要請のめやすについて, 表中の(A)〜(C)に当てはまる語句を答えよ。

・呼吸困難なもの
・意識喪失の持続するもの
・(A)の持続するもの
・ショック症状の持続するもの
・けいれんの持続するもの
・多量の(B)を伴うもの
・強度の骨折, 関節の変形
・大きな開放創のあるもの
・(C)の熱傷を受けたもの
・その他必要と思われるもの

┃ 2024年度 ┃ 長崎県 ┃ 難易度 ■■■■■□□

【18】次の文は, 歯牙損傷について書かれたものです。文中の(①)〜(⑦)に適する語句や数字を書きなさい。

○ 歯が抜けたり, 破折したりした時は, その歯を捜して(①)さ

せないように歯の保存液に浸す。歯の保存液は，再植に必要な
(　②　)細胞を守るために使用する。歯の保存液がなかったら，
(　②　)細胞が(　③　)で変性しないように，冷たい牛乳でも代用
は可能である。

○　治療にあたっては健康保険による診療と(　④　)診療の場合があ
るが，日本スポーツ振興センターの災害共済給付の給付対象となる
のは健康保険での診療である。(　④　)診療は原則的に対象とはな
らない。

○　日本スポーツ振興センターの障害見舞金は，歯の欠損か歯冠の崩
壊について，(　⑤　)本以上の欠損補綴，あるいは歯冠修復を加え
た場合や前歯(　⑥　)本の欠損などが該当する。なお，これまで障
害見舞金の対象となっていなかった(　⑦　)本の歯牙欠損について
も，令和3年4月から「歯牙欠損見舞金」が支給されることになった。

▎2024年度 ▎名古屋市 ▎難易度 ▣▣▣▣▣▣▢▢▢▢

【19】救急処置について，次の(1)～(5)の問いに答えよ。

(1)　次の文は，「高等学校学習指導要領　解説　保健体育編　体育編」
(平成30年7月文部科学省)の「第2章　保健体育科の目標及び内容」
の一部である。文中の(　)に当てはまる言葉を書け。

> (イ)　応急手当
> 　⑦　応急手当の意義
> 　　適切な応急手当は，傷害や疾病の悪化を防いだり，傷病
> 者の苦痛を緩和したりすることを理解できるようにする。
> また，自他の生命や身体を守り，不慮の事故災害に対応で
> きる社会をつくるには，一人一人が適切な連絡・通報や
> (　)も含む応急手当の手順や方法を身に付けるとともに，
> 自ら進んで行う態度が必要であること，さらに，社会の救
> 急体制の整備を進めること，救急体制を適切に利用するこ
> とが必要であることを理解できるようにする。

(2)　原則として医行為又は医師法第17条，歯科医師法第17条及び保健
師助産師看護師法第31条の規制の対象とする必要がないと考えられ

る行為を次のア～オから全て選び，その記号を書け。

ア　水銀血圧計で血圧を測定すること

イ　水銀体温計により腋下で体温を計測すること

ウ　耳垢塞栓の除去を行うこと

エ　自己導尿を補助するため，カテーテルの準備，体位の保持などを行うこと

オ　肌に密着したストマ装具のパウチの取り替えを行うこと

(3) 腹部打撲について，誤っているものを次のア～オから一つ選び，その記号を書け。

ア　腹部臓器は，打撲により，内臓破裂や消化管穿孔を起こしやすい。

イ　血尿が見られたら，腎臓破裂または損傷の可能性がある。

ウ　脈が弱い，ぐったりしている，顔色が悪いなどショックのサインが認められたら，内臓破裂による腹腔内出血の可能性がある。

エ　受傷後数時間経過してから発熱が見られたら，腹膜炎を起こしたと考える。

オ　脾臓は小さな臓器であり，損傷を受けてもほとんど出血しない。

(4) 応急手当における呼吸の観察について，次の文中の(　　)に当てはまる数字を書け。ただし，(　　)には同じ数字が入る。

傷病者の胸と腹部の動きを見て，ふだんどおりの呼吸をしているかどうかを観察する。呼吸の観察には(　　)秒以上かけないようにする。ふだんどおりの呼吸がない場合，あるいは約(　　)秒観察しても判断に迷う場合は，直ちに胸骨圧迫を行う。

(5) アトピー性皮膚炎で常用する外用薬について，「学校のアレルギー疾患に対する取り組みガイドライン―令和元年度改訂―」(令和2年3月公益財団法人日本学校保健会)に照らして，下線部①～⑤の中で誤っているものを一つ選び，その番号を書け。

> アトピー性皮膚炎の薬物療法は外用(塗り薬)が中心である。外用薬としては，炎症を抑えかゆみを軽減させる作用を持つものが用いられる。具体的には，ステロイド外用薬とステロイドではないタクロリムス軟膏が最も一般的である。
>
> 1日1〜2回，患部を清潔にした後に外用薬を必要量①すりこみ塗り伸ばす。浸出液が出てジュクジュクしていたり，②とびひなどの細菌感染症を起こしている場合は，表面を③ガーゼや包帯で覆う必要がある。
>
> タクロリムス軟膏は，塗った後に④ひりひりしたりほてったりすることがあり，また外用した日は⑤強い紫外線照射を避ける必要がある。

‖ 2024年度 ‖ 愛媛県 ‖ 難易度 ■■■■■■□□□□

【20】次のア〜オの各文は，学校における救急処置について述べたものである。医療機関に搬送する前に行う処置として，正しいものを○，誤っているものを×としたとき，正しい組合せを選びなさい。

ア　プールでの水泳学習中に子供が溺れ，心肺蘇生が必要と判断したため，まずは腹部を圧迫して水を吐かせる処置を行い，その後に胸骨圧迫を開始した。

イ　休憩時間中に教室の窓ガラスが割れ，子供の眼にガラスの破片が刺さったため，眼を観察して刺さったガラスを抜き，ガーゼで保護した。

ウ　給食時間にパンをのどに詰まらせた子供が苦しんでいたため，まずは強い咳をするように声をかけた。子供が強い咳ができなかったため，背部叩打法を試み，効果がなかったため腹部突き上げ法も試みた。

エ　5時間目の授業の前に，食物アレルギーでエピペン®を処方されている子供が「息がしにくい」と苦しみだしたため，他の症状は確認できなかったが，緊急性が高いと判断して，ただちにエピペン®を使用した。

オ　校外学習中に子供がヘビ(ヤマカガシ)に咬まれたため，手足を曲

げ伸ばししないように安静にさせるとともに，ヘビの毒素により脱水症状を起こしやすいため，水分を与えた。

	ア	イ	ウ	エ	オ
①	○	○	○	×	×
②	×	×	○	○	○
③	○	○	×	×	×
④	×	○	×	○	○
⑤	×	×	○	×	×

┃ 2024年度 ┃ 福岡県・福岡市・北九州市 ┃ 難易度 ┃

解答・解説

【1】ウ

○**解説**○ 原則，水平もしくは本人が楽な体位をとるとされているが，この場合はめまいを訴えており，脱水が進んでいる可能性がある。そのため，ショック体位(仰向けで足側を15〜30cm高くした体位)をとらせる。

【2】エ

○**解説**○ 「救急蘇生法の指針2020(市民版)」では市民がよりよく理解し，実施しやすいように改訂されている。　① 反応や呼吸の判断に迷いためらうことを防ぐために反応がない場合だけでなく，反応の有無，普段通りの呼吸かの判断に迷った場合も119番通報とAEDの要請を行うこととしている。　③ AEDの電極パッドや切り替えスイッチについては，従来「小児用パッド(小児モード)」と「成人用パッド(成人用モード)」の2種類があった。「小児用パッド(小児モード)」とは未就学児(小学校入学前)の適応であり，流れる電力が弱く設定されている。そのため，小学生は「成人用パッド(成人用モード)」を使用することとされていた。しかし，名称での判断がしにくく，小学生はどちらを使うべきなのか混乱を招くことがあった。日本AED財団ではこれを是

正するため「未就学児用パッド(未就学児用モード)」と「小学生〜成人用パッド(成人用モード)」という名称に変更した。出題の「救急蘇生法の指針2020(市民版)」には，この経緯が説明されている。
④　気道異物が確認された場合は，119番通報よりも異物除去を優先させる。まず背部叩打法を試みて，効果がなければ腹部突き上げ法を試みる。

【3】ア　反応(意識)　　イ　AED　　ウ　5　　エ　30　　オ　5
　　カ　死戦期呼吸
○**解説**○ JRC蘇生ガイドライン2020は，市民にとってためらいやすい心肺蘇生法をより実施しやすいように作成されている。心肺蘇生法については頻出問題であるので，一連の手順を押さえておこう。死戦期呼吸は本人に意識はなく，生命維持に有効な呼吸ではないため，呼吸なしとみなして胸骨圧迫を開始する必要がある。なお，小児の心停止は呼吸原生であることが多いため，学校現場ではできるだけ人工呼吸を含む心肺蘇生法を習得することが望ましいとされている。

【4】3
○**解説**○ 胸骨圧迫は，手のひらの付け根を胸骨の下半分に置き，強く(胸が約5cmほど沈むまで)，速く(一分間に100〜120回を目安に)行う。心肺蘇生では胸骨圧迫30回と人工呼吸2回の組合せを，救急隊の到着，傷病者の意識・呼吸の回復が認められるまで続ける必要がある。

【5】問1　4　問2　1
○**解説**○ 問1　一次救命処置については，AEDの使用法も含め正確に手順を覚えておくこと。　1　救助者が複数いる場合は，5分ではなく，1〜2分で交代する。　2　圧迫のテンポは，1分間あたり100回である。3　傷病者が成人の場合の圧迫の深さは，胸が約5cm沈む程度とし，6cmを超えないようにする。　問2　RICE処置とは肉離れや打撲，捻挫など外傷を受けたときの基本的な応急処置方法である。Rest(安静)，Icing(冷却)，Compression(圧迫)，Elevation(挙上)の4つの処置の頭文字から名付けられた。「Rest(安静)」は，ケガをしたら，まずは安静に保

つこと。むやみに動かすと悪化する可能性があるので，患部にタオルや添え木などを当てて固定する。「Icing(冷却)」は，患部を氷や氷水などで冷やすことで，患部の毛細血管が収縮し，腫れや内出血，痛みなどが抑えられる。「Compression(圧迫)」は，患部にテープなどを巻いて圧迫し，腫れや内出血を最小限に抑える。きつく圧迫しすぎると血流障害や神経障害を起こすので，しびれや変色が生じたらすぐに緩める。「Elevation(挙上)」は，患部を心臓より高い位置に保つこと。血液が心臓に向かって流れるので，内出血による腫れを防ぐことができる。早期にRICE処置を行うことで，内出血や腫れ，痛みを抑え，回復を助ける効果がある。ただし，あくまでも応急処置であって治療ではない。処置後はすみやかに医療機関を受診する。

【6】1 a 保護　b ○　c ○　d 挙上　e 前　f 仰臥
2 ① 坐(座)　② 呼吸不全　③ ぜん(喘)鳴　④ 腹式
⑤ 痰

○**解説**○ 1 a 包帯法の目的として，創面を覆い，患部の細菌感染や外部からの刺激から保護する「保護」，患部を固定して安静をはかり痛みを軽減，また創面に当てたガーゼや骨折，捻挫に用いた副子を正しい位置に固定する「固定」，出血部を圧迫することで止血や腫れを軽減する「圧迫」，創傷部を支えて疼痛を軽減し症状の悪化を防ぐ「保持」，骨折部を伸展して整復する「牽引」があげられる。 b，c 固定の順としては患部に近いところから遠いところへ行う。患部に変形が見られる場合，部位を動揺させないように固定することが原則である。 d RICE処置とは安静(Rest)，冷却(Ice)，圧迫(Compression)，挙上(Elevation)のことである。 e 鼻出血の対応として，椅子に座らせ頭をやや前方に傾け安静にさせる，親指と人差し指で鼻の付け根部分を強くつまませる。これらの対応で治らない場合は清潔なガーゼや綿球をつめて再び鼻の付け根をおさえる。 f 頭部外傷の対応として，出血があった場合でも体位は仰臥位(水平)に保ち頭部は高くしない。
2 空気中の酸素を血液に取り込み，体内で産生された二酸化炭素を血液から呼気に排出するという肺本来の働きを果たせなくなった状態が呼吸不全である。動脈血中の酸素分圧が60mmHg未満になる病態と

定義されている。呼吸不全になるとグッタリしてぜん鳴(ゼーゼー，ヒューヒューといったもの)が聞こえにくくなる。

【7】 (1) 6　　 (2) 2　　 (3) 1
○**解説**○ (1) 応急手当ての細かであるが基本的な内容を問われている。なお，出題の「救急蘇生法の指針2020(市民用)」は，改訂6版が出されている(日本救急医療財団心肺蘇生法委員会監修)。　① 冷却パックを使用する際には，皮膚に直接当てるのはでなく，皮膚との間に薄い布などをはさんで直接当たらないようにする。　② 変形した状態を元に戻すのではなく，変形したまま固定する。けがで手足の変形が見られる場合は骨折していることが多い。むやみに整復することで，さらに症状を悪化させる可能性がある。　③ 氷や氷水で冷却すると，冷えすぎにより血流が阻害され，やけどが悪化することがある。やけどの後はすぐに水道の流水で痛みが和らぐまで10～20分冷やす。やけどの範囲が広い場合は，全身の体温が下がるほどの冷却は避け，できるだけ早く医師の診察を受ける。　(2) ①は誤り。保護者へは可能な限り早く連絡する必要があるが，最低限必要とする情報を整理した上で連絡する。保護者にとって第1報はまさに青天の霹靂であり，そこで聞く情報が曖昧であると不安が大きくなることに配慮し，簡潔に情報をまとめて伝える技術が必要である。　(3) ③は「呼吸症状」ではなく「軽い皮膚症状」，④は数分ではなく数時間，⑤は1相目ではなく2相目が正しい。アナフィラキシー症状への対応で有効なのはエピペン®(アドレナリン)の投与である。内服薬は小腸で吸収されてから効果を発揮するので即効性はない。あくまでも軽い皮膚症状に対して使用するもので，それ以外の呼吸症状等重篤な症状がある場合は，迅速な医療機関への搬送が必要である。

【8】 ① 無害性(機能性)　　 ② 心臓震盪
○**解説**○ 学校で起こる突然死は，かつてはその80％が心臓に起因していたが，近年は自動体外式除細動器(AED)の普及などで，減少している。それでも，学校での突然死の死亡事故の半数程度が心臓に起因しており(日本スポーツ振興センター資料より)，多くは先天性心疾患，心筋

症，一部の不整脈が原因疾患である。また，運動との関係が強く示唆されている。学校における心臓病のスクリーニングでは，それらの疾患を見つけ，適切に管理するために行われる。無害性心雑音のように管理が必要ない場合もあるが，突然死を起こす可能性がある疾患については把握しておくこと。「児童生徒等の健康診断マニュアル」(平成27年　日本学校保健会)にも，突然死を起こす可能性がある疾患の一覧が載っているので，確認しておくとよい。心臓振盪については，問題文中にある通り，スポーツ活動中に起こることが多いが，AEDの普及により救命例の報告が増えている。

【9】(1)　2　　(2)　1　　(3)　2　　(4)　ア　2　　イ　2　　(5)　1

○解説○ (1) 「学校における心肺蘇生とAEDに関する調査報告書」(平成30年3月　日本学校保健会)において，平成24年～平成28年の5年間で児童生徒にAEDのショックボタンを押した場面として最も多かったのは水泳中であり，11件であった。ついで，体育の時間，休憩中の順で多くなっている。中・高校生では体育的部活動，体育の時間，持久走・マラソンの順に多かった。　(2)　(1)の同調査報告書によると，AEDの設置場所から校内の一番遠いところへの往復所要時間は5分以上かかるとした学校が3割程度に上った。AEDを用いた電気ショックが1分遅れると救命率が10％程度下がると言われている。AEDの配置にあたっては，心停止から5分以内に電気ショックを与えることが可能な配置にするため，片道1分以内でアクセスできる場所に配置することのほか，わかりやすい場所にすることや誰もがアクセスできる場所であること，心停止のリスクがある場所への配置などを考慮する。

(3)　AEDの定期的な点検や整備は，半数以上の学校で養護教諭へ委ねられている現状があるが，学校全体で管理運用していく体制を整えることが望ましい。　(4)　ア　危機管理マニュアル(危険等発生時対処要領)は，緊急時の対応について記載し，全教職員で共通理解を図るために作成されるが，明示されているのは学校保健安全法第29条である。危機管理マニュアルを作成するとともに，心肺蘇生法などについては実際に全教職員が研修等で知識と技能を身につけておく必要がある。イ　傷病者の呼吸の確認は10秒以内に行うこととされている。

(5) 平成23年にさいたま市で起きた学校での突然死事故を契機に「体育活動時等における事故対応テキスト：ASUKAモデル」(平成24年9月さいたま市教育委員会)が作成されるなど，学校での重大事故を防ぐためには誰かが倒れた時に迅速な一次救命処置ができるかどうかが重要であることが認知されてきた。その流れなどを受けて，現行の学習指導要領より，中学校，高等学校の保健体育科の授業内で実技として行うよう明示されている。

【10】問1　ア　③　　イ　⑤　　ウ　⑧　　問2　②
○**解説**○　問1　突然死とは，発症から24時間以内に死亡したもので外因性でないものを示している。主な要因として，心疾患などがあり，その予兆を発見できることもあるため，定期健康診断の結果など把握し，活かすことが重要である。一般に心停止から1分ごとに救命率は7〜10％下がり，心停止後救命措置が行われるまで5分経過すると救命率は25％以下になる。そのため，迅速な救命措置が非常に重要となる。問2　①　傷病者の呼吸の有無の確認は10秒以内に行い。10秒で確認できない場合は直ちに胸骨圧迫を開始する。　③　AEDを使用する際，傷病者の身体が濡れているときは電極パッドを取り付ける胸だけタオル等で拭けばよく，全身を拭く必要はない。　④　AEDの音声メッセージが「ショックは不要です」の場合でも傷病者が普段通りの呼吸をしていない場合は，胸骨圧迫を続ける。

【11】③，⑤
○**解説**○　一次救命処置には，胸骨圧迫や人工呼吸による心肺蘇生とAEDを用いた電気ショックに加え，異物で窒息をきたした傷病者への気道異物除去も含まれる。　③　胸骨圧迫に人工呼吸を組み合わせる場合は，30：2の回数で繰り返す。　⑤　突然の心停止直後のしゃくりあげるような途切れ途切れの呼吸は，「死線期呼吸」と呼ばれるもので，普通の呼吸ではない。ただちに胸骨圧迫を開始する必要がある。

【12】(1)　腹部突き上げ法，背部叩打法　　(2)　セカンドインパクトシンドローム　　(3)　眼窩底骨折　　(4)　心室細動　　(5)　統合失調

症　　(6)　死線期呼吸　　(7)　① 5　　② 6　　③ 100
④ 120　　⑤ 3　　⑥ 胸壁　　⑦ 浅く

○**解説**○ (1)　食事中に食べ物を気道に詰まらせて呼吸ができなくなった
状態を気道異物窒息という。このような状態になった場合は，最初に
手のひらの基部で患者の左右の肩甲骨の中心部を強く叩く背部叩打法
を行う。うまく吐き出せない場合は，握りこぶしでへその上を圧迫す
る腹部突き上げ法(妊婦と乳児には使えない)を行う。　　(2)　脳震盪，
あるいは同じような頭部外傷を受け，数日から数週間のうちに2回目
の頭部外傷を受けると，致命的な脳腫脹(脳実質組織に液体成分が異常
に増加して，脳の容積が増大した状態)をきたすことがある。死亡率は
30～50％と非常に高く，18歳未満のスポーツを行う若年者に多い。1
回目に受傷してから充分な期間を経ずに競技に復帰した場合に多くみ
られ，2回目の受傷時にはほとんどの症例で急性硬膜下血腫を伴うと
されている。　　(3)　骨折部からは眼窩内の脂肪組織や眼を動かす筋肉
などがはみ出すので，眼が落ち窪んだり(眼球陥没)，眼の動きが悪く
なったりして物が二重に見えたり(複視)，そのために吐き気を催すこ
ともある。眼窩の下壁には知覚神経が走っており，損傷すれば頬～上
口唇の感覚が麻痺する。また，鼻をかむと血液の混じった鼻水が出る。
(4)　不整脈の中でも，心臓の血液を全身に送り出す場所(心室)に異常
が発生して心臓がけいれんし，不規則にブルブル震え(細動)，血液を
脳や全身へ送り出せなくなる状態を心室細動とよぶ。　　(5)　約100人
に1人の割合で罹患し，まれに小学生にも発病する。以前は治りにく
い疾患と思われていたが，早期治療と適切なケアにより3人に1人は
治癒し，完治しない場合でも治療を受けながら復学できるケースも多
い。　　(6)　急性心筋梗塞など心原性の心停止直後には，血液中に残存
する酸素による作用等によって，死戦期呼吸が高頻度でみられる。本
人に意識はなく，生命維持に必要な有効な呼吸ではない。そのため，
死戦期呼吸が認められた場合，または判断に迷う場合は「呼吸なし」
とみなして，直ちに心肺蘇生(胸骨圧迫・AEDの使用)を開始する必要
がある。死戦期呼吸の種類には下顎呼吸(下顎を開いたり閉じたりしな
がら呼吸しているように見える状態)，鼻翼呼吸(鼻翼が膨らんだり縮
んだりしながら呼吸しているように見える状態)，あえぎ呼吸(あえぐ

ように呼吸しているように見える状態)など，出現する種類は場合によりさまざまで，段階的に出現する種類や，特定の呼吸が多く見られるなどの規則性はない。また，呼吸のように見えても実際には呼吸ではないため，酸素が肺に取り込まれず，胸が動いていないのも特徴である。　(7)　すべての救助者は，研修の受講の有無に関わらず心停止の患者がいた場合は直ちに胸骨圧迫を行う。この手順を身に付けておくことが重要である。

【13】④

○解説○　一次救急は，救急隊員へ引き継ぐまでに行う処置のことである。この対応が患者の状態を緩和する場合がある反面，処置をこまねいていて悪化させる場合もある。学校においては，突然の体調不良あるいは事故により心肺停止が起こることが想定される。「気道確保した後に胸骨圧迫を30回して人工呼吸2回を繰り返す → 胸骨圧迫は傷病者の胸が5cm沈む位行う → 圧迫のテンポは1分間あたり100〜120回行う → AEDによる電気ショックを加えた後は直ちに心肺蘇生を再開する」という一次救急の手順と方法を確実に理解して実践できるようにしておきたい。

【14】5

○解説○　食事中に食べ物を気道に詰まらせて呼吸ができなくなった状態を気道異物窒息という。このような状態になった場合の最初の対応は一般的に手のひらの基部で患者の左右の肩甲骨の中心部を強く叩く背後叩打法である。背後叩打法で異物をうまく吐き出せない場合は握りこぶしでへその上を圧迫する腹部突き上げ法を行う。腹部突き上げ法をおこなった場合は内臓を損傷させている可能性があるので必ず受診させる。また，腹部突き上げ法は妊婦や乳児には使用できない。一次救命処置では患者が普段通りの呼吸をしていない場合，もしくは普段通りの呼吸かどうか判断できない場合はすべて呼吸なしと判断し胸骨圧迫を開始する必要がある。　　a　胸骨圧迫では胸骨が約5cm沈むまでしっかり圧迫する。その時には手のひら全体に力が入ると肋骨を傷つける場合があるので，手の付け根だけに力を加わるようにする。

c　ショック症状を起こしている場合は，脳血流を維持するために仰向けに寝かせ両下肢を挙上する姿勢を取らせる。

【15】問1　死戦期呼吸　　問2　a　○　　b　×　　c　×　　d　○
○**解説**○　問1　心肺停止から時間が経つにつれて助かる確率は低くなるため，救命で最も大切なのは，早期に質の高い心臓マッサージとAEDを開始することである。突然の心停止直後に，しゃくりあげるようなとぎれとぎれの呼吸がみられるときは，死線期呼吸と呼ばれるもので，普段どおりの呼吸ではないため，ただちに胸骨圧迫を開始する必要がある。　　問2　b　10秒以内で胸と腹の動きを観察し，普段どおりの呼吸かどうかの判断に迷う場合，又はわからない場合も心停止とみなして，ただちに胸骨圧迫を開始する。　　c　胸の左右の真ん中にある胸骨の下半分を圧迫する。

【16】(1)　ア　　(2)　ウ　　(3)　エ　　(4)　ア　　(5)　イ　　(6)　ウ
(7)　ア　　(8)　オ　　(9)　イ，ウ
○**解説**○　(1)　歯の外傷は大きくは破折と脱臼に分けられる。歯の切断面から赤い歯髄が露出している場合は，早急な対処が必要である。また，脱臼は完全に歯が脱落する完全脱臼と，ずれが生じる不完全脱臼に分けられる。見た目では変化が見られなくても，歯にぐらつきが見られる場合は早急に受診する。歯の外傷は転倒した際に打ち付けることが多い上顎の前歯で特に多い。　　(2)　完全脱臼により脱落した歯は，歯の保存方法や治療までの時間等の応急処置により，元通りに定着する可能性がある。最も大切なのは歯根膜という歯の付け根の部分を乾燥させずに歯科医院まで運ぶことである。水道水で洗うことは歯根膜が取り除かれてしまう可能性があるので禁忌である。　　(3)　マダニは野生動物が多く出没する場所に生息していることが多いが，民家の裏庭や裏山，畑などにも生息している。刺されたことにより，マダニの口先が体内に残り可能する可能性や，マダニを介して起こる感染症(重症熱性血小板減少症候群など)の可能性がある。重症熱性血小板減少症候群の症状は，発熱，消化器症状，頭痛，筋肉痛であり，症状が進行してくると意識障害等の神経症状や歯肉出血や下血などの出血症状が見

られる。野外でのアクティビティの際には，マダニ被害を防ぐために
は皮膚を露出しない服装や，虫除けの使用などが効果的である。
(4)　体循環と肺循環などを総称して血液の循環という。体循環にかか
る時間は約20秒，肺循環にかかる時間は3～4秒である。全身をめぐる
血液量は全体重の8％ほどであり，全血液量の20％以上を失うとショ
ック症状が現れるとされている。赤血球は血液内に存在する血液細胞
の一種である。　(5)　それぞれの出血の種類による色の違いは血中ヘ
モグロビンの酸素飽和度に由来している。酸素飽和度の高い動脈から
出血する動脈性出血は鮮赤色，酸素飽和度の低い静脈からの出血であ
る静脈性出血は暗紅色，毛細血管性出血は赤色(動脈性出血と静脈性出
血の中間のような色)である。　(6)　鼻出血で出血しやすい鼻中隔粘
膜のことをキーゼルバッハ部位といい，細かい血管が豊富に巡らされ
ているため，出血を起こしやすい。頭部を打っての鼻出血の場合，頭
蓋低骨折などが疑われるため，可能な限り早く病院での受診が必要で
ある。　(7)　骨折は皮膚に傷のない非解放性骨折と骨折部とつながる
傷のある解放性骨折に分けられる。骨折した手足の末梢を観察できる
ように手袋や靴，靴下などは外す必要がある。　(8)　眼球打撲などで
は頭痛や吐き気など全身症状を引き起こすこともある。　(9)　眼球へ
直接当たるような小さいものが当たった場合に起こる前眼部損傷で
は，黒目に傷がついたり，前房出血などにより目の痛みや充血，視力
低下などがみられたりする。大きなものが当たった場合に起こる後眼
部損傷では，網膜振とう症，網膜出血や網膜剥離などが起こり，視力
低下や視野欠損などが見られる。また，目の周りを囲む骨が折れて眼
球運動に支障をきたす眼窩底骨折や結膜下出血を起こすこともある。

【17】問1　①　直接圧迫　　②　意識障害　　③　冷却　　④　挙上
　　　　⑤　乾燥　　⑥　再植　　⑦　流水　　⑧　熱中症　　⑨　動脈
　　　問2　A　激痛　　B　出血　　C　広範囲
○**解説**○　問1　学校における応急処置・対応は，公衆衛生学的には2次予
　　　防に位置づけられる。日頃から健康づくりや疾病予防，傷害防止によ
　　　って児童生徒の健康水準を高く保つ1次予防を前提としつつ，発生し
　　　た健康の破綻状態に対していち早く判断し，処置・対応することによ

って生命の危機はもとより，症状の悪化，後遺症の残存を予防するための必須のプロセスである。　(1)　けが直後に出血を認める場合は直ちにその場で「圧迫止血処置」を行う。滅菌ガーゼ等で止血あるいは血を拭きとって傷口よく観察することも重要である。　(2)　頭部を強打し脳自体に障害が及ぶと，多くの場合何等かの意識障害がおこる。その障害の程度は，脳が受けた損傷の程度にほぼ比例していると考えられている。　(3)　運動器疾患・外傷が発生した場合，応急処置(RICE処置)を実施する。RICE処置とは，ケガの応急処置の4つの原則(安静：Rest，冷却：Icing，圧迫：Compression，挙上：Elevation)の頭文字をとった言葉である。受傷直後からRICE処置を実施することで，腫脹を軽減し止血や疼痛の緩和効果があり，損傷範囲の悪化を予防し早期治癒や後遺症の発生を減らすことができる。　(4)　歯が脱落する完全脱臼の処置は，脱落した歯の汚染状態，脱落した場所(室内か屋外か)，脱落からの時間，保存液の有無などを調べ，直ちに保存液に浸す。保存液が無い場合は生理的食塩水或いは牛乳などに浸し早急に受診する。歯根と歯槽骨を結ぶ歯根膜は乾燥に弱いため，脱落した歯が保存可能か否かは，処置までの時間が大きく影響する。　(5)　熱傷受傷直後の応急手当は熱源との遮断を行い，局所を冷却することである。これは熱源から離れても熱エネルギーが真皮にとどまり組織を損傷し続けることを回避するためである。小範囲の熱傷例では流水(水道水)で10分程度の冷却を実施する。受傷直後に衣服を脱がすと皮膚が剥離する場合があるため，衣服の上から冷却する必要がある。　(6)　熱中症の応急処置では，深部体温の冷却が必要となる。体表近くの頚部の両側，腋の下，足の付け根の前面(鼠径部)等，太い動脈や静脈，動静脈吻合部等を冷やすのが効果的であるとされている。保冷剤や氷枕を濡れたタオルでくるんで当て，皮膚を通して血液を冷やし，結果として体内を冷やすことができる。また，冷やした水分(経口補水液)を摂らせることは，深部体温を冷却するとともに水分補給にもなる。

問2　救急車の要請の判断は，意識の有無，呼吸の有無，けいれんや痛みの状態，出血状況，けがの状態等観察を迅速に行う。

【18】 ① 乾燥　② 歯根膜　③ 浸透圧　④ 自由　⑤ 3
⑥ 2　⑦ 1

○**解説**○ ①～③　歯の外傷で，歯が抜けたり破折したりした場合には，歯の保存方法や治療までの時間等の応急処置により，元通りに定着する可能性がある。最も大切なのは，歯根膜という歯の付け根の部分を乾燥させずに，歯科の医療機関まで運ぶことである。保存液がない場合は，生理的食塩水や牛乳などに浸して早急に受診する。水道水で洗うことや汚れをティッシュなどで拭くことは，歯根膜が取り除かれてしまう可能性があるので，禁忌である。　④～⑦　学校の管理下で起こった怪我などの治療費は，日本スポーツ振興センターの災害共済給付が適応となるが，保険診療分が対象である。歯科の分野は特に自由診療での治療の選択肢が取れる場合が多いので，混同しないようにしておくこと。令和3(2021)年より，歯牙欠損見舞金が支給されることとなり，これまで障害見舞金の対象外だった1本の歯牙欠損も対象となることとなったが，これは，歯牙の欠損が発音や摂食，審美に影響を及ぼすことからである。

【19】 (1)　運搬　(2)　イ，エ　(3)　オ　(4)　10　(5)　①

○**解説**○ (1)　「応急手当」は，高等学校学習指導要領の保健領域の「安全な社会生活」の項の一つで，出題の「応急手当の意義」のほか，「日常的な応急手当」，「心肺蘇生法」とで構成されている。本内容は，様々な事故等の発生には人的要因や環境要因が関わること，交通事故などの事故の防止には，周囲の環境などの把握や適切な行動が必要であること，安全な社会の形成には，個人の安全に関する資質の形成，環境の整備，地域の連携などが必要であること，また，個人が心肺蘇生法を含む応急手当の技能を身に付けることに加え，社会における救急体制の整備を進める必要があることなどを中心としている。
(2)　規制の対象とならないのは，アは「水銀体温計・電子体温計により腋下で体温を計測すること，及び耳式電子体温計により外耳道で体温を測定すること」，ウは「耳垢を除去すること(耳垢塞栓の除去を除く)」，オは「ストマ装具のパウチにたまった排泄物を捨てること(肌に密着したパウチの取り替えを除く)」の場合である。　(3)　脾臓は左

上腹部にあるため，胃の辺りを強打すると，脾臓が損傷を受け，脾臓を覆う膜や内部の組織が裂けることがあり，大出血を起こすことがある。　(4)　呼吸の確認を10秒としているのは，直ちに救命措置を行うことで傷病者の回復につなげるためである。　(5)　薬剤をすりこんだり薄く塗ったりすると，肝心な場所に薬がつかないことから，外用薬はすりこまずに塗り伸ばすこととされる。

【20】②

○**解説**○　ア　溺れた際は，口腔内に水が残っていなければ無理に水を吐かせる必要はなく，まず心肺蘇生法を実施する。無理に腹部を圧迫することで吐き戻した水が気管に入る原因ともなる。　イ　目に刺さった異物は取り除かずそのまま医療機関へ搬送する。　ウ　気道閉塞時は本人により咳を続けさせることが最も効果的である。腹部突き上げ法は内臓を損傷する可能性があるため，試みた場合は救急隊や医師へ伝える。　エ　エピペン®を使用するタイミングとして「息がしにくい」は正しい。その他，繰り返す嘔吐や，ゼーゼーとした呼吸，ショック状態など，エピペン®を使用するタイミングは押さえておこう。　オ　ヘビに咬まれた場合は，毒のまわりを早めないためにも安静を保ち，できるだけ早く医療機関を受診する。また，ヘビの種類を判別することが治療にあたり重要なため，できるだけ特徴を捉えるか，写真などを撮れるとよい。

感染症・疾病・アレルギー・熱中症

● 感染症・疾病・アレルギー・熱中症

学習のポイント

　学校は児童生徒が集団での生活の中で学び合うところである。免疫力の低い子どもたちが，集団で密着した生活をするということから，学校ではひとたび流行性の感染症が発生すると流行になりやすい。そのため，学校保健安全法の第2章第4節(第19条〜第21条)で「感染症の予防」について規定されている。そして詳細は，学校保健安全法施行規則等で定められている。感染症および食中毒は，学校だけで予防措置をとることができるものではなく，保健所などとの連携が必要となる。そこで，学校保健安全法以外に「感染症の予防及び感染症の患者に対する医療に関する法律」，その他感染症の予防に関して規定する法律(予防接種法，結核予防法など)に定めるものにも留意する必要がある。臨時休業については，「学校の設置者は，感染症の予防上必要があるときは，臨時に，学校の全部又は一部の休業を行うことができる」と，学校保健安全法第20条に規定されている。

感染症

【1】次は,「学校において予防すべき感染症の解説」(平成30年3月 日本学校保健会)の「Ⅱ 学校における感染症への対応 2.学校における感染症への対応 2)出席停止と臨時休業」をまとめたものです。下線部①～③の正誤の組み合わせとして正しいものを,以下の1～4の中から1つ選びなさい。

　　学校保健安全法には,学校における感染症の予防に関する規定があり,その主となるものは,出席停止と臨時休業である。その目的は,感染症の拡大防止にある。

　　①校長は,学校において予防すべき感染症にかかっている,かかっている疑いがある,又はかかるおそれのある児童生徒等に対して,出席を停止することができる。また,②校長は,感染症の予防上必要があるときは,学校の全部又は一部の休業を行うことができる。

　　③校長は,出席停止が行われた場合や学校の休業を行った場合は,保健所に連絡しなければならない。

1　①　○　　②　×　　③　×　　　2　①　○　　②　×　　③　○
3　①　×　　②　○　　③　○　　　4　①　×　　②　○　　③　×

【2】「学校において予防すべき感染症の解説」(平成30(2018)年3月発行 公益財団法人 日本学校保健会)に示されている内容について,問いに答えよ。

　　次の文は,「Ⅲ 感染症各論」に示されている内容の一部である。文中の(A)～(J)に当てはまる語句を,それぞれ以下の1～5から1つ選べ。ただし,同じ記号には同じ語句が入るものとする。

○　第(A)種の感染症

　空気感染又は(B)するもので，児童生徒等のり患が多く，学校において流行を広げる可能性が高い感染症を規定している。(C)期間の基準は，感染症ごとに個別に定められている。ただし，病状により学校医その他の医師において感染のおそれがないと認めたときは，この限りではない。

・(D)

　急激に発症し，流行は爆発的で短期間内に広がる感染症である。規模はいろいろだが，毎年流行している。しばしば変異(型変わり)を繰り返してきた歴史があり，今後とも注意を要する。合併症として，肺炎，脳症，中耳炎，心筋炎，筋炎などがある。特に幼児，高齢者などが重症になりやすい。

潜伏期間	平均(E)
感染経路・感染期間	(B)。(F)もある。感染期間は発熱1日前から3日目をピークとし7日目頃まで。しかし低年齢患児では長引くという報告がある。

○　その他の感染症(第三種の感染症として扱う場合もある)

・(G)(とびひ)

　(H)などの皮膚感染によって，紅斑，水疱，びらん及び厚い痂皮ができる疾患。夏期に多く，乳幼児に好発する。

病原体	主として(H)やA群溶血性レンサ球菌
感染経路	(F)。痂皮にも感染性が残っている。
登校(園)の目安	(C)の必要はないが，炎症状の強い場合や，(I)した部位が広い場合は，(J)ように指導する。

A　1　一　　　　　　　　　　2　二
　　3　三　　　　　　　　　　4　四
　　5　五
B　1　飛沫核感染　　　　　　2　経口感染
　　3　塵埃感染　　　　　　　4　飛沫感染
　　5　接触感染
C　1　学級閉鎖　　　　　　　2　学年閉鎖
　　3　休校措置　　　　　　　4　臨時休業
　　5　出席停止
D　1　インフルエンザ　　　　2　百日咳

```
   3  結核              4  RSウイルス感染症
   5  マイコプラズマ感染症
E  1  1日(1−2日)        2  2日(1−4日)
   3  3日(2−5日)        4  4日(3−6日)
   5  5日(3−7日)
F  1  飛沫核感染         2  経口感染
   3  塵埃感染           4  飛沫感染
   5  接触感染
G  1  伝染性膿痂疹       2  帯状疱疹
   3  水痘              4  麻しん
   5  伝染性紅斑
H  1  伝染性軟属腫ウイルス  2  カンジダ
   3  黄色ブドウ球菌      4  エンテロウイルス
   5  サルモネラ菌
I  1  腫脹              2  化膿
   3  出血              4  隆起
   5  発疹
J  1  マスクを着用する    2  他人に触れない
   3  密な場所に行かない  4  傷に直接触らない
   5  傷を冷やし続ける
```

┃ 2024年度 ┃ 奈良県 ┃ 難易度 ▉▉▉□□□

【3】次は，学校保健安全法施行規則の一部である。次の(a)～
(l)にあてはまることばをそれぞれ記せ。なお，同じアルファベッ
トには同じことばが入るものとする。

> 第19条　令第6条第2項の出席停止の期間の基準は，前条の感染
> 症の種類に従い，次のとおりとする。
> 一　第1種の感染症にかかつた者については，(a)するまで。
> 二　第2種の感染症(結核及び髄膜炎菌性髄膜炎を除く。)にかか
> つた者については，次の期間。ただし，病状により(b)
> その他の医師において感染のおそれがないと認めたときは，
> この限りでない。

イ　インフルエンザ(特定鳥インフルエンザ及び新型インフルエンザ等感染症を除く。)にあつては，発症した後5日を経過し，かつ，(c)した後2日(幼児にあつては，3日)を経過するまで。

ロ　(d)にあつては，特有の咳が消失するまで又は5日間の適正な抗菌性物質製剤による(e)が終了するまで。

ハ　麻しんにあつては，(c)した後3日を経過するまで。

ニ　流行性耳下腺炎にあつては，耳下腺，(f)又は舌下腺の(g)が発現した後5日を経過し，かつ，(h)が良好になるまで。

ホ　(i)にあつては，発しんが消失するまで。

ヘ　水痘にあつては，すべての発しんが(j)するまで。

ト　咽頭結膜熱にあつては，主要症状が消退した後2日を経過するまで。

チ　(k)にあつては，発症した後5日を経過し，かつ，症状が(l)した後1日を経過するまで。

┃2024年度┃山梨県┃難易度■■■□□

【4】学校において予防すべき感染症について，次の(1)，(2)の各問いに答えなさい。

(1)　次の文は，学校保健安全法施行規則(昭和33年文部省令第18号)の条文である。文中の(①)～(⑪)に入る語句を答えよ。

【第19条】　令第6条第2項の出席停止の期間の基準は，前条の感染症の種類に従い，次のとおりとする。

一　第一種の感染症にかかつた者については，治癒するまで。

二　第二種の感染症(結核及び(①)を除く。)にかかつた者については，次の期間。ただし，病状により学校医その他の医師において感染のおそれがないと認めたときは，この限りでない。

イ　インフルエンザ(特定鳥インフルエンザ及び新型インフルエンザ等感染症を除く。)にあつては，発症した後5日を経過し，かつ，解熱した後(②)(幼児にあつては，3日)を経過

するまで。

ロ 百日咳にあつては，（ ③ ）が消失するまで又は5日間の適正な抗菌性物質製剤による治療が終了するまで。

ハ 麻しんにあつては，解熱した後（ ④ ）を経過するまで。

ニ （ ⑤ ）にあつては，耳下腺，顎下腺又は舌下腺の腫脹が発現した後5日を経過し，かつ，（ ⑥ ）が良好になるまで。

ホ 風しんにあつては，発しんが消失するまで。

ヘ 水痘にあつては，すべての発しんが（ ⑦ ）するまで。

ト 咽頭結膜熱にあつては，主要症状が消退した後2日を経過するまで。

チ 新型コロナウイルス感染症にあつては，発症した後5日を経過し，かつ，症状が軽快した後（ ⑧ ）を経過するまで。

三 結核，（ ① ）及び第三種の感染症にかかつた者については，病状により学校医その他の医師において感染のおそれがないと認めるまで。

四 第一種若しくは第二種の感染症患者のある家に居住する者又はこれらの感染症にかかつている疑いがある者については，（ ⑨ ）の施行の状況その他の事情により学校医その他の医師において感染のおそれがないと認めるまで。

五 第一種又は第二種の感染症が発生した（ ⑩ ）から通学する者については，その発生状況により必要と認めたとき，学校医の意見を聞いて適当と認める期間。

六 第一種又は第二種の感染症の（ ⑪ ）を旅行した者については，その状況により必要と認めたとき，学校医の意見を聞いて適当と認める期間。

(2) 次の感染症の中で，感染経路に空気感染が含まれるものをア〜クから3つ選び記号で答えよ。

ア インフルエンザ　イ 百日咳　ウ 麻しん
エ 風しん　　　　　オ 水痘　　カ 咽頭結膜熱
キ 結核　　　　　　ク EBウイルス感染症

2024年度 佐賀県 難易度

【5】次の表は学校保健安全法施行規則第18条及び第19条に定められている感染症の種類と出席停止の期間の基準についてまとめたものである。空欄 a ～ e にあてはまる語句を以下の語群1～8のうちから1つずつ選びなさい。なお，1つの語句は1度しか使えないものとする。

表

	感染症の種類	出席停止の期間の基準
第1種	（略）	治癒するまで。
第2種	インフルエンザ※1	発症した後5日を経過し，かつ，解熱した後2日（幼児にあっては，3日）を経過するまで。
	百日咳	特有の咳が消失するまで又は5日間の適正な抗菌性物質製剤による治療が終了するまで。
	麻しん	a を経過するまで。
	流行性耳下腺炎	耳下腺，顎下腺又は舌下腺の腫脹が発現した後5日を経過し，かつ， b まで。
	風しん	c まで。
	水痘	d まで。
	咽頭結膜熱	e を経過するまで。
	新型コロナウイルス感染症※2	発症した後5日を経過し，かつ，症状が軽快した後1日を経過するまで。
	結核 髄膜炎菌性髄膜炎	病状により医師において感染のおそれがないと認めるまで。
	ただし，病状により学校医その他の医師において感染のおそれがないと認めたときは，この限りではない。	
第3種	（略）	病状により医師において感染のおそれがないと認めるまで。

※1　特定鳥インフルエンザを除く。
※2　病原体がベータコロナウイルス属のコロナウイルス（令和2年1月に，中華人民共和国から世界保健機関に対して，人に伝染する能力を有することが新たに報告されたものに限る。）であるものに限る。

[語群]

1　主要症状が消退した後2日　　2　発症した後5日
3　解熱した後5日　　　　　　　4　すべての発しんが痂皮化する
5　主要症状が軽快した後3日　　6　解熱した後3日
7　発しんが消失する　　　　　　8　全身状態が良好になる

【6】「学校において予防すべき感染症の解説〈平成30(2018)年3月発行〉」
(公益財団法人　日本学校保健会)に示されている内容に関する次の(1),
(2)の問いに答えなさい。

(1)　次の各文は，出席停止について述べたものである。適当なものを
次の①～⑤のうちから全て選びなさい。

① 　インフルエンザの「発症した後5日を経過」については，症状
が出た日を1日目として数える。

② 　急性灰白髄炎(ポリオ)は，急性期の症状が治癒又は固定するま
で出席停止とし，まひが残る慢性期については出席停止の必要は
ない。

③ 　流行性耳下腺炎は「耳下腺，顎下腺又は舌下腺の腫脹が発現し
た後5日を経過し，かつ全身状態が良好」はなった後でも，耳下
腺等の腫脹が続いている場合，登校(園)はできない。

④ 　流行性耳下腺炎の「耳下腺，顎下腺又は舌下腺の腫脹が発現し
た後5日を経過」については，最後の腫脹が発現した日を起点に
数える。

⑤ 　第三種の感染症に分類されている「その他の感染症」として出
席停止の指示をするかどうかは，感染症の種類や各地域，学校に
おける感染症の発生・流行の態様等を考慮の上で判断する必要が
あるため，必ず出席停止を行うべきというものではない。

(2)　次の文章は，空気感染(飛沫核感染)について述べたものである。
文中の(ア)～(エ)にあてはまる組合せとして最も適当なも
のを①～⑥のうちから一つ選びなさい。

・ 　空気感染は，空気中の塵や飛沫核((ア)μm以下の微粒子；
空気中を1m以上浮遊)を介する感染である。すなわち，感染して
いる人が咳やくしゃみ，会話をした際に，口や鼻から飛散した病
原体がエアロゾル化し，感染性を保ったまま空気の流れによって
拡散し，同じ空間にいる人もそれを吸い込んで感染する。

・ 　空気感染する感染症には，(イ)，麻しんや(ウ)などが
ある。麻しんや(ウ)は感染力が強く，予防接種を受けること
が感染症の発症予防や感染拡大を防ぐための重要な手段となる。
なお，空気感染する感染症であっても，飛沫感染や(エ)の経

路でも感染が拡がることがあるため，咳エチケットや手洗いは感染症対策として重要である。

	ア	イ	ウ	エ
①	5	結核	水痘	接触感染
②	10	結核	水痘	接触感染
③	10	水痘	結核	経口感染
④	5	結核	風しん	接触感染
⑤	5	結核	風しん	経口感染
⑥	10	水痘	風しん	接触感染

▌2024年度 ▌千葉県・千葉市 ▌難易度 ▉▉▉□□□

【7】「学校保健安全法」の「第24条」では，「感染性又は学習に支障を生ずるおそれのある疾病で政令で定めるものにかかり，学校において治療の指示を受けたときは，当該児童又は生徒の保護者で次の各号のいずれかに該当するものに対して，その疾病の治療のための医療に要する費用について必要な援助を行うものとする」とされている。第24条に示されている政令で定める疾病として適切でないものを，次の①～⑥の中から一つ選べ。

① トラコーマ及び結膜炎

② 白癬，疥癬及び膿痂疹

③ 中耳炎

④ 急性副鼻腔炎及びアデノイド

⑤ 齲歯

⑥ 寄生虫病(虫卵保有を含む。)

▌2024年度 ▌岐阜県 ▌難易度 ▉▉▉□□□

【8】感染症について，次の各問いに答えなさい。

(1) 感染症の病原体について，次の選択肢から正しいものを2つ選び，記号で答えなさい。

　ア 麻しんの病原体は，エンテロウイルスである。

　イ 咽頭結膜熱の病原体は，アデノウイルスである。

　ウ 急性出血性結膜炎の病原体はロタウイルスである。

　エ 手足口病の病原体はヒトパルボウイルスである。

　オ 流行性耳下腺炎の病原体は，ムンプスウイルスである。

(2) 「学校において予防すべき感染症の解説〈平成30(2018)年3月発行〉

(公益財団法人　日本学校保健会)」に記載されている流行性耳下腺炎について，下線部が正しいものを○，正しくないものを×とした場合，正しい組合せを以下の選択肢から1つ選び，記号で答えなさい。

全身の感染症だが耳下腺の腫脹が主症状で，顎下腺や舌下腺なども腫れる。腫れは2-3日でピークに達し，3-7日間，長くても①14日間で消える。痛みを伴い，酸っぱいものを飲食すると強くなる。また，約100人に1人が無菌性髄膜炎を，500-1,000人に1人が不可逆性の②難聴を，3,000-5,000人に1人が③急性肝炎を併発する。急性膵炎を合併することもある。思春期以降では，④卵巣炎の合併が多い。

ア	①—×	②—×	③—×	④—○
イ	①—○	②—×	③—○	④—×
ウ	①—×	②—○	③—○	④—×
エ	①—○	②—×	③—○	④—○
オ	①—×	②—○	③—×	④—×

(3)　学校保健安全法施行規則第19条で定められている出席停止の期間の基準について，(　　)に当てはまる語句または数字を，以下の選択肢からそれぞれ1つずつ選び，記号で答えなさい。

第一種の感染症にかかつた者については，(　①　)まで

ア　症状が消失する　　イ　治癒する　　ウ　寛解する

百日咳にあつては，特有の咳が消失するまで又は(　②　)日間の適正な抗菌性物質製剤による治療が終了するまで

ア　五　　イ　七　　ウ　十

麻しんにあつては，(　③　)三日を経過するまで

ア　発症した後　　イ　発疹消失後　　ウ　解熱した後

咽頭結膜熱にあつては，主要症状が消退した後(　④　)日を経過するまで

ア 二 イ 五 ウ 七

> 新型コロナウイルス感染症にあつては，発症した後(⑤)
> 日を経過し，かつ，症状が(⑥)1日を経過するまで

ア 一 イ 二 ウ 五 エ 軽快した後
オ 消失した後

(4) 「教職員のための指導の手引～UPDATE!エイズ・性感染症～(平成
30年3月発行 公益財団法人 日本学校保健会)」に記載されている
梅毒の内容について，正しいものを次の選択肢から1つ選び，記号
で答えなさい。

ア 妊娠中に梅毒に感染し，治療しないまま出産すると，生まれた
子供に「潜伏梅毒」という全身の病気が見つかることがある。

イ エイズと比べて感染力は弱い。

ウ リンパ節が腫れたり性器の皮膚に小さく硬い盛り上がりができ
たりする症状が出るまで2～3週間，皮膚に赤い斑点が出るには数
年かかる。

エ 梅毒トレポネーマという病原体が病変のある部位と接触するこ
とで，粘膜や傷から血液に入って感染する。

▌2024年度▐ 宮崎県 ▌難易度▐■■■□□

【9】「学校において予防すべき感染症の解説」(平成30年3月 公益財団
法人日本学校保健会)の内容について，次の各問いに答えなさい。

(1) 感染症に関する基本的理解について，次の各文の空欄(①)～
(⑥)に当てはまる最も適当な語句をそれぞれ答えなさい。

> ・(①)，感染経路，(②)の三つを，感染症成立のための
> 三大要因という。
> ・主な感染経路には，(③)感染，(④)感染，(⑤)感
> 染，(⑥)感染，節足動物媒介感染等がある。

(2) 「標準予防策(standard precautions)」について説明しなさい。

▌2024年度▐ 京都府 ▌難易度▐■■■□□

308

【10】 次の1～4の問いに答えなさい。

1 次の文は,「新型コロナウイルス感染症の感染症法上の位置づけの
変更に伴う医療提供体制の移行及び公費支援の具体的内容について
(令和5年3月17日　厚生労働省新型コロナウイルス感染症対策推進
本部)」から抜粋したものである。説明文の下線部①～⑧について,
誤りのあるものを全て選んだ組み合わせを,以下のa～eの中から一
つ選びなさい。

9. その他

(1) 病原性が大きく異なる変異株が生じた場合の対応

○　感染症法上の位置づけの変更については,その変更前に改め
て,①厚生科学審議会感染症部会の意見を聴いた上で,予定し
ている時期に位置づけの変更を行うか最終確認した上で実施す
ることとしている。

○　新型コロナウイルス感染症の感染症法上の位置づけを変更し
た後に,②デルタ株とは大きく病原性が異なる変異株が出現す
るなど,科学的な前提が異なる状況になれば,ただちに必要な
対応を講じる。

○　具体的には,科学的知見や専門家の意見等を踏まえ,感染症
法上の③受診勧奨等の各種措置が必要になるかどうかも含めて
速やかに検討し,必要があると認められれば,新型コロナウイ
ルス感染症の発生時と同様に,この新たな変異株を,まずは感
染症法上の「④指定感染症」に位置づけることにより(政令で措
置),一時的に対策を強化する。

○　④指定感染症に位置付けたうえで,病状の程度が重篤で,全
国的かつ急速なまん延のおそれがあると認められる場合には,
厚生労働大臣から総理への報告を行い,⑤新型インフル特措法
に基づく政府対策本部及び都道府県対策本部を設置する。

※　新たな変異株の特性等によっては,ただちに「⑥2類」に
位置づけることもあり得る。

○　政府対策本部においては,⑦新しい生活様式を定め,その中
で,行動制限の要否を含めた感染対策について決定することと
なる。

●感染症・疾病・アレルギー・熱中症

○ 加えて，新たな変異株の特性なども踏まえ，これまでの対応の知見等も活用しつつ，必要な方が適切な医療にアクセスできるよう，各都道府県と連携し，⑧病床や外来医療体制の確保を行っていく。

a ①④⑤⑧　　b ②④⑤⑥　　c ③④⑥⑧

d ①⑤⑦⑧　　e ②③⑥⑦

2 次の表の(①)～(③)に当てはまる感染症を，以下のa～eの中からそれぞれ一つ選びなさい。

	(①)	(②)	(③)
潜伏期間	2－21日	主に2－7日（10日程度になる場合もある）	主に2－14日
感染経路	接触感染。ウイルスを保有している宿主（野生動物）はオオコウモリと推定されている。患者の血液，体液などの接触により感染。	飛沫感染，接触感染が主体。排出物からの経口（糞口）感染の報告もある。重症者における空気感染の可能性については議論の余地がある。現在のところ原因ウイルスは世界中で消失しており，疾患の発生はない。	ヒトコブラクダとの濃厚接触が感染リスクであると考えられている。ヒト-ヒト感染も報告されている。
主な症状	発熱，全身倦怠感，頭痛，筋肉痛，関節痛などで急に発病。腹痛，嘔吐，下痢，結膜炎が続く。2－3日で状態は急速に悪化し，粘膜出血と発しんが出現。6－9日で激しい出血とショック症状を呈し死に至ることがある。発病した場合の致死率は50～80％。	突然のインフルエンザ様の症状で発病。発熱，咳，息切れ，呼吸困難，下痢がみられる。肺炎や急性呼吸窮迫症候群（ARDS）へ進展し，死亡する場合もある。	無症状例から急性呼吸窮迫症候群を示す重症例まである。典型的には発熱，咳から始まり，急速に肺炎を発症する。

①

a	b	c	d	e
RSウイルス感染症	マイコプラズマ感染症	急性灰白髄炎（ポリオ）	エボラ出血熱	麻しん

②

a	b	c	d	e
ペスト	新型インフルエンザ感染症	重症急性呼吸器症候群	伝染性紅斑	細菌性赤痢

③

a	b	c	d	e
中東呼吸器症候群	特定鳥インフルエンザ	髄膜炎菌性髄膜炎	マールブルグ病	水痘（みずぼうそう）

3 次の文は，「学校保健安全法施行規則(昭和33年6月13日文部省令第18号)」第19条(出席停止の期間の基準)の一部をまとめたものである。①～⑨の説明のうち，誤りのあるものを全て選んだ組み合わせを，以下のa～eの中からそれぞれ一つ選びなさい。

(1)

①	第一種の感染症にかかつた者については，治癒するまで。
②	インフルエンザ（特定鳥インフルエンザ及び新型インフルエンザ等感染症を除く。）にあつては，発症した後五日を経過，又は，解熱した後二日（幼児にあつては、三日）を経過するまで。
③	百日咳にあつては，特有の咳が消失するまで又は五日間の適正な抗菌性物質製剤による治療が終了するまで。
④	麻しんにあつては，解熱した後二日を経過するまで。

a ①②　　b ③④　　c ①③　　d ②④　　e ②③

(2)

⑤	流行性耳下腺炎にあつては，耳下腺，顎下腺又は舌下腺の腫脹が発現した後五日を経過，又は，全身状態が良好になるまで。
⑥	風しんにあつては，発しんが消失するまで。
⑦	水痘にあつては，すべての発しんが痂皮化するまで。
⑧	咽頭結膜熱にあつては，主要症状が消退した後二日を経過するまで。
⑨	結核，髄膜炎菌性髄膜炎及び第三種の感染症にかかつた者については，病状により感染症専門医その他の医師において感染のおそれがないと認めるまで。

a ⑤⑦⑨　　b ⑤⑨　　c ⑦⑧⑨　　d ⑥⑧　　e ⑤⑧

4 次の(1)，(2)の文は，「学校生活におけるアトピー性皮膚炎　Q＆A＜令和3年度改訂＞(公益財団法人日本学校保健会)」の一部を抜粋したものである。文中の(①)～(⑧)に当てはまる語句の正しい組み合わせを，以下のa～eの中からそれぞれ一つ選びなさい。ただし，( )の同じ番号には，同じ語句が入るものとする。

(1) 最も重要な原因は皮膚が(①)しやすい体質

アトピー性皮膚炎の一番の原因は，皮膚が(①)しやすい体質のために，汗や唾液など日常生活でのさまざまな刺激に敏感に

反応して皮膚が炎症を起こしやすくなることです。皮膚は体の一番表層にあり，様々な刺激や物質の侵入から体の内部を守り，また，体内の水分が（　②　）することを防いでいます。その一番外側で働いているのが角層と呼ばれる部分で，その働きは（　③　）機能とよばれます。アトピー性皮膚炎の人の皮膚は，この（　③　）機能が低下しています。つまり湿疹があるところだけでなく，一見正常に見えるところでも健康な人の皮膚に比べて皮膚表層の水分量が少なく，また物質が透過しやすくなっています。このことは，アトピー性皮膚炎の人がちょっとした刺激でも湿疹を生じやすく，一度生じた皮膚炎がなかなか治りにくいことと深く関係すると考えられています。また，（　③　）機能が低下すると，食物やダニなどの（　④　）も皮膚のなかに浸透してアレルギー反応を起こしやすいことがわかってきました。

　このように，アトピー性皮膚炎では，皮膚の（　③　）機能が低下しているところに様々な刺激や（　④　）が加わって湿疹を生じます。

	①	②	③	④
a	乾燥	揮発	恒常性	有害化学物質
b	感染	蒸散	恒常性	アレルゲン
c	乾燥	揮発	バリア	有害化学物質
d	感染	揮発	バリア	アレルゲン
e	乾燥	蒸散	バリア	アレルゲン

(2)　アトピー性皮膚炎の症状

・皮膚の（　⑤　）

　皮膚の（　⑤　）は患児が最もつらいと感じる症状です。（　⑤　）のために夜が眠れない，勉強に集中できないということは珍しくなく，適切な対処や治療によって皮膚の症状を良くして，（　⑤　）を軽減することは子供の成長のためにも大切です。

・アトピー性乾燥肌

　アトピー性皮膚炎では角質の水分量が低下して，乾燥肌になります。乾燥肌の状態では様々な刺激によって（　⑤　）を生じやすくなり，（　⑥　）ことによって湿疹を生じやすくなります。保湿剤などで皮膚に潤いを与えることは（　⑤　）の軽減と湿疹の予防

に効果があります。

・年齢とともに部位が変化する湿疹

　アトピー性皮膚炎は年齢とともに湿疹の出やすい場所が変化します。湿疹は体のどこにでも出現しますが，年齢ごとに下記のような傾向がみられます。

・乳児期(2歳未満)：顔や頭から湿疹が始まり，徐々に全身に赤みが広がっていきます。頭は分厚いフケがついたような湿疹が見られます。顔面はとくに(⑦)にジクジクとした湿疹が見られます。

・幼児期・学童期(2歳から12歳)：手首，足首，(⑧)，おしりなど擦れやすい場所に湿疹が見られます。また，全身ではカサカサした乾燥皮膚が見られます。

・思春期・成人期(13歳以上)：四肢の関節の部分だけではなく，より広範囲に湿疹が見られます。とくに顔，首，胸，背中など上半身に湿疹が強い傾向にあります。

	⑤	⑥	⑦	⑧
a	しびれ	引っ掻く	口まわりや頬	上肢や下腿
b	かゆみ	引っ掻く	口まわりや頬	肘や膝のくぼみ
c	かゆみ	冷やす	目と耳のまわり	上肢や下腿
d	しびれ	冷やす	目と耳のまわり	肘や膝のくぼみ
e	かゆみ	冷やす	目と耳のまわり	肘や膝のくぼみ

‖ 2024年度 ‖ 茨城県 ‖ 難易度 ▦▦□□

【11】次の(1)～(4)の問いに答えよ。

(1) 感染症が発生するには，その原因となる病原体の存在，病原体が宿主に伝播する(1)，そして病原体の伝播を受けた宿主に感受性があることが必要となる。(1)にあてはまる適切な語句を□□から一つ選び，番号で答えよ。

> 1　伝染経路　　2　浸透経路　　3　拡散経路
> 4　感染経路

(2) 空気感染する感染症を□□から一つ選び，番号で答えよ。

> 1　水痘　　2　MERS　　3　ペスト　　4　百日咳

(3) 「流行性耳下腺炎」の合併症として最も多いものを[　　]から一つ選び，番号で答えよ。

1　心筋炎　　2　ライ症候群　　3　肺炎　　4　髄膜炎

(4) 学校保健安全法施行規則第19条第3項「結核，髄膜炎菌性髄膜炎及び第3種の感染症にかかつた者については，病状により学校医その他の医師において感染のおそれがないと認めるまで。」にあてはまる感染症を[　　]から一つ選び，番号で答えよ。

1　急性灰白髄炎　　2　コレラ　　3　咽頭結膜熱 4　ジフテリア

‖ 2024年度 ‖ 愛知県 ‖ 難易度 ■■■□□

【12】次の文は，川崎病についての記述である。文中の下線部のうち，適切でないものを①〜⑤から選び，番号で答えよ。

　　主として，4歳以下の乳幼児に起こる原因不明の①炎症性疾患である。発熱，発疹，②結膜の充血，口唇および口の粘膜の発赤，③四肢末端の変化，リンパ節の腫張などを認める病気で，血管の炎症(血管炎)を起こしている症状とされる。最近では，典型的な症状が揃わないために診断と治療が遅れる④不全型に対する注意が向けられており，2019年に診断の手引きが改訂され，できるだけ早期診断し，治療を積極的に行うことが勧められている。一部の患児では心臓に後遺症を残す。もっとも多いのは⑤感染症心内膜炎である。

‖ 2024年度 ‖ 神戸市 ‖ 難易度 ■■■□□

【13】次の文章は，「学校において予防すべき感染症の解説〈平成30(2018)年3月発行〉(公益財団法人　日本学校保健会)　Ⅲ　感染症各論」の記載内容の一部である。文章中の下線部ア〜オのうち，適切であるものを「○」，適切でないものを「×」としたとき，その組合せの正しいものを，以下の①〜⑤の中から一つ選べ。

---

5)　溶連菌感染症(主にA群溶血性レンサ球菌感染症)
　　主にA群溶血性レンサ球菌が原因となる感染症である。扁桃炎など上気道感染症，皮膚感染症，猩紅熱などが主な疾患である。

特に注意すべき点は，本症がいろいろな症状を呈すること，合併症として_ア発症数日後にリウマチ熱，_イ腎炎を起こす場合があることである。そのため，全身症状が強いときは安静にし，確実な抗菌薬治療を受け，経過を観察する必要がある。

7) 咽頭結膜熱

発熱，結膜炎，咽頭炎を主症状とする疾患である。プール熱ともいわれるが，プールのみで感染するものではなく，_ウ空気・接触で感染する。夏期に多く，幼児から学童に好発する。発熱，咽頭炎，結膜炎などの主要症状が消退した後_エ2日を経過するまで出席停止とする。

11) 手足口病

口腔粘膜（くう）と四肢末端に_オ水疱性発しん（ほう）を生じる疾患である。毎年のように流行するが，時に大流行がみられる。流行のピークは夏季であり，乳幼児に好発する。原因となる病原ウイルスが複数あるため，再感染することもある。

	ア	イ	ウ	エ	オ
①	×	○	○	○	×
②	○	×	×	○	×
③	×	○	×	○	○
④	○	×	○	×	○
⑤	×	○	×	×	×

‖ 2024年度 ‖ 岐阜県 ‖ 難易度 ‖

【14】次の各文は，感染症について述べたものである。適切でないものを選びなさい。

①	流行性耳下腺炎は，合併症としては無菌性髄膜炎が多く，また不可逆的な難聴の原因としても注意すべきである。思春期以降のり患では，精巣炎，卵巣炎などの合併がある。
②	伝染性紅斑は，かぜ様症状の後に，顔面，頬部に蝶のような形の紅斑が，手足にはレース状の紅斑がみられ，発疹期には感染力がある。

③	感染性胃腸炎では，症状のある間が主なウイルスの排出期間であるが，回復後も数週にわたって便からウイルスが排出されることがある。
④	手足口病の感染経路は，飛沫感染，接触感染，経口感染である。
⑤	咽頭結膜熱の病原体は，アデノウイルスである。

▌ 2024年度 ▌ 福岡県・福岡市・北九州市 ▌ 難易度 ■■■□□□

【15】感染症について，次の[問1]，[問2]に答えよ。

[問1]　次の(1)～(3)の文は，学校において予防すべき第二種の感染症について説明したものである。それぞれの説明にあてはまる疾患名を書け。

(1)　潜伏期間は主に7～10日で，連続して咳き込んだ後，笛を吹くような音を立てて急いで息を吸うような，特有な咳発作が特徴で，本症状は長期にわたって続く。生後3か月未満の乳児では無呼吸発作，脳症などの合併症も起こりやすく，命に関わることがある。

(2)　潜伏期間は主に8～12日で，発熱，咳や鼻水などの呼吸器症状と眼球結膜の充血，目やに，特有な発疹の出る感染力の強い疾患である。ごくまれに罹患から数年後に発症する亜急性硬化性全脳炎(SSPE)の原因になることがある。

(3)　潜伏期間は主に4日以内で，発熱，頭痛，嘔吐を主症状とする疾患である。致命率は10%，回復した場合でも10～20%に難聴，麻痺，てんかんなどの後遺症が残る。その中でも急速に重症化が進む場合は，劇症型感染症(ウォーターハウス・フリードリヒセン症候群)とよばれる。

[問2]　次の文は，養護教諭が健康診断における結核検診の問診票を確認する際に使用したメモである。以下の(1)～(3)に答えよ。

○本人の罹患歴
　・なし
　→問題なし。
　・罹患歴があるが治癒し，治療終了から2年以上経過
　→経過観察でよい。

316

・罹患歴があるが治癒し，治療終了から2年経過していない
→医療機関や保健所に通っていれば経過観察でよい。通っ
ていなければ保健所に相談するよう指導する。

○本人の潜在性結核治療歴(予防投薬歴)

・なし

→問題なし。

・潜在性結核治療歴(予防投薬歴)があるが治療終了し2年以
上経過

→経過観察でよい。

・潜在性結核治療歴(予防投薬歴)があるが治療終了し2年経
過していない

→医療機関や保健所に通っていれば経過観察でよい。通っ
ていなければ保健所に相談するよう指導する。

○家族等の結核罹患歴

・なし

→問題なし。

・家族等の罹患歴がある

→医療機関や保健所で[①]や指導が行われていれば経過
観察でよい。未了であれば保健所に相談するよう指導す
る。

○結核高蔓延国での居住歴

過去3年以内に結核高蔓延国で[②]か月以上の滞在歴が
ある場合には，入学時また転入時に1回の精密検査(胸部X線検
査等)の対象となる。

○自覚症状(2週間以上続く咳・[③])

・なし

→問題なし。

・症状があるがすでに医療機関を受診した

→経過観察でよい。

・症状があるが受診していない

→受診を勧奨する。

> ○BCG接種歴
> 確認しておく。

(1) 文中の[①]〜[③]にあてはまる最も適切な語句または数字を書け。

(2) 文中の下線部について，既感染者に接種すると，接種後10日以内に接種部位に発赤・腫脹や化膿等が起こり，通常2週間〜1か月以内に治癒する。この現象を何というか，書け。

(3) 結核治療においては，服薬を続けることが重要であるため，保健所では服薬支援を行っている。この服薬支援のための取組を何というか，アルファベットで書け。

▌2024年度▕ 和歌山県 ▌難易度 ■■■■■□□

【16】感染症について，次の問いに答えなさい。

問1 次の「学校保健安全法施行規則の一部を改正する省令の施行について(通知)」(文部科学省：令和5年4月28日)に示されている(1)〜(3)の記述について，〔　〕内でそれぞれ当てはまる適当な語句を選択するとき，選択の組合せとして正しいものを，以下の①〜⑧から一つ選びなさい。

(1) 新型コロナウイルス感染症への感染が確認された児童生徒等に対する出席停止の期間は，「発症した後五日を経過し，かつ，症状が軽快した後〔a　一日／b　二日〕を経過するまで」を基準とすること。

(2) 「症状が軽快」とは，従来の社会一般における療養期間の考え方と同様，解熱剤を使用せずに解熱し，かつ，〔c　全身／d　呼吸器〕症状が改善傾向にあることを指すこと。

(3) 出席停止解除後，発症から10日を経過するまでは，当該児童生徒に対してマスクの着用を〔e　義務付ける／f　推奨する〕こと。

① a−c−e　　② a−c−f　　③ a−d−e　　④ a−d−f
⑤ b−c−e　　⑥ b−c−f　　⑦ b−d−e　　⑧ b−d−f

問2 学校保健安全法施行規則第18条に規定されている学校において予防すべき感染症のうち，第二種感染症に該当しないものを，次の

①～⑥から一つ選びなさい。

① 百日咳　② インフルエンザ(特定鳥インフルエンザを除く)
③ 麻しん　④ 流行性角結膜炎
⑤ 結核　⑥ 水痘

2024年度 | 石川県 | 難易度

【17】感染症について，次の(1)～(3)の問いに答えよ。

(1) 次の疾患は，「感染症の予防及び感染症の患者に対する医療に関する法律」(平成10年法律第114号)の第6条に掲げられている感染性の疾患の一部である。このうち，「一類感染症」に当てはまるものを次のア～カから全て選び，その記号を書け。

ア マールブルグ病　イ ジフテリア　ウ ペスト
エ コレラ　オ 結核　カ ラッサ熱

(2) 次の疾患は，「学校保健安全法施行規則」(昭和33年文部省令第18号)の第18条に掲げられている，学校において予防すべき感染症の一部である。このうち，「第一種」に当てはまるものを次のア～カから全て選び，その記号を書け。

ア 細菌性赤痢　イ エボラ出血熱
ウ 腸チフス　エ 腸管出血性大腸菌
オ 急性灰白髄炎　カ 髄膜炎菌性髄膜炎

(3) 「学校において予防すべき感染症の解説」(平成30年3月公益財団法人日本学校保健会)に照らして，次の①～③の問いに答えよ。

① 咽頭結膜炎について，次の文中の(　　)に当てはまる病原体名を書け。

> (　　)による発熱，結膜炎，咽頭炎を主症状とする疾患である。感染経路は，飛沫感染，接触感染であるが，塩素消毒が不十分なプールでの目の結膜からの感染もある。主要症状が消退した後2日を経過するまで出席停止となる。

② 食中毒について，次の文に当てはまる細菌を以下のア～カから一つ選び，その記号を書け。

> 　下痢, 血便, 嘔吐, 発熱を症状とする, 食中毒における
> 急性細菌性腸炎である。発症数週間後にギランバレー症候
> 群を併発することもある。

　ア　腸炎ビブリオ　　　　イ　黄色ブドウ球菌
　ウ　セレウス菌　　　　　エ　腸管出血性大腸菌
　オ　カンピロバクター　　カ　ボツリヌス菌

③　ノロウイルスによる感染性胃腸炎について, 次のア〜カの正誤
　の組合せとして最も適切なものを以下のA〜Fから一つ選び, そ
　の記号を書け。

> 　ア　嘔吐と下痢が突然始まる。
> 　イ　春〜夏にかけて, 乳幼児の感染が多い。
> 　ウ　感染経路は, 空気感染(塵埃感染), 飛沫感染, 接触感染,
> 　　経口(糞口)感染である。
> 　エ　り患した乳幼児は時に下痢便が白くなることもある。
> 　オ　多くは10〜14日で治る。
> 　カ　脱水に対する予防や治療が最も大切である。

	ア	イ	ウ	エ	オ	カ
A	正	誤	誤	誤	正	正
B	誤	誤	誤	正	誤	誤
C	正	正	正	誤	正	正
D	誤	正	誤	正	誤	誤
E	正	誤	正	誤	誤	正
F	誤	正	正	正	正	誤

‖ 2024年度 ‖ 鹿児島県 ‖ 難易度 ■■■■■□□

【18】感染症について, 次の問いに答えなさい。
　1　主な感染経路には, 空気感染, 飛沫感染, 接触感染などがある。
　　次の問いに答えなさい。
　　(1)　接触感染について, 簡潔に説明しなさい。
　　(2)　接触感染する可能性のある, 目に関わる感染症のうち,「学校

保健安全法施行規則」(令和5年5月8日施行)「第18条第2項」で示
されている感染症を, 一つ書きなさい。

2   「学校における新型コロナウイルス感染症に関する衛生管理マニ
ュアル」(2023.5.8〜)に示されている感染症対策について, 次の問い
に答えなさい。

(1)   学校生活において, 児童・生徒が感染症対策のために手洗いを
する具体的な場面を, 三つ簡潔に書きなさい。

(2)   手洗いに関して学校で指導する内容を, 二つ簡潔に書きなさい。

(3)   咳エチケットについて, 目的と留意点を簡潔に説明しなさい。

3   次の文は,「学校保健安全法施行規則」(令和5年5月8日施行)
「第19条第2項」で示されている出席停止の期間の基準の一部である。

> イ   インフルエンザ(特定鳥インフルエンザ及び新型インフルエ
> ンザ等感染症を除く。)にあつては, (①)した後(②)
> 日を経過し, かつ, (③)した後(④)日(幼児にあつて
> は, (⑤)日)を経過するまで。
> ハ   麻しんにあつては, (⑥)した後(⑦)日を経過するま
> で。
> チ   新型コロナウイルス感染症にあつては, (⑧)した後
> (⑨)日を経過し, かつ, _ア症状が軽快した後(⑩)日を
> 経過するまで。

(1)   空欄(①)〜(⑩)にあてはまる語句や数字を, それぞれ
書きなさい。ただし, 同じ語句や数字が入る場合がある。

(2)   下線部アについて, 具体的にはどのような状態を指すか, 簡潔
に書きなさい。

‖ 2024年度 ‖ 山形県 ‖ 難易度 ▓▓▓▓▓▓□□□

【19】感染症について, 次の問いに答えなさい。

(1)   次の文章は, 学校保健安全法施行規則第21条である。(①)〜
(③)に当てはまる語句をア〜ケから選び, 記号で答えなさい。

(感染症の予防に関する細目)

第21条   校長は, 学校内において, 感染症にかかつており, 又はか

かつている疑いがある児童生徒等を発見した場合において，必要
と認めるときは，(　①　)に診断させ，法第19条の規定による出
席停止の指示をするほか，消毒その他適当な処置をするものとす
る。

2　校長は，学校内に，感染症の(　②　)に汚染し，又は汚染した疑
いがある物件があるときは，消毒その他適当な処置をするものと
する。

3　学校においては，その附近において，第一種又は第二種の感染
症が発生したときは，その状況により適当な(　③　)を行うもの
とする。

ア　学校医　　イ　主治医　　ウ　保健所長　　エ　病原体
オ　病毒　　　カ　感染源　　キ　保健指導　　ク　環境整備
ケ　清潔方法

(2)　次の文章は，学校において予防すべき感染症の考え方について述
べたものである。適切であるものを○，適切でないものを×とした
場合，組合せとして正しいものをア〜オから選び，記号で答えなさ
い。

a　各感染症の出席停止の期間は，感染様式と疾患の特性を考慮し
て，人から人への感染力を有する程度に抗体が排出されている期
間を基準としている。

b　診断は，診察に当たった医師が，身体症状及びその他の検査結
果等に基づいて行われるものであるので，学校から特定の検査等
の実施(例えば，インフルエンザ迅速診断検査やノロウィルス検
査)を求める必要がある。

c　感染症の拡大を防ぐためには，患者は，他人に容易に感染させ
る状態の期間は，集団の場を避け，健康が回復するまで治療や休
養の時間を確保することが必要である。

d　第一種の感染症は，「感染症の予防及び感染症の患者に対する医
療に関する法律」の一類感染症と麻しんを除く二類感染症を規定
している。出席停止の期間の基準は，「治癒するまで」である。

e　第二種の感染症は，空気感染，または飛沫感染するもので，児
童生徒等のり患が多く，学校において流行を広げる可能性が高い

感染症を規定している。出席停止期間の基準は，感染症ごとに個別に定められているため，これを遵守する。

f　第三種の感染症は，学校教育活動を通じ，学校において流行を広げる可能性がある感染症を規定している。出席停止期間の基準は，病状により学校医その他の医師において感染の恐れがないと認められるまでである。

ア　a ○　　b ○　　c ○　　d ×　　e ×　　f ○

イ　a ×　　b ×　　c ○　　d ×　　e ×　　f ○

ウ　a ×　　b ×　　c ×　　d ○　　e ○　　f ×

エ　a ×　　b ○　　c ×　　d ×　　e ○　　f ×

オ　a ○　　b ×　　c ○　　d ○　　e ×　　f ○

(3)　次の文章は，腸管出血性大腸菌感染症について述べたものである。適切でないものをア～カから選び，記号で答えなさい。

ア　病原体は，腸管出血性大腸菌(O157，O26，O111など様々なベロ毒素産生性大腸菌)である。熱に弱いが，低温条件には強く，水の中では長期間生存する。少量の菌の感染でも腸管内で増殖し，その毒素によって発病する。

イ　潜伏期間は10時間から6日である。

ウ　感染経路は接触感染，経口(糞口)感染である。生肉などの飲食物から感染する。少ない菌量(100個程度)でも感染する。便中に菌が排出されている間は，感染力がある。

エ　症状として水様下痢便，腹痛，血便がみられる。なお，頻尿や出血傾向，意識障害は，溶血性尿毒症症候群や急性脳症の合併を示唆する症状であり，このような場合は速やかに医療機関を受診する。

オ　予防法は，手洗いの励行，消毒(トイレ等)，及び食品加熱である。洗える食品は十分に洗うことである。ワクチンはない。

カ　有症状者の場合には，医師において感染のおそれがないと認められるまで出席停止とする。

(4)　次の表は，第三種の感染症に分類されている「その他の感染症」の一部の説明である。適切でないものをア～エから1つ，オ～クから1つ選び，記号で答えなさい。

	感染症名	潜伏期間	登校の目安
ア	ロタウイルス感染症	1〜3日	下痢，嘔吐症状が軽減した後，全身状態の良い者は登校可能だが，回復者であっても，排便後の始末，手洗いの励行は重要
イ	サルモネラ感染症（腸チフス，パラチフスを除く）	主に12〜36時間（6〜72時間）	下痢が軽減すれば登校可能だが，排便後の始末，手洗いの励行は重要
ウ	マイコプラズマ感染症	主に2〜4日（1〜5日）	症状が改善し，全身状態の良い者は登校可能
エ	溶連菌感染症（主にA群溶血性レンサ球菌感染症）	2〜5日膿痂疹は7〜10日	適切な抗菌薬療法開始後24時間以内に他への感染力は消失するため，それ以降、登校可能
オ	伝染性紅斑	4〜14日（〜21日）	発しんが消失し，全身状態の良い者は登校可能
カ	RSウイルス感染症	4〜6日（2〜8日）	発熱，咳などの症状が安定し，全身状態の良い者は登校可能だが，手洗いの励行が重要
キ	手足口病	3〜6日	全身状態が安定している場合は登校可能だが，手洗い（特に排便後，排せつ物の後始末後）の励行が重要
ク	ヘルパンギーナ	3〜6日	全身状態が安定している場合は登校可能だが，手洗い（特に排便後，排せつ物の後始末後）の励行が重要

▎2024年度 ▎静岡県・静岡市・浜松市 ▎難易度

【20】次の表は，学校において予防すべき感染症の一部が記されたものである。各問いに答えよ。

	病 名	病原体
第一種	エボラ出血熱	エボラウイルス
	ペスト	ペスト菌
第二種	流行性耳下腺炎	（ ① ）
	水痘	水痘・（ ② ）
	（A）	アデノウイルス
	結核	結核菌
第三種	流行性角結膜炎	（ ③ ）
	（B）	（ ④ ）及びコクサッキーウイルスA24
その他の感染症	感染性胃腸炎	ノロウイルス または ロタウイルス
	（C）	ヒトパルボウイルス

問1 表中の（ ① ）〜（ ④ ）に当てはまる病原体を語群から選び，記号で答えよ。

語群

ア	アデノウイルス	イ	EBウイルス
ウ	A群溶血性レンサ球菌	エ	ムンプスウイルス
オ	エンテロウイルス70	カ	肺炎マイコプラズマ
キ	帯状疱疹ウイルス	ク	RSウイルス
ケ	ロタウイルス		

問2　次の文は，表中(A)～(C)の主な症状について述べたものである。それぞれに当てはまる病名を答えよ。

(A)　発熱，結膜炎，咽頭炎を主症状とする疾患で，「プール熱」とも言われる。夏季に多く，飛沫感染・接触感染する疾病である。

(B)　眼の結膜(白眼の部分)に出血を起こすのが特徴で，まぶたの腫脹，異物感，流涙，めやに，角膜びらんなどの症状がみられる。

(C)　かぜ様症状の後に，顔面，頬部に蝶のような形の紅斑がみられ，手足にはレース状の紅斑がみられる。幼児から学童に好発し，「りんご病」とも呼ばれる。

2024年度 ▌ 長崎県 ▌ 難易度 ▐▐▐▐▐▐

【21】次の表は，「学校において予防すべき感染症の解説〈平成30(2018)年3月発行〉」(平成30年3月　公益財団法人　日本学校保健会)「Ⅲ．感染症各論」からの一部抜粋である。感染症に関する説明として適切なものを①～⑨の中から三つ選びなさい。ただし，解答の順序は問わないものとする。

	感染症	説明
①	百日咳	病初期から，連続して止まらない咳が特徴で，発熱することが多い。
②	麻しん	感染力が最も強いのは，発しん期である。
③	流行性耳下腺炎	全身の感染症だが耳下腺の腫脹が主症状で，顎下腺や舌下腺などは腫れない。
④	風しん	淡紅色の発しん，発熱，耳後部～頸部のリンパ節の腫脹と圧痛を訴える疾患である。
⑤	水痘	発しんは体と首のあたりから顔面に生じやすく，発熱を認めることが多い。発しんは紅斑，水疱，膿疱，かさぶたの順に変化する。かゆみや疼痛を訴えることもある。
⑥	感染症胃腸炎	嘔吐と下痢が突然始まることが特徴の疾患である。ウイルスによる腸管感染症が多い。ノロウイルス感染症とロタウイルス感

		染症は秋～冬に多い。
⑦	マイコプラズマ感染症	咳を主症状とし、学童期以降のウイルス性肺炎としては最も多い。夏から秋にかけて多く、家族内感染や再感染も多くみられる。
⑧	ヘルパンギーナ	主として咽頭、口腔内粘膜に水疱、潰瘍を形成するのが特徴の熱性疾患である。
⑨	伝染性膿痂疹	黄色ブドウ球菌などの皮膚感染によって、紅斑、水疱、びらん及び厚い痂皮ができる疾患。春期に多く、乳幼児に好発する。

┃ 2024年度 ┃ 三重県 ┃ 難易度 ■■■■■□□□

【22】「学校保健安全法施行規則(令和5年4月改正)第3章 感染症の予防」について、各問いに答えなさい。

問1 次の記述は、「(出席停止の期間の基準)」の一部である。空欄[ア]～[エ]に当てはまるものの組合せとして最も適切なものを、以下の①～④のうちから選びなさい。

(出席停止の期間の基準)

第19条 令第6条第2項の出席停止の期間の基準は、前条の感染症の種類に従い、次のとおりとする。

一 第一種の感染症にかかつた者については、治癒するまで。

二 第二種の感染症(結核及び髄膜炎菌性髄膜炎を除く。)にかかつた者については、次の期間。ただし、病状により学校医その他の医師において感染のおそれがないと認めたときは、この限りでない。

　イ インフルエンザ(特定鳥インフルエンザ及び新型インフルエンザ等感染症を除く。)にあつては、発症した後[ア]を経過し、かつ、解熱した後2日(幼児にあつては、3日)を経過するまで。

　ロ 百日咳にあつては、特有の咳が消失するまで又は[ア]間の適正な[イ]による治療が終了するまで。

　ハ [ウ]にあつては、解熱した後3日を経過するまで。

　ニ 流行性耳下腺炎にあつては、耳下腺、顎下腺又は舌下腺の腫脹が発現した後[ア]を経過し、かつ、全身状態が良好になるまで。

　　　ホ　風しんにあつては，発しんが消失するまで。

　　　ヘ　水痘にあつては，すべての発しんが痂皮化（かひか）するまで。

　　　ト　[　エ　]にあつては，主要症状が消退した後2日を経過す
　　　　るまで。

　　　チ　新型コロナウイルス感染症にあつては，発症した後
　　　　[　ア　]を経過し，かつ，症状が軽快した後1日を経過する
　　　　まで。

　　三　結核，髄膜炎菌性髄膜炎及び第三種の感染症にかかつた者に
　　　ついては，病状により学校医その他の医師において感染のおそ
　　　れがないと認めるまで。

①　ア　7日　　イ　抗炎症薬　　　　ウ　麻しん
　　エ　咽頭結膜熱

②　ア　5日　　イ　抗炎症薬　　　　ウ　咽頭結膜熱
　　エ　麻しん

③　ア　7日　　イ　抗菌性物質製剤　ウ　咽頭結膜熱
　　エ　麻しん

④　ア　5日　　イ　抗菌性物質製剤　ウ　麻しん
　　エ　咽頭結膜熱

問2　次の記述は，「(感染症の予防に関する細目)」である。空欄
　[　1　]〜[　3　]に当てはまる最も適切なものを，以下の①〜⑧の
　うちから選びなさい。

　(感染症の予防に関する細目)

　第21条　校長は，学校内において，感染症にかかつており，又はか
　　かつている疑いがある児童生徒等を発見した場合において，必要
　　と認めるときは，学校医に診断させ，法第19条の規定による出席
　　停止の指示をするほか，[　1　]その他適当な処置をするものとす
　　る。

　2　校長は，学校内に，感染症の[　2　]に汚染し，又は汚染した疑
　　いがある物件があるときは，[　1　]その他適当な処置をするもの
　　とする。

　3　学校においては，その附近において，第一種又は第二種の感染
　　症が発生したときは，その状況により適当な[　3　]を行うものと

する。

① 消毒　　② 病毒　　③ 保健指導　　④ 清拭
⑤ 除菌　　⑥ 臨時休業　⑦ 清潔方法　　⑧ 病原体

‖ 2024年度 ‖ 神奈川県・横浜市・川崎市・相模原市 ‖ 難易度 ▰▰▰▱▱

【23】「教職員のための指導の手引～UPDATE！エイズ・性感染症～」(平成30年3月　公益財団法人日本学校保健会)について，次の(1)，(2)の各問いに答えよ。

(1)　次のア～カについて，正しいものには○，誤っているものには×を記入せよ。

　ア　性感染症は，感染するとすぐに症状が出ることが多く，生殖年齢にある男女を中心とした大きな健康問題である。

　イ　女性の場合には，解剖学的に性感染症への感染の危険性が高く，感染すると慢性的な骨盤内炎症性疾患の原因となりやすく，次世代への影響があること等の特性がある。

　ウ　性感染症は，早期発見及び早期治療により治癒，重症化の防止又は感染の拡大防止が可能な疾患であり，性感染症の予防には，正しい知識とそれに基づく注意深い行動が重要である。

　エ　C型肝炎とHPV感染症(尖圭コンジローマ／子宮頸がん)については，予防のためのワクチン接種を受けることができる。

　オ　性感染症への罹患は，尿や血液の検査でわかるので，進行する前に医療機関で治療を受けることが大切である。

　カ　エイズは梅毒と比べて感染力が強い。

(2)　学校における性に関する指導は，学習指導要領に示した内容に基づいて実施することが重要である。その指導に当たっての留意点を簡潔に二つ述べよ。

‖ 2024年度 ‖ 山口県 ‖ 難易度 ▰▰▰▱▱

【24】次の各問に答えよ。

　問1　次の表1は，主な性感染症についてまとめたものである。「潜伏期間」①～④を語群Aのア～カから，「主な症状など」⑤～⑧を語群Bのキ～コから選び，記号で答えよ。

表1

病　名	潜伏期間	主な症状など
エイズ	①	⑤
梅毒	②	⑥
性器クラミジア感染症	③	⑦
性器ヘルペスウイルス感染症	④	⑧

≪語群A≫

ア　2〜9日　　イ　2〜21日　　ウ　2〜3週

エ　3〜6週　　オ　半年〜8年　　カ　数年〜数十年

≪語群B≫

キ　外陰部の不快感，そう痒感などの前駆症状ののち，発熱，全身倦怠感，所属リンパ節の腫脹，強い疼痛等を伴って，多発性の浅い潰瘍や小水疱が急激に出現する。

ク　病期に応じて異なる症状を呈し，全身に多彩な症状をきたす可能性がある一方，無症候にもなりうる。治療に有効な抗菌薬があり，適切な抗菌薬治療により母子感染を防ぐことができる。

ケ　適切な治療が施されないと，重篤な全身性免疫不全により日和見感染症や悪性腫瘍を引き起こす。

コ　男性では尿道炎が最も多い。女性では子宮頸管炎などを起こすが，自覚症状の乏しい場合が多い。

問2　次の文章は，思春期における体の変化と性機能の成熟について述べたものである。(　①　)〜(　⑦　)にあてはまる適切な語句を答えよ。

　　思春期には男女ともに体が急速に発育し，生殖器はほぼ大人に近づく。女性では卵巣から女性ホルモンの(　①　)と(　②　)，男性では精巣が発達して男性ホルモンの(　③　)が活発に分泌されるようになる。

　　女性では初めての月経である(　④　)から数年間は卵巣や子宮の発達が十分ではなく，(　⑤　)と月経の周期性は不安定で

あるが，やがて性周期が安定してくる。性周期は(　⑥　)体温の変化で知ることができる。一方，男性は精巣で(　⑦　)が日々つくられているが，女性に見られるような周期性はない。

問3　次の文章は，月経に関わる健康問題について述べたものである。あてはまる疾患名を漢字で答えよ。

(1)　月経中に子宮に痛みが生じる状態で，日常生活に支障を来すような下腹痛や頭痛があり，子宮内膜症など子宮の疾患が原因で起こることがある。

(2)　月経前，3～10日の間続く精神的あるいは身体的症状で，月経開始とともに軽快ないし消失するものをいう。精神神経症状として情緒不安定や集中力の低下など，自律神経症状として倦怠感やめまいなど，身体的症状として腹痛や頭痛などがある。

問4　令和2年6月の「性犯罪・性暴力対策強化のための関係府省会議」において，「性犯罪・性暴力対策の強化の方針」が決定されたことを踏まえ，子供たちが性暴力の加害者，被害者，傍観者にならないよう，全国の学校において推進されている教育を何というか答えよ。

‖ 2024年度 ‖ 鹿児島県 ‖ 難易度 ▮▮▮▮▯▯

【25】「学校保健安全法施行規則」(昭和33年文部省令第18号)の内容について，次の各問いに答えなさい。

(1)　第18条では，学校において予防すべき感染症の種類が示されている。次のア～カの感染症は，第一種から第三種のいずれに分類されるか。それぞれ答えなさい。

ア　ジフテリア　　イ　流行性角結膜炎　　ウ　コレラ

エ　麻しん　　　　オ　髄膜炎菌性髄膜炎　　カ　急性灰白髄炎

(2)　第19条では，出席停止の期間の基準が示されている。次の①・②の感染症について，出席停止の期間の基準をそれぞれ答えなさい。

①　流行性耳下腺炎　　②　水痘

‖ 2024年度 ‖ 京都府 ‖ 難易度 ▮▮▮▮▮▯

解答・解説

【1】1

○**解説**○ 学校において予防すべき感染症による出席停止の措置は校長が行う。なお，学校の臨時休業や保健所への連絡は学校の設置者の役割であるが，学校の設置者が校長に委任することもできるので，校長がその任務を行う場合もある。

【2】A 2　B 4　C 5　D 1　E 2　F 5　G 1　H 3　I 2　J 4

○**解説**○ 学校において予防すべき感染症は学校保健安全法施行規則によって，第一種〜第三種に分類されている。第一種の感染症は感染症法により規定されている第一類と結核を除く第二類の感染症である。出席停止期間の基準は，「治癒するまで」である。第二種の感染症は，感染経路が空気感染，飛沫感染であるもので，児童生徒等に感染しやすく，学校において流行を広げる可能性が高い感染症である。第二種の感染症の出席停止期間の基準は，感染症ごとに定められている。第三種の感染症は学校教育活動を通じ，学校において流行を広げる可能性がある感染症を規定している。出席停止期間の基準は，病状により学校医その他の医師において感染のおそれがないと認めるまでである。「その他の感染症」は第三種の感染症として規定されているが，学校で通常見られないような重大な流行が起こった場合に，その感染拡大を防ぐために，必要があるときに限り，学校医の意見を聞き，校長が第三種の感染症として緊急的に措置をとることができるものとして定められている感染症である。インフルエンザは，インフルエンザウイルスによる気道感染症であり，「かぜ」に比べて全身症状が強く，小児では中耳炎，熱性痙攣，気管支喘息を誘発することもある。感染経路は飛沫感染及び接触感染であり，出席停止期間は，発症した後5日を経過し，かつ解熱した後2日を経過するまでである。伝染性膿痂疹(とびひ)は，黄色ブドウ球菌やA群溶血性レンサ球菌等を病原体とする皮膚感染症である。感染経路は接触感染であり，出席停止の必要は

ないとしているが，化膿した部位や炎症した部位に直接触らないことを指導する必要がある。

【3】a　治癒　　b　学校医　　c　解熱　　d　百日咳　　e　治療
f　顎下腺　　g　腫脹　　h　全身状態　　i　風しん　　j　痂皮化
k　新型コロナウイルス感染症　　l　軽快

○解説○　学校保健安全法施行規則第19条は，感染症における出席停止の期間の基準が規定されている。学校における感染症への対応として，第1種，第2種，第3種感染症に分類されている。第1種の感染症は1類感染症と結核を除く2類感染症を規定しており，出席停止期間の基準は「治癒するまで」である。第2種の感染症は空気感染又は飛沫感染するもので，学校において流行を広げる可能性の高い感染症であり，出席停止期間の基準は，感染症ごとに個別に定められている。新型コロナウイルス感染症については，新感染症ということで同施行規則第18条第2項によって，第1種の感染症とみなすとされていたが，令和5(2023)年5月の学校保健安全法施行規則改正で第2種の感染症に変更され，出席停止の期間の基準は「発症した後5日を経過し，かつ，症状が軽快した後1日を経過するまで」とすることに改正された。第2種の感染症については，個別に確実に押さえておきたい。

【4】(1)　①　髄膜炎菌性髄膜炎　　②　2日　　③　特有の咳
④　3日　　⑤　流行性耳下腺炎　　⑥　全身状態　　⑦　痂皮化
⑧　1日　　⑨　予防処置　　⑩　地域　　⑪　流行地　　(2)　ウ，オ，キ

○解説○　(1)　第二種の感染症の出席停止期間については，第二種に含まれる感染症やその停止期間に変更が生じる場合があるので，最新の情報には注意しておきたい。　(2)　感染症が発生するには，その原因となる病原体の存在，病原体が宿主に伝播する感染経路，そして病原体の伝播を受けた宿主に感受性があることが必要となる。病原体，感染経路，感受性宿主の三つを，感染症成立のための三大要因という。感染の予防対策として，消毒や殺菌等により感染源をなくすこと，手洗いや食品の衛生管理など周囲の環境を衛生的に保つことにより感染経

路を遮断すること，栄養バランスがとれた食事，規則正しい生活習慣，適度な運動，予防接種などにより体の抵抗力を高める(感受性対策)ことが，感染症対策の重要な手段となる。感染経路には，①空気感染(飛沫核感染)，②飛沫感染，③接触感染，④経口感染(糞口感染)，⑤節足動物媒介感染等がある。飛沫感染する感染症としては，インフルエンザ，風しん，百日咳，流行性耳下腺炎，髄膜炎菌性髄膜炎などがある。

【5】a 6　b 8　c 7　d 4　e 1
○**解説**○ 各感染症の出席停止の期間は，感染様式と疾患の特性を考慮して，人から人への感染力を有する程度に病原体が排出されている期間を基準としている。第二種の感染症は，空気感染又は飛沫感染するもので，児童生徒等のり患が多く，学校において流行を広げる可能性が高い感染症を規定している。出席停止期間の基準は，感染症ごとに個別に定められている。ただし，病状により学校医その他の医師において感染のおそれがないと認めたときは，この限りではない。また，第二種の感染症の出席停止期間については第二種に含まれる感染症やその停止期間に変更が生じる場合がある。

【6】(1) ②，⑤　　(2) ①
○**解説**○ (1) ① 「○○した後△日を経過するまで」とした場合は，「○○」という現象が見られた日の翌日を第1日として算定する。「発症した後5日を経過」の場合は，症状が出た日の翌日を1日目として数えるため，「発症の翌日から5日を経過」という意味となる。　③，④ 「耳下腺，顎下腺又は舌下腺の腫脹が発現した後5日を経過し，かつ全身状態が良好になるまで」が，登校の基準である。最初の腫脹が発現して5日を経過して全身症状が良い場合は，腫脹が残っていても登校は許可される。　(2) ア　5μm以下の微粒子が「飛沫核」で，5μmより大きい粒子が「飛沫」として，空気感染(飛沫核感染)と飛沫感染が区別して定義されている。　イ，ウ　主な感染経路には，①空気感染(飛沫核感染)，②飛沫感染，③接触感染，④経口感染(糞口感染)，⑤節足動物媒介感染等がある。空気感染には，結核，麻しんや水痘などがある。風しんの感染経路は，飛沫感染，接触感染である。　エ　空気

感染の延長線上と考えると，飛沫感染や「接触感染」の経路である。

【7】④

○**解説**○ 学校保健安全法施行令第8条では，「トラコーマ及び結膜炎」「白癬，疥癬及び膿痂疹」「中耳炎」「慢性副鼻腔炎及びアデノイド」「齲歯」「寄生虫病(虫卵保有を含む。)」を「学校病」(感染性又は学習に支障を生ずるおそれのある疾病)として指定し，同施行令第9条に該当する児童生徒の保護者に必要な援助をすることを覚えておきたい。

【8】(1) イ，オ (2) オ (3) ① イ ② ア ③ ウ ④ ア ⑤ ウ ⑥ エ (4) エ

○**解説**○ (1) ア 麻しんの病原体はエンテロウイルスではなく麻しんウイルスである。 ウ 急性出血性結膜炎の病原体はロタウイルスではなくエンテロウイルスとコクサッキーウイルス変異株の2種である。エ 手足口病の病原体はヒトパルボウイルスではなくエンテロウイルスとコクサッキーウイルスである。病原ウイルスの種類が複数あることから，何度も罹患する可能性がある。 (2) 感染症については，出題の「学校において予防すべき感染症の解説〈平成30(2018)年3月発行〉」(公益財団法人 日本学校保健会)にしっかり目を通し，予防方法・経路・症状や出席停止期間・学級学校閉鎖などの学校対応を含めて学習しておくこと。 ① 「14日間」ではなく「10日間」が正しい。 ③「急性肝炎」ではなく「急性脳炎」が正しい。 ④ 「卵巣炎」ではなく「精巣炎」が正しい。 (3) 学校保健安全法は子どもや教職員に関する保健安全管理の基本条文であるため，施行令や施行規則，答申も含め，養護教諭の職務と関連付けて学習しておこう。 (4) ア 「潜伏梅毒」ではなく「先天梅毒」が正しい。 イ エイズと比べて感染力は「弱い」ではなく「強い」。 ウ 皮膚に赤い斑点が出るには「数年」ではなく「3カ月」かかる。

【9】(1) ① 病原体 ② 感受性宿主(①，②は順不同) ③ 空気(飛沫核) ④ 飛沫 ⑤ 接触 ⑥ 経口(糞口) (2) 糞便・血液・体液・吐物等には感染性病原体が含まれていることが多

く，これらに接するときは，素手で扱うことを避け，手袋をすること，必要に応じてマスクやゴーグルをつけること，接した後は手洗いをより丁寧に行うことなど，感染症予防の基本である。

○**解説**○ (1)　感染予防策として，消毒や殺菌等により感染源をなくすこと，手洗いや食品の衛生管理など周囲の環境を衛生的に保つことにより感染経路を遮断すること，栄養バランスがとれた食事，規則正しい生活習慣，適度な運動，予防接種などにより体の抵抗力を高める(感受性対策)ことが，重要な手段となる。空気感染する感染症に対しては換気，飛沫感染する感染症に対してはマスクの着用，接触感染する感染症に対しては手袋やマスクの着用を行うなど，それぞれの感染経路に応じて予防策が異なっている。　(2)　「標準予防策」とは，従来，病院内の感染予防策として用いられてきた考えであるが，学校を含め，感染の可能性があるものを取り扱う場合に必要な基本的な感染予防策として認識されている。

【10】1　e　2　①　d　②　c　③　a　3　(1)　d　(2)　b
4　(1)　e　(2)　b

○**解説**○ 1　新型コロナウイルス感染症が令和5年5月に季節性インフルエンザ等と同じ5類感染症に変更された。これに伴い入院勧告や外出制限，マスク着用，感染者の把握などの医療的な措置が変更になった。② デルタ株ではなくオミクロン株である。令和4年2月頃から全国的にオミクロン株が主流系統となっていたためであり，該当文はこれを基に示されている。　③ 受診勧奨ではなく入院勧告である。これは感染症法の第19条に基づく措置である。　⑥ 新型コロナウイルス感染症が当初指定されていたのは，新型インフルエンザ等対策特別措置法により，「新型インフルエンザ等感染症」(学校保健安全法施行規則における第1種感染症)であった。5類への移行後も新たな変異株が重篤な症状をもたらす場合は再び「新型インフルエンザ等感染症」に分類されることになる。　⑦ 病原性が大きく異なる変異株が生じた場合には新しい生活様式を定めるのではなく，基本的対処方針が定められる。2　本問で扱われた感染症は学校保健安全法で第一種感染症に指定されている感染症である。　① エボラ出血熱は日本では確認されたこ

とはない致死率の非常に高い感染症である。オオコウモリが自然宿主であると推定されており，ヒトからヒトへも血液や体液との濃厚接触等により感染する。発症が確認された場合は，隔離され，治療が施されるようになっている。　②　重症急性呼吸器症候群はSARSとも呼称される，2003年に世界で流行していた。同年7月にWHOから終息宣言が出され，現在まで流行地域は指定されていない。　③　中東呼吸器症候群はMERSとも呼称される。ヒトコブラクダが宿主であり，ラクダとの接触や未加熱肉等の摂取が感染リスクであるとされている。
3　出席停止の期間は感染症の拡大を防ぐために容易に感染させる状態の期間，また個人の健康が回復するまでの時間を確保するために定められている。　②　インフルエンザの出席停止期間は発症後五日を経過，かつ，解熱後二日(幼児にあっては三日)である。　④　麻しんの出席停止期間は解熱後三日を経過するまでである。　⑤　流行性耳下腺炎は，耳下腺，顎下腺又は舌下腺の腫脹が発現した後五日を経過し，かつ全身状態が良好になるまでである。流行性耳下腺炎は噛んだり飲み込んだりするときに痛みが生じるため，食欲が戻ることも重要である。　⑨　結核，髄膜炎菌性髄膜炎及び第三種の感染症の出席停止期間は病状により，学校医やその他の医師により感染の恐れがないと認められるまでであり，必ずしも感染症専門医の診断は必要ではない。　4　アトピー性皮膚炎などアレルギーの一因として角層のバリア機能が低下することで水分が揮発し，乾燥して荒れた皮膚からアレルゲンが浸透することが指摘されている。アトピー性皮膚炎のケアとしては，薬物療法，スキンケア(皮膚の清潔と保湿)，その他乾燥を防ぐ，衣服の素材を工夫するなどがあげられる。アトピー性皮膚炎の症状は炎症に伴うかゆみであり，最重症(強い炎症を伴う皮疹が体表面積の30%以上に見られる)の場合はかゆみのために熟睡できず，学業への集中力が低下するなどの影響が生じる。学校生活ではプールの指導や長時間の紫外線下での活動，動物との接触，発汗後などに配慮を要する。

【11】(1)　4　　(2)　1　　(3)　4　　(4)　2
○解説○　(1)　感染症が成立する3大要因は病原体，感染経路，感受性宿

主である。接触感染する感染症に対しては手袋やマスクの着用，飛沫感染する感染症に対してはマスクの着用，空気感染する感染症に対しては換気を行うなど感染経路それぞれの特徴に応じて感染予防策は異なっている。　(2)　選択肢の中で空気感染をするものは水痘である。他の感染症の感染経路は，現在のところMERSとペストは動物由来感染症であるが，ヒト−ヒト間での飛沫感染もするとされている。百日咳は飛沫感染及び接触感染である。　(3)　流行性耳下腺炎とはいわゆるおたふくかぜのことである。一番多く現れる合併症は無菌性髄膜炎であるが，難聴，急性脳炎，急性膵炎，思春期以降は精巣炎，卵巣炎などを引き起こすこともある。　(4)　学校において予防すべき感染症は第1種，第2種，第3種に分かれている。「感染症の予防及び感染症の患者に対する医療に関する法律」(感染症法)による一類感染症と，結核を除く二類感染症が第1種の感染症であり，選択肢中では急性灰白随炎(ポリオ)，ジフテリアが当てはまる。第2種の感染症は空気感染または飛沫感染するもので，児童生徒等のり患が多く，学校において流行を広げる可能性が高い感染症を指している。選択肢中では咽頭結膜熱(プール熱)が当てはまる。第3種の感染症は学校において流行を広げる可能性がある感染症を規定している。選択肢中ではコレラが当てはまる。

【12】⑤

○**解説**○　学齢期では川崎病既往の児童生徒の一部に起こる心臓の後遺症である冠動脈瘤に注意を払う必要がある。罹患後5年を経過し，冠動脈所見が正常であれば主治医と保護者の協議で以降の定期受診は終了とすることができ，「管理不要」とされた管理指導表が発行されることが推奨されている。

【13】③

○**解説**○　アは「発症後数日程度」ではなく「発症数週間後」，ウは「空気」ではなく「飛沫」である。ウイルス，細菌，真菌などの微生物が，宿主の体内に侵入し，臓器や組織の中で増殖することを感染といい，その結果生じる疾病が感染症である。感染症が発生するには，その原

因となる病原体の存在，病原体が宿主に伝播する感染経路，そして病原体の伝播を受けた宿主に感受性があることが必要となる。病原体，感染経路，感受性宿主の三つを，感染症成立のための三大要因という。感染の予防対策として，消毒や殺菌等により感染源をなくすこと，手洗いや食品の衛生管理など周囲の環境を衛生的に保つことにより感染経路を遮断すること，栄養バランスがとれた食事，規則正しい生活習慣，適度な運動，予防接種などにより体の抵抗力を高める(感受性対策)ことが，感染症対策の重要な手段となる。個人及び集団の健康を守る上では，発熱など感染症の症状が認められた場合は，早めに医療機関を受診し，対応策を検討することが重要である。

【14】 ②

○**解説**○ 伝染性紅斑(りんご病)の感染力は，発疹の現れる7〜10日前に微熱や風邪症状が見られることがあり，感染力はその頃をピークとして，発疹の現れた頃にはほぼ消失している。

【15】 問1 (1) 百日咳 (2) 麻疹(麻しん，はしか) (3) 髄膜炎菌性髄膜炎 問2 (1) ① 接触者健診 ② 6 ③ 痰 (2) コッホ現象 (3) DOTS

○**解説**○ 問1 「学校において予防すべき感染症の解説〈平成30(2018)年3月発行〉」(文部科学省)を参照すること。感染症に関する出題は，本資料が基本となるため確認しておこう。なお，2023(令和5)年5月8日付で学校保健安全法施行規則の一部を改正する省令が施行され，学校において予防すべき感染症の第二種に新型コロナウイルス感染症が追加されている。 問2 (1)「学校における結核対策マニュアル」(平成24年3月 文部科学省)を参照すること。結核検診時の問診は，「1 本人の結核罹患歴」，「2 本人の予防投薬歴」，「3 家族等の結核罹患歴」，「4 高まん延国での居住歴」，「5 自覚症状」，「6 BCG接種歴」の6項目である。 ① 本資料によると，結核患者は医師から保健所に届出が出される。家族等の結核罹患歴がある場合，保健所は法第15条に基づく疫学調査を実施し，感染のリスクを評価し，必要に応じて法第17条に基づく接触者健診(家族検診)を実施することとなっている。

② 6か月以上の高まん延国での居住歴のある児童生徒等は入学時または転入時の1回，精密検査の対象とする，としている。 ③ 自覚症状(2週間以上長引く咳や痰)があり，その原因として結核が否定できない場合には，周囲の人を感染させる可能性があることから，精密検査の実施を待つことなく，なるべく速やかに医療機関を受診する必要があるとされている。 (2) コッホ現象と思われる反応がみられた場合は，結核に感染しているかどうかを調べるため，ワクチン接種を受けた医療機関，集団接種であれば自治体や保健所の予防接種の担当課に相談する。 (3) DOTS(directly observed treatment short course；ドッツ)とは，直接服薬確認療法のことである。厚生労働省は「21世紀型日本版DOTS戦略」を発表し，DOTS事業を推進している。結核患者は確実に抗結核薬を服用させることにより結核のまん延を防止するとともに，多剤耐性結核(患者が自己判断で服薬を中止することで，結核菌が耐性を得てしまう病態)の発生を予防する必要性が高いことから，全結核患者及び潜在性結核感染症患者はDOTS対象者となるとしている。

【16】問1 ④ 問2 ④
○**解説**○ 問1 「学校保健安全法施行規則の一部を改正する省令の施行について(通知)」(令和5年 文部科学省)では，新型コロナウイルス感染症について，感染症の予防及び感染症の患者に対する医療に関する法律(感染症法)での位置づけが変更されたことを踏まえて，学校保健安全法施行規則における位置付けを第一種の感染症から第二種の感染症へと変更している。この通知により，出席停止の期間は，「治癒するまで」から「発症した後五日を経過し，かつ，症状が軽快した後一日を経過するまで」としている。「症状が軽快」とはコロナウイルス感染症による全身症状が改善傾向にあることを指している。また，出席停止解除後の当該児童生徒へは感染拡大予防のため発症から10日まではマスクの着用を推奨することが示されている。 問2 学校保健安全法施行規則における第二種の感染症は，感染経路が空気感染，飛沫感染であるもので，児童生徒等に感染しやすく，学校において流行を広げる可能性が高い感染症である。流行性角結膜炎は人の手などを介した接触感染が主な感染経路であり，学校保健安全法施行規則におけ

る位置づけは第三種の感染症である。

【17】(1) ア，ウ，カ　(2) イ，オ　(3) ① アデノウイルス
② オ　③ E

○**解説**○ (1) 一類感染症は，感染力が極めて強く，り患すると致死的となる危険度が最も高い感染症をさす。エボラ出血熱，クリミア・コンゴ出血熱，痘そう，南米出血熱，ペスト，マールブルグ病，ラッサ熱の7つが一類である。イのジフテリアとオの結核は二類，エのコレラは三類である。　(2) 学校において予防すべき感染症は学校保健安全法に基づくものであり，(1)の感染症法(感染症の予防及び感染症の患者に対する医療に関する法律)の分類と混同しないように注意すること。第一種は「エボラ出血熱，クリミア・コンゴ出血熱，痘そう，南米出血熱，ペスト，マールブルグ病，ラッサ熱，急性灰白髄炎，ジフテリア，重症急性呼吸器症候群(病原体がベータコロナウイルス属SARSコロナウイルスであるものに限る。)，中東呼吸器症候群(病原体がベータコロナウイルス属MERSコロナウイルスであるものに限る。)及び特定鳥インフルエンザ(感染症の予防及び感染症の患者に対する医療に関する法律(平成十年法律第百十四号)第6条第3項第六号に規定する特定鳥インフルエンザをいう。)」と規定されている。なお，カの髄膜炎菌性髄膜炎は第二種である。アの細菌性赤痢，ウの腸チフス，エの腸管出血性大腸菌は第三種である。　(3) ① 発熱，結膜炎，咽頭炎を主症状とする疾患である。プール熱ともいわれる。手洗い，プール前後のシャワーの励行，タオルを共用しないなどの一般的な予防法が大切である。　② 食中毒による急性細菌性腸炎にはサルモネラ菌によるものとカンピロバクター菌によるものがある。出題にある「発症数週間後にギランバレー症候群を併発する」ことがあるのはカンピロバクター菌と考えられる。　③ ノロウイルスは感染力が強いので，集団での感染を防ぐために特徴を理解しておきたい。飛沫感染，接触感染，経口(糞口)感染のほか，乾燥してエアロゾル化した吐物が感染源となる空気感染(塵埃感染)もある。さらに，貝などの食品を介しての感染もある。便中や吐物にも多量のウイルスが排出されており，感染源となる。突然嘔吐と下痢が始まるのが特徴である。　イ　ノロウ

イルスによる感染性胃腸炎は，春～夏にかけてではなく，秋～冬にかけて発生する感染症である。　エ　り患した乳幼児の下痢便が白くなることもあるのは，ノロウイルス感染症ではなく，ロタウイルス感染症である。　オ　多くは10～14日ではなく，2～7日で治る。

【18】1　(1)　感染している人に直接触れたり，汚染されたものに触れたりすることで感染すること。　　(2)　咽頭結膜熱　　2　(1)　・登校時や外から教室に入る時　・トイレの後　・給食(昼食)の前後
(2)　・30秒程度かけて，流水と石けんで丁寧に洗う。　・手をふくタオルやハンカチ等は個人持ちとして共用しない。　　(3)　目的…感染症を他者に感染させないため。　留意点…マスクを着用する際は，口と鼻を覆い，すきまがないようにする。　　3　(1)　①　発症
②　5　　③　解熱　　④　2　　⑤　3　　⑥　解熱　　⑦　3
⑧　発症　　⑨　5　　⑩　1　　(2)　解熱剤を使用せずに解熱し，かつ，呼吸器症状が改善傾向にある状態。

○**解説**○　1　(1)　解答参照。　(2)　問題文には「第18条第2項」とあるが，正しくは「第18条第1項第二号」と思われる。咽頭結膜熱は，発熱，咽頭炎，眼症状を主とする急性ウイルス性感染症であり，プールを介した感染が多いことからプール熱とも呼ばれる。学校安全法施行規則第18条第1項第二号では，第二種の感染症として位置付けられている。　2　(1)　手洗いは，接触感染を避け，ウイルスを周囲に広げることを防ぐために行う。解答例の他，咳やくしゃみをしたときや教材など共有するものを触る前後や掃除の後などが手洗いをするタイミング考えられる。　(2)　解答参照。　(3)　咳エチケットとは感染症を他人に感染させないために，咳・くしゃみをする際に，マスクやティッシュ・ハンカチ，服の袖を使って，口や鼻をおさえることでウイルスの飛散と拡大を防ぐエチケットのことである。　3　(1)　問題文には「第19条第2項」とあるが，正しくは「第19条第1項第二号」と思われる。学校保健安全法第19条第1項第二号では第二種の感染症における出席停止の期間の基準について規定されている。新型コロナウイルス感染症については，2023年5月に改正され第二種の感染症として位置付けられ，出席停止の期間がそれまでの「治癒するまで」から「発

症した後5日を経過し，かつ，症状が軽快した後1日を経過するまで」に変更された。　(2)　解答参照。

【19】(1)　①　ア　②　オ　③　ケ　(2)　イ　(3)　エ
(4)　ウ，オ

○**解説**○　(1)　感染症が成立する3大要因は病原体，感染経路，感受性宿主であるが，学校で行える予防策は，消毒や殺菌により感染源をなくすこと，また，手洗いなど周辺の環境を衛生的に保つことにより感染経路を遮断することである。学校保健安全法施行規則第21条では，学校および校長が感染症の予防のために行うべき措置について示している。　(2)　a　「人から人への感染力を有する程度に病原体が排出されている期間」が正しい。　b　医療機関の医師が検査の実施等は判断するものであり，学校から一律に求める必要はない。　d　学校保健安全法施行規則において第一種の感染症に分類されるものは一類感染症と結核を除く二類感染症である。　e　第二種の感染症の出席停止の期間は感染症によりそれぞれ期間が定められているが，病状により学校医やその他の医師が感染の恐れはないと認めた場合は登校可能である。　(3)　腸管出血性大腸菌感染症はO157など様々なベロ毒素産生性大腸菌による感染症である。溶血性尿毒症症候群を発症すると高度の腎不全によってむくみや乏尿が見られる。　(4)　第三種の感染症に分類されている「その他の感染症」は学校で通常見られないような流行が起こった場合に，その感染拡大を防ぐために学校医等の意見を聞きながら校長が第三種の感染症として緊急的な措置をとることができる感染症である。マイコプラズマ感染症は潜伏期間が2〜3週間である。伝染性紅斑とはいわゆるりんご病のことであり，感染期間はかぜ症状が出現した時である。ほっぺたが赤くなる発しん期にはウイルスの排出はなく感染力がないため，登校の目安は発しんのみで全身状態の良い者である。

【20】問1　①　エ　②　キ　③　ア　④　オ　問2　(A)　咽頭結膜熱　(B)　急性出血性結膜炎　(C)　伝染性紅斑

○**解説**○　学校保健安全法施行規則第18条において，学校において予防すべき感染症の種類は，第一種，第二種，第三種に分類されている。第

一種の感染症は「感染症の予防及び感染症の患者に対する医療に関する法律」の一類感染症と結核を除く二類感染症を規定している。第二種の感染症は空気感染又は飛沫感染するもので，児童生徒等のり患が多く，学校において流行を広げる可能性が高い感染症を規定している。第三種の感染症は学校教育活動を通じ，学校において流行を広げる可能性がある感染症を規定している。　問1　①　流行性耳下腺炎は，発熱，耳下腺の腫脹が主症状で，顎下腺や舌下腺なども腫れる。病原体はムンプスウイルスである。　②　水痘は水痘・帯状疱疹ウイルスによる感染症である。発熱と全身性の発疹が主症状である。　③　流行性角結膜炎はアデノウイルスによるもので眼の症状としては，結膜充血，流涙，まぶしがる，めやに，耳前リンパ節腫脹などがある。角膜混濁により視力障害を残す可能性がある。手を介した接触感染が主な感染経路である。　④　急性出血性結膜炎の病原体はエンテロウイルス70(EV70)及びコクサッキーウイルスというエンテロウイルスである。二つのウイルスによる結膜炎は酷似しており鑑別は難しい。全身症状として，発熱，頭痛などがみられる。　問2　(A)　アデノウイルスによる感染症として咽頭結膜熱がある。発熱，咽頭痛，頭痛，食欲不振を訴え，これらの症状が3−7日間続く。咽頭発赤，頚(けい)部・後頭部リンパ節の腫脹と圧痛を認めることもある。プールの水を介しての感染が多いことから「プール熱」とも呼ばれている。　(B)　問1の④参照。　(C)　ヒトパルポウイルスによる感染症は伝染性紅斑であり，症状はかぜ様症状の後に，顔面，頬部に蝶のような形の紅斑がみられ，手足にはレース状の紅斑がみられる。頬の真っ赤な発しんの状態から，りんご(りんごほっぺ)病とも呼ばれている。幼児から学童に好発する病気である。

【21】④，⑤，⑧

○**解説**○　①　百日咳は連続する咳が特徴であるが発熱することは多いといえない。　②　麻しんの感染力は発っしん期前のカタル期で最大となる。　③　流行性耳下腺炎は，全身の感染症だが耳下腺の腫脹が主症状で，顎下腺や舌下腺にも腫脹が見られることがある。　⑥　感染症胃腸炎は嘔吐と下痢が突然始まることが特徴の疾患である。ウイル

スによる腸管感染症が多い。ノロウイルス感染症は秋～冬に多く、ロタウイルス感染症は冬～春に多く、アデノウイルス感染症では年間を通じて発生がみられる。　⑦　マイコプラズマ感染症(マイコプラズマ肺炎)では、咳、発熱、頭痛などのかぜ症状がゆっくりと進行し、特に咳は徐々に激しくなる。　⑨　伝染性膿痂疹は、紅斑を伴う水疱や膿疱が破れてびらん、痂皮をつくる。かゆみを伴うことがあり、病巣は擦過部に広がる。黄色ブドウ球菌によるものは水疱をつくりやすく、A群溶血性レンサ球菌によるものは痂皮ができやすい。時期としては、暑さにより湿疹・あせも・虫刺されなどを引っ掻くことで擦り傷が増える夏に好発する。

【22】問1　④　　問2　1　①　　2　②　　3　⑦

○**解説**○　問1　出席停止期間については感染様式と疾患の特性を考慮して、人から人への感染が起こりうるほどに病原体が排出されている期間を基準としている。さらに、本人の健康が回復するまで治療や休養の時間を確保することも必要である。令和5(2023)年5月に新型コロナウイルス感染症が五類に移行したため出席停止期間が変更になっているなど新興の感染症については変更が生じる場合があるので、最新の情報を確認しておく必要がある。　問2　感染症が成立する3要因は病原体、感染経路、感受性宿主であるが、学校で行える予防策は、消毒や殺菌により感染源をなくすこと、また、手洗いなど周辺の環境を衛生的に保つことにより感染経路を遮断することである。消毒方法はそれぞれの病原微生物の数を減らすために有効な方法を選択する必要がある。

【23】(1)　ア　×　　イ　○　　ウ　○　　エ　×　　オ　○
カ　○　　(2)　・子どもの発達の段階を踏まえること。　　・家庭・地域との連携を推進し、保護者や地域の理解を得ること。

○**解説**○　(1)　ア　性感染症にかかると、男性は排尿時に膿がでたり、違和感があったりする症状が出ることがあり、女性はおりものの変化に気づくこともあるが、男女とも特徴的な症状として感じることが少なく、気づかないうちに進行してしまうことがある。　エ　C型肝炎に有効な治療薬は開発されているが、ウイルス感染を予防するワクチン

については実用化されていない。B型肝炎とHPV感染症(尖圭コンジローマ／子宮頸がん)については，予防のためのワクチン接種を受けることができる。(2) 性に関する指導に当たって文部科学省は，① 児童生徒の発達の段階(受容能力)を踏まえること，② 学校全体で共通理解を図ること，③ 家庭，地域との連携を推進し，保護者の理解を得ることなどに配慮するとともに，④ 事前に，集団で一律に指導(集団指導)する内容と個々の児童生徒の状況等に応じ個別に指導(個別指導)する内容を区別しておくなど，計画性をもって実施することが大切であると示している。

【24】問1 ① オ ② エ ③ ウ ④ イ ⑤ ケ ⑥ ク ⑦ コ ⑧ キ 問2 ① エストロゲン(卵胞ホルモン) ② プロゲステロン(黄体ホルモン) (①，②は順不同) ③ アンドロゲン(精巣ホルモン，テストステロン) ④ 初経(初潮) ⑤ 排卵 ⑥ 基礎 ⑦ 精子 問3 (1) 月経困難症 (2) 月経前症候群 問4 生命(いのち)の安全教育

○解説○ 問1 性感染症については，「教職員のための指導の手引～UPDATE！エイズ・性感染症～」(平成30年3月 公益財団法人日本学校保健会)で学習することに加え，厚生労働省が発表している情報にも目を通しておくこと。 問2 第二次性徴についての出題である。第二次性徴とは思春期から現れる，身体の各部分にみられる男女の特徴・変化(性器以外)のことである。 ①～③ 脳内にある視床下部が性腺刺激ホルモン放出ホルモンを分泌すると，下垂体から性腺刺激ホルモンが分泌される。性腺刺激ホルモンは女子は卵巣，男子は精巣に作用し，卵巣からエストロゲン(卵胞ホルモン)，プロゲステロン(黄体ホルモン)，精巣からアンドロゲン(精巣ホルモン，テストステロン)が出され，第二次性徴が現れる。 ④～⑦ 月経のしくみについて，下垂体から分泌される卵胞刺激ホルモンの刺激をうけて卵子が育ち，卵胞ホルモン分泌の影響で子宮内膜が厚くなる。卵胞ホルモンがある程度増えると，下垂体からは卵胞刺激ホルモンと黄体形成ホルモンが急激に分泌され，卵子が排出される。排卵後の卵胞は，黄体ホルモンを分泌し，子宮内膜はさらに厚みを増して妊娠に適した状態となる。女性ホルモン

の減少で，妊娠準備として厚みを増していた子宮内膜ははがれ，血液とともに子宮口から排出される。月経が始まると低温期となり，排卵期を境に高温期が続く。そのため基礎体温の変化で性周期を知ることができる。　⑦　下垂体から分泌される黄体形成ホルモンは精巣にテストステロンをつくらせ，下垂体から分泌される卵胞刺激ホルモン(およびテストステロン)は精巣に精子をつくらせる。　問3　(1)　月経困難症には機能性月経困難症と器質性月経困難症がある。機能性月経困難症の場合，原因は断定されていないが，成長段階にある細い子宮頸部を子宮内膜が通ることで痛みが起こる，または精神的な影響などが原因とされている。一方器質性月経困難症は，婦人科疾患が原因となる。　(2)　月経前症候群の原因は断定されていないが，女性ホルモンの変動が影響し心身のバランスが崩れることが要因と考えられている。　問4　「生命(いのち)の安全教育」は令和5(2023)年度から全国展開されており，文部科学省では内閣府と連携して本教育のための教材及び指導の手引を作成，公開している。近年の児童生徒の心身の健康課題のひとつとして，確認しておく必要がある。

【25】(1)　ア　第一種　　イ　第三種　　ウ　第三種　　エ　第二種　オ　第二種　　カ　第一種　　(2)　①　耳下腺，顎下腺又は舌下腺の腫脹が発現した後五日を経過し，かつ，全身状態が良好になるまで。　②　すべての発しんが痂皮化するまで。

○**解説**○　(1)　学校において予防すべき感染症は第一種，第二種，第三種に分かれている。第一種の感染症とは，感染症の予防及び感染症の患者に対する医療に関する法律(感染症法)による一類感染症と，結核を除く二類感染症であり，エボラ出血熱や痘そう，ペスト，ラッサ熱等がある。第二種の感染症は，空気感染または飛沫感染するもので，児童生徒等のり患が多く，学校において流行を広げる可能性が高い感染症を指している。百日咳，流行性耳下腺炎，風しん，水痘，咽頭結膜熱，結核等がある。第三種の感染症は，学校において流行を広げる可能性がある感染症を規定している。細菌性赤痢，腸管出血性大腸菌感染症，腸チフス，パラチフス等がある。　(2)　各感染症の出席停止期間は感染様式と疾患の特性を考慮して，人から人への感染力を有する

程度に病原体が排出されている期間を基準としている。なお，感染症に関して児童生徒等への出席停止を指示するのは校長であり(学校保健安全法第19条)，感染症の予防による学級閉鎖や学校閉鎖などを行うことができるのは学校の設置者である(同法第20条)。

疾病

【1】次の条文が記されている法令を，以下の1～4の中から1つ選びなさい。

> 第8条　法第24条の政令で定める疾病は，次に掲げるものとする。
> 一　トラコーマ及び結膜炎
> 二　白癬，疥癬及び膿痂疹
> 三　中耳炎
> 四　慢性副鼻腔炎及びアデノイド
> 五　齲歯
> 六　寄生虫病(虫卵保有を含む。)

1　学校保健安全法　　　　　　2　学校保健安全法施行令
3　学校保健安全法施行規則　　4　学校教育法施行規則

‖ 2024年度 ‖ 埼玉県・さいたま市 ‖ 難易度 ■■■■□□

【2】次の(1)～(4)は，学童期によくみられる心臓に関わる病気の特徴について述べたものである。該当する病名をそれぞれ書け。

(1)　左右心室の仕切りに孔があいている病気で，先天性心疾患の中で最も多くみられる。

(2)　左心室の壁が厚くなって拡張不全をきたすもので，小児期は心不全よりも運動時等の突然死が問題となりやすい。

(3)　心電図のQRS波の始まりに特徴的な波(デルタ波)を認める。運動で発作性上室頻拍が誘発される場合には運動制限が必要である。

(4)　主として，4歳以下の乳幼児に起こる原因不明の炎症性疾患であり，国内の患者数は年々増加している。後遺症として冠動脈瘤があるが，後遺症の頻度と死亡率は低い。

‖ 2024年度 ‖ 香川県 ‖ 難易度 ■■■■■□

【3】「子供の運動器の健康　学校における運動器検診の手引〈令和4年2月発行〉公益財団法人　日本学校保健会」に示されている内容に関する次の(1)，(2)の問いに答えなさい。

(1) 次の表は，小児期の主な運動器疾患について示したものである。表中の(ア)～(エ)にあてはまる最も適当なものを以下の解答群からそれぞれ一つずつ選びなさい。

（ ア ）	発育期に大腿骨近位骨端部（骨端核）が阻血性壊死をきたす疾患である。大腿骨頭の陥没変形，扁平巨大化などの変形を生じる。年齢は6～7歳くらいが多く，また男子に多い。
（ イ ）	すねの骨（脛骨）の骨膜が炎症を生じ，痛みを出す疾患である。ランニングやジャンプを繰り返すことでヒラメ筋の付着部で炎症を生じる。MRIの所見から疲労骨折との関連性も指摘されており，放置すると重症化する危険性があり，早期に見つけて適切な休養が必要である。
（ ウ ）	腰椎椎弓の疲労骨折である。疲労骨折が骨癒合せずに偽関節になった状態も含む。青少年期の過度のスポーツが原因と考えられることから，青少年の腰痛の原因疾患の1つとして重要である。多くは第5腰椎に発生する。
（ エ ）	踵骨の骨端症である。踵の骨端は解剖学的に血流障害が起こりやすく，アキレス腱の牽引や，荷重の負荷が加わることにより骨端部に痛みが生じる。安静（スポーツ休止，インソールなど），アキレス腱のストレッチングなどで改善することが多い。

解答群

① 発育性股関節形成不全　　② 大腿骨頭すべり症
③ ランナー膝　　　　　　　④ シンスプリント
⑤ 腰椎分離症・すべり症　　⑥ 腰椎椎間板ヘルニア
⑦ ペルテス病　　　　　　　⑧ 足根骨癒合症
⑨ シーヴァー病(セヴァー病)

(2) 次の文章は，運動器検診の際の留意ポイントについて示したものである。適当なものを次の①～④のうちから全て選びなさい。

① 肩関節の可動性は前方より観察して，児童生徒等の両肘関節を伸展させた状態で上肢を前方挙上させて痛みや動きの異常の有無を検査する。前腕が耳につくか否かに注意する。

② 肘関節の可動性は側面より観察して，児童生徒等の両前腕を回外させて，手掌を上に向けた状態で肘関節を屈曲・伸展させて異常の有無を検査する。

③ しゃがみ込みの検査は，立位で，肩幅程度に両足を開き，両手を前ならえの姿勢でしゃがみ込み動作ができるか，しゃがみ込むと痛みがあるかどうかを調べる。その際，踵は浮いてもかまわない。

④ 片脚立ちが5秒以上できるか検査する際は，ふらつきがないか左右ともチェックする。

▌2024年度 ▌ 千葉県・千葉市 ▌ 難易度 ███▢▢▢

【4】疾病の管理と予防について，次の問に答えよ。

　問1　「アレルギー疾患対策基本法」の条文について，[　ア　]～[　エ　]にあてはまる語句をA～Jから選び，記号で答えよ。

第2条　この法律において「アレルギー疾患」とは，[　ア　]，アトピー性皮膚炎，アレルギー性鼻炎，アレルギー性結膜炎，花粉症，食物アレルギーその他アレルゲンに起因する免疫反応による人の生体に有害な局所的又は全身的反応に係る疾患であって政令で定めるものをいう。

第3条　アレルギー疾患対策は，次に掲げる事項を基本理念として行われなければならない。

　一　アレルギー疾患が[　イ　]に係る多様かつ複合的な要因によって発生し，かつ，重症化することに鑑み，アレルギー疾患の重症化の予防及び症状の軽減に資するため，第3章に定める基本的施策その他のアレルギー疾患対策に関する施策の総合的な実施により[　イ　]の改善を図ること。

　二　アレルギー疾患を有する者が，その居住する地域にかかわらず等しく科学的知見に基づく適切なアレルギー疾患に係る[　ウ　](以下「アレルギー疾患[　ウ　]」という。)を受けることができるようにすること。

　三　国民が，アレルギー疾患に関し，適切な[　エ　]を入手することができるとともに，アレルギー疾患にかかった場合には，その状態及び置かれている環境に応じ，生活の質の維持向上のための支援を受けることができるよう体制の整備がなされること。

　四　アレルギー疾患に関する専門的，学際的又は総合的な研究を推進するとともに，アレルギー疾患の重症化の予防，診断，治療等に係る技術の向上その他の研究等の成果を普及し，活用し，及び発展させること。

A　知識　　　　　　　B　教育
C　過換気症候群　　　D　アレルギー物質を含む食品

E　生活環境　　　F　気管支ぜん息
G　医薬品　　　　H　医療
I　安全性　　　　J　情報

問2　表1は，「令和3年度　食物アレルギーに関連する食品表示に関する調査研究事業報告書」(令和4年3月　消費者庁)における年齢群別原因食物(粗集計)を示したものである。　オ　～　ケ　にあてはまる原因食物の組み合わせとして正しいものをA～Eから一つ選び，記号で答えよ。

表1　年齢群別原因食物 (粗集計)

	0歳 (1,876)	1・2歳 (1,435)	3 − 6歳 (1,525)	7 − 17歳 (906)	≧ 18歳 (338)
1	鶏卵 60.6%	鶏卵 36.3%	カ 27.8%	牛乳 16.9%	オ 22.5%
2	牛乳 24.8%	牛乳 17.6%	牛乳 16.0%	カ 16.8%	ク 16.9%
3	オ 10.8%	カ 15.4%	鶏卵 14.7%	鶏卵 14.5%	ケ 9.8%
4		魚卵 8.2%	キ 12.0%	ク 10.2%	魚類 7.7%
5		キ 6.6%	魚卵 10.3%	キ 9.1%	カ 5.9%
6		オ 5.8%	オ 6.7%	ケ 7.8%	牛乳 5.0%
7				オ 7.6%	
小計	96.2%	89.8%	87.5%	82.8%	67.8%

注釈：各年齢群で5％以上の頻度の原因食物を示した。また，小計は各年齢群で表記されている原因食物の頻度の集計である。原因食物の頻度(%)は小数第2位を四捨五入したものであるため，その和は小計と差異を生じる。

A　オ　小麦　　　　カ　果実類　　　キ　甲殻類
　　ク　木の実類　　ケ　落花生
B　オ　果実類　　　カ　小麦　　　　キ　甲殻類
　　ク　落花生　　　ケ　本の実類
C　オ　果実類　　　カ　落花生　　　キ　木の実類
　　ク　甲殻類　　　ケ　小麦
D　オ　小麦　　　　カ　木の実類　　キ　落花生
　　ク　甲殻類　　　ケ　果実類
E　オ　木の実類　　カ　落花生　　　キ　果実類
　　ク　小麦　　　　ケ　甲殻類

問3　図1は，人体の消化器について表したものである。　コ　～　ス　にあてはまる名称を答えよ。

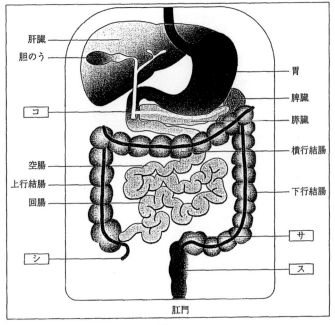

図1

問4　次の文は，消化酵素のはたらきについて述べたものである。
[　セ　]～[　タ　]にあてはまる語をA～Gから選び，記号で答えよ。

> 　デンプンは，だ液の中の消化酵素([　セ　])のほか，膵臓から出される膵液の中の消化酵素や，小腸の壁にある消化酵素のはたらきによって，ブドウ糖にまで分解される。
> 　タンパク質は，胃液の中の消化酵素([　ソ　])で一部が分解され，さらに小腸で，膵液の中の消化酵素([　タ　])や小腸の壁にある消化酵素のはたらきによって，アミノ酸に分解される。

A　アミラーゼ　　B　リパーゼ　　C　モノグリセリド
D　トリプシン　　E　インスリン　　F　ペプシン
G　プロラクチン

2024年度 ┃ **島根県** ┃ 難易度

【5】児童生徒の健康問題について，次の(1)，(2)の各問いに答えよ。

(1) 次のア～オの説明文に該当する疾患名をそれぞれ答えよ。

ア 思春期やせ症(神経性食欲不振症)，過食症(神経性過食症)，分類不能に分けられる。思春期女子に増加傾向にあり，低年齢化もみられ，男子にも発症する。

イ この症状には，特発性中枢性といって正常な思春期が異常に早期に発来する場合と，腫瘍などから性ホルモンが異常に分泌される場合とがある。

ウ 立ちくらみ失神，朝起き不良，倦怠感，動悸，頭痛などの症状を伴い，思春期に好発する自律神経機能不全の一つである。

エ アレルギー反応により，じんましんなどの皮膚症状，腹痛や嘔吐などの消化器症状，呼吸困難などの呼吸器症状が，複数同時にかつ急激に出現した状態のことである。

オ 血中の甲状腺ホルモン作用が必要よりも低下した状態である。症状には，一般的に，無気力，疲労感，むくみ，寒がり，体重増加，動作緩慢，記憶力低下，便秘などがある。

(2) 「精神疾患に関する指導参考資料～新学習指導要領に基づくこれからの高等学校保健体育の学習～」(令和3年3月 公益財団法人日本学校保健会)に示されている精神疾患について，次のア，イの各問いに答えよ。

ア 次の文は，精神疾患の要因について述べたものである。(　　)に入る適切な語句を答えよ。

> 精神疾患は，一つの要因ではなく，(　　)要因・心理的要因・社会的要因等が，複雑に絡み合って起こる。

イ 生徒が精神疾患を理解するための指導として，大切なことを簡潔に一つ述べよ。

| 2024年度 | 山口県 | 難易度■■■■■□□ |

【6】次の(1)，(2)に答えよ。

(1) 次は，「令和3年度教育統計調査結果報告 学校保健統計調査 山梨県」における「Ⅱ 2 健康状態 (1) 疾病・異常の被患率別状

況」で示す「表5　主な疾病・異常の被患率」の一部である。表中の(　①　)～(　③　)にあてはまる「主な疾病・異常」を，以下のア～カからそれぞれ一つ選び，記号で記せ。なお，同じ番号には同じ記号が入るものとする。

表5　主な疾病・異常の罹患率

区分（単位：％）		幼稚園	小学校	中学校	高等学校
以上	未満				
70 ～	80				
60 ～	70				（ ② ）
50 ～	60			（ ② ）	
40 ～	50		（ ① ）		（ ① ）
30 ～	40		（ ② ）	（ ① ）	
20 ～	30	（ ① ）			
10 ～	20		（ ③ ）	（ ③ ）	

ア　アトピー性皮膚炎　　イ　耳疾患
ウ　鼻・副鼻腔疾患　　　エ　むし歯(う歯)
オ　歯列・咬合　　　　　カ　裸眼視力1.0未満

(2)　学校における健康診断において，視力検査後に行う児童生徒への事後措置を，二つ記せ。

2024年度 ┃ 山梨県 ┃ 難易度 ￭￭￭￭￭

【7】次の文は，Ⅰ型糖尿病について書かれたものです。文中の①～⑤の下線の部分が正しい場合は○，誤っている場合は正しい語句を書きなさい。

○　Ⅰ型糖尿病の多くは①急速に発症し，口渇，多飲，②尿量の減少などの症状が現れて診断される。

○　学校検尿で発見される無症状のⅠ型糖尿病の初期は，一時的に食事・運動療法のみで血糖コントロールが可能な例もあるが，まもなく③HDL－Cの値が上昇し，インスリン治療が必要になる。

○　インスリン治療をしている時に激しい運動をすると，エネルギー消費が増加するとともに，インスリンの効果が高まって血中の④アミノ酸の利用が促進され，血糖値が下がる。

○　著しい低血糖状態になる前にこれを予知して，グルコース錠やグ

ルコースジェル，ジュースなどを経口的に摂取する。これらは短時間に血糖値を上げるが，その後すぐ下がりやすいので，おにぎりやビスケット，パンなどの⑤<u>単糖類</u>をあわせて食べて，低血糖が再発しないようにする。

【8】 次は，「腎臓手帳　児童・生徒用　令和2年度改訂」(令和3年3月日本学校保健会)に示されている「児童生徒の腎臓病」をまとめたものです。疾病の説明として適切でないものを，次の1〜4の中から1つ選びなさい。

	疾病	説明
1	尿路感染症	細菌などの病原体が膀胱や腎臓に侵入して炎症を起こす病気である。多くの場合，尿中に白血球が増えてくる。膀胱炎では，排尿痛，頻尿，残尿感といった症状を示し，腎盂腎炎では細菌が腎臓まで侵入し，発熱を伴う。
2	腎炎	急性糸球体腎炎は突然，血尿，浮腫（むくみ），高血圧などがみられる病気で，溶連菌感染の後に発症したものは多くの場合，数か月で完全に治る。
3	無症候性血尿・無症候性蛋白尿	尿にだけ異常（血尿のみ，あるいは，蛋白尿のみ）が見られる状態で，多くの場合，薬物治療や食事・運動の制限は必要ない。自然に尿異常が消える場合もあるが，一部には慢性糸球体腎炎などによるものがある。
4	ネフローゼ症候群	強いむくみで見つかることが多い病気で，大量の蛋白尿が特徴的である。通常，入院してステロイドホルモン薬による治療を受けることが必要となる。再発を繰り返すことが多く，完全に治ることはまれである。

【9】 児童生徒等の疾病管理について，次の1・2に答えなさい。

1 「学校保健の課題とその対応－令和2年度改訂－」(令和3年3月　公益財団法人日本学校保健会)には，学校における疾病管理の目的が示されています。学校における疾病管理の目的は何ですか。簡潔に2つ書きなさい。

2 「学校等におけるてんかん発作時の口腔用液(ブコラム®)の投与について」(令和4年7月　文部科学省)には，児童生徒等がてんかんの発作を起こした場合に，当該児童生徒等に代わって教職員等が口腔用液(ブコラム®)の投与を行うに当たって，医師法違反にならないための4つの条件が示されています。どのような条件ですか。全て書きなさい。

【10】次の(1)～(4)の問いについて，（　ア　）～（　ウ　）にあてはまる語句の正しい組合せを一つ選び，番号で答えよ。

(1) QT延長症候群は心電図波形のQT時間や補正QT時間が長く，かつ，突然，特有の（　ア　）や心室細動が出現し，失神や突然死する可能性のある疾患である。

　　判定は（　イ　）で測定しFridericia補正したQT時間が小学1年生男女は（　ウ　）秒，中学生男女は0.44秒を超える場合に該当する。

1　ア　上室頻拍　　イ　定点法　　ウ　0.51
2　ア　心室頻拍　　イ　定点法　　ウ　0.43
3　ア　心室頻拍　　イ　接線法　　ウ　0.43
4　ア　上室頻拍　　イ　接線法　　ウ　0.51

(2) 重症熱性血小板減少症候群は，主にSFTS（　ア　）を保有しているマダニに咬まれることによって起こる感染症である。臨床症状として，発熱，消化器症状を主とし，ときに，筋肉痛，（　イ　），リンパ節腫脹，出血症状を伴う。血液所見では，血小板減少，白血球減少，血清酵素の（　ウ　）が認められる。

1　ア　細菌　　　　イ　神経症状　　ウ　低下
2　ア　ウイルス　　イ　結膜炎　　　ウ　低下
3　ア　細菌　　　　イ　結膜炎　　　ウ　上昇
4　ア　ウイルス　　イ　神経症状　　ウ　上昇

(3) 起立性調節障害は，たちくらみ，失神，**倦怠感**，動悸，頭痛などの症状を伴う，（　ア　）に好発する（　イ　）機能不全の一つである。起立という負荷に対する循環器系の反応，調節が不十分であるために種々の症状を認めるものである。症状は（　ウ　）に強く現れる。

1　ア　学童期　　イ　自律神経　ウ　午後
2　ア　思春期　　イ　内分泌　　ウ　午後
3　ア　学童期　　イ　内分泌　　ウ　午前
4　ア　思春期　　イ　自律神経　ウ　午前

(4) ネフローゼ症候群は腎臓のろ過装置である（　ア　）から，非常に多くの（　イ　）が漏れ出てしまい，その結果血液中の（　イ　）が少なくなり，全身の（　ウ　）をきたす病気である。

1　ア　糸球体　　イ　糖　　　　ウ　**倦怠感**

```
2  ア  副腎      イ  糖        ウ  浮腫
3  ア  糸球体    イ  蛋白質    ウ  浮腫
4  ア  副腎      イ  蛋白質    ウ  倦怠感
```

‖ 2024年度 ‖ 愛知県 ‖ 難易度 ‖ ▮▮▮▮▮▮▮▮▮▮

解答・解説

【 1 】 2

○**解説**○ 施行令は内閣が命令する政令であり，施行規則はより柔軟に現場に則した内容を文部科学省で制定した省令である。学校保健安全法施行規則第8条では同法の第24条の地方公共団体の援助について，治療における費用の援助が行われる疾病が規定されている。

【 2 】 (1) 心室中隔欠損(症)　(2) 肥大型心筋症　(3) WPW症候群
(4) 川崎病

○**解説**○ 「学校心臓検診の実際　スクリーニングから管理まで(令和2年度改訂)」(令和3年3月　日本学校保健会)を参照。学校保健の目的は，「児童，生徒，学生及び幼児並びに職員の健康の保持増進を図り，もって学校教育の円滑な実施とその成果の確保に資すること」とされている。その目的達成のために実施する健康診断の一つが心臓検診である。したがって，心臓検診の目的は，心疾患の発見や早期診断をすること，心疾患をもつ児童生徒に適切な治療を受けさせるように指示すること，心疾患児に日常生活の適切な指導を行い子どものQOLを高め，生涯を通じてできるだけ健康な生活を送らせることができるように子どもを援助すること，心臓突然死を予防することなどである。また，心臓検診を通して児童生徒に心疾患などに関する健康教育をすることも重要である。

【 3 】 (1) ア ⑦　イ ④　ウ ⑤　エ ⑨　(2) ②，④

○**解説**○ (1)　平成26(2014)年の学校保健安全法施行規則改正により，

「脊柱及び胸郭の疾病及び異常の有無並びに四肢の状態」の検査が実施されることとなり，四肢を含めた運動器全体を検査することになった。　ア　大腿骨頭骨端部が壊死する疾患は，ペルテス病である。　イ　脛骨の周りにある骨膜が炎症を起こすシンスプリントは，繰り返しのランニングやジャンプを過度に行った場合に発症しやすい。　ウ　腰椎分離症の多くは，まだ腰椎が柔らかい青少年期に，スポーツ等の活発な活動が原因で発症する疲労骨折と考えられている。　エ　シーヴァー病の原因は，成長期の踵への過剰な負担によるもので，ジャンプや長く走ることが多いサッカー，野球，バスケットボールなどを行っている場合に起こりやすくなっている。　(2)　①　肩関節の可動性は「前方」ではなく「側方」から観察する。　③　しゃがみ込みの検査では，踵は接地している必要がある。

【4】問1　ア　F　　イ　E　　ウ　H　　エ　J　　問2　D　　問3　コ　十二指腸　　サ　S状結腸　　シ　虫垂　　ス　直腸　　問4　セ　A　ソ　F　　タ　D

○解説○　問1　アレルギー疾患対策基本法は，アレルギー疾患の患者が多数存在していることや，アレルギー疾患が生活環境での様々な要因で発生，重症化するためアレルギー疾患対策を総合的に推進する必要があることから，平成26(2014)年に成立，公布された。その第2条はアレルギー疾患の定義，第3条は基本理念を示している。アレルギー疾患の代表的なものとしては，アトピー性皮膚炎，食物アレルギー，気管支ぜん息などがある。過換気症候群は，精神的不安や極度の緊張などにより過呼吸の状態となり，呼吸困難や手足のしびれなどさまざまな症状を引き起こす病気だが，アレルギー疾患ではない。　問2　即時型食物アレルギーの原因物質の上位3品目は，鶏卵・牛乳・木の実類であった。前回の平成30年度調査では，鶏卵・牛乳・小麦であり，近年は木の実類が増えていることが分かる。鶏卵・牛乳は，加齢に伴いその占有率が低下傾向にある一方，木の実類は3−6歳をピークに，1歳から17歳までの3つの年齢群では上位3位に入っている。　問3　コ　十二指腸は小腸の一部で，胃で消化された食べ物に，膵液や胆汁などの消化液を混ぜて，空腸に送るはたらきをしている。　サ　大腸は結

腸と直腸に分けられ，結腸の末端にあるのがS状結腸である。結腸は水分を吸収して便を作るほか，ナトリウムなどの電解質を吸収。さらに，小腸で消化しきれなかったたんぱく質や炭水化物を分解・吸収し，便を直腸へ送る。日本人はこのS状結腸と直腸にがんができやすいと言われている。　シ　虫垂は大腸の一部であり，右下腹部にある小さな臓器である。　ス　直腸は，肛門の直前にある15〜20cmほどのほぼ真っすぐの器官で，便を一時的に溜めておくはたらきをしている。直腸に何か異常があっても，痛みを感じないため，何の痛みもなく出血することがあれば，直腸を含めた大腸の異常と考えてよい。

問4　消化酵素は，食べ物を分解し，消化・吸収を促進する酵素の総称である。食べ物を分解し，最終的に食物の栄養素を小腸から吸収できるような形へと変化させる重要な役割を果たしている。アミラーゼは唾液や膵臓で分泌される酵素で，ご飯・パンなどのでんぷんやグリコーゲンを分解する役割を果たしている。アミラーゼがでんぷんをしっかりと分解することで，胃での消化がスムーズに進む。胃液に含まれるペプシンはプロテアーゼとも呼ばれ，タンパク質の分解を担っている。ペプシンによってタンパク質がうまく分解・消化されないと，小腸や大腸で未消化物が停滞してしまい，腐敗が進む可能性がある。トリプシンは膵臓から分泌される膵液に含まれる消化酵素の一つである。膵臓から産出されるトリプシノーゲンという物質が，十二指腸内の酵素のはたらきによって変換される。たんぱく質を分解し，小腸で吸収されやすくするはたらきがある。リパーゼは膵臓から分泌される膵液に含まれる消化酵素で，脂肪を分解するはたらきがある。

【5】(1)　ア　摂食障害　　イ　思春期早発症　　ウ　起立性調節障害　エ　アナフィラキシー　　オ　甲状腺機能低下症　　(2)　ア　生物的　イ　精神疾患に罹患することは誰にでも起こりえるという認識をもたせること。

○**解説**○ (1)　ア　摂食障害は食行動の重篤な障害を特徴とする精神疾患で，極端な食事制限と著しいやせを示す「神経性食欲不振症」と過剰な量や回数の食事と体重増加を防ぐための代償行動を繰り返す「神経性過食症」とに分けられる。どちらの症状においても心身における治

療が必要となる。　イ　思春期早発症には，特発性中枢性による正常な思春期が異常に早期に発来する場合と腫瘍などから性ホルモンが異常に分泌される場合とがある。多くは特発性中枢性であり，女子によくみられる。思春期が異常に早く経過し，身長の伸びが異常に早く止まってしまい，最終身長(成人身長)が極端に低くなることや周囲との発育のギャップによる精神的な負担などが問題となる。　ウ　起立性調節障害では，自律神経の乱れによって立ちくらみ失神，朝起きられない，倦怠感や頭痛など様々な症状が現れる。　エ　免疫機能がある特定の異物に過剰に反応して起こる症状をアレルギーという。そのうち，じんましんなどの皮膚症状，腹痛や嘔吐などの消化器症状，息苦しさなどの呼吸器症状が複数の臓器に同時にあるいは急激に出現することをアナフィラキシーという。　オ　甲状腺ホルモンの分泌が低下するなどして，血中の甲状腺ホルモンの作用が低下し無気力，疲労感，むくみ，寒がり，体重増加，動作緩慢，記憶力低下，便秘等の症状が出ることを甲状腺機能低下症という。甲状腺機能低下症ではこれに由来する成長率の低下による低身長などが見られるため，学校健康診断などからもその症状を確認できる。　(2)　ア　精神疾患の原因は明確にはわかっていないが，一つの要因ではなく，多くの場合は生物的要因・心理的要因・社会的要因の複数の要因により疾患が引き起こされるという考えを生物心理社会モデルとよぶ。精神疾患の場合には，生物的要因として，例えば，交通事故で頭をけがして脳を傷つけたり，脳腫瘍などで脳に影響を及ぼしたりするといったものの他，遺伝性の体質等も含まれる。心理的要因は，物事の捉え方の特徴や性格，その背景にある問題解決力，ストレス対処力などのことである。社会的要因は，家族関係も含む人間関係のトラブルや生活環境の変化，経済状況などが含まれる。　イ　高等学校学習指導要領　解説　保健体育編体育編では精神疾患について，「精神疾患は，精神機能の基盤となる心理的，生物的，または社会的な機能の障害などが原因となり，認知，情動，行動などの不調により，精神活動が不全になった状態であることを理解できるようにする。また，うつ病，統合失調症，不安症，摂食障害などを適宜取り上げ，誰もが罹患しうること，若年で発症する疾患が多いこと，適切な対処により回復し生活の質の向上が可能であ

ることなどを理解できるようにする。」と示している。また、この他に「人々が精神疾患について正しく理解するとともに、専門家への相談や早期の治療などを受けやすい社会環境を整えることが重要であること、偏見や差別の対象ではないことなどを理解できるようにする。」ともある。

【6】(1) ① エ ② カ ③ ウ (2) ・視力B(0.9〜0.7)の者は、再検査を行い、再度B以下であれば眼科で受診するように勧める。・視力C(0.6〜0.3)、D(0.3未満)の者は、全て眼科への受診を勧め、その指示に従うよう指導する。 ・眼鏡の矯正によってもなお視力がAに達しない者については、教室の座席を前にするなど配慮を行う。

○解説○ (1) 本問は、山梨県における学校保健統計調査のデータから出題されている。 最も特徴的なのは鼻・副鼻腔疾患で、幼稚園ではほとんど見られないが、小学校になって10〜20%と大きな割合を占めるようになる。アトピー性皮膚炎は全校種において4%未満、耳疾患は小・中学校において6〜8%、歯列・咬合は幼稚園が8〜10%で、小・中学校が6〜8%となっている。 (2) 視力検査では、各視標で上下左右4方向のうち3方向以上を正答すると「正しい判別」と判定される。0.3→0.7→1.0の各視標の順に検査が行われ、Dは0.3が判別できない、Cは0.7が判別できない、Bは1.0が判別できない場合の判定である。児童生徒の場合、左右どちらか片方でも1.0未満であるものに対して、眼科への受診を勧めるのが基準となっている。「児童生徒等の健康診断マニュアル」(日本学校保健会)を参照するとよい。

【7】① ○ ② 多尿(尿量増加) ③ HbA1c(ヘモグロビンA1c、ヘモグロビンエーワンシー) ④ ブドウ糖 ⑤ 多糖類

○解説○ 糖尿病には、膵臓でインスリンを作る β 細胞が破壊され、自分でインスリンを作ることができなくなる1型糖尿病と、遺伝的な影響に加えて、食べ過ぎ、運動不足、肥満などの生活習慣に伴う要因によりインスリンが出にくくなったり、インスリンが効きにくくなったりすることで血糖値が高くなる2型糖尿病がある。1型糖尿病の場合は、インスリンの分泌を補うためにインスリン注射が必要となる。

①・②　1型糖尿病は，数日から数週で急激に発症する。その典型的な症状は，口渇，多飲，多尿，体重減少である。　③　HbA1cは，糖が結合したヘモグロビン量の割合の値で，過去1〜2か月前の血糖値を反映した指標である。HDL−Cとは善玉コレステロール値である。

④　有酸素運動を行うことで，筋肉への血流が増えブドウ糖が細胞の中に取り込まれてインスリンの効果が高まり，血糖値が低下する。

⑤　インスリン治療中の低血糖は，食事の量が少ない，運動量が多すぎる，インスリン注射量が不適切などによる原因で起こる。低血糖状態は脳のブドウ糖が低下することで中枢神経症状が出るため，すぐに対処しなくてはならない。対処としては糖類を含む飲食物をとることだが，低血糖の再発を防ぐためには，パンやごはんなどの多糖類の食物を適切に食べる必要がある。

【8】4

○**解説**○　小児のネフローゼ症候群は再発してしまうこともあるが，ほとんどは完治することが多い。よって，再発を繰り返すことが多く，完全に治ることはまれであるという部分が誤りである。

【9】1　・保健調査，健康診断，健康観察，健康相談等により，疾病に罹患している児童生徒等の早期受診や早期の回復，治療への支援を行うこと。　　　・運動や授業などへの参加の制限を最小限に止め，可能な限り教育活動に参加できるよう配慮することにより，安心して学校生活を送ることができるよう支援すること。　　2　①　当該児童等及びその保護者が，事前に医師から，次の点に関して書面で指示を受けていること。・学校等においてやむを得ずブコラム®を使用する必要性が認められる児童等であること・ブコラム®の使用の際の留意事項　　②　当該児童等及びその保護者が，学校等に対して，やむを得ない場合には当該児童等にブコラム®を使用することについて，具体的に依頼(医師から受けたブコラム®の使用の際の留意事項に関する書面を渡して説明しておくこと等を含む。)していること。　　③　当該児童等を担当する教職員等が，次の点に留意してブコラム®を使用すること。・当該児童等がやむを得ずブコラム®を使用することが認め

られる児童等本人であることを改めて確認すること・ブコラム®の使用の際の留意事項に関する書面の記載事項を遵守すること

④　当該児童等の保護者又は教職員等は，ブコラム®を使用した後，当該児童等を必ず医療機関で受診させること。

○**解説**○　1　疾病管理は保健管理の中でも対人管理に分類され，健康診断や感染症の予防，健康観察，健康相談，保健指導など多岐にわたって規定されている。心臓疾患，腎臓疾患，アレルギー疾患などについては学校生活管理指導表を活用し，また，その他の疾患についても，家庭や主治医と連携を図りながら学校生活を送れるように支援する。2　ブコラム®は，てんかん重積状態の発作を止める効果が期待できる抗けいれん薬であり，口腔に含ませて使用する。2020年に認可された比較的新しい薬剤である。通常，教職員が医薬品を投与することは医師法に違反する恐れがあるため許可されないが，アナフィラキシーに対応するためのアドレナリン自己注射薬等のように，命の危険が差し迫った場合に緊急で使う医薬品として処方されている等の条件の下，投与が可能となる。

【10】(1)　3　　(2)　4　　(3)　4　　(4)　3

○**解説**○　(1)　QT時間は心臓の収縮と弛緩の時間を示しており，この間隔が長いと特有の不整脈を起こす可能性がある。年齢や性別，個人の心拍数などによって基準値は変わってくるが，概ね0.40秒前後であるとされている。QT延長症候群に対しては運動や水泳が心室頻拍の誘因となるタイプが多い。主治医と相談をし，薬物療法や運動制限等の配慮が必要になる疾患である。　(2)　マダニは野生動物が多く出没する場所に生息していることが多い。刺されると，マダニの口先が体内に残り化膿する可能性や，マダニを介して起こる感染症(重症熱性血小板減少症候群など)の感染の可能性がある。重症熱性血小板減少症候群はSFTFウイルスによる感染症である。症状は，発熱，消化器症状，頭痛，筋肉痛であり，症状が進行してくると意識障害等の神経症状や死肉出血や下血などの出血症状が見られる。血液所見では，血小板減少，白血球減少，血清酵素の上昇が見られる。　(3)　起立性調節障害は血管の収縮と拡張を調節する自律神経の異常に起因して起こり，重力の影

響で下半身にたまった血液が，特に起立時に脳へと送られず，様々な症状が生じる。午前中に特に症状がひどくなることが多く，不登校の原因となりやすい。その病態から本人が怠けていると勘違いされやすいが，そのような場合は医療機関の受診を勧める必要がある。

(4) ネフローゼ症候群は通常糸球体で回収される蛋白質が尿中にもれだし，その結果，血管内の蛋白質が減ることで，血管内の水分が減少し，血管外に水分等が出てしまうことで浮腫が生じる疾患である。小児の場合，ほとんどの場合原因が特定できない特発性ネフローゼ症候群である。ステロイドによる治療が効くことが多いが，再発も多く，治療が長期にわたることもある。

アレルギー

【1】「学校のアレルギー疾患に対する取り組みガイドライン《令和元年度改訂》(公益財団法人　日本学校保健会)」に記載されている内容について，次の各問いに答えなさい。

(1)　学校で「のどや胸が締め付けられる」や「繰り返し吐き続ける」等の緊急性が高いアレルギー症状があると判断した場合の対応として最も適当なものを，次の選択肢から1つ選び，記号で答えなさい。

ア　保健室または安静に出来る場所にすぐに移動させて処置を行う。

イ　緊急性が高いアレルギー症状がある場合は，いかなる場合でも上半身を起こした体位を取らせてはならない。

ウ　人が集まれば役割分担をして対応を進めるが，もし人が集まらなければ，一人で対応を進める。

エ　緊急性が高いアレルギー反応が起きていても呼吸がある状態であれば，AEDをすぐ準備する必要はない。

(2)　アレルギーについて，正しいものを○，正しくないものを×とした場合，正しい組合せを以下の選択肢から1つ選び，記号で答えなさい。

> ①　食物アレルギーでは，食物経口負荷試験により診断を正確に行い，最大限の除去を実施することが大切である。
>
> ②　管理指導表には児童生徒等の健康に関わる重要な個人情報が記載されているため，対応に関わる職員だけで情報を共有することが重要である。
>
> ③　アドレナリン自己注射薬を注射する際は，太ももの前外側に垂直になるようにし，ニードル(針)カバーの先端を「カチッ」と音がするまで強く押し付ける。
>
> ④　アドレナリン自己注射薬は，含有成分の性質上，気温が高いと分解しやすいため冷蔵庫での保管が必要である。
>
> ⑤　管理指導表は症状等に変化がない場合であっても，配慮や管理が必要な間は，少なくとも毎年提出を求める。

ア	①−×	②−×	③−○	④−×	⑤−○
イ	①−×	②−○	③−×	④−○	⑤−×
ウ	①−○	②−×	③−×	④−○	⑤−○
エ	①−×	②−×	③−○	④−×	⑤−×
オ	①−○	②−○	③−×	④−○	⑤−×

(3) アレルギー反応による諸症状について，正しいものを○，正しくないものを×とした場合，正しい組合せを以下の選択肢から1つ選び，記号で答えなさい。

> ① 児童生徒等に起きるアナフィラキシーの原因のほとんどは食物である。
> ② アレルギー反応により，皮膚症状，消化器症状，呼吸器症状のいずれか1つが急激に出現した状態をアナフィラキシーという。
> ③ アナフィラキシーには，アレルギー反応によらず運動や身体的な要因(低温/高温など)によって起こる場合がある。
> ④ アナフィラキシーの中でも，血圧が急激に上昇し，瞳孔の開きがみられる場合をアナフィラキシーショックと呼ぶ。

ア	①−×	②−○	③−×	④−○
イ	①−○	②−×	③−○	④−○
ウ	①−○	②−×	③−×	④−×
エ	①−×	②−○	③−○	④−×
オ	①−○	②−×	③−○	④−×

┃2024年度┃宮崎県┃難易度■■■□□□

【2】食物アレルギーに関する各問いに答えよ。

(1) 次の図は，「食物アレルギー緊急時対応マニュアル(奈良県版)」に示されている「アレルギー症状への対応の手順」である。

(A)～(E)に当てはまる語句または数字を答えよ。ただし，(E)には3つの症状を記入すること。なお，同じ記号には同じ語句または数字が入るものとする。

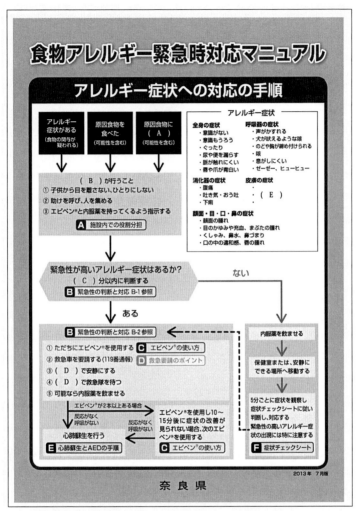

(2) 次の文は,「学校のアレルギー疾患に対する取り組みガイドライン〈令和元年度改訂〉公益財団法人日本学校保健会 第2章 疾患各論 1. 食物アレルギー・アナフィラキシー」に示されている内容の一部である。「緊急時に備えた処方薬」に示されている内容について,(F)〜(J)に当てはまる語句または数字を答えよ。ただし,同じ記号には同じ語句または数字が入るものとする。

内服薬((F)，ステロイド薬)

　内服薬としては，多くの場合，(F)やステロイド薬を処方されています。しかし，これらの薬は，内服してから効果が現れるまでに(G)分以上かかるため，アナフィラキシーなどの緊急を要する重篤な症状に対して効果を期待することはできません。(H)時に備えて処方されることが多い医薬品ですが，軽い皮膚症状などに対して使用するものと考えてください。アナフィラキシーや(I)などの重篤な症状には，内服薬よりも(J)(「エピペン ®」)をすぐに注射する必要があります。

‖ **2024年度** ‖ **奈良県** ‖ 難易度 ‖■■□□□

【3】アトピー性皮膚炎があり，「学校生活管理指導表(アレルギー疾患用)」において示されている「プール指導及び長時間の紫外線下での活動」に対して配慮が必要な児童がいる。この児童に対してプール指導を行うにあたり，養護教諭として，教職員に周知しておく配慮事項を3つ書きなさい。

‖ **2024年度** ‖ **新潟県・新潟市** ‖ 難易度 ‖■■■□□

【4】「学校生活におけるアトピー性皮膚炎Q＆A　令和3年度改訂」(令和4年2月　公益財団法人　日本学校保健会)に示されている内容に関する次の(1)，(2)の問いに答えなさい。

(1)　次の図と文章は，「第1章　総論　1. 疾患概念・病因」について示された内容である。(ア)〜(エ)にあてはまる最も適当なものを以下の解答群からそれぞれ一つずつ選びなさい。

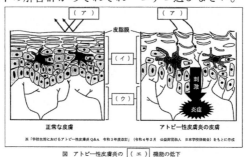

図　アトピー性皮膚炎の〔 エ 〕機能の低下

・ 皮膚は体の一番表層にあり，様々な刺激や物質の侵入から体の内部を守り，また，体内の水分が蒸散することを防いでいる。その一番外側で働いているのが角層と呼ばれる部分で，その働きは（　エ　）機能とよばれる。

・ アトピー性皮膚炎では，皮膚の（　エ　）機能が低下しているところに様々な刺激や（　ア　）が加わって湿疹を生じる。

解答群

① 調節　　　　② 基底膜　　③ 知覚　　　④ 表皮

⑤ アレルゲン　⑥ 抗体　　　⑦ バリア　　⑧ 真皮

⑨ ランゲルハンス細胞

(2) 次の各文は，アトピー性皮膚炎について述べたものである。適当なものを次の①～⑤のうちから全て選びなさい。

① 顔面の湿疹がひどい場合は，円錐角膜，白内障，網膜剥離のような眼の合併症を来たしやすい。

② アトピー性皮膚炎は年齢とともに湿疹の出やすい場所が変化し，幼児期・学童期(2歳から12歳)では手首，足首，肘や膝のくぼみ，おしりなど擦れやすい場所に湿疹が見られる。

③ ダニや家のホコリ，花粉，ペットの毛，食べ物はアトピー性皮膚炎の悪化要因として有名であり，すべての患児に当てはまるので，一律にこれらに対する予防策を講じる必要がある。

④ 学校は，アトピー性皮膚炎のある児童生徒等で，学校での取組を希望する保護者に対して，管理指導表の提出を求め，提出された管理指導表に基づいて，保護者と協議して取組を実施するのが原則である。

⑤ アトピー性皮膚炎の重症度のめやすとして，強い炎症を伴う皮疹が体表面積の10％以上，30％未満にみられる場合は中等症と分類される。

▌2024年度 ▌千葉県・千葉市 ▌難易度 ■■■□□

【5】次の文章は，「学校のアレルギー疾患に対する取り組みガイドライン《令和元年度改訂》(令和2年3月　公益財団法人　日本学校保健会) 第2章　疾患各論　2. 気管支ぜん息　2－1　『病型・治療』欄の読み

方　C『急性増悪(発作)時の対応』欄の読み方」の記載内容の一部である。文章中の下線部ア～オのうち，適切でないものの数を，以下の①～⑤の中から一つ選べ。

1　「強いぜん息発作のサイン」がある場合の対応

　大発作と呼ばれ，ア入院加療を緊急に要するレベルです。すみやかに救急要請を行います。

2　「強いぜん息発作のサイン」がないがイ呼吸困難があり，日常生活に支障がある場合の対応

　ウ小発作と呼ばれ，場合によっては入院加療を要する可能性があるレベルです。ぜん鳴(ゼーゼー，ヒューヒュー)が聞こえることが多く，また児童生徒等は呼吸困難を訴えることが多いです。学校生活においては，授業に集中できない，体育や休み時間など運動することが辛いまたはしたがらない，給食が進まないなどの支障がある場合に注意を要します。

　学校では，急性増悪(発作)治療薬があれば優先して投与しつつ，保護者に連絡をとってエ医療機関受診を基本とします。呼吸は寝かせるよりも座らせた方が楽になります。

3　「強いぜん息発作のサイン」がなく，イ呼吸困難がないかあっても軽い場合の対応

　学校では経過を観察してよい状態ですが，運動を避け安静を保ち，急性増悪(発作)治療薬があれば投与します。ゆっくりとオ胸式呼吸をして，痰(たん)が出るようであれば，水を飲んで痰を吐き出しやすくします。

---

①　1つ　　②　2つ　　③　3つ　　④　4つ　　⑤　5つ

┃ 2024年度 ┃ 岐阜県 ┃ 難易度 ▐█▌▐▐▐▌

【6】次の記述は，「学校のアレルギー疾患に対する取り組みガイドライン《令和元年度改訂》(公益財団法人　日本学校保健会)第1章　総論5．アレルギー疾患の対応推進体制」の一部である。空欄[　1　]，[　2　]に当てはまる最も適切なものを，以下の①～⑤のうちから選びなさい。

5－2　学校の役割

(略)

イ　緊急時対応体制の整備

　緊急時の対応の充実をはかるためには，事前に学校医，主治医，地域の[　1　]等との体制づくりが重要です。さらに，緊急時に教職員が組織的に対応できるように，全教職員がアレルギーを理解し情報共有するとともに，実践的な訓練を[　2　]に行う必要があります。

① 医療機関　　② 消防機関　　③ 定期的　　④ 効率的

⑤ 個別

▌2024年度 ▌神奈川県・横浜市・川崎市・相模原市 ▌難易度 ▌

【7】次の文章は，「学校のアレルギー疾患に対する取り組みガイドライン《令和元年度改訂》(令和2年3月　公益財団法人　日本学校保健会)第2章　疾患各論　1．食物アレルギー・アナフィラキシー　1−1『病型・治療』欄の読み方　D　『緊急時に備えた処方薬』欄の読み方」の記載内容をまとめたものである。次のア〜オの文章のうち，適切でないものの組合せを，以下の①〜⑤の中から一つ選べ。

ア　内服薬としては，多くの場合，抗ヒスタミン薬やステロイド薬を処方されています。

イ　内服薬は，内服してから効果が現れるまでに30分以上かかるため，アナフィラキシーなどの緊急を要する重篤な症状に対して効果を期待することはできません。

ウ　「エピペン®」は，医療機関での救急蘇生に用いられるノルアドレナリンという成分が充填されており，患者自らが注射できるように作られています。このため，患者が正しく使用できるように処方に際して十分な患者教育が行われることと，それぞれに判別番号が付され，使用した場合の報告など厳重に管理されていることが特徴です。

エ　万一，「エピペン®」が必要な状態になり使用した後は速やかに医療機関を受診しなければなりません。

オ　「エピペン®」は含有成分の性質上，光で分解しやすいため，携帯用ケースに収められた状態で，冷所で保管します。

① ア，イ　　② イ，オ　　③ ウ，エ　　④ ア，ウ

⑤　ウ，オ

┃2024年度┃岐阜県┃難易度 ■■■□□

【8】「学校給食における食物アレルギー対応指針」(平成27年3月　文部科学省)に示されている，「学校給食における食物アレルギー対応の大原則」として誤っているものを，次の1～4の中から1つ選びなさい。

1　食物アレルギーを有する児童生徒にも，給食を提供する。そのためにも，安全性を最優先とする。

2　食物アレルギー対応委員会等により組織的に行う。

3　「学校のアレルギー疾患に対する取り組みガイドライン」に基づき，医師の診断による「学校生活管理指導表」と血液検査結果の提出を必須とする。

4　安全性確保のため，原因食物の完全除去対応(提供するかしないか)を原則とする。

┃2024年度┃埼玉県・さいたま市┃難易度 ■■■□□

【9】次の「学校のアレルギー疾患に対する取り組みガイドライン」(令和元年度改訂　日本学校保健会)についての問いに答えよ。

(1)　食物アレルギーの各病型の特徴について，文中の下線部のうち，適切でないものを①～⑤から選び，番号で答えよ。

1. 即時型

　　食物アレルギーの最も典型的な病型です。原因物質を食べて，①30分以内に症状が出現し，その症状はじんましんのような軽い症状から，生命の危険も伴うアナフィラキシーショックに進行するものまで様々です。ほとんどはIgE抗体が関係します。

2. 口腔アレルギー症候群

　　口腔アレルギー症候群はIgE抗体が関係する②口腔粘膜のみのアレルギー症状を指しますが，花粉－食物アレルギー症候群のことがほとんどです。シラカバやハンノキやブタクサなどの花粉のアレルギーがある児童生徒等がそれらの花粉抗原と③構造が似た物質を含む生の果物や野菜を食べたときに，食後④5分以内に口腔内の症状が誘発されます。

3. 食物依存性運動誘発アナフィラキシー

特定の食べ物を食べた後に運動することによってアナフィラキシーが誘発される病型です。⑤IgE抗体が関係します。

(2) 次の文は，アレルギー症状を認めたり，原因食物を食べてしまった等の場合の対応についての記述である。文中の下線部のうち，適切でないものを①〜⑤から選び，番号で答えよ。

発見者は，児童生徒等から目を離さないで，助けを呼び，人を集めます。集まった人にエピペン®と①AED等を持ってくるように指示をします。緊急性の高いアレルギー症状があるかどうかの判断を②3分以内に行います。緊急性が高いアレルギー症状があると判断した場合の対応は，以下の3点です。

・ただちにエピペン®を使用する。

・③救急車を要請する。

・④その場で安静にする。

児童生徒等が呼びかけに反応がなく，⑤呼吸がなければ心肺蘇生法を行います。

(3) 次の事例について，文中の(　　)にあてはまる適切なものを①〜⑤から選び，番号で答えよ。

> 小学3年生女子。学級担任は，本人がしばしば体育の授業を見学することがあり，気になっていた。保護者からの連絡で，「胸も発育してきており，最近本人が初経を迎えた」との連絡があり，管理職及び養護教諭に相談し，本人と保護者との健康相談を実施することとした。
>
> 発育測定の結果は，身長が1年生4月では115cmから2年生4月では125cm，3年生4月では130cmへ，体重は1年生4月では22kgから2年生4月では25kg，3年生4月では30kgへと大きな変化がみられることを確認した。

養護教諭は，学級担任からの相談を受け成長曲線を確認し，本人の体の変化や身長・体重発育曲線の状況から児童本人が(　　)かもしれないと考え，今後の対応について管理職，学級担任と相談し，必要があれば学校医による健康相談を実施することを検討した。

(　)の診断は，女子では①7歳6か月までに乳房がふくらみ始める，②8歳までに陰毛，わき毛が生える，10歳6か月までに初経(生理)が始まるなどに注意する。

① 思春期早発症　② 症候性肥満　③ 甲状腺機能低下症

④ 月経前症候群　⑤ 起立性調節障害

‖ 2024年度 ‖ 神戸市 ‖ 難易度 ▰▰▰□□

【10】「学校のアレルギー疾患に対する取り組みガイドライン《令和元年度改訂》」(令和2年3月　日本学校保健会)の「第1章　総論　2．アレルギー疾患とその取組」に示されている内容として適切でないものを，次の1〜4の中から1つ選びなさい。

1　「アレルギー体質」の人は，花粉や食べ物など本来無害なものに対してIgE抗体を作ってしまう。

2　食物アレルギーは，突然起こることは無く，初めて起こる時は前兆があるので注意する。

3　アレルギー疾患になりやすい体質は簡単に変わることはない。

4　適切な治療を受けることにより，ほとんどの児童生徒がアレルギーのない児童生徒と同じような生活を送れるように症状をコントロールすることができる。

‖ 2024年度 ‖ 埼玉県・さいたま市 ‖ 難易度 ▰▰□□□

【11】「学校のアレルギー疾患に対する取り組みガイドライン《令和元年度改訂》」(令和2年3月　日本学校保健会)の「第2章　疾患各論　3．アトピー性皮膚炎」に示されている内容として適切でないものを，次の1〜4の中から1つ選びなさい。

1　アトピー性皮膚炎は，かゆみのある湿疹がからだの広い範囲に現れ，良くなったり悪くなったりしながら長く続く病気である。

2　アトピー性皮膚炎に対する治療は①薬物療法，②悪化因子への対策の2つのみである。

3　アトピー性皮膚炎の人の皮膚は，乾燥しやすく，刺激に対し敏感に反応しやすいのが特徴である。

4　アトピー性皮膚炎は，生まれながらの体質に，様々な環境条件が

重なって発症する。

┃ **2024年度** ┃ 埼玉県・さいたま市 ┃ 難易度 ▓▓▓□□

【12】次の文は,「学校のアレルギー疾患に対する取り組みガイドライン
令和元年度改訂」(令和2年3月 公益財団法人 日本学校保健会)「第2
章 疾患各論」「1. 食物アレルギー・アナフィラキシー」「アナフィ
ラキシーとは」に示されている定義からの抜粋である。文中の[1]
～[4]に当てはまる語句として正しいものを①～⑧の中からそれぞ
れ一つ選びなさい。

[1]により, じんましんなどの皮膚症状, 腹痛や嘔吐などの消化
器症状, ゼーゼー, 呼吸困難などの呼吸器症状が, 複数同時にかつ急激
に出現した状態をアナフィラキシーと言います。その中でも, [2]
が低下して意識の低下や脱力を来すような場合を, 特にアナフィラキ
シーショックと呼び, [3]対応しないと生命にかかわる重篤な状態
であることを意味します。

また, アナフィラキシーには, [1]によらず[4]や身体的な要
因(低温／高温など)によって起こる場合があることも知られています。

① 体温 ② 脈拍 ③ 血圧 ④ アレルギー反応
⑤ 運動 ⑥ 慎重に ⑦ 直ちに ⑧ 環境

┃ **2024年度** ┃ 三重県 ┃ 難易度 ▓▓▓▓□

【13】アレルギーについて, 次の[問1]～[問3]に答えよ。

[問1] 食物アレルギー表示対象品目として表示の義務を定められてい
る特定原材料8品目のうち, 次に示す5品目以外の3品目の名称をす
べて書け。

小麦 乳 えび かに くるみ

[問2] 口腔アレルギー症候群は, 花粉－食物アレルギー症候群である
ことがほとんどである。花粉のアレルギーがある場合, その花粉抗
原と構造が似た物質を含む生の果物や野菜を食べたときに, 食後5
分以内に口腔内のアレルギー症状が誘発されることがある。この反
応を何というか, 書け。

[問3] 次の(1)～(3)の緊急性が高いアレルギー症状への対応として，安静を保つための最も適切な体位を，以下の(ア)～(カ)の中から1つずつ選び，その記号を書け。

(1) ぐったりして，意識朦朧の場合

(2) 吐き気，嘔吐がある場合

(3) 呼吸が苦しく仰向けになれない場合

(ア) 腹臥位 　　(イ) ショック体位 　　(ウ) 回復体位

(エ) 膝屈曲位 　　(オ) 半座位 　　(カ) 仰臥位

| 2024年度 | 和歌山県 | 難易度 ■■■■■□□ |

【14】日本学校保健会「学校のアレルギー疾患に対する取り組みガイドライン　令和元年度改訂」に基づいたアレルギー疾患について次の問いに答えなさい。

(1) 次の文章は「アレルギー疾患とその取組」について述べられている部分である。(①)～(⑤)に当てはまる語句を以下の語群ア～ソからそれぞれ一つ選び，記号で答えなさい。(同じ番号には同じ語句が入る)

> アレルギーとは，本来人間の体にとって有益な反応である(①)が，逆に体にとって好ましくない反応を引き起こすことです。
>
> 最も頻度が多いのがIgE抗体((②)の一種)によるアレルギー反応です。いわゆる「アレルギー体質」の人は，花粉や食べ物など本来無害なもの(これらがアレルギーの原因になるとき[A]と呼ばれます。)に対してIgE抗体を作ってしまいます。そして，その[A]が体の中に入ってくると，皮膚や(③)にあるマスト細胞というアレルギーを起こす細胞の上にくっついているIgE抗体と反応して，マスト細胞から体にとって有害な症状をもたらす(④)などの物質が出て，じんましんや(⑤)，くしゃみや鼻水などのアレルギー反応を起こしてしまうのです。

| ア 体質 | イ IgA抗体 | ウ 抗体検査 |
| エ 免疫グロブリン | オ 発疹 | カ 鼻炎 |

キ　かゆみ　　　　　ク　交差反応　　　　ケ　免疫反応
コ　アレルゲン　　　サ　粘膜　　　　　　シ　体内
ス　メラトニン　　　セ　アドレナリン　　ソ　ヒスタミン

(2)　[　A　]に当てはまる語句を答えなさい。

(3)　いわゆる花粉症について，アレルゲンとなる代表的な花粉の例を二つあげて，説明しなさい。

▌2024年度▐京都市▌難易度▐■■■■■■

【15】食物アレルギー(鶏卵によるアナフィラキシーショック既往有，アドレナリン自己注射薬及び内服薬有)のある小学1年生の児童に対する学校の食物アレルギー対応について，次の(1)〜(3)の問いに答えよ。

(1)　学校生活管理指導表提出の際に行う面談について，文部科学省冊子「学校給食における食物アレルギー対応指針」(平成27年3月)に示されている「保護者との面談において聴取する事項」を，例示以外に三つ記せ。

例)薬の持参希望の有無

(2)　入学後すぐに行う本児童に対する保健指導の目標を，三つ記せ。

(3)　本児童は，入学後の遠足で，友人からもらったお菓子を喫食したところ，アレルギー症状が出現した。食物アレルギー事故発生時の対応について，次のア，イの問いに答えよ。

ア　文部科学省及び公益財団法人日本学校保健会作成のアレルギー疾患対応研修資料(平成27年)に示されている緊急性が高いアレルギー症状への対応について，次の①，②の問いに答えよ。

①　緊急性の高いアレルギー症状として示されている，全身の症状及び呼吸器の症状をそれぞれ二つ，消化器の症状を一つ記せ。

②　救急車が到着するまでに，本児童に対して行う救急処置を三点，簡潔に記せ。

イ　緊急性が低いアレルギー症状のある児童自身への対応を三点，簡潔に記せ。

▌2024年度▐大阪府・大阪市・堺市・豊能地区▌難易度▐■■■■■■

解答・解説

【1】(1)　ウ　　(2)　ア　　(3)　オ

○**解説**○ (1)　ア　「学校のアレルギー疾患に対する取り組みガイドライン　令和元年度改訂」(公益財団法人 日本学校保健会)では，緊急性が高いアレルギー症状があると判断した場合の対応として，「ただちにエピペン®を使用する」，「救急車を要請する」，「その場で安静にする」の3点を挙げている。そのため「移動させて処置を行う」は誤り。イ　安静を保つ体位は，児童生徒の状態によって検討しなければならない。意識朦朧の場合は，ショック体位(仰向けで両下肢を15～30cm挙上する体位)，吐き気・嘔吐がある場合は，回復体位(下方の腕を前に伸ばし上方の腕を曲げてその手の甲に顔を乗せ，横向きの姿勢を安定させるために上方の膝を約90度曲げ前方に出した体位)，呼吸苦にて仰向けになれない場合は，半座位(上半身を約45度起こした体位)を取らせる。　エ　本資料によると，アレルギー反応が起きている児童生徒を発見した者は，児童生徒等から目を離さず，助けを呼び，人を集め，集まった人にエピペン®とAED等を持ってくるように指示をするとされている。そのため，「AEDをすぐに準備する必要はない」は誤りである。　(2)　①　「必要最小限の除去」を実施することが大切とされており，「最大限の除去」は誤りである。　②　緊急の対応をする事態を予測することはできないことから，「教職員全員がその情報を共有しておくことが重要」とされており，「対応に関わる職員だけで情報を共有すること」は誤りである。　④　アドレナリン自己注射(エピペン®の保管については，15～30℃で保存することが望ましく，冷所または日光の当たる高温下等に放置すべきではないとされており，「冷蔵庫での保管が必要である」は誤りである。　(3)　①・③　正しい。アナフィラキシーは食物が原因となることが多いが，昆虫刺傷，医薬品，ラテックス，まれに原因食物と運動の組合せで起こることもある。　②　皮膚症状，消化器症状，呼吸器症状が複数同時にかつ急激に出現した状態をアナフィラキシーと言うため，「いずれか1つが急激に出現した状態」というのは誤りである。　④　血圧が低下して意

識の低下や脱力を来すような場合をアナフィラキシーショックと呼ぶため，「血圧が急激に上昇し，瞳孔の開きが見られる場合」は誤りである。

【2】(1) A　触れた　　B　発見者　　C　5　　D　その場　　E　かゆみ／じんま疹／赤くなる(順不同)　　(2)　F　抗ヒスタミン薬　G　30　H　誤食　I　アナフィラキシーショック　　J　アドレナリン自己注射薬

○**解説**○ (1)　食物アレルギーは原因食物を食べなくても皮膚に触れたり，皮膚から目の中など粘膜に接触したりすることで発症することもある。アレルギー症状の緊急対応では，内服薬やアドレナリン自己注射薬(エピペン®)の管理(すぐに取り出せる所定の場所に保管しているか等)が重要である。アレルギー症状患者の発見者は発見後すぐに人を呼び，内服薬等を持ってくるように指示をする。アレルギー症状は急激に容態が変化する場合があるため，患者から目を離さず容態の変化があればすぐに必要な措置を取れるようにしておく。重篤なアレルギー症状の救急処置では，早い段階でのアドレナリン自己注射薬(エピペン®)の注射が重要となる。また緊急性が高いアレルギー症状の場合，患者をなるべく安静にすることも重要であるため，移動させずにその場で安静にさせる必要がある。このときの体位は呼吸・意識の有無や吐き気・嘔吐のあるなしで異なる。　(2)　アナフィラキシーやアナフィラキシーショック症状の際は，急激に容態が変化する。抗ヒスタミン薬やステロイド薬などの経口摂取の薬剤は摂取から効果が現れるまでに30分以上かかるため，即効性のあるアドレナリン自己注射薬(エピペン®)の迅速な注射が必要となる。

【3】・見学や休憩時間等の待機場所をテントの中や日陰にする。　・日焼け止めクリームの塗布，ラッシュガード等の使用を許可する。・プール水の遊離残留塩素は学校環境衛生基準を遵守する。

○**解説**○　アトピー性皮膚炎は，紫外線やプール水の消毒用塩素等の肌への刺激によって症状が悪化する場合がある。学校でのプール指導時は，見学や休憩時間を日光が当たらない場所にすることや，日焼け止めク

リーム等の塗布，サンバイザー等の日よけの衣類等の着用を許可すること，プールの遊離残留塩素の濃度の遵守などの環境整理を行う必要がある。また，プール指導後に皮膚に付着した塩素をシャワーでよく落とすなどの指導や，外用薬や保湿剤などを塗布するための場所や時間の確保などの配慮が必要となる。

【4】(1) ア ⑤　イ ④　ウ ⑧　エ ⑦　(2) ①, ②, ④
○解説○ (1)　人間の皮膚は，外からの刺激や雑菌などが体内に入り込まないように，また体内の水分などが漏れないようにする「バリア機能」をもっている。皮膚は，外側から表皮，真皮，皮下組織の3層から構成され，表皮のいちばん外側にある「角層」が，このバリア機能を担っている。アトピー性皮膚炎の人の皮膚は，このバリア機能が低下しており，アレルゲンが侵入しやすくなる。アレルゲンが侵入すると，それを攻撃しようとする免疫細胞と結びつき，ヒスタミンという物質が出て，炎症が起こり，湿疹が生じる。　(2)　③　悪化要因になりうるものとしては，ダニや家のホコリ，花粉，ペットの毛などがある。また，食物アレルギーがある子供が，食べ物によって湿疹が悪化することがある。これらはアトピー性皮膚炎の悪化要因として有名だが，みんなに当てはまるわけではない。原因や症状は人それぞれなので，自己判断せず，専門医を受診し，薬物療法やスキンケアなどによって適切に治療する必要がある。　⑤　アトピー性皮膚炎の重症度は，強い炎症を伴う皮疹が体表面積の30%以上に及ぶと「最重症」，10%以上30%未満が「重症」，10%未満が「中等症」，軽度の赤みや乾燥だけの場合が「軽症」である。

【5】②
○解説○ ウは「小発作」ではなく「中発作」，オは「胸式呼吸」ではなく「腹式呼吸」である。気管支ぜん息の治療の基本は，発作によって気道の炎症が増悪し，より気道が過敏な状態になり，さらに発作を起こしやすくするという悪循環を断ち切ることである。そのため発作を予防することが重要で，児童生徒等それぞれのコントロール状態を把握することは，学校生活を安全に管理する上でとても重要である。も

しコントロール状態が"不良"であれば，ぜん息は不安定で悪化しやすく，日ごろから慎重な管理が必要であり，また急性増悪(発作)した時には，より迅速な対応が求められる。発作のレベルについて理解するとともに，個々の児童生徒のサインを見逃さないようにしておきたい。

【6】1 ②　2 ③

○**解説**○ アレルギー疾患の緊急対応では，特にアナフィラキシー発症時に一分一秒を争う対応が求められるため，緊急搬送・応急処置などの校内外の緊急体制を整える必要がある。その一環としてエピペン等の取り扱いを含めてアレルギー対応の訓練を計画し，定期的に実行することが求められる。

【7】⑤

○**解説**○ ウは「ノルアドレナリン」ではなく，「アドレナリン」成分が充填されているが正しい。また，オは「冷所で保管」ではなく，「15℃−30℃で保存」が正しい。「エピペン®」は，アナフィラキシーを起こす危険性が高く，万一の場合に直ちに医療機関での治療が受けられない状況下にいる者に対し，事前に医師が処方する自己注射薬である。一方，内服薬(抗ヒスタミン薬，ステロイド薬)は，内服してから効果が現れるまでに30分以上かかるため，アナフィラキシーなどの緊急を要する重篤な症状に対して効果を期待することはできず，誤食時に備えて処方されることが多い医薬品で，軽い皮膚症状などに対して使用するものと考えたい。

【8】3

○**解説**○ 食物アレルギーの原因食物の除去根拠として血液検査や皮膚テストの結果だけで診断することはない。血液検査結果が陽性でも，実際はその食品を食べられることも多く，症状や食物傾向負荷試験の結果などを組み合わせて医師が総合的に診断するため，3の血液検査結果の提出を必須とするのは誤りである。

【9】 (1)　①　　(2)　②　　(3)　①

○**解説**○ (1)　児童生徒等によくみられる食物アレルギーは，即時型，口腔アレルギー症候群，食物依存性運動誘発アナフィラキシーの3つの病型に分類される。即時型においては，原因物質を食べて2時間以内に症状が出現する。　(2)　ショック状態にある患者の救命率は，30分以内にアドレナリンを投与できるか否かで大きく変わるといわれている。緊急性の高いアレルギー症状として13の症状があるが，これらの症状の有無を判断し，対応する必要がある。ショック症状を起こしている場合，無理に動かすことで症状が悪化する可能性があるため，その場から移動させずに救急車を待つことが大切である。　(3)　思春期早発症は第二次性徴が通常より2〜3年以上早期に認められる病気で，治療をしないと早期に身長の伸びが止まり低身長になることや，本人の戸惑いや周囲からのからかいなどの心理社会的問題を起こすことがある。成長曲線等での身長の著しい伸びのほか，思春期徴候が見られる場合は学校医と相談の上，小児の内分泌系に対応できる医療機関を受診することが望ましい。

【10】 2

○**解説**○ 1　本来無害な物質がアレルゲンとして体内のIgE抗体が反応してヒスタミンなどの物質を作り出すことで，痒みや蕁麻疹，くしゃみや鼻水などのアレルギー反応が起こる。　2　誤り。アレルギーは，それまで症状が起こっていなくても，突然発症することがある。
3　アレルギー疾患になりやすい体質というのは，主にIgE抗体を作りやすい体質であるかや免疫反応が引き起こされるアレルゲンに暴露しやすい生活環境や生活習慣などが関係していると考えられており，簡単に変えることが難しい。　4　アレルギーを起こしやすい体質は簡単に変えられるものではないが，アレルゲンを摂取しないようにするなど症状をコントロールすることは可能である。ガイドラインに沿った適切な治療・管理を受けるようにすることが重要である。

【11】 2

○**解説**○ アトピー性皮膚炎は皮膚のバリア機能が低下し，様々な刺激や

アレルゲンが加わることで湿疹を生じる。痒みなどにより皮膚を引っ掻くと，さらにバリア機能が低下し，ますます敏感になってしまう。治療としては薬物療法，悪化因子への対策のほかに上記のバリア機能を高めるためのスキンケアがある。よって，2が誤りである。

【12】1　④　　2　③　　3　⑦　　4　⑤
○解説○　アナフィラキシーはアレルギー症状の中でも重篤な状態である。アナフィラキシーショックとは，血圧が低下して意識の低下や脱力を来すような場合のことをいう。アナフィラキシーショックは直ちに対応しないと生命にかかわる重篤な状態であり，アドレナリンの自己注射薬の使用や心肺蘇生などの救命処置が必要となる。また，運動誘発アナフィラキシーなど抗原の侵入が原因ではない身体的な要因でアナフィラキシー症状が起こる場合がある。

【13】問1　そば，卵，落花生(ピーナッツ)　　　問2　交差反応
問3　(1)　(イ)　　(2)　(ウ)　　(3)　(オ)
○解説○　問1　重篤度・症例数の多い特定原材料8品目については，食品表示基準に従い表示が義務付けられている。なお，従来は7品目であったが，2023(令和5)年3月の食品表示基準改正によって新たにくるみが追加され，8品目となったことに注意。　問2　花粉と交差反応が報告されている果物や野菜として，スギ花粉とトマトなどが挙げられる。口腔アレルギー症候群は，原因物質を避けることで対策できる。　問3　症状に応じた体位を保つことで，呼吸・循環機能を維持し，苦痛を和らげ，症状の悪化を防ぐことができる。　(1)　ショック体位とは，仰向けで両下肢を15～30cm挙上する体位のことである。意識障害は脳循環が低下することで起こる。そのため両下肢を挙上して中心静脈への血流を増やし，心臓の前負荷(＝容量負荷。心臓に戻ってくる血流量)を増加させ，脳への血流量を維持する。　(2)　回復体位とは，下方の腕を前に伸ばし上方の腕を曲げてその手の甲に顔を乗せ，横向きの姿勢を安定させるために上方の膝を約90度曲げ前方に出した体位である。吐き気・嘔吐がある場合，吐物が気道に入り，呼吸ができなくなる可能性がある。回復体位はこれを予防する。　(3)　半座位とは，

上半身を約45度起こした体位のことであり，ファーラー位ともいう。半座位をとると横隔膜が下がり，腹部臓器による横隔膜への圧迫も避けられることから，呼吸面積が広がり肺の伸展が容易となることで，呼吸が楽になる。

【14】(1) ① ケ ② エ ③ サ ④ ソ ⑤ キ (2) アレルゲン (3) ・花粉をアレルゲンとして起こる季節性のアレルギー性鼻炎・結膜炎などの総称 ・アレルゲンの例は，スギ，ヒノキ(ヒノキ科花粉)，カモガヤ(イネ科花粉)，シラカバ，ハンノキ(カバノキ花粉)，ブタクサ から二つ

○解説○ (1) Ig(免疫ブログリン)は，血液や組織液の中に存在するたんぱく質の一種で，免疫の中で大きな役割を担っており，IgA抗体，IgD抗体，IgE抗体，IgG抗体，IgM抗体の5種類がある。Igは本来，身体を異物から守るために働くが，IgE抗体だけは，身体に対してマイナスの方向に働くことがある。それがアレルギー反応である。短時間で全身に激しく現れるIgE型のアレルギー反応を，アナフィラキシーという。 (2) アレルギーの原因となる物質をアレルゲン又は抗原という。アレルゲンは，食物性アレルゲン，花粉，家のホコリの中のチリ，ダニ，動物の毛などの吸入性アレルゲン，化粧品，塗料，衣服などの接触性アレルゲンなどに分類される。 (3) アレルゲンとなる花粉の代表的なものとしては，春の時期のスギ，ヒノキ，ハンノキ，夏はシラカンバ，イネ，秋はブタクサ，ヨモギ，カナムグラなどがあり，そのうちの約70%がスギによるものと考えられている。主な症状としては，くしゃみ，鼻水，鼻づまり，目のかゆみ，充血などがある。

【15】(1) ・過去の食物アレルギー発症(アナフィラキシーを含む)情報 ・家庭での対応状況 ・緊急時の対応連絡先・方法 (2) ・鶏卵を含んだ食べ物を食べないようにすることができる。 ・学校生活における注意事項などを理解し，行動することができる。 ・アレルギーの症状が出たら，大人に知らせることができる。 (3) ア ① 全身の症状…ぐったり，意識もうろう 呼吸器の症状…・のどが締め付けられる ・犬が吠えるようなせき 消化器の症状…我

慢できない腹痛　　②　・ただちにアドレナリン自己注射薬を使用する。　　・反応がなく呼吸がなければ，心肺蘇生を行う(AEDの使用)。　・その場で安静にする(立たせたり，歩かせたりしない)。　　イ　・内服薬を飲ませる。　　・安静にできる場所へ移動する。　　・5分ごとに症状を観察・記録して状況を判断し，症状の程度に応じて対応する。

○**解説**○　食物アレルギーについては，状態・定義・救急対応を含め，本資料や「学校のアレルギー疾患に対する取り組みガイドライン」を中心に学習し，理解を深めておこう。　　(1)　面談を行うことは，学校生活管理指導表や事前に保護者から提出を受けた調査票等に記載された事項について補うことができる。解答例の他，「当該児童生徒に対して学校生活において配慮すべき必要事項」，「薬(アドレナリン自己注射薬等)の持参希望の有無」，「学級内の児童生徒並びに保護者へ当該児童生徒の食物アレルギー情報を提供することについての了解を得ること」が，聴取する事項として挙げられている。　　(2)　アレルギーを持つ児童に対して，アレルギーへの理解やアレルギー症状発生時の対応を，発達段階に合わせ保健指導することが重要である。　　(3)　ア　①　解答例以外の症状としては，次のとおり。　　・全身の症状…尿や便を漏らす，脈が触れにくい，唇や爪が青白い。　　・呼吸器の症状…声がかすれる，息がしにくい，持続する強いせき込み，ぜーぜーする呼吸。　・消化器の症状…繰り返し吐き続ける。　　②　緊急性が高いアレルギー症状の対応において，安静を保つ体位としては，次のことが示されている。　　・ぐったり，意識もうろうの場合…血圧が低下している可能性があるため，足を高くするショック体位をとる。　　・吐き気，嘔吐がある場合…嘔吐物による窒息を防ぐため，回復体位をとる。　・呼吸が苦しく，仰向けになれない場合…呼吸を楽にするため半座位をとる。　　イ　緊急性が低い場合でも，症状の改善が見られない場合は，速やかに医療機関を受診する。症状が進行し，緊急性の高い症状が現れた際には，ただちにアドレナリン自己注射薬を使用し，救急車を要請する。

熱中症

【1】次は,「学校における熱中症対策ガイドライン作成の手引き」(令和3年5月　環境省・文部科学省)に示されている「暑さ指数(WBGT)に応じた注意事項等」の一部です。(①)~(④)に入る語句の組み合わせとして正しいものを,以下の1~4の中から1つ選びなさい。

暑さ指数 (WBGT)	湿球 温度	乾球 温度	注意すべき 活動の目安	日常生活における注意事項	熱中症予防運動指針
31℃以上	27℃以上	35℃以上	すべての生活活動でおこる危険性	外出はなるべく避け,涼しい室内に移動する。	運動は原則中止 (①)運動を中止する。 特に子どもの場合は中止すべき。
28~31℃	24~27℃	31~35℃		外出時は炎天下を避け,室内では室温の上昇に注意する。	厳重警戒（激しい運動は中止） 熱中症の危険性が高いので,激しい運動や持久走など体温が上昇しやすい運動は避ける。(②)おきに休憩をとり水分・塩分の補給を行う。暑さに弱い人は運動を軽減または中止。
25~28℃	21~24℃	28~31℃	中等度以上の生活活動でおこる危険性	運動や激しい作業をする際は(③)休息を取り入れる。	警戒（積極的に休憩） 熱中症の危険度が増すので積極的に休憩を取り適宜,水分・塩分を補給する。激しい運動では30分おきくらいに休憩をとる。
21~25℃	18~21℃	24~28℃	(④)生活活動でおこる危険性	一般に危険性は少ないが激しい運動や重労働時には発生する危険性がある。	注意（積極的に水分補給） 熱中症による死亡事故が発生する可能性がある。熱中症の兆候に注意するとともに,運動の合間に積極的に水分・塩分を補給する。

1 ① 特別の場合以外は　② 20分~30分
　③ 頻繁に長く　④ 強い
2 ① 特別な場合であっても　② 20分~30分
　③ 定期的に十分に　④ 日常の
3 ① 特別な場合であっても　② 10分~20分
　③ 頻繁に長く　④ 日常の
4 ① 特別の場合以外は　② 10分~20分
　③ 定期的に十分に　④ 強い

【2】「熱中症環境保健マニュアル2022」(令和4年3月改訂　環境省)に示されている内容について，次の(1)～(3)に答えなさい。

(1) 「熱中症の症状と重症度分類」に示されている，次の症状ア～コから，「Ⅱ度(中等症)」に当たる症状を4つ選び，記号で書きなさい。

　　ア　けいれん発作　　　イ　嘔吐　　　　　ウ　生あくび
　　エ　意識障害　　　　　オ　立ちくらみ　　カ　大量の発汗
　　キ　頭痛　　　　　　　ク　倦怠感　　　　ケ　虚脱感
　　コ　筋肉の硬直(こむら返り)

(2) 熱中症を疑う症状がある場合，救急搬送の必要性を判断するポイントを3つ書きなさい。

(3) 「Ⅲ度(重症)」の場合の冷却の方法として，「氷水浴／冷水浴法」の準備がない場合に推奨される方法を書きなさい。

■ 2024年度 ■ 新潟県・新潟市 ■ 難易度 ■■■□□

【3】「熱中症環境保健マニュアル2022」(令和4年3月改訂　環境省)に示されている内容に関する次の(1)，(2)の問いに答えなさい。

(1) 熱中症に関する記述として適当なものを次の①～⑤のうちから三つ選びなさい。

　　① 汗をたくさんかく場合には，塩分の補給が必要であり，0.1～0.2％程度の食塩水(1Lの水に1～2gの食塩)が適当である。

　　② 高温，多湿，風が弱い，輻射源(熱を発生するもの)がある等の環境では，体から外気への熱放散が増加し，汗の蒸発が多くなるため熱中症が発生しやすくなる。

　　③ 体力のない人，肥満の人，暑さに慣れていない人は熱中症を起こしやすいので，運動を軽減する。また，下痢・発熱・疲労等体調の悪いときは熱中症を起こしやすいので，無理をしない。

　　④ 「熱中症予防運動指針」の暑さ指数(WBGT)28以上31未満は「警戒」であり，熱中症の危険が増すので，積極的に休憩をとり適宜，水分・塩分を補給する。激しい運動では，30分おきくらいに休憩をとる。

　　⑤ 熱中症の重症度・緊急度から見れば熱中症はⅠ度，Ⅱ度，Ⅲ度に分類されるが，病態(症状)から見た分類もある。

(2) 次の文章は, 熱中症の症状について述べたものである。文中の
(ア)〜(カ)にあてはまる最も適当なものを以下の解答群か
らそれぞれ一つずつ選びなさい。

・ 軽症である(ア)は「立ちくらみ」, 同様に軽症に分類される
(イ)は全身けいれんではなく「筋肉のこむら返り」である。
中等症に分類される(ウ)では, 全身の倦怠感や脱力, 頭痛,
吐き気, 嘔吐, 下痢等が見られる。最重症は(エ)と呼ばれ,
高体温に加え意識障害と(オ)が主な症状である。

・ 重症度を判定するときに重要な点は, 意識がしっかりしている
かどうかであり, 少しでも意識がおかしい場合には, (カ)と
判断し病院への搬送が必要である。

解答群

① 大量の発汗　　　② 失神　　　　　　③ 熱射病
④ 熱性けいれん　　⑤ 発汗停止　　　　⑥ Ⅰ度(軽症)
⑦ 熱けいれん　　　⑧ Ⅱ度(中等症)以上　⑨ 熱疲労
⑩ 熱失神

‖ 2024年度 ‖ 千葉県・千葉市 ‖ 難易度 ■■■□□□

【4】次のア〜ウの各文は, 熱中症について述べたものである。文中の下
線部a〜eについて, 正しいものを○, 誤っているものを×としたとき,
正しい組合せを選びなさい。

ア 熱中症を「軽症」「中等症」「重症」に分類すると, a熱けいれんは
軽症に分類される。また, b熱疲労は中等症に分類され, 全身の倦
怠感や脱力, 頭痛, 吐き気, 嘔吐, 下痢等が見られる。最重症はc
熱失神と呼ばれ, 高体温に加え意識障害と発汗停止が主な症状であ
る。

イ 暑さ指数(WBGT)がd30℃の場合, 日本スポーツ協会による熱中症
予防運動指針では, すべての生活活動で熱中症が起こる危険性があ
ることから, 「運動は原則中止」と示されている。

ウ 熱中症が疑われる時の対応として, 「呼びかけや刺激に対する反
応や応答がおかしい」場合, すぐに救急車を要請し, e口から水分
を補給させる。

	a	b	c	d	e
①	○	×	×	○	×
②	×	○	○	×	○
③	○	○	×	×	×
④	○	×	○	×	○
⑤	×	×	○	○	×

‖ 2024年度 ‖ 福岡県・福岡市・北九州市 ‖ 難易度 ■■■□□ ‖

【5】「熱中症環境保健マニュアル2022(令和4年3月改訂環境省)Ⅲ．熱中症を防ぐためには　3．運動・スポーツ活動時の注意事項　(2)運動時の対策」についての説明として適切ではないものを，次の①〜③のうちから選びなさい。

①　環境条件の指標は気温，気流，湿度，輻射熱を合わせた暑さ指数(WBGT)が望ましいが，気温が比較的低い場合には湿球温度を，気温が比較的高い場合には乾球温度を参考にしてもよい。

②　熱中症は急に暑くなる7月下旬から8月上旬に集中している。夏以外でも，急に暑くなると熱中症が発生する。

③　暑い時は水分をこまめに補給する。運動前後で体重減少が2％以内になるように水分を摂取する。汗をたくさんかく場合には，塩分の補給も必要であり，1〜2％程度の食塩水が適当である。

‖ 2024年度 ‖ 神奈川県・横浜市・川崎市・相模原市 ‖ 難易度 ■■■□□ ‖

解答・解説

【1】4

○**解説**○　暑さ指数すなわちWBGT値は人体と外気との熱のやり取りに着目し，気温，湿度，日射・輻射，風の要素をもとに算出される熱中症予防に用いられる指標である。日本スポーツ協会による熱中症予防運動指針では，WBGT値が25未満は注意，25以上28未満は警戒，28以上31未満は厳重警戒，31以上では運動は原則中止と規定されている。31

以上の場合は特別の場合を除いて運動は中止する。なお，特別の場合とは，医師，看護師，一次救命処置保持者のいずれかを常駐させ，救護所の設置，及び救急搬送体制の対策を講じた場合，涼しい屋内で運動する場合等のことである。

【2】(1) イ，キ，ク，ケ　　(2) ・意識がしっかりしているか　　・水を自分で飲めるか　　・症状が改善したか　　(3)　水道水散布法

○解説○ (1)　熱中症とは，体温を平熱に保つために汗をかき，体内の水分や塩分(ナトリウムなど)の減少や血液の流れが滞るなどして，体温が上昇して重要な臓器が高温にさらされたりすることにより発症する障害の総称である。高温環境下に長期間いたとき等，暑熱環境にさらされたという状況下での体調不良はすべて熱中症の可能性がある。Ⅰ度(軽症)の熱けいれんや熱失神では，立ちくらみ，生あくび，大量の発汗，筋肉の硬直(こむら返り)が見られる。どちらも意識は清明である。Ⅱ度(中等症)の熱疲労では，頭痛，嘔吐，倦怠感，虚脱感，集中力や判断力の低下が見られる。Ⅲ度(重度)の熱射病は，高体温に加え意識障害と発汗停止が主な症状である。けいれん，肝障害や腎障害も合併し，最悪の場合には早期に死亡する場合もある。　　(2)　搬送時，応急処置の際は，必ず誰かが付き添う，とされている。　　(3)　意識障害があるなど，Ⅲ度(重症)の場合の対処として，速やかな全身の冷却が必要となる。冷却の方法には，全身を氷水(冷水)に浸ける氷水浴／冷水浴法があるが，物資や人員の準備がない場合には，水道につないだホース等で全身に水をかけ続ける水道水散布法が推奨される。

【3】(1) ①，③，⑤　　(2) ア ⑩　　イ ⑦　　ウ ⑨　　エ ③
オ ⑤　　カ ⑧

○解説○ (1)　②　高温，多湿，風が弱い，輻射源がある等の環境では，体から外気への熱放散が減少し，蒸発も不十分となるため，熱中症が発生しやすくなる。　　④　暑さ指数(WBGT)による基準域が28以上31未満のときは，「厳重警戒」である。熱中症の危険性が高いので，激しい運動や持久走など体温が上昇しやすい運動は避けるなどの指針が示されている。WBGTが31以上のときは「危険」，25以上28未満が

「警戒」，25未満が「注意」という指針となっている。　(2)　熱中症Ⅰ度で軽症の症状には，熱失神や熱けいれんがある。熱失神は，暑さのせいで一瞬の立ちくらみが起きることを指す。また，熱けいれんは，暑さと疲労と脱水が重なって筋肉の一部が「こむら返り」を起こすことを指す。Ⅱ度で中等症の症状には，熱疲労がある。中等症になると，病院への搬送を必要とするレベルである。Ⅲ度の最重症である熱射病になると，入院して治療が必要となる。

【4】③

○**解説**○　ア　熱中症は2000年以降，応急処置と見守りが必要である軽症(Ⅰ度)，医療機関への搬送を必要とする中等症(Ⅱ度)，入院して集中治療の必要な重症(Ⅲ度)に分類されるようになった。熱けいれん(こむら返りなど)や熱失神(立ちくらみ)は軽症，熱疲労は中等症，熱射病は重症に分類されている。　イ　暑さ指数(WBGT)が31℃以上の場合に「運動は原則中止」となる。　ウ　熱中症が疑われて，反応や応答がおかしい場合は，誤飲の原因となるため無理に水を飲ませない。医療機関での点滴が必要となるため早急に搬送する。

【5】③

○**解説**○　補給する食塩水の塩分濃度に誤りがある。1〜2％ではなく0.1〜0.2％が正しい。

保健室経営・養護教諭の職務

学習のポイント

　養護教諭については，学校教育法第37条第12項に「養護教諭は，児童の養護をつかさどる」と規定されている。すなわち，学校における「養護」を専門とする教育職員の一員である。法律ではこの規定しか示されていないが，昭和47年及び平成9年の保健体育審議会答申，あるいは平成20年及び平成27年の中央教育審議会答申で養護教諭の役割等が述べられている。それらについての確認が必要である。

　保健室は，学校保健安全法第7条に，「学校には，健康診断，健康相談，保健指導，救急処置その他の保健に関する措置を行うため，保健室を設けるものとする。」と規定された。また，学校保健安全法第9条では，「養護教諭その他の職員は，相互に連携して，健康相談又は児童生徒等の健康状態の日常的な観察により，児童生徒等の心身の状況を把握し，健康上の問題があると認めるときは，遅滞なく，当該児童生徒等に対して必要な指導を行うとともに，必要に応じ，その保護者に対して必要な助言を行うものとする。」とある。

【1】次の文は,「学校保健の課題とその対応－養護教諭の職務等に関する調査結果から－〈令和2年度改訂〉」(公益財団法人　日本学校保健会)における保健組織活動に関する内容の一部である。空欄①～③に当てはまる語句の組合せとして,最も適当なものを選びなさい。

> 　学校保健委員会は,学校における健康に関する課題を研究協議し,健康づくりを推進するための組織である。学校保健委員会は,校長,養護教諭・栄養教諭・学校栄養職員などの教職員,学校医,学校歯科医,学校薬剤師,保護者代表,児童生徒,地域の保健関係機関の代表などを主な委員とし,[　①　]が中心となって,運営することとされている。
>
> 　学校保健委員会については,昭和33年の学校保健法等の施行に伴う文部省の通知において,[　②　]に規定すべき事項として位置付けられている。また,昭和47年の保健体育審議会答申においても,「学校保健委員会の設置を促進し,その運営の強化を図ることが必要である」と提言されている。(略)
>
> 　学校保健委員会を通じて,学校内の[　③　]の中心として機能するだけではなく,学校,家庭,地域の関係機関などの連携による効果的な学校[　③　]を展開することが可能となることから,その活性化を図っていくことが必要である。

	①	②	③
ア	校長	学校経営計画	教育活動
イ	保健主事	学校経営計画	教育活動
ウ	保健主事	学校保健計画	保健活動
エ	養護教諭	学校経営計画	保健活動
オ	養護教諭	学校保健計画	保健活動

┃ 2024年度 ┃ 北海道・札幌市 ┃ 難易度 ■■□□□

【2】次のア～オの各文は,「保健室」及び「保健室経営」について述べたものである。正しいものを○,誤っているものを×としたとき,正

395

しい組合せを選びなさい。

ア　学校教育法施行規則第1条において，「学校には，その学校の目的を実現するために必要な校地，校舎，校具，運動場，図書館又は図書室，保健室その他の設備を設けなければならない。」とあり，保健室を設置することが義務付けられている。

イ　「子どもの心身の健康を守り，安全・安心を確保するために学校全体としての取組を進めるための方策について(答申)」(平成20年1月中央教育審議会)においては，子供の健康づくりを効果的に推進するために，保健室の経営の充実を図ることが求められた。

ウ　保健室経営は，学校全体に関わり学校・家庭・地域の連携のもと推進していく必要があることから，学校経営の観点に立って取り組むことが必要である。

エ　保健室経営計画は，養護教諭が児童生徒の健康課題を踏まえ，保健室経営において達成すべき目標を立て，保健室を運営するために作成する計画であり，当該学校の教育目標の具現化を図ることを目的とするものではない。

オ　保健室経営は全職員に関わることではないため，保健室経営計画を教職員に周知を図る必要はない。

	ア	イ	ウ	エ	オ
①	×	○	×	×	○
②	○	○	○	×	×
③	×	○	×	○	×
④	○	×	○	×	×
⑤	×	×	○	○	○

┃ 2024年度 ┃ 福岡県・福岡市・北九州市 ┃ 難易度 ▰▰▰▱▱▱

【3】次の記述は，「現代的健康課題を抱える子供たちへの支援～養護教諭の役割を中心として～(平成29年3月文部科学省)第2章　学校における児童生徒の課題解決の基本的な進め方」の一部である(一部表記を改めたところがある)。空欄[　1　]～[　3　]に当てはまる最も適切なものを，以下の①～⑧のうちから選びなさい。

＜いじめ，自殺，児童虐待，保護者の養育に関する問題への対応＞

ア　いじめ

・いじめの発見・通報を受けた教職員は，「学校におけるいじめの防止等の対策のための組織」(いじめ防止対策推進法第22条)で情報共有し，組織で指導・支援体制を組む。重大事態(※)については，いじめ防止対策推進法第28条により対処する。

(※)重大事態とは

・いじめにより児童等の生命，心身又は[　1　]に重大な被害が生じた疑いがあると認めるとき。

・いじめにより児童等が相当の期間学校を欠席することを余儀なくされている疑いがあると認めるとき。

「いじめの防止等のための基本的な方針」「いじめの重大事態の調査に関するガイドライン」により対応する。

　　　(略)

ウ　児童虐待等

・児童虐待を受けたと思われる児童生徒を発見した場合は，速やかに，市区町村，[　2　]等に[　3　]しなければならない。(児童虐待防止法第6条)

①　医療機関　　②　教育を受ける権利　　③　学習環境
④　財産　　　　⑤　通告　　　　　　　　⑥　相談
⑦　報告　　　　⑧　児童相談所

▌2024年度▕神奈川県・横浜市・川崎市・相模原市▕難易度■■□□□

【4】次の(1)～(7)は，「学校保健の課題とその対応－養護教諭の職務等に関する調査結果から－　－令和2年度改訂－」(令和3年3月　公益財団法人　日本学校保健会)に示されているこれからの学校保健に求められている養護教諭の役割について示そうとしたものである。文中の①～⑥の□□□内にあてはまる語句をそれぞれ書け。

(1)　学校内及び地域の医療機関等との連携を推進する上で□①□の役割

(2)　養護教諭を中心として関係教職員等と連携した組織的な ② ，健康観察，保健指導の充実

(3)　 ③ 的役割を果たしている保健室経営の充実(保健室経営計画の作成)

(4)　いじめや児童虐待など児童生徒等の心身の ④ の早期発見，早期対応

(5)　学級(ホームルーム)活動における保健の指導をはじめ，T・Tや兼職発令による ⑤ への積極的な授業参画と実施

(6)　健康・安全にかかわる ⑥ への対応
救急処置，心のケア，アレルギー疾患，感染症等

(7)　専門スタッフ等との連携協働

┃ 2024年度 ┃ 香川県 ┃ 難易度 ███████░░

【5】養護教諭の役割に関する次の問いに答えなさい。

次は，「現代的健康課題を抱える子供たちへの支援　～養護教諭の役割を中心として～」平成29年3月(文部科学省)第2章　学校における児童生徒の課題解決の基本的な進め方　ステップ2　課題の背景の把握　の内容の一部である。これに即して，次の(ア)～(キ)に当てはまる適切な語句を，以下の【語群】から選び，記号を答えなさい。

1　情報収集・分析
(1)　基本的な考え方
　ステップ1で学校全体による継続的な(ア)が必要と判断された児童生徒について，適切な(ア)方針・(ア)方法を検討するため，課題の背景をより詳細に把握することが重要である。そのために，児童生徒に関わる学級担任や養護教諭，管理職，専門スタッフは様々な方法で情報収集に努めるとともに，その情報をそれぞれの立場から分析する。
(2)　それぞれの役割
①養護教諭
　養護教諭は，

・(イ)で得られる情報(健康観察, (イ)利用状況, 健康相談結果, 当該児童生徒の(ウ)や家庭での食事状況などの心身の健康に関する調査結果など)を整理する。

・学級担任や保護者から, (エ)や家庭の経済状況, 教職員との関係, 学習状況などの様々な情報を収集する。

・必要に応じ, 関係機関等からも情報収集を行う。

・収集・整理した情報を基に, (オ)を生かしながら, 課題の背景について分析を行う。

(略)

2 校内委員会における(カ)

(1) 基本的な考え方

当該児童生徒の健康課題について(カ)するため, 管理職や学級担任, 養護教諭等の関係教職員等が参加する校内委員会(既に学校に組織されている場合は, 既存の組織を活用)を開催する。

校内委員会においては, (キ)のリーダーシップの下, 教職員等が収集・分析した児童生徒に係る情報を集約し, 児童生徒の健康課題の背景を正確に把握する。

児童生徒の健康課題の背景を踏まえて, 次の方向性を校内委員会において検討する。

(2) それぞれの役割

①養護教諭

養護教諭は,

・校内委員会に参加し, 疑問点等については必要に応じ発言し, 確認する。

・児童生徒の健康課題の背景について組織で把握する際, 養護教諭の(オ)を生かし, 的確に意見を述べる。

・分析をした結果を校内委員会でわかりやすく報告する。(出席状況や保健室利用状況などをグラフに表すなどの工夫をする)

(略)

【語群】

a 点検	b 相談室	c 専門性
d カリキュラムマネジメント	e 校長	f 成績
g 生活時間	h 保健室	i 保健主事
j 直感	k 友人関係	l アセスメント
m 支援		

2024年度 長野県 難易度

【6】「保健室経営計画作成の手引 平成26年度改訂」(平成27年3月 公益財団法人 日本学校保健会)について，次の(1)，(2)に答えよ。

(1) 次は，「3 保健室経営計画の作成 (1) 学校保健計画と保健室経営計画」の内容の一部である。次の(ア)〜(ウ)にあてはまることばを，それぞれ記せ。

	学校保健計画	保健室経営計画
推進者	全教職員 ＊役割分担して組織的に活動を推進	養護教諭が中心
特徴	・学校保健活動の年間を見通して，「(ア)」「(イ)」「(ウ)」の3領域について立てる総合的な基本計画 ・単年度計画 ・学校経営の評価に位置付け，評価を実施	・教育目標等を踏まえた上で，保健室経営の目標に対して，計画的，組織的に運営するための計画 ・養護教諭の職務（役割）と保健室の機能を踏まえた計画 ・単年度計画 ・保健室経営目標に対する評価を実施

(2) 保健室経営計画の必要性について，次の(エ)〜(キ)にあてはまることばを，それぞれ記せ。なお，同じカタカナには同じことばが入るものとする。

> (2) 保健室経営計画の必要性
> 保健室経営計画の必要性は，次のとおりである。
> ① 学校教育目標や(エ)の具現化を図るための保健室経営を，計画的，組織的に進めることができる。
> ② 児童生徒の健康課題の解決に向けた保健室経営計画(課題解決型)を立てることによって，児童生徒の健康課題を全教職員で共有することができる。
> ③ 保健室経営計画を教職員や保護者等に周知することに

よって，理解と協力が得られやすくなり，効果的な
(オ)ができる。

④ 保健室経営計画を立てることによって，養護教諭の職
務や役割を教職員等に(カ)していく機会となる。

⑤ 保健室経営計画の自己評価及び(キ)評価(教職員等)
を行うことにより，総合的な評価ができるとともに課題
がより明確になり，次年度の保健室経営に生かすことが
できる。

⑥ 養護教諭が複数配置の場合には，お互いの活動内容の
理解を深めることができ，効果的な(オ)ができる(計
画は一つ)。

⑦ 異動による引き継ぎが，円滑に行われる。等

▎2024年度 ▎山梨県 ▎難易度 ▰▰▰▱▱▱

【 7 】 養護教諭の職務について，次の(1)，(2)の各問いに答えよ。

(1) 「教職員のための子どもの健康観察の方法と問題への対応」(平成
21年8月　文部科学省)について，次のア，イの各問いに答えよ。

ア　健康観察の目的について，次の(a)～(e)に入る適切な語
句を以下の語群から選び，記号でそれぞれ答えよ。

① 子どもの(a)の健康問題の早期発見・早期対応を図る。

② 感染症や(b)などの集団発生状況を把握し，感染の拡大
防止や予防を図る。

③ 日々の(c)的な実施によって，子どもに(d)に興味・
関心をもたせ，(e)の育成を図る。

語群

1	アレルギー疾患	2	長期	3	食中毒
4	学校教育活動	5	継続	6	自他の健康
7	自己管理能力	8	記憶力	9	心身

10　精神疾患

イ　健康観察は，学級担任や養護教諭が中心となり，全教職員が共
通の認識をもつことが重要である。授業中の健康観察の主な視点

を一つ述べよ。

(2) 「現代的健康課題を抱える子供たちへの支援～養護教諭の役割を
中心として～」(平成29年3月　文部科学省)には，自殺予防の知識と
して，子どもにどのようなことを伝えておく必要があると示されて
いるか，簡潔に三つ述べよ。

▮ 2024年度 ▮ 山口県 ▮ 難易度▰▰▰▱▱▱

【8】次の(1)，(2)の各問いに答えなさい。

(1)　次の文は，「養護教諭及び栄養教諭の資質能力の向上に関する調
査研究協力者会議　議論の取りまとめ[別添1]養護教諭及び栄養教諭
に求められる役割(職務の範囲)の明確化に向けて」(文部科学省　令
和5年1月)に示されている「⑧健康相談等を踏まえた保健指導」で
ある。文中の(　①　)～(　⑫　)に入る語句を以下のア～トから選
び記号で答えよ。

○　保健指導は，児童生徒等が自身の健康課題に気付き，(　①　)
と関心を深め，自ら積極的に解決していこうとする自主的，
(　②　)な態度を育成するために行われるものである。健康相談
や日常的な(　③　)等により把握した児童生徒等の心身の健康課
題について，更には校内で発生した救急処置事案や災害，事件・
事故等の(　④　)において，その性質や内容に応じ，適切な対応
をとることが必要であり，養護教諭が，学校医や学校歯科医，学
校薬剤師等とも連携しながら，校長等の管理職のもとで具体的な
業務について中心的な役割を担うことが求められる。

○　具体的には，児童生徒等が抱えている健康課題について，個々
に即した目標を設定し，(　⑤　)や原因，(　⑥　)や対処方法，
医療機関への受診，(　⑦　)の改善，(　⑧　)を送る上での留意
事項等について指導することが必要となる。

○　そのほか，保健指導の実施に当たっては，全ての教職員の間で，
目的や目標等について(　⑨　)を図り，役割分担をしながら進め
ていくことが必要であり，養護教諭には，その専門性を生かして，
他の教諭等に(　⑩　)することが求められる。

○　また，健康課題等のある児童生徒等の(　⑪　)に対して必要に

応じて(⑩)等を行うことのほか，(⑫)やその他の掲示物
等を活用して，広く児童生徒等や(⑪)等に対する健康に関す
る普及・啓発を行うことも重要な役割となる。

ア 指導　　　イ 理解　　　ウ 事後措置

エ 健康観察　オ 予防方法　カ 保健だより

キ 生活習慣　ク 症状　　　ケ 共通理解

コ 発生時　　サ 終息時　　シ 基礎的

ス 保護者　　セ 生涯　　　ソ 興味

タ 保健管理　チ 学校生活　ツ 実践的

テ 助言　　　ト 学級担任

(2) 次の表は，「子供たちを児童虐待から守るために－養護教諭のた
めの児童虐待対応マニュアル－」(公益財団法人日本学校保健会
平成26年3月)に示されている「第4章　学校における虐待の気付き
と初期対応　1虐待に気付く」を抜粋しまとめたものである。表中
の(①)～(⑥)に入る語句を答えよ。

≪健康診断時における虐待の早期発見の視点≫

身体計測	(①)，不潔な(②)，不自然な傷・あざ等
耳鼻科検診（聴力検査）	外傷の放置，心因性(③)等
眼科検診（視力検査）	外傷の放置，心因性(④)等
内科検診	不自然な傷・あざ，衣服を脱ぐ事や診察を怖がる等
歯科検診（歯科健康診断）	ひどい(⑤)，歯の(⑥)の遅れ，口腔内の外傷（歯の破折や粘膜の損傷等）の放置，口腔内の不衛生等
事後措置状況	精密検査を受けさせない，何度受診勧告をしても受診させない等

┃ 2024年度 ┃ 佐賀県 ┃ 難易度 ■■■□□□

【9】次は，「現代的健康課題を抱える子供たちへの支援　～養護教諭の
役割を中心として～」(平成29年3月　文部科学省)の「第1章　児童生
徒の心身の健康の保持増進に向けた取組」に示されている内容として
下線部が誤っているものを，以下の1～4の中から1つ選びなさい。

> 養護教諭は，児童生徒が生涯にわたって健康な生活を送るた
> めに必要な力を育成するために，教職員や①家庭・地域と連携し
> つつ，日常的に，「②心身の健康に関する知識・技能」「自己有用
> 感・自己肯定感(自尊感情)」「自ら意思決定・③行動選択する力」
> 「④課題を把握する力」を育成する取組を実施する。

1 ①　　2 ②　　3 ③　　4 ④

| 2024年度 | 埼玉県・さいたま市 | 難易度 ■■■□□ |

【10】医薬品について，次の(1)～(4)の各問いに答えなさい。

(1)　病院で治療する程ではない比較的軽症の場合に，薬局やドラッグストアなどで症状に見合った医薬品を自分で選んで手当てすることを何というか答えよ。

(2)　開発された新薬は「先発医薬品」と呼ばれ，その研究開発費が医薬品の価格に反映される。しかし，特許が切れるなどすると，他の製薬会社も同じ成分の医薬品を作ることができ，先発医薬品に比べて研究開発費がほとんどかからないため，値段が先発医薬品より安くなっている。この医薬品を何というか答えよ。

(3)　ノロウイルス感染症発生時の吐物・下痢便の清掃に使用する消毒薬として，最も適切なものの名称を答えよ。

(4)　次の文は，「学校における薬品管理マニュアル　令和4年度改訂」(公益財団法人日本学校保健会　令和5年3月)に示されている「第2章　要指導医薬品・一般用医薬品の取扱い　1要指導医薬品・一般用医薬品の取扱いの考え方及び管理時の対応(2)組織体制と役割　4養護教諭の役割」を抜粋しまとめたものである。文中の(　①　)～(　⑤　)に入る語句を答えよ。

　a. 児童生徒の健康に関する情報の把握

　　年度当初には(　①　)，学校生活管理指導表等から，児童生徒の既往歴や(　②　)疾患の有無等の情報収集を行うことが大切である。

　b. 保健室の一般用医薬品の保管・管理

　　● 保管する場所の(　③　)，湿度などに注意すること。

　　● (　④　)できる薬品戸棚に保管すること。

　　● 廃棄の方法は学校薬剤師に指導・助言を受け使用すること。

　c. (　⑤　)

　　一般用医薬品を継続的又は日常的に求めたり，使用したりしている児童生徒については，その背景にある心身の不調の原因などに目を向け，学級担任や関係教職員との情報交換に努めながら対

応することが重要である。また，一般用医薬品の正しい使い方に
ついて個別に(⑤)を行うようにする。

▋2024年度 ▌佐賀県 ▌難易度 ▋▋▋□□□

【11】 次の①〜⑤のうち，「保健室経営計画作成の手引 平成26年度改訂
(平成27年3月 公益財団法人 日本学校保健会) 2 保健室経営計画
及び 3 保健経営計画の作成」の記載内容をまとめたものとして適
切でないものを，次の中から一つ選べ。

① 保健室経営計画とは，当該学校の教育目標及び学校保健目標など
を受け，その具現化を図るために，保健室の経営において達成され
るべき目標を立て，計画的・組織的に運営するために作成される計
画である。

② 課題解決型の保健室経営計画を立て児童生徒の心身の健康づくり
を効果的に進めていくことが必要である。

③ 保健室経営計画は，学校保健活動の年間を見通して，「保健教育」
「保健管理」「組織活動」の3領域について立てる総合的な基本計画
である。

④ 保健室経営計画は，養護教諭が中心となって取り組む単年度計画
である。

⑤ 保健室経営計画の自己評価及び他者評価(教職員等)を行うことに
より，総合的な評価ができるとともに課題がより明確になり，次年
度の保健室経営に生かすことができる。

▋2024年度 ▌岐阜県 ▌難易度 ▋▋▋□□□

【12】 次の文章は，「保健主事のための実務ハンドブック—令和2年度改訂
—(令和3年3月 公益財団法人 日本学校保健会) 第2章 保健主事の
役割 (4)学校保健に関する評価の実施 イ 評価の機会と方法 及び
ウ 評価をする際の配慮事項」の記載内容の一部である。文章中の下
線部①〜⑤のうち，適切でないものを一つ選べ。

イ 評価の機会と方法
学校保健活動は，学校教育全体を通じておこなわれるもので
あり，評価も学校教育全体の中で，多面的かつ継続的におこな

うことが大切です。したがって，(略)適切な時期にバランスよく評価の機会を設ける必要があります。

- ・児童生徒の日常の生活行動について，教職員が①観察により評価する方法
- ・②面接や質問紙を用意しての質問による方法
- ・各担当者による③記録の収集，分析による方法
- ・教職員等の話合いによる方法
- ・児童生徒，保護者，地域の方々などの意見収集，分析による方法　など

ウ　評価をする際の配慮事項

(ア)　成果の評価とプロセスの評価

評価項目・指標等には，目標の達成状況を把握するためのものと，④達成に向けた取組の状況を把握するためのものがあります。

(略)

(イ)　学校保健に関する項目の学校評価への位置付け

学校保健活動の成果は，最終的には学校の教育目標の達成に統合されていくことから，保健主事は学校保健活動に関する項目が⑤学校保健委員会に適切に設定され，その結果に基づき学校保健活動の改善が図られるよう働きかけをすることが求められます。そして，各学校の特性を生かした評価をおこなうように工夫することが大切です。

▌2024年度 ▌岐阜県 ▌難易度■■□□□

【13】日本学校保健会「学校保健の課題とその対応　—養護教諭の職務等に関する調査結果から—令和2年度改訂」に基づいた養護教諭の役割について次の問いに答えなさい。

(1)　次の文はこれからの学校保健に求められている養護教諭の役割について述べられている部分である。(　①　)～(　④　)に当てはまる語句を答えなさい。

1. 学校内及び地域の医療機関等との連携を推進する上で(①)
 の役割
2. 養護教諭を中心として関係教職員等と連携した組織的な健康
 相談, (②), 保健指導の充実
3. 学校保健センター的役割を果たしている保健室経営の充実
 (保健室経営計画の作成)
4. いじめや児童虐待などの児童生徒等の心身の健康課題の早期
 発見, 早期対応
5. 学級(ホームルーム)活動における保健の指導をはじめ, T・T
 や兼職発令による(③)への積極的な授業参画と実施
6. 健康・安全にかかわる危機管理への対応
 救急処置, 心のケア, アレルギー疾患, (④)等
7. 専門スタッフとの連携協働

(2) 「保健室経営」について中央教育審議会答申(平成20年1月)では,
次の様に述べている。[A][B]に当てはまる語句を答えなさ
い。

保健室経営とは, 当該学校の教育目標及び学校保健目標など
を受け, その具現化を図るために, 保健室の経営において達成
されるべき目標を立て, [A]・[B]に運営することである。

┃ 2024年度 ┃ 京都市 ┃ 難易度 ■■■■■

【14】養護教諭の職務に関連する法令について, 各問いに答えよ。
 問1 次の文は, 法令の一部を抜粋したものである。文中の(①)〜
  (⑩)に当てはまる語句や数字を答えよ。ただし, 同一番号には
  同一語が入る。
  (A) 危険等発生時(①)の作成等 [学校保健安全法 第29条]
    学校においては, 児童生徒等の安全の確保を図るため, 当該学
   校の実情に応じて, 危険等発生時において当該学校の(②)が
   とるべき措置の具体的内容及び(③)を定めた(①)を作成

するものとする。

2 －略－

3 学校においては，事故等により児童生徒等に危害が生じた場合において，当該児童生徒等及び当該事故等により(④)その他の心身の健康に対する影響を受けた児童生徒等その他の関係者の心身の健康を回復させるため，これらの者に対して必要な支援を行うものとする。この場合においては，第10条の規定を準用する。

(B) 定義　　　　　　　　　　　　　　[＿＿＿＿　第2条]

この法律において「(⑤)」とは，児童等に対して，当該児童等が在籍する学校に在籍している等当該児童等と一定の(⑥)にある他の児童等が行う心理的又は物理的な影響を与える行為((⑦)を通じて行われるものを含む。)であって，当該行為の対象となった児童等が心身の苦痛を感じているものをいう。

(C) 出席停止の期間の基準　　[学校保健安全法施行規則　第19条]

令第6条第2項の出席停止の期間の基準は，前条の感染症の種類に従い，次のとおりとする。

1 －略－

2 第二種の感染症(結核及び髄膜炎菌性髄膜炎を除く。)にかかつた者については，次の期間。ただし，病状により(⑧)その他の医師において感染のおそれがないと認めたときは，この限りでない。

イ～ト　－略－

チ　新型コロナウイルス感染症にあつては，発症した後(⑨)日を経過し，かつ，症状が軽快した後(⑩)日を経過するまで。

問2 (A)の文中にある第10条で規定されている内容は何か。語群から1つ選び，記号で答えよ。

語群

ア　臨時の健康診断　　　　　　イ　保健所との連絡

ウ　地域の医療機関等との連携　　エ　臨時休業

オ　学校環境の安全の確保

問3 (B)の下線部に当てはまる法令を答えよ。

問4　(C)の文中にある<u>令第6条</u>に定められた出席停止の指示を行うのはだれか答えよ。

┃ 2024年度 ┃ 長崎県 ┃ 難易度 ┃

【15】保健室経営について，次の問に答えよ。

問1　「保健室経営計画作成の手引　平成26年度改訂」(平成27年3月公益財団法人日本学校保健会)に記載されている保健室経営について，次の(1)，(2)に答えよ。

(1)　保健室経営計画について，[　ア　]～[　ウ　]にあてはまる語句を答えよ。

> 保健室経営計画とは，当該学校の教育目標及び[　ア　]の目標などを受け，その[　イ　]を図るために，保健室の経営において達成されるべき目標を立て，計画的・[　ウ　]に運営するために作成される計画。

(2)　保健室経営の基本的事項のうち，毎年大きく変化するものではなく，必要時適宜見直しが図られることから，保健室経営計画とは別立てとし，ファイルを作成するなどして年度当初に職員等に配布し，説明や指導する機会を設けて周知・共通理解を図っておくことが必要な内容を三つ記せ。

問2　表は，「養護教諭及び栄養教諭の資質能力の向上に関する調査研究協力者会議　議論の取りまとめ」(令和5年1月　養護教諭及び栄養教諭の資質能力の向上に関する調査研究協力者会議)に記載されている養護教諭の専門性を生かした職務についてまとめたものである。[　エ　]～[　ク　]にあてはまる語句を答えよ。

表

養護教諭の専門領域における主な職務内容
◇保健管理
・[　エ　]，健康診断，[　オ　]，疾病の管理・予防，[　カ　]管理
◇保健教育
・各教科等における指導への参画

◇健康相談及び[　キ　]
　・心身の健康課題に関する児童生徒等への健康相談
　・健康相談等を踏まえた保健指導
◇保健室経営
◇[　ク　]

| 2024年度 | 島根県 | 難易度 |

【16】次の表は，「保健室経営計画作成の手引　平成26年度改訂」(平成27年2月　公益財団法人　日本学校保健会)「3　保健室経営計画の作成」「(1)　学校保健計画と保健室経営計画」からの抜粋である。　1　～　5　に当てはまる語句として正しいものを①～⑨の中からそれぞれ一つ選びなさい。

	学校保健計画	保健室経営計画
推進者	1 ＊役割分担して組織的に活動を推進	2 が中心
特徴	・学校保健活動の年間を見通して，「保健教育」「保健管理」「組織活動」の3領域について立てる総合的な基本計画 ・ 3 計画 ・ 4 の評価に位置付け，評価を実施	・ 5 等を踏まえた上で，保健室経営の目標に対して，計画的，組織的に運営するための計画 ・ 2 の職務（役割）と保健室の機能を踏まえた計画 ・ 3 計画 ・保健室経営目標に対する評価を実施

①　学校経営　　②　管理職　　③　教育目標　　④　全教職員
⑤　単年度　　⑥　長期　　⑦　養護教諭　　⑧　保健主事
⑨　保健目標

| 2024年度 | 三重県 | 難易度 |

【17】学校保健関係者について，次の(1)～(3)の問いに答えよ。

(1)　次の文は，「学校教育法施行規則」(昭和22年文部省令第11号)の一部である。文中の(　　)に当てはまる言葉を以下のア～オから一つ選び，その記号を書け。

第45条

　4　保健主事は，校長の（　　　）を受け，小学校における保健に
　　関する事項の管理に当たる。

　　ア　指示　　イ　命令　　ウ　示教　　エ　監督　　オ　指導

(2)　「保健主事のための実務ハンドブック―令和2年度改訂―」(令和3
　年3月公益財団法人日本学校保健会)に照らして，次の①～③の問い
　に答えよ。

①　保健主事の役割について，次の文中の（　　　）に当てはまる言葉
　を書け。

　　　保健主事は，「学校保健と学校全体の活動に関する調整」，
　「学校保健計画の作成」，「学校保健に関する組織活動の推進」
　などの中心となり，すべての教職員が学校保健活動に関心
　を持ち，それぞれの役割を円滑に遂行できるように企画，
　連絡・調整，実施，（　　　），改善などの働きかけをすること
　が求められる。

②　学校保健計画作成上の留意点について，次のア～カの正誤の組
　合せとして最も適切なものを以下のA～Fから一つ選び，その記
　号を書け。

　　ア　保健室経営計画を十分生かし，児童生徒や地域の実態，
　　　学校種別，規模等に即して自校の実情にあった計画を作
　　　成する。
　　イ　収集した情報を活用して，学校の実態に即した適切な
　　　計画にする。
　　ウ　学校の教育方針，諸行事を考慮して，実施内容を網羅
　　　し，有機的な関連をもたせる。
　　エ　保健管理と保健組織活動の関連を明確にしておく。
　　オ　関係教職員の理解を深めるとともに，責任分担を明確
　　　にする。
　　カ　PTA，家庭や地域社会の保健活動との連携を図る。

	ア	イ	ウ	エ	オ	カ
A	誤	正	誤	誤	正	正
B	正	正	正	正	誤	誤
C	正	誤	正	誤	正	誤
D	誤	正	誤	正	誤	正
E	誤	誤	正	正	正	誤
F	正	正	誤	誤	誤	正

③ 学校保健委員会について，次のア～カの正誤の組合せとして最も適切なものを以下のA～Fから一つ選び，その記号を書け。

> ア　学校保健委員会は，学校における健康の問題を研究協議し，健康づくりを推進する組織である。
>
> イ　様々な健康問題に対処するため，家庭，地域等の教育力を充実する観点から，学校と家庭，地域を結ぶ組織として学校保健委員会を機能させることが大切である。
>
> ウ　学校保健委員会については，昭和33年の学校保健法等の施行に伴う文部省の通知において，学校保健計画に規定すべき事項として位置付けられている。
>
> エ　養護教諭が人，設備・用具，経費，情報などの各要素を調達・活用し，企画力，リーダーシップを発揮することが期待されている。
>
> オ　学校保健委員会の組織を確かに運営するため，構成員は固定化する。
>
> カ　学校において，学校保健委員会の位置付けを明確化し，先進的な取組を進めている地域の実践事例を参考にするなどして，質の向上や地域間格差の是正を図ることが必要である。

	ア	イ	ウ	エ	オ	カ
A	誤	誤	正	誤	正	誤
B	誤	正	誤	正	誤	正
C	正	誤	正	正	正	誤
D	正	正	正	誤	誤	正

```
E  正   誤   誤   正   正   誤
F  誤   正   誤   誤   誤   正
```

(3) 学校医の職務について,「学校保健安全法施行規則」(昭和33年文部省令第18号)の第22条に照らして,誤っているものを次のア～オから一つ選び,その記号を書け。

ア 学校保健計画及び学校安全計画の立案に参与する。

イ 学校の環境衛生の維持及び改善に関し,学校薬剤師と協力して,必要な指導及び助言を行う。

ウ 感染症の予防に関し必要な指導及び助言を行うが,学校における感染症及び食中毒の予防処置には従事しない。

エ 校長の求めにより,救急処置に従事する。

オ 職務に従事したときは,その状況の概要を学校医執務記録簿に記入して校長に提出する。

▌2024年度 ▌愛媛県 ▌難易度 ▌▌▌▌▌▌

【18】次の文は,「保健室利用状況に関する調査報告書　平成28年度調査結果」(平成30年2月　公益財団法人　日本学校保健会)「第4章　保健室利用状況に関する調査のまとめと考察」「Ⅰ　まとめ」「2　児童生徒の保健室利用状況」からの抜粋である。文中の[　1　]～[　5　]に当てはまる語句として正しいものを①～⓪の中からそれぞれ一つ選びなさい。

(1) 小学校・中学校・高等学校ともに,学年が上がるにつれて保健室利用者が増加する傾向にあった。また,性別では[　1　]より利用が多く,前回調査と同様であった。

(2) 大規模校(500人以上)における,1日平均の保健室利用者数は,小学校・中学校・高等学校とも,養護教諭の複数配置校の方が1人配置校より多かった。

(3) 保健室利用者の来室時間帯は,すべての学校種で「[　2　]」小学校26.5％,中学校31.3％,高等学校25.1％が最も多く,次いで「[　3　]」小学校20.4％,中学校22.1％,高等学校22.6％であった。また,始業前や放課後の保健室利用も多く,前回調査と同様であった。

413

(4) 来室理由は，小学校では「[4]」35.7％，中学校・高等学校では「[5]」中学校21.8％，高等学校25.7％が最も多く，前回調査と同様であった。

① 給食・昼休み　　② 先生と話をしたい　　③ けがの手当て

④ 午後授業中　　　⑤ 午後休み時間　　　⑥ 午前休み時間

⑦ 女子が男子　　　⑧ 体調が悪い　　　　⑨ 男子が女子

⓪ なんとなく

▌2024年度▌三重県▌難易度▐▐▐▐▐▐□□

【19】次の文は，中央教育審議会答申(平成20年1月)及び保健室経営計画作成の手引(平成26年度改訂公益財団法人　日本学校保健会)の中で保健室経営計画について書かれたものです。文中の(①)～(⑧)に適する語句を以下のア～ニの中から選び，記号で書きなさい。

○　子どもの健康づくりを効果的に推進するためには，学校保健活動の(①)役割を果たしている保健室の経営の充実を図ることが求められる。そのためには，養護教諭は保健室経営計画を立て，教職員に周知を図り連携していくことが望まれる。

○　保健室経営計画とは，当該学校の(②)及び学校保健目標などを受け，その具現化を図るために，保健室の経営において達成されるべき目標を立て，(③)・(④)に運営するために作成される計画である。

○　学校教育の基盤となる児童生徒の健康や安全を確保するには，全職員が相互に連携していくことが重要である。そのためには，(⑤)型の保健室経営計画を立て児童生徒の心身の健康づくりを効果的に進めていくことが必要である。

○　保健室経営計画を立てることによって，養護教諭の(⑥)や役割を教職員等に啓発していく機会となる。

○　保健室経営計画の(⑦)評価及び(⑧)評価を行うことにより，総合的な評価ができるとともに課題がより明確になり，次年度の保健室経営に生かすことができる。

ア　健康教育　　　　イ　健康課題　　　　ウ　自己

エ　系統的　　　　　オ　保健管理　　　　カ　中核的

キ	学校保健計画	ク	センター的	ケ	職務
コ	目標達成	サ	教育目標	シ	健康診断結果
ス	組織的	セ	立場	ソ	他者
タ	課題解決	チ	保健室利用状況	ツ	相対
テ	保健教育	ト	効果的	ナ	絶対
ニ	計画的				

║ 2024年度 ║ 名古屋市 ║ 難易度 ▮▮▮▮▮

【20】学校保健計画，保健室経営計画について，次の(1)，(2)の問いに答えよ。

(1) 「保健主事のための実務ハンドブック　令和2年度改訂」(日本学校保健会)の「第2章　保健主事の役割」に示されている学校保健計画の作成と実施に関する記述のうち，下線部①〜⑤の記述の正誤について，最も適切な組合せを，以下の1〜6のうちから一つ選べ。

・学校保健計画は，学校において必要とされる保健に関する具体的な実施計画であり，毎年度，学校の状況や前年度の学校保健の取組状況等を踏まえ，作成されるべきものであること。

・学校保健計画には，法律で規定された①児童生徒等及び職員の健康診断，②学校保健行事，③健康相談に関する事項を必ず盛り込むこととすること。

・学校保健に関する取組を進めるに当たっては，学校のみならず，保護者や関係機関・関係団体等と連携協力を図っていくことが重要であることから，学校教育法等において学校運営の状況に関する情報を積極的に提供するものとされていることも踏まえ，学校保健計画の内容については原則として保護者等の関係者に④周知を図ることとすること。このことは，学校安全計画についても同様であること。

・各学校においては，これらの留意事項を踏まえ，学校における保健管理と保健教育，学校保健委員会などの組織活動など学校保健活動の年間を見通した⑤総合的な基本計画となるよう作成することが大切である。

```
1 ① 誤    ② 正    ③ 誤    ④ 誤    ⑤ 正
2 ① 正    ② 誤    ③ 誤    ④ 正    ⑤ 正
3 ① 正    ② 誤    ③ 正    ④ 誤    ⑤ 誤
4 ① 正    ② 正    ③ 誤    ④ 正    ⑤ 誤
5 ① 誤    ② 正    ③ 正    ④ 正    ⑤ 誤
6 ① 誤    ② 誤    ③ 正    ④ 誤    ⑤ 正
```

(2) 「保健室経営計画作成の手引 平成26年度改訂」(日本学校保健会)
の「3 保健室経営計画の作成 (4) 保健室経営計画の評価方法」
に示されている自己評価と他者評価に関する記述①～⑤について,
誤っているものはいくつあるか。以下の1～5のうちから一つ選べ。

① 保健室経営計画に基づいて適切に評価を行うことは,保健室経
営の改善,発展の鍵となる。

② 自己評価は養護教諭の取組を対象として実施する。

③ 自己評価の評価規準は,総合的に「よくできた」「ほぼできた」
「どちらでもない」「あまりできなかった」「まったくできなかっ
た」の5件法で評価する。

④ 他者評価において,目標に対する達成の状況は,主観的なデー
タ等で評価する。

⑤ 他者評価では,学校評価の学校保健の全体評価と,保健室経営
の評価をそれぞれ行う。

1 なし   2 1つ   3 2つ   4 3つ   5 4つ

┃2024年度┃大分県┃難易度 ▮▮▮▮▮▮▮▯▯▯

解答・解説

【1】ウ

○**解説**○ 学校保健委員会に関する出題である。保健主事と養護教諭の職
務内容を混同しないこと。学校保健委員会は学校と地域,家庭を結ぶ
重要な組織であるが,設置率が低かったり,学校保健委員会開催頻度
が低いなどの課題もある。養護教諭としては,保健主事と常に連絡を

取り合い，共通理解に努め，保健活動の活性化が行われるよう働きかけられると良い。

【2】②

○**解説**○ エ　保健室経営計画は養護教諭が教育目標や学校保健目標を受けて，その具現化のために保健室の経営において達成されるべき目標を立てて，計画的・組織的に運営するために作成されるものである。オ　中央教育審議会答申「子どもの心身の健康を守り，安全・安心を確保するために学校全体としての取り組みを進めるための方策について」(平成20年1月)で，保健室経営計画の重要性が示唆され，養護教諭は保健室経営計画を立て，教職員に周知を図り連携していくことが求められるようになった。

【3】1　④　　2　⑧　　3　⑤

○**解説**○ いじめ防止対策推進法第28条に基づき，いじめの重大事態は，「いじめにより児童等の生命，心身又は財産に重大な被害が生じた疑いがあると認めるとき。および，いじめにより児童等が相当の期間学校を欠席することを余儀なくされている疑いがあると認めるとき。」と規定されている。同法により学校は，これらの重大事態に対処し同様の事態の発生防止のために重大事態に係る事実関係を明確にするための調査・指導等の対処を行わなければならない。児童虐待について，児童虐待の防止等に関する法律第6条により，児童虐待を受けたと思われる児童を発見した者は，速やかに，児童相談所もしくは福祉事務所へと通告する義務が課されている。

【4】①　コーディネーター　　②　健康相談　　③　学校保健センター　④　健康課題　　⑤　保健教育　　⑥　危機管理

○**解説**○ 中央教育審議会答申(平成20年1月)において，養護教諭の職務については，学校保健の3領域である保健管理，保健教育，保健組織活動に，保健室経営及び健康相談が加わった5項目に整理された。健康相談については，保健管理のみならず，児童生徒等の人間形成においても大きな役割を果たしていることや，期待されている役割から独立した項目として挙げられている。

【5】ア m　イ h　ウ g　エ k　オ c　カ l　キ e

○**解説**○ 現代的な健康課題に関わる養護教諭の役割としては，児童生徒
の健康課題を的確に早期発見し，課題に応じた支援を行うことのみな
らず，全ての児童生徒が生涯にわたって健康な生活を送るために必要
な力を育成するための取組を，他の教職員と連携しつつ日常的に行う
ことである。本書では，児童生徒の課題解決の基本的な考え方として，
5つのステップに従って対応することを示している。5つのステップの
うちのステップ2「課題の背景の把握」の「1　情報収集・分析」では，
適切な支援方針・支援方法に向けて，課題の背景をより詳細に把握す
るため，情報収集に努め，それぞれの立場から分析することが示され
ている。「2　校内委員会におけるアセスメント」では，児童生徒の健
康課題についてアセスメントするため校内委員会を開催し，収集・分
析された情報を集約して児童生徒の健康課題の背景を把握し，次の方
向性を検討する。校内委員会の構成メンバーやそれぞれの役割等を理
解しておきたい。

【6】(1)　ア　保健教育　　イ　保健管理　　ウ　組織活動（※　ア，
イ，ウは順不同）　　(2)　エ　学校保健目標　　オ　連携　　カ　啓
発　キ　他者

○**解説**○ 学校保健計画や保健室経営計画については，詳細が出題される
ことも考慮し，「保健室経営計画作成の手引　平成26年度改訂」（日本
学校保健会）を十分学習し準備しておきたい。法的根拠も踏まえて確認
しておこう。　　(1)　学校保健安全法第5条は，児童生徒等及び職員の
心身の健康の保持増進を図るため，学校保健計画の策定の実施を学校
に義務付けている。学校保健計画は，学校保健目標を達成するために，
「保健教育」「保健管理」「組織活動」の3領域について，毎年度，具体
的な計画として作成されるものであり，全教職員が取り組む総合的な
基本計画である。　　(2)　平成20(2008)年1月に中央教育審議会がまとめ
た「子どもの心身の健康を守り，安全・安心を確保するために学校全
体としての取組を進めるための方策について(答申)」では，「保健室経
営計画とは，当該学校の教育目標及び学校保健目標などを受け，その
具現化を図るために，保健室の経営において達成されるべき目標を立

て，計画的・組織的に運営するために作成される計画」であると記載
されている。保健室経営計画は，学校保健計画を踏まえた上で，養護
教諭が中心となって取り組む計画である。

【7】(1) ア a 9　 b 3　 c 5　 d 6　 e 7　 イ 友人・教
員との人間関係　 (2)　・ひどく落ち込んだときには他者に相談す
る。　 ・友だちに「死にたい」とうちあけられたら，信頼できる大
人につなぐ。　 ・自殺予防のための関係機関について知っておく。
○解説○ (1)　学校における健康観察は，中央教育審議会答申(平成20年)
「子どもの心身の健康を守り，安全・安心を確保するために学校全体
の取組を進めるための方策について」で，「健康観察は，子どもの体
調不良や欠席・遅刻などの日常的な心身の健康状態を把握することに
より，感染症や心の健康課題などの心身の変化について早期発見・早
期対応を図るために行われるものである。また，子どもに自他の健康
に興味・関心を持たせ，自己管理能力の育成を図ることなどを目的と
して行われるものである。」とその目的が述べられている。　 (2)　日常
的に相談できる場所，相談できる人間であることを養護教諭は児童，
生徒に伝えていくことが大切である。また，友人から自殺願望を打ち
明けられたときは，気持ちを聞き取るとともに信頼できる大人につな
げるようにする。電話等相談できる機関があることを折に触れて伝え
ておくことも大事である。

【8】(1)　① イ　 ② ツ　 ③ エ　 ④ コ　 ⑤ ク
⑥ オ　 ⑦ キ　 ⑧ チ　 ⑨ ケ　 ⑩ テ　 ⑪ ス
⑫ カ　 (2)　① 発育不良　 ② 皮膚　 ③ 難聴　 ④ 視力
低下　 ⑤ う歯　 ⑥ 萌出
○解説○ (1)　出題の資料において，養護教諭の職務として，保健管理
(救急処置，健康診断，健康観察，疾病の管理・予防，学校環境衛生管
理)，保健教育(各教科等における指導への参画)，健康相談及び保健指
導(心身の健康課題に関する児童生徒への健康相談，健康相談等を踏ま
えた健康指導)，保健室経営，保健組織活動があげられている。
(2)　養護教諭の職務は，救急処置，健康診断，疾病予防などの保健管
理，保健教育，健康相談活動，保健室経営，保健組織活動など多岐に

わたる。全校の子供を対象としており，入学時から経年的に子供の成長・発達を見ることができる。また，職務の多くは担任をはじめとする教職員，保護者等との連携のもとに遂行される。さらに，活動の中心となる保健室は，誰でもいつでも利用でき，子供たちにとっては安心して話を聞いてもらえる人がいる場所でもある。養護教諭は，このような職務の特質から，児童虐待を発見しやすい立場にあるといえる。特に健康診断では，身長や体重測定，内科検診，歯科検診等を通して子供の健康状況を見ることで，外傷の有無やネグレクト状態であるかどうかなどを観察できる。

【9】4

○**解説**○ 児童生徒は情報化，国際化などの社会環境や生活環境の変化の中で常に成長しており，さまざまな課題に直面している。養護教諭として児童生徒に生涯にわたって健康な生活を送るために身につけさせたい力の一つとして「課題を解決する力」ではなく，「他者と関わる力」が挙げられている。他者と関わる力とは，具体的には「保健室来室の際，自分の体の状態を伝えられることや保健室での健康相談を通して他者と円滑にコミュニケーションを図ることができる能力」などである。

【10】(1) セルフメディケーション (2) ジェネリック医薬品
(3) 次亜塩素酸ナトリウム (4) ① 保健調査票 ② アレルギー ③ 温度 ④ 施錠 ⑤ 保健指導

○**解説**○ (1) 一般用薬品とは，一般の人が薬剤師等から提供された適切な情報に基づき，自らの判断で購入し，自らの責任で使用する医薬品であって，軽度な疾病に伴う症状の改善，生活習慣病などの疾病に伴う症状発現の予防，生活の質の改善・向上，健康状態の自己検査，健康の維持・増進，その他保健衛生を目的とするものがセルフメディケーションである。 (2) ジェネリック医薬品は，新薬の開発費用がかからないために低価格で購入できる。後発医薬品を希望することで，医療費が安くなるというメリットがある。成分や添加物に関しては薬剤師によく相談することが大切である。 (3) ノロウイルスは感染力

が非常に強い。吐しゃ物や便を適切に処理するためには，濃度0.1％の次亜塩素酸ナトリウムが有効である。　(4)　養護教諭は年度当初に保健調査票，学校生活管理指導表，保護者等からの連絡内容などにより，把握した児童生徒の情報について，学級担任及び学校医等にも伝え，共通理解に努めることが大切である。保健室は医療機関ではないため，学校における救急処置の範囲で使用する一般用医薬品のみ常備していることについて，児童生徒及び保護者等に周知しておく必要がある。保健室の一般用医薬品の使用，保管場所の温度や湿度の管理，施錠などの保管・管理及び廃棄方法などについては，学校医，学校歯科医又は学校薬剤師に相談し，その指導・助言のもとに行う。また，一般用医薬品管理簿などを活用して適切に管理し，児童生徒の実態に合わせた保健指導が効果的に行われるよう，必要に応じて学校医，学校歯科医及び学校薬剤師の協力を得て，医薬品に関わる資料提供や授業への参画など，学級担任や教科担任等と連携して進めること。

【11】③

○**解説**○　学校保健計画の特徴についての記述である。学校保健計画は全教職員が役割分担して組織的に活動を推進し，単年度ごとに学校経営の評価に位置付けて評価を実施する。一方，保健室経営計画は養護教諭が中心となって推進し，単年度ごとに保健室経営目標に対する評価を実施する。

【12】⑤

○**解説**○　⑤は，「学校保健委員会」ではなく「学校評価」が正しい。学校評価は，学校教育法第42条「小学校の教育活動その他の学校運営の状況について評価を行い，その結果に基づき学校運営の改善を図る」に規定されているように，各学校が自己評価を行い，その結果を基に学校運営の改善を図ることを目的としている。学校保健活動に関する内容もこの学校評価に適切に設定され，評価，改善を行っていくことが大切である。

【13】(1)　①　コーディネーター　　②　健康観察　　③　保健教育　④　感染症　　(2)　A　計画的　　B　組織的

● 保健室経営・養護教諭の職務

○**解説**○ (1) ① 養護教諭は，子供の健康課題の対応に当たり，学級担任，学校医などとの学校内における連携や，医療，福祉関係者など地域の関係機関との連携を推進する上で，コーディネーターの役割を担っている。 ②・③ 養護教諭の職務は，中央教育審議会答申(平成20年1月)において，保健管理，保健教育，健康相談，保健室経営，保健組織活動の5項目に整理されている。 ④ 養護教諭が担う保健管理としては，健康・安全にかかわる危機管理への対応として，救急処置，心のケアや，感染症等への対応等が求められている。 (2) 保健室経営は，児童生徒の健康の保持増進のために学校全体に関わることであり，学校経営に保健室経営計画を明確に位置付け，養護教諭が中心となって，計画的・組織的に保健室経営を推進していくことが重要である。 養護教諭の位置付けや役割，保健室の機能や経営については，中央教育審議会答申(平成20年1月)をはじめ，「学校保健の課題とその対応—養護教諭の職務等に関する調査結果から— 令和2年度改訂(日本学校保健会)」や「保健室経営計画の手引」(日本学校保健会)などを学習し，理解を深めてほしい。

【14】問1 ① 対処要領 ② 職員 ③ 手順 ④ 心理的外傷 ⑤ いじめ ⑥ 人的関係 ⑦ インターネット ⑧ 学校医 ⑨ 5 ⑩ 1 問2 ウ 問3 いじめ防止対策推進法 問4 校長

○**解説**○ 問1 学校保健安全法第29条では，危険等発生時対処要領の作成等について規定されている。学校は，危険発生時に児童生徒の安全を確保するために学校の職員が行うべき措置を記した危険等発生時対処要領(危機管理マニュアル)の作成が義務づけられている。また，危険の発生等により被害を受けた児童生徒および関係者の心身の回復のために必要な支援を行うことが示されている。いじめ防止対策推進法第2条では，「いじめ」の定義が示されている。「いじめ」とは，当該児童生徒が，一定の人間関係のある者から，心理的，物理的な行為を受けたことにより，心身の苦痛を感じているものである。また，これらにはインターネット上の行為も含まれることが明記されている。学校保健安全法施行規則第19条は感染症予防のための出席停止の期間の

基準について定められている。出席停止の期間は各感染症の分類によって異なる。第二種の感染症では感染症毎に基準が定められているが，学校医，その他医師が感染のおそれがないと判断したときは出席停止が解かれる場合がある。なお，新型コロナウイルスについては，令和5年5月から第二種感染症に分類され，出席停止の期間が「発症した後5日を経過し，かつ，症状が軽快した後一日を経過するまで」と規定された。　問2　危険の発生等により被害を受けた児童生徒および関係者の心身の回復のために必要な支援は学校保健安全法第10条に規定される地域の医療機関等との連携の上で行うことが示されている。問3　解答参照。　問4　出席停止の指示については学校保健安全法第19条で校長が指示することが規定されており，同施行令第6条では，校長は出席停止の指示を出す際に出席停止の理由および期間を幼児，児童生徒，その保護者に明らかにして指示することが規定されている。

【15】問1　(1)　ア　学校保健　　イ　具現化　　ウ　組織的　(2)　・保健室利用方法　　・健康観察の方法　　・救急体制・日本スポーツ振興センターの手続き方法　　問2　エ／オ　救急処置/健康観察(※順不同)　　カ　学校環境衛生　　キ　保健指導　　ク　保健組織活動

○**解説**○　問1　(1)　提示された保健室経営計画の定義は，平成20(2008)年1月に中央教育審議会答申で示されたものである。同答申は，学校保健関係者の役割の明確化，校内外の組織体制づくりの二点に焦点を当てて，具体的な提言がなされている。学校保健計画は全教職員が取り組む総合的な基本計画であるのに対し，保健室経営計画は，学校保健計画を踏まえた上で，養護教諭が中心となって取り組む計画である。(2)　基本的事項は，保健室経営計画とは別立てとし，年度当初に職員等に周知・共通理解を図るものとして位置づけられている。その基本的事項としては，公式解答の他に「感染症発生時の対応・出席停止措置」がある。　問2　表3は，「求められる役割(職務範囲)の明確化」の中で，養護教諭の求められる役割が列挙されたものである。養護教諭は，関係するすべての業務について他の教職員と連携・役割分担の中で実施し，実施主体として学校保健の取組を実施するだけでなく，全

校的な推進体制の中核として，教職員間の連携をコーディネートすることが求められている。

【16】 1 ④   2 ⑦   3 ⑤   4 ①   5 ③

○**解説**○ 学校保健計画は，学校保健活動の年間を見通した総合的な基本計画であり学校経営の評価に位置付けられる。「保健教育」，「保健管理」，「組織活動」の3領域について，毎年度，具体的な計画として作成され，学校の全職員が組織的に活動を推進していく総合的な基本計画である。保健室経営計画は，教育目標等を踏まえた上で，保健室経営の目標に対して運営するための単年度計画であり，養護教諭の職務(役割)と保健室の機能を踏まえて策定される。保健室経営計画では，養護教諭が中心となって，計画的・組織的に保健室経営を推進・充実できるようにリーダーシップを発揮していくことが求められる。

【17】 (1) エ   (2) ① 評価   ② A   ③ D   (3) ウ

○**解説**○ (1) 学校教育法施行規則第45条は保健主事に関する規定である。なお，同法の3には，「保健主事は，指導教諭，教諭又は養護教諭をもって，これに充てる」とされていることにも留意したい。(2) ① 保健主事が，出題文のような役割を果たすに当たっては，マネジメントの考え方を十分に生かすことが大切である。マネジメントを効果的に進めていくためには，(ア)政策等との整合性，(イ)効果的な組織づくりとその運営，(ウ)資源の調査とその有効活用，(エ)効果的な取組や行事等の展開，の4つのマネジメントの対象と業務を十分に踏まえることが基本となることを覚えておきたい。② 出題資料には，学校保健計画作成上の留意点として次の8項目が挙げられているので，確認しておくこと。「・学校評価を十分生かし，児童生徒や地域の実態，学校種別，規模等に即して自校の実情にあった計画を作成する」，「・収集した情報を活用して，学校の実態に即した適切な計画にする」，「・学校の教育方針(教育目標や努力事項)，諸行事を考慮して，実施の重点事項を精選し，有機的な関連をもたせる」，「・保健管理と保健教育の関連を明確にしておく」，「・学校内関係者の一方的な計画にならないように，設置者はもちろん各関係機関との連絡・調整を図る」，「・関係教職員の理解を深めるとともに，責任分担を明確にする」，「・

PTA，家庭や地域社会の保健活動との連携を図る」，「・小学校及び中学校においては，学習指導要領解説総則編付録の『心身の健康の保持増進に関する教育(現代的な諸課題に関する教科等横断的な教育内容)』を参考にし，それぞれの教育目標や児童 生徒の実態を踏まえた上で，カリキュラム・マネジメントの内容を盛り込む」。　③　エ「養護教諭」ではなく「保健主事」が正しい。　オ「構成員は固定化する」の記述は誤り。学校保健委員会の構成員は，校長，関係教職員をはじめ保護者や地域の保健関係者，児童生徒など学校や地域の実情に応じて決められる。したがって，学校保健委員会の組織も固定的，画一的に捉えるのではなく，学校が当面している健康課題の解決を目指すなど，より機能的な組織となるよう考え，その年度の方針に即して弾力的なものにすることが大切である。　(3)　学校保健安全法施行規則第22条は，学校医の職務執行の準則を規定したもの。ウは，「感染症の予防に関し必要な指導及び助言を行い，並びに学校における感染症及び食中毒の予防処置に従事すること」となるのが正しい。

【18】1　⑦　　2　⑥　　3　①　　4　③　　5　⑧
○解説○　出題の保健室の利用実態に関する数値は「保健室利用状況に関する調査報告書」(平成30年　日本学校保健会)からの抜粋である。小学校・中学校・高等学校ともに，学年が上がるにつれて保健室利用者が増加する傾向にある。また，性別では女子が男子より利用が多い。大規模校(500人以上)における，1日平均の保健室利用者数は，小学校・中学校・高等学校とも，養護教諭の複数配置校の方が1人配置校より多かった。保健室利用者の来室時間帯は，すべての学校種で「午前休み時間」小学校26.5％，中学校31.3％，高等学校25.1％が最も多く，次いで「給食・昼休み」小学校20.4％，中学校22.1％，高等学校22.6％であった。また，始業前や放課後の保健室利用も多い。来室理由は，小学校では「けがの手当て」35.7％，中学校・高等学校では「体調が悪い」中学校21.8％，高等学校25.7％が最も多い。

【19】①　ク　　②　サ　　③　ニ　　④　ス　　⑤　タ　　⑥　ケ　　⑦　ウ　　⑧　ソ
○解説○　中央教育審議会から出された答申「子どもの心身の健康を守り，

安全・安心を確保するために学校全体としての取組を進めるための方策について」(平成20年1月)で，保健室経営計画の重要性が示唆され，養護教諭は保健室経営計画を立て，教職員に周知を図り連携していくことが求められるようになった。学校保健計画は，学校保健の年間を見通した総合的な基本計画で，保健主事を中心として作成されるものである一方，保健室経営計画は養護教諭が教育目標や学校保健目標を受けて，その具現化のために保健室の経営において達成されるべき目標を立てて，計画的・組織的に運営するために作成されるものである。両者は似ているようで違うものであるので，違いを押さえておきたい。

【20】(1)　2　　(2)　3

○**解説**○ (1)　学校保健計画は，学校保健安全法第5条により作成が規定されており，①児童生徒及び職員の健康診断，②環境衛生検査，③児童生徒等に対する指導に関する事項については必ず盛り込むこととされている。したがって，②は学校保健行事ではなく環境衛生検査，③は健康相談ではなく児童生徒等に対する指導が正しい。　(2)　学校保健計画は全教職員が取り組む総合的な基本計画であり，保健室経営計画は学校保健計画を受けて養護教諭が取り組む計画のことである。評価は課題解決型の保健室経営計画マネジメントサイクル(PDCA)の中でも次年度につながる大切な項目である。曖昧などちらでもないという評価をなくすことで，実質的な運用の妥当性を重んじるため，4件法で評価をすることが望ましい。また，養護教諭自身の評価だけでなく，他の教職員や児童生徒等からの客観的な他者評価を活用する。したがって，③は「よくできた」「ほぼできた」「あまりできなかった」「まったくできなかった」の4件法，④は主観的ではなく客観的が正しい。

健康教育・保健教育

学習のポイント

　「健康教育」と「保健教育」はともに英訳すればHealth Educationであり同義でもあるが，前者が後者よりも広い分野を意味することもある。学習指導要領総則では「体育・健康に関する教育」と称す。教科で行う「保健学習」とそれ以外の多様な機会・方法でなされる「保健指導」に大別できる。保健学習は学習指導要領に目標や内容が記載されているので，学習指導要領の学びが不可欠である。保健指導は教育課程の中の特別活動の一環として位置づけられる。養護教諭は保健指導に多様な形でかかわるが，保健学習にもティーム・ティーチングの一員としてかかわることが多い。内容面では，今日の子どもたちの健康課題となっている喫煙・飲酒・薬物乱用を防止するための教育，性およびエイズに関する教育，こころの教育，虫歯・歯周疾患の予防についての教育，生活習慣病予防についての教育および環境教育にかかわる内容を整理しておきたい。

【1】次の文は，個別の保健指導の進め方についての記述である。文中の
（　　　　）にあてはまる適切なものを①～⑤から選び，番号で答えよ。

　　個別の保健指導に関する校内組織体制づくりについては，教職員等
で共通理解を図り役割分担をして進めていくことが必要である。

　　学校医，学校歯科医及び（　　　）については，学校保健安全法施行規
則（職務執行の準則）において保健指導に従事することが規定されてお
り，専門家の積極的な参画が求められている。

①　スクールソーシャルワーカー
②　特別支援教育コーディネーター
③　保健主事
④　学校薬剤師
⑤　スクールカウンセラー

| 2024年度 | 神戸市 | 難易度 |

【2】次の文は，改訂「生きる力」を育む小学校保健教育の手引（平成31
年3月文部科学省），改訂「生きる力」を育む中学校保健教育の手引（令
和2年3月文部科学省），改訂「生きる力」を育む高等学校保健教育の手
引（令和3年3月文部科学省）の「第1章　第1節　学校における保健教育
の意義」の一部を示そうとしたものである。文中の①～⑥の　　　　内
にあてはまる語句を以下の⑦～⑨からそれぞれ一つ選んで，その記号
を書け。ただし，同じ番号の空欄には，同じ語句が入るものとする。

　　中教審答申では，「現代的な諸課題に対応して求められる資質・能
力」の一つとして「健康・安全・食に関する力」についての資質・能
力が次のとおり示されており，これらは学校における保健教育におい
て子供たちに身に付けさせたい資質・能力とおおむね一致している。

> ア　様々な　①　，自然災害や事件・事故等の危険性，健康・
> 安全で安心な社会づくりの意義を理解し，　②　を実現する
> ために必要な知識や技能を身に付ける（知識・技能）
> イ　自らの健康や安全の状況を適切に評価するとともに，必要な

情報を収集し，　②　を実現するために何が必要かを考え，適切に　③　し，それを表す力を身に付ける(　④　)

ウ　健康や安全に関する様々な課題に関心を持ち，主体的に，自他の　②　を実現しようとしたり，健康・安全で安心な社会づくりに貢献しようとしたりする　⑤　を身に付ける(　⑥　)

　　このように，保健教育には，子供たちが学習し，生活する場である学校において，　②　を送ることができるように，そして生涯にわたって　②　や健全な食生活を送るために必要な資質・能力を育み，安全で安心な社会づくりに貢献できるようにすることが求められている。

語群

⑦　生きる力　　　　　　　　　　　⑦　態度

⑦　学びに向かう力・人間性等　　　⑦　健康課題

⑦　健康で安全な生活　　　　　　　⑦　連携

⑦　意思決定　　　　　　　　　　　⑦　能力

⑦　判断　　　　　　　　　　　　　⑦　持続可能な生活

⑦　疾病　　　　　　　　　　　　　⑦　思考力・判断力・表現力等

┃ 2024年度 ┃ 香川県 ┃ 難易度 ■■■■□□

【3】次の図は，「『生きる力』を育む小学校保健教育の手引」(平成31年3月　文部科学省)に示された保健教育の体系図である。図中の(　①　)～(　⑥　)に当てはまる語句を語群から選び，記号で答えよ。

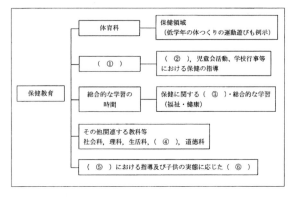

430

語群

ア	家庭科	イ	実践的	ウ	集団指導	エ	特別活動
オ	生涯	カ	個別指導	キ	音楽科	ク	日常生活
ケ	学級活動	コ	安全	サ	科学的	シ	横断的
ス	国語科	セ	体験活動				

‖ 2024年度 ‖ 長崎県 ‖ 難易度 ■■■□□

【4】小学校保健教育参考資料「改訂『生きる力』を育む小学校保健教育の手引」(平成31年3月文部科学省)では，小学校体育科保健領域，中学校保健体育科保健分野，高等学校保健体育科「科目保健」の学習について，学習内容が体系的に位置付けられている。次の図の(①)～(⑤)に当てはまる語句を以下の(ア)～(キ)からそれぞれ一つずつ選び，記号で答えよ。

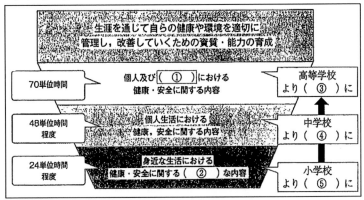

図 保健における体系イメージ

(ア)	総合的	(イ)	発展的	(ウ)	科学的	(エ)	集団生活
(オ)	基礎的	(カ)	実践的	(キ)	社会生活		

‖ 2024年度 ‖ 岡山市 ‖ 難易度 ■■■□□

【5】次の図は，「改訂『生きる力』を育む小学校保健教育の手引」(文部科学省 平成31年3月)に示されている「第1章 総説 第2節 指導の基本的な考え方 2保健教育の推進とカリキュラム・マネジメント 図1－2保健教育の体系 図1－3保健における体系イメージ」を抜粋したものである。図の(①)～(⑫)に入る語句を以下のア～ノから

選び記号で答えなさい。

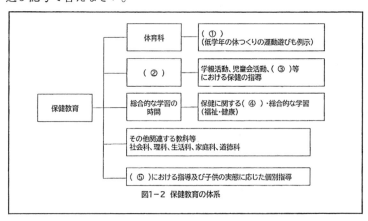

図1-2 保健教育の体系

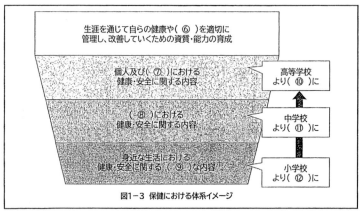

図1-3 保健における体系イメージ

ア 横断的	イ 家庭	ウ 社会体育	エ 実践的
オ 集団生活	カ 生活習慣	キ 総合的	ク 持続的
ケ 学校行事	コ 教育課程	サ 体調	シ 環境
ス 個人生活	セ 応用的	ソ 保健領域	タ 基礎的
チ 自立活動	ツ 科学的	テ 社会生活	ト 生活
ナ 体育領域	ニ 学校	ヌ 科目保健	ネ 日常生活
ノ 特別活動			

▌2024年度 ▌佐賀県 ▌難易度 ■■■□□□□

【6】「児童虐待への対応のポイント～見守り・気づき・つなぐために～」
(令和4年11月改訂　文部科学省)では，児童虐待の未然防止，早期発
見・早期対応に向けた留意事項等が示されている。次の各問いに答え
なさい。

(1)　児童虐待の4つのタイプ(行為)の名称を答えなさい。

(2)　児童相談所での児童虐待相談対応件数は年々増加している。次の
　　①～③で，最も割合が高いものについて，その記号を答えなさい。

　　①　虐待を受けた子供の年齢(令和2年度)

　　　　ア　0～2歳　　　イ　3～6歳　　　ウ　7～12歳　　　エ　13～15歳

　　　　オ　16～18歳

　　②　虐待をした主な者(令和2年度)

　　　　ア　実母　　　　　　　イ　実父　　　ウ　実父以外の父

　　　　エ　実母以外の母　　　オ　その他

　　③　相談の主な経路(令和3年度速報値)

　　　　ア　警察等　　　イ　近隣知人　　　ウ　家族・親戚　　　エ　学校等

　　　　オ　その他

(3)　児童虐待のサインについて，(　①　)～(　⑥　)に当てはまる語
　　句を答えなさい。

　　■　(　①　)や(　②　)がいつも汚れている

　　■　(　③　)な傷や打撲のあと

　　■　(　④　)まで一人で家の外にいる

　　■　いつも泣き叫ぶ声がする

　　■　子育てに(　⑤　)・(　⑥　)

　　■　子供のけがについて(　③　)な説明

　　■　いつも怒鳴り声がする

| 2024年度 | 長野県 | 難易度 ■■■□□

【7】「学校・教育委員会等向け虐待対応の手引き」(令和2年6月改訂版
　文部科学省)に示されている内容として正しいものを，次の1～4の中か
　ら1つ選びなさい。

1　学校において作成または取得した虐待に関する個人の記録は，各
　　学校に適用される個人情報の保護に関する法令に基づき適切に取り

扱われる。

2　幼児児童生徒の負った外傷の原因が不明確なため保護者に確認する場合は,「お子さんは○○○と言っていました」と保護者に伝え,確認する。

3　本人からの詳しい聞き取りは学校関係者が対応する方が望ましく,児童相談所職員や市町村職員などはあまり踏み込んだ聴取や度重なる質問はしないほうがよいと考えられる。

4　担任や養護教諭などによって子供から聞き取りを行う際は,子供が返答しやすいよう「はい」「いいえ」で答えられる形式のみで尋ねる。

| 2024年度 ▎ 埼玉県・さいたま市 ▎ 難易度 ■■■□□□ |

【8】次の文章は,「子供たちを児童虐待から守るために ―養護教諭のための児童虐待対応マニュアル―(平成26年　公益財団法人　日本学校保健会)」の記載内容をまとめたものである。児童虐待の事例とそれに対する支援に関する文章中の下線部ア〜オのうち,記載内容が適切であるものを「○」,適切でないものを「×」として,その組合せの正しいものを,以下の①〜⑤の中から一つ選べ。

> ＜事例＞　1年生のAは母親と二人暮らしで,毎日,同じ洋服を着て,入浴もしていない様子である。母親は無職で生活保護を受給し生活をしている。
> 　学級担任は,Aの家庭での生活状況を心配し,家庭訪問を行った。
> 　家に入ると,足の踏み場がないほど散らかり,そうじをしないため床はほこりと砂だらけで,とても座れるような状況ではない。Aが宿題をする場所もなく,夜は押し入れのなかで布団にくるまり眠っているという。母親に食事のことを聞くが,受け答えがはっきりしない。家庭内に散らかっているゴミの様子からコンビニで買ってきた弁当を食べて暮らしているようだ。
> 　学校での様子や授業に必要なものを準備することを話しても母親はぼんやりと聞いていて,理解ができないようだった。
> ＜支援＞　基本的な生活(掃除や食事)と子供の養育について,母

親を責めることをせずに，いかにサポートしていくかを検討すべきである。学校だけで対応することには限界があり，市区町村の児童福祉担当部署と連携をとって対応することが必要である。この事例の場合，ァヘルパー派遣などの養育訪問事業の提供を児童福祉担当部署と検討することや，経済的な要因も考えられるのでィ福祉事務所との連携も必要となる。また，ゥ子育て支援センターなどとの連携により，ソーシャルスキルトレーニングなどを通して「子供と楽しく遊ぶ」「家の中をきれいにする」「食事を作る」「洗濯する」等の必要性を理解できるよう促すことも必要となろう。このように，様々なサポートを複数の機関が協働で行う必要があり，そのためェ民生委員児童委員協議会の枠組みの中でのサポート体制を構築することが重要となる。

学校は身近な機関として果たすべき役割がある。母親に対して教職員が意識的にォ声をかけ励ますことも重要である。ゆっくり丁寧に対応し，「Aちゃんがいい笑顔を見せるようになったんですね」と母親の頑張りを認めることで，母親とのコミュニケーションが徐々にとれるようになったとの事例も報告されている。

	ア	イ	ウ	エ	オ
①	○	×	○	○	×
②	×	○	×	×	○
③	×	○	×	○	×
④	○	○	○	×	○
⑤	○	×	○	×	○

┃ 2024年度 ┃ 岐阜県 ┃ 難易度 ▉▉▉▉ ▢▢▢

【9】薬物乱用について，次の各問いに答えなさい。

(1) 次の表中①～⑤にあてはまる乱用薬物を答えなさい。

おもな乱用薬物	健康への影響
①	幻覚や妄想があらわれ，精神や行動に異変を起こす中毒性精神病になりやすい。使用をやめても何かの刺激によって幻覚や妄想などが再び起こる（フラッシュバック）。
②	知覚を変化させる。大量に摂取すると体温が急激にあがり，死にいたる。
③	すでに規制されている麻薬や（ ① ）の化学構造を少し変えた物質で，麻薬や（ ① ）と同等か，それ以上に危険な成分が含まれていることもある。かつては，「合法ドラッグ」や「脱法ハーブ」などと呼ばれていた。
④	ヘロインなどとともに麻薬及び向精神薬取締法で取り締まられる薬物の一種であり，幻覚や妄想があらわれる。全身けいれんを起こすほか，死にいたる場合がある。
⑤	知覚を変化させ，パニックを引き起こすこともある。乱用を続けると，学習障害，記憶障害などを起こす。

(2) 「薬物乱用防止教育の充実について(通知)」(平成30年12月19日文部科学省)において，児童生徒等の薬物乱用防止対策は薬物乱用防止に資する教育及び啓発の一層の充実が求められている。次の（ ① ）～（ ⑩ ）に当てはまる語句を答えなさい。

○「第五次薬物乱用防止五か年戦略」における留意事項

1. 学校における薬物乱用防止教育は，小学校の体育科，中学校及び高等学校の保健体育科，（ ① ）の時間はもとより，（ ② ），総合的な学習の時間等の学校の教育活動全体を通じて指導を行うこと。

2. 児童生徒が，薬物乱用の危険性・有害性のみならず，薬物乱用は，（ ③ ），投げやりな気持ち，過度の（ ④ ）などの心理状態，断りにくい人間関係，宣伝・広告や入手しやすさなどの社会環境などによって助長されること，また，それらに適切に対処する必要があることを理解できるようにするため，指導方法の工夫を行うこと。その際，都道府県教育委員会等においては，教職員に対する研修機会の拡充を図ること。

3. 薬物乱用防止教室は，（ ⑤ ）に位置付け，すべての中学校及び高等学校において年（ ⑥ ）回は開催するとともに，地域の実情に応じて小学校においても開催に努めること。その際，都道府県教育委員会においては，私立学校主管部課等と十分な連携を取り，

私立学校主管部課等においては所管する私立学校において薬物乱用防止教室の開催を促進すること。

4．薬物等に関する専門知識を有する警察職員，麻薬取締官，（　⑦　），矯正施設職員，保健所職員，税関職員等と連携し，学校等における薬物乱用防止教室の充実強化を図ること。なお，薬物乱用防止教室は，外部専門家による指導が望ましいものの，（　⑧　）や都道府県教育委員会等が開催する研修会等において研修を受けた薬物乱用防止教育に造けいの深い指導的な教員の活用も考えられること。

5．学校警察連絡協議会，研修，講演等を通じて，地域における青少年の薬物乱用について（　⑨　）を行うなど，学校と警察等の関係機関との連携を一層強化すること。

6．都道府県等が開催する薬物乱用防止教室指導者研修会等は，教員以外の指導者による効果的な指導に必要な薬物乱用に関する最新の知見のみならず，児童生徒の（　⑩　），学校における指導状況等への理解を深めるよう，内容を充実すること。その際，公益財団法人日本学校保健会が作成・配布している「薬物乱用防止教室マニュアル」を参考にしつつ，外部専門家の参加を得るため，関係機関等との連携の充実を図ること。

┃ 2024年度 ┃ 長野県 ┃ 難易度 ┃

【10】次のア～オの各文は，薬物乱用の現状と薬物乱用防止教育について述べたものである。文中の（　a　）～（　e　）に当てはまる語句の最も適切な組合せを選びなさい。

ア　「令和4年における組織犯罪の情勢」(警察庁)によると，令和4年の大麻事犯の検挙人員は5,342人で，年齢別にみると30歳未満の検挙人員が全体のおよそ（　a　）を占める。

イ　「令和4年における少年非行及び子供の性被害の状況」(警察庁)によると，令和4年の大麻事犯の学職別検挙人員は，中学生が11人，高校生が（　b　）人である。

ウ　「令和4年における少年非行及び子供の性被害の状況」(警察庁)によると，令和4年の覚醒剤事犯の覚醒剤乱用少年検挙人員の推移に

おいて，20歳未満の検挙人員は103人で，平成29年以降ほぼ(c)
となっている。

エ 薬物乱用とは，(d)薬物等の物質を社会的許容から逸脱した目
的や方法で自己使用することである。

オ 高等学校学習指導要領解説保健体育編 体育編(平成30年文部科学
省)「保健」において，「喫煙，飲酒，薬物乱用と健康」に関しては，
「(e)」の内容のまとまりで取り扱うことと示されている。

	a	b	c	d	e
①	7割	150	横ばい	1回でも	現代社会と健康
②	4割	50	横ばい	継続して	現代社会と健康
③	7割	50	2倍	継続して	生涯を通じる健康
④	4割	150	2倍	1回でも	生涯を通じる健康
⑤	7割	50	2倍	1回でも	現代社会と健康

‖ 2024年度 ‖ 福岡県・福岡市・北九州市 ‖ 難易度 ■■■□□

【11】 学校の保健教育に関する次の問いに答えなさい。

(1) 次は，「中学校学習指導要領解説 保健体育編」(平成29年7月
第2章 保健体育科の目標及び内容〔保健分野〕2 内容 の一部で
ある。これに即して，次の(①)～(⑫)に当てはまる適切な
語句を，以下の【語群】から選び，記号を書きなさい。

---

2 内容
(1) 健康な生活と疾病の予防
ア 知識
(ア)(イ) (略)
(ウ) 生活習慣病などの予防
⑦ 生活習慣病の予防
生活習慣病は，日常の生活習慣が要因となって起こ
る疾病であり，適切な対策を講ずることにより予防で
きることを，例えば，心臓病，脳血管疾患，(①)
などを適宜取り上げ理解できるようにする。
その際，運動不足，食事の量や(②)の偏り，休
養や(③)の不足，喫煙，過度の飲酒などの不適切
な生活行動を若い年代から続けることによって，やせ

や肥満などを引き起こしたり，また，心臓や脳などの血管で(　④　)が引き起こされたりすることや，歯肉に炎症等が起きたり歯を支える組織が損傷したりすることなど，様々な生活習慣病のリスクが高まることを理解できるようにする。

　生活習慣病を予防するには，適度な運動を定期的に行うこと，毎日の食事における量や頻度，(　⑤　)のバランスを整えること，喫煙や過度の飲酒をしないこと，(　⑥　)の衛生を保つことなどの生活習慣を身に付けることが有効であることを理解できるようにする。

⑦　がんの予防

　がんは，異常な細胞であるがん細胞が(　⑦　)する疾病であり，その要因には不適切な生活習慣をはじめ様々なものがあることを理解できるようにする。

　また，がんの予防には，生活習慣病の予防と同様に，適切な生活習慣を身に付けることなどが有効であることを理解できるようにする。

　なお，⑦，⑦の内容と関連させて，健康診断や(　⑧　)などで早期に異常を発見できることなどを取り上げ，疾病の(　⑨　)についても触れるように配慮するものとする。

(エ)(オ)　(略)

(カ)　健康を守る社会の取組

　　(略)

　また，心身の状態が不調である場合は，できるだけ早く(　⑩　)で受診することが重要であることを理解できるようにする。さらに，医薬品には，主作用と(　⑪　)があること及び，使用回数，使用時間，使用量などの(　⑫　)があり，正しく使用する必要があることについて理解できるようにする。

【語群】

ア	歯周病	イ	睡眠	ウ	動脈硬化	エ	PCR検査
オ	増殖	カ	口腔	キ	健康相談	ク	保健所
ケ	副作用	コ	回復	サ	高血圧	シ	糖尿病
ス	医療機関	セ	がん検診	ソ	治療	タ	使用法
チ	手指	ツ	質	テ	禁忌事項	ト	化学療法
ナ	栄養素						

(2) 世界保健機関(WHO)が1986年のオタワ憲章において提唱した，「人々が自らの健康とその決定要因(2005年バンコク憲章で下線部を追加修正)をコントロールし，改善することができるようにするプロセス」を何と言うか，適切な名称を書きなさい。

(3) 世界保健機関(WHO)において定義された「自分自身の健康に責任を持ち，軽度な身体の不調は自分で手当てすること」を何と言うか，適切な名称を書きなさい。

▌2024年度 ▌長野県 ▌難易度 ■■■□□

【12】保健教育について，次の(1)，(2)の問いに答えよ。

(1) 次の文は，「教育職員免許法」(昭和24年法律第147号)の「附則」の一部である。文中の(①)，(②)に当てはまる数字や言葉をそれぞれ書け。

> 附則
>
> 14 養護教諭の免許状を有する者((①)年以上養護をつかさどる主幹教諭又は養護教諭として勤務したことがある者に限る。)で養護をつかさどる主幹教諭又は養護教諭として勤務しているものは，当分の間，第3条の規定にかかわらず，その勤務する学校(幼稚園及び幼保連携型認定こども園を除く。)において，保健の教科の領域に係る事項(小学校，義務教育学校の前期課程又は特別支援学校の小学部にあっては，体育の教科の領域の一部に係る事項で文部科学省令で定めるもの)の(②)を担任する教諭又は講師となることができる。

(2) 「喫煙，飲酒，薬物乱用防止に関する指導参考資料　高等学校編
　―令和3年度改訂―」(令和4年3月公益財団法人日本学校保健会)に照
　らして，次の①～③の問いに答えよ。

① 喫煙，飲酒，薬物乱用防止教育について，次の文中の(　　)に
　当てはまる言葉を書け。

> 　特別活動では，喫煙，飲酒，薬物乱用防止教育を，「人間
> 関係形成」「社会参画」「(　　)」の視点から指導内容を構成
> し，双方向の効果的なコミュニケーションや自己主張，キ
> ャリア形成に影響するプラス及びマイナスの要因の認識と
> 対応，専門家による薬物乱用防止教室，生徒会活動におけ
> る校内，家庭，地域との連携や情報発信などを取り上げる
> ことが可能である。また，それらの指導内容や活動を相互
> に関連付けることが有効である。

② ライフスキルについて，次の文中の(　　)に当てはまる言葉を
　書け。

> 　ライフスキルは，「日常生活での様々な問題や要求に対し
> て，建設的かつ効果的に対処するために必要な(　　)能力」
> と定義されている(WHO 精神保健部局)。定義は一般的であ
> るが，具体的能力(スキル)として，意思決定，コミュニケー
> ション，ストレス対処，目標設定などが挙げられ，それら
> の基盤としてセルフエスティーム(自尊感情)が位置付けられ
> ている。

③ 薬物乱用について，次の文中の(　　)に当てはまる言葉を書け。
　ただし，(　　)には同じ言葉が入る。

> 　「薬物乱用」は，薬物等の物質を社会的許容から逸脱した
> (　　)や方法で自己使用することである。覚醒剤や大麻など
> の違法薬物の使用は，法に反しており「乱用」である。未
> 成年者の喫煙や飲酒も同様である。例えば，医薬品の使用
> (　　)は，病気の治療や診断等であり，睡眠薬を「睡眠薬遊

び」のために使うことは(　　)の逸脱であり、「早く治りたい」、「効きがよくない」という自己判断でのむ量を増やすことは使用法の逸脱でありどちらも「乱用」と言える。

┃ 2024年度 ┃ 愛媛県 ┃ 難易度 ┃

【13】次の(1)、(2)の問いに答えなさい。

(1) 次の文は、「生命(いのち)の安全教育　指導の手引き」(文部科学省)に示されている「生命(いのち)の安全教育」の目標である。文中の[　ア　]〜[　オ　]に当てはまることばを書きなさい。

> 性暴力の加害者、被害者、[　ア　]にならないようにするために、生命の[　イ　]を学び、性暴力の根底にある誤った[　ウ　]や行動、また、性暴力が及ぼす影響などを正しく理解した上で、生命を大切にする考えや、自分や[　エ　]、一人一人を尊重する態度等を、[　オ　]に応じて身に付ける。

(2) 「生徒指導提要」(令和4年12月文部科学省)(第12章　性に関する課題」について、次の①、②の問いに答えなさい。

① 次の文は、「12.4『性的マイノリティ』に関する課題と対応」で示されている内容の一部である。文中の[　ア　]〜[　カ　]に当てはまることばを書きなさい。

> 性同一性障害者の性別の取扱いの特例に関する法律」第2条においては、性同一性障害者とは、「[　ア　]には性別が明らかであるにもかかわらず、[　イ　]にはそれとは別の性別(以下「他の性別」という。)であるとの[　ウ　]な確信を持ち、かつ、自己を身体的及び社会的に他の性別に適合させようとする意思を有する者であって、そのことについてその診断を的確に行うために必要な知識及び経験を有する[　エ　]以上の医師の一般に認められている医学的知見に基づき行う診断が一致しているもの」とされます。
> このような性同一性障害に係る児童生徒については、学校生活を送る上で特別の支援が必要な場合があることから、

個別の事案に応じ，児童生徒の心情等に配慮した対応を行うことが求められています。[ア]な性と性別に関する自己意識(以下「[オ]」という。)と「[カ]」は異なるものであり，対応に当たって混同しないことが必要です。[カ]とは，恋愛対象が誰であるかを示す概念とされています。

② 「12.3.2 性的被害者への対応」で示されている，児童生徒から相談を受けた場合の対応のポイントを3つ書きなさい。

┃ 2024年度 ┃ 福島県 ┃ 難易度 ▰▰▰▱▱▱

【14】特別な支援を要する児童生徒等に対する学校保健について次の問いに答えなさい。

(1) 次は，「就学時の健康診断マニュアル」平成29年度改訂(公益財団法人日本学校保健会) 1 就学時の健康診断の実施(5)方法及び技術的基準 サ その他の疾病及び異常 (イ)検査の実際 の内容の一部である。これに即して，次の(①)～(⑤)に当てはまる適切な語句を，以下の【語群】から選び，記号を書きなさい。

(イ) 検査の実際

検査の方法
(略)
判断のポイント	知的障害の疑いのある者を(①)する際は，「こんにちは」「さようなら」など簡単な挨拶に応えたり，返事をしたりする，自分の(②)が言えたり，自分の性別がわかる，「お湯は熱いでしょう。水は？」などの質問に答える，「字を書くときに使うものは？」などの質問に，鉛筆の絵を指さす，3～5程度の具体物を数える，簡単な運動をする，簡単なゲームをするなど，おおよそ4歳児の多くが通過していることでできないものがあるか，または，多くの援助が必要であることを第一次的な(③)とする。また，(④)，集団生活などの状態を把握し，教育相談・(⑤)が必要であるかどうかを判断する。 (略)

【語群】

a　点検　　　b　衣服の着脱　　c　名前
d　診断　　　e　就学支援　　　f　入学試験
g　判断基準　h　年齢　　　　　i　スクリーニング
j　症状

(2)　次は,「共生社会の形成に向けたインクルーシブ教育システム構築のための特別支援教育の推進(報告)」平成24年7月23日(文部科学省　初等中等教育分科会)1. 共生社会の形成に向けて　(1)共生社会の形成に向けたインクルーシブ教育システムの構築　2　「インクルーシブ教育システム」の定義　の内容の一部である。これに即して, 次の(a)〜(e)に当てはまる語句の組合せとして最も適するものを以下のア〜カの中から1つ選び, 記号を書きなさい。

○障害者の権利に関する条約第24条によれば,「インクルーシブ教育システム」(inclusive education system, 署名時仮訳：包容する教育制度)とは, 人間の(a)の尊重等の強化, 障害者が精神的及び身体的な能力等を可能な最大限度まで発達させ, 自由な社会に効果的に参加することを可能とするとの目的の下, 障害のある者と障害のない者が(b)仕組みであり, 障害のある者が「general education system」(署名時仮訳：教育制度一般)から(c)こと, 自己の生活する地域において初等中等教育の機会が与えられること, 個人に必要な「(d)」が提供される等が必要とされている。
(略)

○インクルーシブ教育システムにおいては, 同じ場で(b)ことを追求するとともに, 個別の教育的ニーズのある幼児児童生徒に対して, 自立と社会参加を見据えて, その時点で教育的ニーズに最も的確に応える指導を提供できる, 多様で柔軟な仕組みを整備することが重要である。小・中学校における通常の学級, 通級による指導, 特別支援学級, 特別支援学校といった, 連続性のある「多様な(e)」を用意しておくことが必要である。

ア	a	多様性	b	共に学ぶ	c	排除される
	d	支援計画	e	遊びの場		
イ	a	多様性	b	協働する	c	否定されない
	d	合理的配慮	e	遊びの場		
ウ	a	個性	b	共に学ぶ	c	排除されない
	d	合理的配慮	e	学びの場		
エ	a	画一性	b	共に学ぶ	c	阻害されない
	d	支援計画	e	学びの場		
オ	a	多様性	b	共に学ぶ	c	排除されない
	d	合理的配慮	e	学びの場		
カ	a	画一性	b	協働する	c	阻害される
	d	合理的配慮	e	学びの場		

(3) 次は，「発達障害を含む障害のある幼児児童生徒に対する教育支援体制整備ガイドライン～発達障害等の可能性の段階から，教育的ニーズに気付き，支え，つなぐために～」平成29年3月(文部科学省)第3部　学校用　通級担当教員，特別支援学級担任及び養護教諭用に示されている内容の一部である。これに即して，次の（　①　）～（　⑧　）に当てはまる適切な語句を，以下の【語群】から選び，記号を書きなさい。

○通級担当教員，特別支援学級担任及び養護教諭用
(略)
1. 2. (略)
3. 養護教諭の役割

　養護教諭は，各学校の特別支援教育の校内体制の中で，児童等の心身の健康課題を把握し，児童等への指導及び保護者への助言を行うなど，重要な役割を担います。

(1) 児童等の健康相談等を行う専門家としての役割
　養護教諭は，（　①　）や保健調査及び健康診断結果等から一人一人の健康状態を把握しています。また，児童等が保健室に来室した際の何気ない会話や悩み相

談等から，児童等を取り巻く日々の生活状況，他の児童等との関わり等に関する情報を得やすい立場にあります。

養護教諭は，障害のある児童等に対しては，（ ② ）を念頭に置き，（ ③ ）に話を聞ける状況を活用しつつ，児童等に(④)対応や支援を行うことが重要になります。

また，児童等から収集した情報については，必要に応じて各学級の担任や他の関係する教職員と共有することが大切です。

(2)　（略）

(3)　教育上特別の支援を必要とする児童等に配慮した健康診断及び保健指導の実施

養護教諭は，教育上特別の支援を必要とする児童等に配慮した健康診断及び保健指導を実施する必要があります。

健康診断における困難さとして，例えば，LD（（ ⑤ ））があり，（ ⑥ ）方式の視力検査が苦手だったり，ADHD（（ ⑦ ））があり，聴力検査や心電図検査が円滑にできなかったりすることが挙げられます。

こうした児童等が在籍する場合は，あらかじめ校内委員会等において，健康診断及び保健指導の計画の立案等を積極的に行い，方針を決めた上で，事前に（ ⑧ ）と相談を行いつつ，健康診断を実施することが重要です。

健康診断と保健指導をきっかけに，（ ⑧ ）との連携を深めることもできます。

(4)　（略）

【語群】

ア　学習障害　　　　　イ　日々の健康観察
ウ　個別　　　　　　　エ　保護者

オ	ランドルト環	カ	寄り添った
キ	注意欠陥多動性障害	ク	医療機関
ケ	特別支援教育	コ	単独絵指標
サ	自閉症	シ	広汎性発達障害
ス	日記	セ	適切な
ソ	不登校	タ	緊急
チ	支援者		

║ 2024年度 ║ 長野県 ║ 難易度 ■■■□□

【15】次の表は,「精神疾患に関する指導参考資料 〜新学習指導要領に基づくこれからの高等学校保健体育の学習〜」(令和3年3月 日本学校保健会)に示されているものである。主な精神疾患について(①)〜(⑧)に適する語句を書きなさい。

疾患名	特徴的な症状
(①)	・気分の落ち込み,ほとんど全ての活動へのやる気の喪失が主な症状である。 ・気分の落ち込みは,言葉で表現するよりも,元気のなさやイライラ,不機嫌な様子として表出されることがある。やる気の喪失は,それまで楽しみだったことに対して興味を失ってしまい,むしろ苦痛を感じるような状態である。 ・ほぼ毎日の不眠または(②)がある。
(③)	・「悪口が聞こえてくる」などの幻覚(幻聴)や「いつも見られている」といった妄想が特徴的な症状である。普段はあるはずの意欲や生き生きとした感情が乏しくなる場合もある。 ・前兆が現れる(④)期があり,その時期には軽い幻覚や妄想の症状が見られる。
不安症	・本人や身内が病気になるのではないか,などの恐怖が様々な心配事や不吉な予感とともに,動悸・発汗・震えなどの身体の症状が伴うことがある。人前で過剰に緊張したり,避けたり,赤面や手の震えを訴える人もいる。 ・日常の活動を妨げたり,長期化したり,その症状自体が不安を起こしたりするような場合には,専門家の支援を求めたい。
	【(⑤)不安症】 ・仲間との雑談などのやりとり,飲食の様子を見られる,人前で話す等に対する著しい恐怖と不安がある。 ・著しい恐怖と不安を見せることで,否定的な評価を受けることになると恐れる。
	【(⑥)症】 ・突然,激しい恐怖や強烈な不快感の高まりが数分以内でピークに達する発作が繰り返される。 ・発作時は,動悸・心拍数の急増,発汗,身震いや手足の震え,息切れ感や息苦しさ,窒息感,めまい感や気が遠くなる感じ,吐き気や腹痛などが生じる。 ・発作について持続的な懸念や心配がある。
(⑦)	・体型と体重に対する極端なこだわりや,体重増加への極度の恐怖を持つのが特徴である。 ・ごくわずかしか食べない,あるいは大量に食べて吐くを繰り返す,下剤などの乱用や過度な運動を続けるといった食行動上のトラブルが見られる。 ・女性に多いが,男性にも一定数みられる。

【神経性やせ症】
・食事や栄養の摂取制限によって体重減少し，年齢や性別などから期待される体重を下回る。
・体重増加や肥満への強い恐怖がある。
・自身の低体重の深刻さに対する認識の欠如。
【神経性（　⑧　）症】
・短期間・短時間に，一般的には考えられないほどの量を食べる。
・食べることを自分でコントロールできないという感覚。
・体重が増えることを防ぐために代償行動をとる。

表

| 2024年度 | 青森県 | 難易度 ■■■□□ |

【16】自殺予防について，次の(1)，(2)の各問いに答えなさい。

(1)　次の図表は，「教師が知っておきたい子どもの自殺予防」(文部科学省　平成21年3月)に示されている「第2章　自殺のサインと対応　2自殺の危険因子　図表2-1自殺の危険因子」を抜粋したものである。図表の（　①　）～（　⑦　）に入る語句を以下のア～ソから選び記号で答えよ。

どのような子どもに自殺の危険が迫っているのか？
自殺未遂
心の病
安心感の持てない（　①　）
独特の性格傾向　　　極端な（　②　）、二者択一思考、（　③　）など
（　④　）　　　離別、死別、失恋、（　⑤　）、怪我、急激な（　⑥　）、予想外の失敗など
（　⑦　）　　　とくに友だちとのあつれき、いじめなど
安全や健康を守れない傾向　　　最近、事故や怪我を繰り返す

図表2-1　自殺の危険因子

ア	意欲低下	イ	学力低下	ウ	喪失体験
エ	自己肯定感	オ	病気	カ	孤立感

キ	開放性	ク	地域社会	ケ	完全主義
コ	家庭環境	サ	トラウマ	シ	衝動性
ス	SNS	セ	睡眠不足	ソ	自我

(2) 次の文は,「子供に伝えたい自殺予防　学校における自殺予防教育導入の手引」(文部科学省　平成26年7月)に示されている「第3章　学校における自殺予防教育プログラムの展開例　1子供を対象とした自殺予防教育プログラムの方向性(1)自殺予防教育プログラムの目標と内容」を抜粋したものである。文中の(①),(②)に入る語句を答えよ。

> 学校における自殺予防教育の目標は,「早期の(①)(心の健康)」「(②)の育成」です。

▌2024年度▌佐賀県▌難易度▌■■■□□□

【17】次の文章は,「喫煙,飲酒,薬物乱用防止に関する指導参考資料—令和2年度改訂—中学校編　(令和3年3月　公益財団法人　日本学校保健会)　参考資料　教えて！喫煙,飲酒,薬物乱用のこと　Ⅲ　喫煙,飲酒,薬物乱用に関する最近の話題」の記載内容をまとめたものである。文章中の(A)～(D)に当てはまる語句の組合せとして適切なものを,以下の①～⑤の中から一つ選べ。

> 　加熱式たばこは,たばこの葉に直接火を付けて燃やすのではなく,熱を加えて発生させた(A)を吸引する。20歳未満の者への販売は禁止されて(B)。
> 　一方,電子たばこは,充電式のバッテリーで稼働する吸入機器のことである。様々なフレイバー(香り)がついたリキッド(液体)を電気加熱し,発生した(C)を吸引する。日本国内では,(D)を含有するリキッドの販売は法律(薬機法)で規制されているが,欧米では(D)を含むリキッドが一般販売されているため,個人輸入により国内に持ち込まれることもある。

	A	B	C	D
①	水蒸気	いない	エアロゾル	ニコチン
②	水蒸気	いる	エアロゾル	ニコチン
③	水蒸気	いる	水蒸気	タール
④	エアロゾル	いる	水蒸気	ニコチン
⑤	エアロゾル	いない	エアロゾル	タール

▌ 2024年度 ▌ 岐阜県 ▌ 難易度 ▌■■■■□□□

【18】次の(1), (2)の文は，不登校への対応についての記述である。文中の下線部のうち，適切でないものを①〜⑤からそれぞれ選び，番号で答えよ。

(1) 不登校の背景

　　不登校生の背景には，①家庭環境の問題，②虐待，友人関係のもつれやいじめ等の③心理社会的要因のほか，統合失調症などの精神疾患，発達障害と関連した学校生活への不適応などの④環境要因が関与していることが稀ではない。近年，広汎性発達障害の子供の不登校に占める割合が校種を問わず多いことが明らかになった。このように，不登校には様々なケースがあることを念頭に置き，多方面から情報を収集し，その⑤背景の理解に努めることが対応に当たって不可欠であり，児童生徒が必要とする支援につなげることが大切である。

(2) 再登校に向けた介入

　　不登校の背景がある程度明らかになった後は，①家庭訪問や保護者を介して児童生徒と意思疎通を図ることが重要である。その際，本人の抱える悩み，家族・友人関係，発達障害の有無などを考慮しながら面接や話し合いを続け，②教師にとって無理のないペースで介入を進める必要がある。

　　再登校に向けた働きかけを開始する時期や方法は，不登校の背景によって大きく異なるのが常である。

　　そのため児童生徒によっては，③受容的な面接を通じて自然に再登校の意欲がわくまで待つという対応が，かえって再登校の機会を

遠ざける場合があることに注意する必要がある。

　高校生の不登校に対しては，登校することにこだわらず生徒に適した④進路変更も含めた相談を進め，⑤引きこもりにならないように関係機関との連携も積極的に取り組んでいく必要がある。

┃ 2024年度 ┃ 神戸市 ┃ 難易度 ┃■■■□□□

【19】次の文は，「薬物乱用防止教育の充実について(通知)」(平成30年12月　事務連絡　文部科学省初等中等教育局健康教育・食育課)「『第五次薬物乱用防止五か年戦略』における留意事項」からの一部抜粋である。文中の[1]～[5]に当てはまる語句として正しいものを①～⓪の中からそれぞれ一つ選びなさい。

1. 学校における薬物乱用防止教育は，小学校の体育科，中学校及び高等学校の保健体育科，特別活動の時間はもとより，[1]，総合的な学習の時間等の学校の教育活動全体を通じて指導を行うこと。

2. 児童生徒が，薬物乱用の危険性・有害性のみならず，薬物乱用は，好奇心，投げやりな気持ち，過度の[2]などの心理状態，断りにくい人間関係，宣伝・広告や入手しやすさなどの[3]環境などによって助長されること，また，それらに適切に対処する必要があることを理解できるようにするため，指導方法の工夫を行うこと。

3. 薬物乱用防止教室は，[4]に位置付け，すべての中学校及び高等学校において年[5]回は開催するとともに，地域の実情に応じて小学校においても開催に努めること。

① ストレス　　　② 家庭　　　　③ 社会
④ 1　　　　　　⑤ 3　　　　　　⑥ 学校教育計画
⑦ 学校保健計画　⑧ 課外活動　　⑨ 疲れ
⓪ 道徳

┃ 2024年度 ┃ 三重県 ┃ 難易度 ┃■■■■□□

【20】保健教育について，次の問に答えよ。
　問1　「児童生徒の健康に留意してICTを活用するためのガイドブック令和4年3月改訂版」(文部科学省)に記載されている留意事項について，次の(1)，(2)に答えよ。

(1) 電子黒板の画面への映り込みを防止し，文字を見やすくするための留意点について，正しいものをA〜Fから一つ選び，記号で答えよ。

A 電子黒板の設置場所を窓に近づける。

B 照明は消して利用するのが望ましい。

C 照明を消した状態でも十分な明るさを確保できるように電子黒板の画面の明るさを調整する。

D 濃い背景に明るい文字で表示するポジティブ表示は，有効で見やすくなる。

E 電子黒板に表示する情報量を最小限に絞り，拡大機能を利用する。

F 電子黒板と最前列の児童生徒の机の距離を近づける。

(2) タブレットPCを利用する際のポイントについて，正しいものをA〜Eからすべて選び，記号で答えよ。

A 机の面積を児童生徒の成長も考慮して適切に調整する。

B タブレットPCの角度を調整し，よい姿勢で，視線とタブレットPCの画面を直交する角度に近づけるよう指導する。

C 30分に1回は，20秒以上，画面から目を離し，遠方を見るように指導する。

D 夜に自宅で使用する際には，昼間に学校の教室で使用する際よりも，明るさ(輝度)を上げることが推奨されている。

E グループで作業をする，発表するなど，授業の中で身体を動かす機会を設けるように工夫することで，児童生徒の疲労を軽減することも重要である。

問2 次の文は，ドライアイについて述べたものである。[ア]〜[ウ]にあてはまる語を答えよ。

・タブレットPCや電子黒板を集中して見続けると，[ア]の回数が減り，涙が目の表面を十分に覆うことができなくなり，ドライアイになりやすくなる。

・涙は，1日2〜3ml分泌され，ゴミを洗い流したり[イ]を届けたりと，目にとって重要な役割を果たしている。

・症状がひどい場合には，ヒアルロン酸やムチン製剤や人工涙液の[　ウ　]でドライアイ症状の緩和が可能である。

| 2024年度 | 島根県 | 難易度 ■■■■□□ |

【21】健康に関する指導について，次の問いに答えなさい。

問1　次の(1)～(3)は，高等学校学習指導要領(平成30年告示)解説保健体育編　体育編に示されている健康に関する内容の一部抜粋である。文章中の空欄[　ア　]～[　キ　]に当てはまる語句として最も適当なものを，以下の①～⑩からそれぞれ一つずつ選びなさい。

(1)　思春期における心身の発達や性的成熟に伴う身体面，心理面，[　ア　]面などの変化に関わり，[　イ　]が生じることがあることを理解できるようにする。その際，これらの変化に対応して，[　ウ　]や異性を理解したり尊重したりする態度が必要であること，及び性に関する情報等への適切な対処が必要であることを理解できるようにする。

(2)　結婚生活について，心身の発達や健康の保持増進の観点から理解できるようにする。その際，受精，妊娠，出産とそれに伴う[　イ　]について理解できるようにするとともに，[　イ　]には[　エ　]や[　オ　]などが関わることについて理解できるようにする。※[　エ　][　オ　]は順不同

(3)　中高年期を健やかに過ごすためには，若いときから，健康診断の定期的な受診などの自己管理を行うこと，[　カ　]，運動やスポーツに取り組むこと，[　キ　]，地域における交流を持つことなどが関係することを理解できるようにする。※[　カ　][　キ　]は順不同

① 年齢
② 環境
③ 積極的に余暇を活用すること
④ 行動
⑤ 自分の行動への責任感
⑥ 生きがいを持つこと

⑦　健康課題

⑧　発達の段階を踏まえること

⑨　生活習慣

⓪　家族や友人などとの良好な関係を保つこと

問2　次の文章は，中学校学習指導要領(平成29年告示)解説保健体育編に示されている感染症の予防に関する内容の一部抜粋である。文章中の空欄[　ア　]～[　エ　]に入る語句として最も適当なものを，以下の①～⑧からそれぞれ一つずつ選びなさい。

感染症は，病原体が環境を通じて主体へ感染することで起こる疾病であり，適切な対策を講ずることにより感染のリスクを軽減することができることを，例えば，結核，コレラ，ノロウイルスによる感染性胃腸炎，麻疹，風疹などを適宜取り上げ理解できるようにする。

病原体には，細菌やウイルスなどの微生物があるが，温度，湿度などの自然環境，住居，人口密度，交通などの社会環境，また，主体の[　ア　]や栄養状態などの条件が相互に複雑に関係する中で，病原体が身体に侵入し，感染症が発病することを理解できるようにする。その際，病原体の種類によって[　イ　]が異なることにも触れるものとする。

感染症を予防するには，消毒や殺菌等により[　ウ　]，周囲の環境を衛生的に保つことにより[　エ　]，栄養状態を良好にしたり，予防接種の実施により免疫を付けたりするなどの身体の[　ア　]を高めることが有効であることを理解できるようにする。

①　生活習慣　　　②　発生源をなくすこと

③　治療　　　　　④　発達段階

⑤　抵抗力　　　　⑥　感染経路を遮断すること

⑦　健康への影響　⑧　感染経路

┃ 2024年度 ┃ 石川県 ┃ 難易度 ┃

【22】次の(1)，(2)に答えなさい。

(1)　学校保健安全法に規定されている保健指導について，(　①　)～(　④　)にあてはまる語句を書きなさい。

> 第9条　養護教諭その他の職員は，相互に連携して，（　①　）又
> は児童生徒等の（　②　）の日常的な観察により，児童生徒等
> の心身の状況を把握し，健康上の問題があると認めるときは，
> 遅滞なく，当該児童生徒等に対して必要な指導を行うととも
> に，必要に応じ，その（　③　）(学校教育法第16条に規定する
> （　③　）をいう。第24条及び第30条において同じ。)に対して
> 必要な（　④　）を行うものとする。

(2)　養護教諭の行う保健指導に関する次の事例を読んで，以下の①～
③に答えなさい。

> 事例1　小学6年生の男子児童から，健康診断における視力検査
> の際に「席替えで前から後方へ変わったら黒板の字が見えに
> くい」という訴えがあった。問診したところ，<u>スマートフ
> ォン</u>等でのオンラインゲームを長時間行っていることがわか
> ったため，保健指導を行った。
> 事例2　午前中に体調不良を訴えて来室することが多い，中学3
> 年生の男子生徒。学級担任から，遅刻が多く，朝の健康観察
> で元気がなく顔色が優れない様子であることについて，養護
> 教諭に相談があった。
> 　本人に日頃の食事の状況を尋ねたところ，朝は食欲がなく，
> 朝食を摂らずに学校へ来ることが多いことがわかった。そこ
> で，<u>「朝食の大切さを理解できる。」</u>，<u>「朝食を摂って登校
> することができる。」</u>の2つの保健指導の目標を立てて指導す
> ることとした。

①　下線部Aについて，スマートフォンやタブレット等の端末利用
に当たっての指導内容を2つ書きなさい。
②　下線部Bの保健指導の目標達成のための主な指導内容について
書きなさい。
③　下線部Cの保健指導の目標達成のための主な指導内容について
書きなさい。

2024年度 ▎**青森県** ▎**難易度** ▨▨▨□□

【23】 次の文は,「精神疾患に関する指導参考資料　新学習指導要領に基づくこれからの高等学校保健体育の学習」(令和3年3月　公益財団法人日本学校保健会)「Ⅲ　教職員のための精神疾患に関するQ＆A」からの一部抜粋である。(1)〜(4)の説明に当てはまる精神疾患名として最も適切なものを①〜⑨の中からそれぞれ一つ選びなさい。

(1)　気分の落ち込み,ほとんど全ての活動へのやる気の喪失が主な症状です。日本人での生涯有病率は約6％,つまり約15人に1人が罹患する病気です。

(2)　体型と体重に対する極端なこだわりや,体重増加への極度の恐怖を持つのが特徴です。ごくわずかしか食べない,あるいは大量に食べて吐くを繰り返す,下剤などの乱用や過度な運動を続けるといった食行動上のトラブルが見られます。

(3)　「悪口が聞こえてくる」などの幻覚(幻聴)や「いつも見張られている」といった妄想が特徴的な症状です。普段はあるはずの意欲や生き生きとした感情が乏しくなる場合もあります。

(4)　本人や身内が病気になるのではないか,などの恐怖が様々な心配事や不吉な予感とともに,動悸・発汗・震えなどの身体の症状が伴うことがあります。人前で過剰に緊張したり,避けたり,赤面や手の震えを訴える人もいます。

① 依存症　　　　② うつ病　　　　　③ 不安症
④ 強迫性障害　　⑤ 摂食障害　　　　⑥ 双極性障害
⑦ 統合失調症　　⑧ パーソナリティ障害　⑨ PTSD

▌2024年度▐ 三重県 ▌難易度 ▭▭▭▭▭▭

【24】「改訂『生きる力』を育む小学校保健教育の手引き　平成31年3月」(文部科学省),「改訂『生きる力』を育む中学校保健教育の手引き　令和2年3月」(文部科学省),「改訂『生きる力』を育む高等学校保健教育の手引き　令和3年3月」(文部科学省)に示されている保健教育に関する内容について,次の1,2,3の問いに答えよ。

1　育成すべき資質・能力の三つの柱について,次の(①)から(⑥)に当てはまる語句を以下のアからセのうちから選び,記号で答えよ。

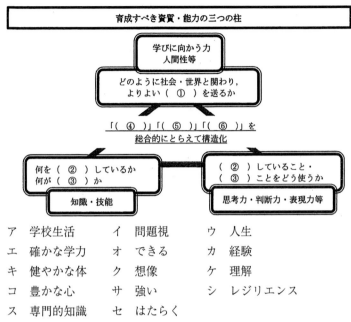

ア　学校生活　　イ　問題視　　ウ　人生

エ　確かな学力　オ　できる　　カ　経験

キ　健やかな体　ク　想像　　　ケ　理解

コ　豊かな心　　サ　強い　　　シ　レジリエンス

ス　専門的知識　セ　はたらく

2　近年，社会全体での積極的な対策の取組とともに，学校での着実な保健教育が大きく寄与し，減少傾向を示している健康課題が2点示されている。それは何か，次の①，②を答えよ。

(1)　子どもの(①)率

(2)　成人の(②)率

3　次の図は，小学校体育科保健領域，中学校保健体育科保健分野，高等学校保健体育科「科目保健」の学習についての体系イメージ図である。(①)から(⑥)に当てはまる語句を答えよ。

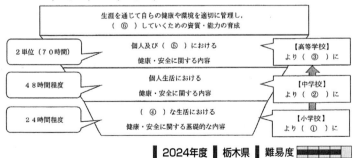

【25】 公益財団法人　日本学校保健会が発行した「薬物乱用防止教室マニュアル－平成26年度改訂－」について，次の各問いに答えよ。

1　次の文は，学校の特性と薬物乱用防止に関する内容の一部である。（　①　）～（　④　）に当てはまる語句を書け。

> ・　薬物乱用の（　①　）のほとんどは10代に起こる。
> ・　一次予防では（　②　）と社会環境の改善がその具体的な手段となる。学校は6歳から18歳のほとんどすべての児童生徒を対象とし，その発達段階に対応して（　③　）な教育指導を行うことができる場であり，また，社会環境の改善に関しても学校は地域のなかで大きな役割を果たすことができる。
> ・　学校教育は（　④　）グループのみを対象とするのではなく，学校あるいは学級全員の児童生徒を対象とする。

2　次の文は，薬物について述べたものである。内容が正しいものには○を，間違った部分があるものには×を書け。
(1)　コカインについて規制する法律は，「麻薬及び向精神薬取締法」である。
(2)　「薬物」とは，法規制されている「麻薬」や「覚醒剤」のことのみをいう。
(3)　MDMAの乱用時には，血圧上昇の症状がみられる。

‖ 2024年度 ‖ 岡山市 ‖ 難易度 ■■■■■

【26】 保健教育について，問1，問2に答えなさい。
問1　薬物乱用防止教育について，(1)，(2)に答えなさい。
(1)　次の文は，「中学校学習指導要領(平成29年告示)解説保健体育編」における「健康な生活と疾病の予防」の「ア　知識」の「(エ)　喫煙，飲酒，薬物乱用と健康」の一部である。空欄①～③に当てはまる語句の組合せとして，正しいものを選びなさい。

> ⑦　薬物乱用と健康
> 　薬物乱用については，[　①　]を取り上げ，摂取によって幻覚を伴った激しい急性の錯乱状態や急死などを引き起こすこと，薬物の連用により[　②　]，中断すると精神や身体

458

に苦痛を感じるようになるなど様々な障害が起きることを理解できるようにする。

　また，薬物乱用は，個人の心身の健全な発育や人格の形成を阻害するだけでなく，社会への適応能力や責任感の発達を妨げるため，暴力，非行，犯罪など家庭・学校・地域社会にも深刻な影響を及ぼすこともあることを理解できるようにする。

　喫煙，飲酒，薬物乱用などの行為は，好奇心，なげやりな気持ち，過度のストレスなどの心理状態，[　③　]，宣伝・広告や入手し易さなどの社会環境によって助長されること，それらに適切に対処する必要があることを理解できるようにする。

	①	②	③
ア	シンナーなどの有機溶剤	依存症状が現れ	楽観的な思考
イ	シンナーなどの有機溶剤	死に至ることがあり	断りにくい人間関係
ウ	覚醒剤や大麻	依存症状が現れ	断りにくい人間関係
エ	覚醒剤や大麻	死に至ることがあり	楽観的な思考
オ	覚醒剤や大麻	死に至ることがあり	断りにくい人間関係

(2)　乱用される薬物について説明したa～cの文の最も適当な正誤の組合せとして，正しいものを選びなさい。

> a　覚醒剤は，日本で最も検挙者数の多い薬物で，神経に作用して異常な興奮状態をもたらし，精神依存も強い。
> b　大麻は，ここ数年20歳未満の若者の検挙者数が急増しており，依存性はないが，幻覚作用や記憶障害，学習の能力の低下などをもたらす。
> c　MDMAは，麻薬などに似た化学構造を持つ有害で危険な物質を使用して，「ハーブ」，「アロマオイル」などのうたい文句で販売されており，呼吸困難や異常行動を起こしたり，死に至ることもある。

※検挙の状況については，厚生労働省・警察庁・財務省・海上保安庁の令和3年度の統計資料に基づき記載

	a	b	c
ア	正	正	正
イ	正	誤	正
ウ	正	誤	誤
エ	誤	正	誤
オ	誤	誤	誤

問2　次の表は，「『生きる力』を育む学校での歯・口の健康づくり－令和元年度改訂－」(公益財団法人　日本学校保健会)における「発達段階に即した歯みがき指導の重点(参考)」の一部である。空欄①〜③に当てはまる語句として正しいものをA群から，空欄a，bに当てはまる語句として正しいものをB群から，それぞれ選びなさい。

目安となる学年	歯みがき指導の重点
幼稚園	食後に自分から歯みがきしようとする。 ブクブクうがいができる。
小学校 低学年	①　をきれいにみがくことができる。 上下前歯の外側をきれいにみがくことができる。
小学校 中学年	上下前歯の内側をきれいにみがくことができる。 歯ブラシの部位を理解し、効果的に使える。 ②　、小臼歯をきれいにみがくことができる。
小学校 高学年	むし歯や歯肉炎を理解し、自らの意思で継続してみがくことができる。 ③　をきれいにみがくことができる。 フッ化物配合歯磨剤や　a　などの用具を知る。
中学校 高等学校	自分の歯並びを知り、みがき残しなくみがくことができる。 a　などの用具を工夫して使用できる。 フッ化物配合歯磨剤の機能を知り、実践に生かすことができる。 生活習慣とむし歯や歯肉炎の関係を理解し、予防のため生活改善ができる。 b　について理解し、予防できる。

※この表はあくまでも平均的な目安である。指導に当たり、子供の歯の萌出状態や歯肉の状態など歯科健康診断等で実態を把握し、それに合わせて目標を再構成する必要がある。

【A群】

ア　第一大臼歯　　　　　　　イ　第二大臼歯

ウ　第三大臼歯(智歯＝親知らず)　　エ　犬歯

【B群】

　ア　歯科ミラー　　　　　　　イ　フロス
　ウ　歯石　　　　　　　　　　エ　口臭

‖ 2024年度 ‖ 北海道・札幌市 ‖ 難易度 ‖■■■■■■‖

【27】「喫煙，飲酒，薬物乱用防止に関する指導参考資料　高等学校編」
(令和3年度改訂　公益財団法人日本学校保健会)の内容について，次の
各問いに答えなさい。

(1)　次の文章の空欄(　①　)〜(　⑥　)に当てはまる最も適当な語句
　を，以下のア〜コからそれぞれ1つずつ選び，記号で答えなさい。

> ・「薬物依存」は薬物乱用の繰り返しの結果，その薬物の使用
> に対する(　①　)を失った状態を言う。依存には，「(　②　)
> 依存」と「(　③　)依存」がある。「(　②　)依存」とは，薬
> 物が身体にあることが通常の状態になってしまった後，急に
> その薬物がなくなることにより「禁断症状(退薬症状ともい
> う)」が現れることである。「(　③　)依存」とは，薬効が切
> れてくると，その薬物をまた使いたいという「渇望」が湧い
> てきて，この「渇望」をコントロールできずに薬物を使って
> しまう状態のことを言う。
> ・「薬物中毒」とは，薬物による健康被害のことを指し，
> 「(　④　)中毒」と「(　⑤　)中毒」に分けられる。「(　④　)
> 中毒」とは，「依存」と関係なく，「乱用」することで陥る可
> 能性のある(　⑥　)の病態のことである。一方，「(　⑤　)中
> 毒」とは，「依存」に陥っている人が，その薬物の使用をさ
> らに繰り返すことによって生じる人体の(　⑤　)・持続性の
> 異常状態のことである。

　ア　身体　　　イ　心身　　　ウ　マインドコントロール
　エ　精神　　　オ　継続性　　カ　自己コントロール
　キ　常習性　　ク　一過性　　ケ　慢性
　コ　急性

(2)　次の文章の空欄(　A　)に当てはまる薬物の名称を答えなさい。

また，下線部Bについて，代表的なものを1つ答えなさい。

・(A)は，「ゲートウェイ・ドラッグ(gateway drug)」と表現されることがある。「ゲートウェイ・ドラッグ」とは，ある物質の使用経験をゲートウェイ(入り口)として，依存性のより高い物質の使用に移行するという考え方である。

・我が国の薬物事犯で検挙人員が最も多いのは覚醒剤事犯であるが，2017年(平成29年)に実施された調査(平成29年度厚生労働科学研究費補助金「薬物乱用・依存状況等のモニタリング調査と薬物依存症者・家族に対する回復支援に関する研究」)によると，各薬物の推定使用者数は(A)が最も多く，約130万人(生涯経験率1.4%)，次いでB有機溶剤が約100万人(同1.1%)，覚醒剤が約50万人(同0.5%)であった。

‖ 2024年度 ‖ 京都府 ‖ 難易度 ▨▨▨▨▨▨ ‖

【28】学校における保健教育について述べた文として正しいものを，次のア～カからすべて選んで，その符号を書きなさい。

ア 「教職員のための指導の手引～UPDATE!　エイズ・性感染症～」(公益財団法人日本学校保健会)において，学校における性に関する指導では，集団指導で扱う内容と個別指導で扱う内容を明確にし，効果的な指導を行うことが求められているとされている。

イ 「教職員のための指導の手引～UPDATE!　エイズ・性感染症～」(公益財団法人日本学校保健会)において，HIV感染者やエイズ患者への配慮として，「学校にはエイズ患者や感染者がいない」ことを前提として指導するとされている。

ウ 「薬物乱用防止教室マニュアル　平成26年度改訂」(公益財団法人日本学校保健会)において，近年，違法薬物の使用方法が簡易なものもあることから，授業においても簡単な使用方法を教えて注意を促すようにするとされている。

エ 「薬物乱用防止教室マニュアル　平成26年度改訂」(公益財団法人日本学校保健会)において，薬物乱用防止教室は，小，中，高等学校のすべての児童生徒を対象とする薬物乱用防止教育の一環として

実施されるものとされている。

オ　小学校学習指導要領(平成29年告示)解説(体育編)(文部科学省)において，喫煙，飲酒，薬物乱用と健康では，喫煙を長い間続けるとがんや心臓病などの病気にかかりやすくなるなどの影響があることを理解できるようにするとされている。

カ　中学校学習指導要領(平成29年告示)解説(保健体育編)(文部科学省)において，応急手当の実際では，心肺蘇生法，包帯法や止血法としての直接圧迫法などを取り上げ，習得した知識を通して応急手当ができるようにするとされている。

| 2024年度 | 兵庫県 | 難易度 |

【29】保健教育について，次の(1)～(7)の問いに答えよ。

(1)　改訂「『生きる力』を育む中学校保健教育の手引」(令和2年3月文部科学省)の「第1章　第2節　1　中学生における心身の発育・発達等の特性を踏まえる」に示されている記述のうち，下線部①～⑤の記述の正誤について，最も適切な組合せを，以下の1～6のうちから一つ選べ。

中学生期には，多くの生徒が発育急進期を迎え，身体が劇的に変化するが，その開始期や発育量には大きな①性差が認められる。また，様々な身体機能が著しく発達する。心の面では，小児から大人への変化の時期であり，小学生期に比較すると心理的にも②不安定な時期に当たる。中学生の行動変容は，小学生と比較すると，成人に対するような科学的あるいは③心理的な背景を必要とすることが多く，規則などでの管理的側面や一方的な知識の導入だけでは効果が少ないと一般的に言われている。また，身体的にも抵抗力が向上してくることから健康を意識する場面が④多く，健康行動よりも，単に外面的な美しさを求めるような行動様式を取ることもある。

生活面においても，生活範囲の拡大や課外活動等への参加に伴う生活時間の変化や⑤朝型の生活になりがちになるなど生活習慣に大きな変化が見られる。

1　①　正　②　正　③　誤　④　正　⑤　誤
2　①　正　②　誤　③　正　④　正　⑤　正

463

3	① 正	② 誤	③ 正	④ 誤	⑤ 正
4	① 誤	② 正	③ 誤	④ 誤	⑤ 誤
5	① 誤	② 誤	③ 誤	④ 正	⑤ 誤
6	① 誤	② 正	③ 正	④ 誤	⑤ 正

(2) 「小学校学習指導要領(平成29年告示)解説　体育編」(平成29年7月文部科学省)の「第2章　第2節　各学年の目標及び内容　〔第5学年及び第6学年〕　2　内容　G　保健(3)病気の予防　ア　知識」に関する記述について，文中の（　①　）〜（　⑤　）に入る適語の組合せとして，最も適切なものを，以下の1〜6のうちから一つ選べ。

○喫煙，飲酒，薬物乱用と健康

・　喫煙については，（　①　）が出たり（　②　）が増えたりするなどして呼吸や心臓のはたらきに対する負担などの影響がすぐに現れること，（　③　）により周囲の人々の健康にも影響を及ぼすことを理解できるようにする。また，喫煙を長い間続けるとがんや心臓病などの病気にかかりやすくなるなどの影響があることについても触れるようにする。

　　飲酒については，判断力が鈍る，呼吸や心臓が苦しくなるなどの影響がすぐに現れることを理解できるようにする。なお，飲酒を長い間続けると（　④　）などの病気の原因になるなどの影響があることについても触れるようにする。

・　薬物乱用については，（　⑤　）などの有機溶剤を取り上げ，一回の乱用でも死に至ることがあり，乱用を続けると止められなくなり，心身の健康に深刻な影響を及ぼすことを理解できるようにする。

1	① せき	② 一酸化炭素濃度	③ 能動喫煙
	④ 脳	⑤ シンナー	
2	① 唾液	② 心拍数	③ 能動喫煙
	④ 脳	⑤ コカイン	
3	① せき	② 心拍数	③ 受動喫煙
	④ 肝臓	⑤ シンナー	
4	① 唾液	② 一酸化炭素濃度	③ 能動喫煙
	④ 肝臓	⑤ コカイン	

5 ① せき　　② 心拍数　　　　③ 受動喫煙
　④ 脳　　⑤ コカイン

6 ① 唾液　　② 一酸化炭素濃度　　③ 受動喫煙
　④ 肝臓　　⑤ シンナー

(3) 「『生きる力』を育む学校での歯・口の健康づくり　令和元年度改訂」(日本学校保健会)の「第2章　歯・口の健康づくりの理論と基礎知識　第2節　むし歯の原因とその予防　1　むし歯という病気」に関する内容ア～オのうち，下線部①～⑤の記述について，誤っているものの組合せを，以下の1～6のうちから一つ選べ。

○むし歯にかかりやすい歯と部位

ア　歯の種類や歯面によってむし歯のかかりやすさに差がある。これは，歯の①数あるいは口のなかでの歯の位置により影響されるからである。

イ　乳歯では上顎の乳切歯，上下顎の乳臼歯部でむし歯になりやすく，下顎の前歯部はむし歯に②なりにくい。

ウ　永久歯では③下顎大臼歯部が最もむし歯になりやすい。

エ　むし歯になりやすい歯の部位は，臼歯にある溝(裂溝)や，④歯と歯の間(隣接面)と，歯と歯肉との境目(歯頸部)である。

オ　⑤食べ物による洗浄作用や咀嚼による清掃効果も低いため，歯垢が付着しやすい。適切なブラッシングやフロスなどを使用しないと除去しにくい。

1　①，②　　2　②，③　　3　③，④　　4　④，⑤
5　①，⑤　　6　②，④

(4) 「精神疾患に関する指導参考資料～新学習指導要領に基づくこれからの高等学校保健体育の学習～」(令和3年3月　日本学校保健会)の「Ⅰ　精神疾患に関する指導の重要性　1．精神疾患をめぐる現状と課題　(5)　若者をめぐる精神疾患　③不安症」に示されている内容①～⑤について，誤っているものの組合せを，以下の1～6のうちから一つ選べ。

①　摂食障害，全般不安症，社交不安症，分離不安症，恐怖症などが含まれ，わが国では不安症全体で約9％の人が経験するもので，精神疾患の中では最も多い。

② 人前での緊張を特徴とする社交不安症，動物や高所への恐怖症，突然の動悸を中心とするパニック症は10代で始まることが多く，回復に時間がかかることもある。

③ 不安症が先行し，後にうつ病を発症した場合には回復しづらいので，早期における適切な対処が必要である。

④ 原因としては，個人の人格と日常生活上の心配事や対人関係上のストレスなど環境側の要因の組み合わせにより不安が生じ，それが様々な症状となって生じるとされてきたが，近年では生物学的な研究の進歩により，関連する心臓の部位も指摘されている。

⑤ 治療は認知行動療法などの精神療法に加え，適宜薬物療法も併用される。

1 ①，② 　2 ①，④ 　3 ②，③ 　4 ②，⑤

5 ③，④ 　6 ④，⑤

(5) 「教職員のための指導の手引～UPDATE！エイズ・性感染症～」(平成30年3月　日本学校保健会)の「1　エイズ及び性感染症に関する指導のあり方　(ア)　エイズ及び性感染症に関する指導の重要性」に示されている内容について，誤っているものを，以下の1～5のうちから一つ選べ。

1 HIV感染者・エイズ患者の発生動向を見ると，HIV感染者については平成20年(2008年)以降，エイズ患者については平成25年(2013年)以降，新規感染者・患者の報告数はほぼ横ばいとなり高止まりとなっている。

2 十分な治療法がなかった時代には，エイズは「不治の致死的な病気」と考えられていたが，治療薬の進歩により，治療を続けることで体内のウイルスの増殖を極限まで抑えて病気の進行を止めることができるため，HIVに感染しても他の人とほぼ変わらない生活を送ることが可能となった。

3 HIV感染した人の累積数は年々増えているが，適切な治療を受ければ基本的に他者にHIVを感染することもなくなる。このためには，エイズ発症前に検査等で早期発見し，治療を開始することが重要である。

4 感染予防の目標は，事前検査を実行できるようにすることであ

り，感染者をあぶりだして避けることではない。予防の促進には
まずこのことを理解することが肝要である。

5　性感染症に関して，近年大きな問題となっているのは梅毒の増
加である。

(6)「がん教育推進のための教材」(令和3年3月一部改訂　文部科学省)
に示されているがんの種類とその特徴に関する内容ア〜オのうち，
下線部①〜⑥の記述の正誤について，最も適切な組合せを，以下の
1〜6のうちから一つ選べ。

ア　胃がんは，①ピロリ菌の感染が発病に関わっていると考えられ
ている。

イ　大腸がんは，②栄養不足や肥満，大量の飲酒などが発病に関連
している。

ウ　肺がんは，我が国では，死亡者数が③最も多く，特に男性に多
い。

エ　子宮頸がんは，初期の段階では症状がないことが多い。特に症
状がなくても④40歳を過ぎたら，⑤1年に1回検診を受けることが
勧められている。

オ　乳がんは，乳房内にがんのかたまりができるため，乳房の状態
に日頃から関心を持ち，自分の乳房の状態を知ること，乳房の変
化(しこり，皮膚のへこみなど)に気付き，医師へ相談すること，
⑥30歳になったら乳がん検診を受けることが重要である。

1　①　誤	②　誤	③　誤	④　誤	⑤　正	⑥　正
2　①　誤	②　正	③　正	④　正	⑤　誤	⑥　誤
3　①　正	②　誤	③　正	④　誤	⑤　誤	⑥　誤
4　①　正	②　正	③　正	④　正	⑤　正	⑥　正
5　①　誤	②　正	③　誤	④　誤	⑤　正	⑥　誤
6　①　正	②　誤	③　誤	④　正	⑤　誤	⑥　正

(7)「喫煙，飲酒，薬物乱用防止に関する指導参考資料　令和元年度改
訂　小学校編」(日本学校保健会)の「理論編　7. 教科横断的な展開
1)喫煙，飲酒，薬物乱用防止教育の教科横断的な展開」に関する記
述①〜⑤について，正しいものの組合せとして最も適切なものを，
以下の1〜6のうちから一つ選べ。

① 知識や技能等の育成が総合的に含まれている指導は，一回の授業でその多くを取り上げることはできない。

② 関連する教科等で横断的に実施し，授業者の視点に立ち，各内容を関連付けることで有効性が高まる。

③ 体育科等の保健教育において喫煙，飲酒，薬物乱用等の有害性，法律での禁止，誘いなどの開始要因等の知識，規範意識の形成などを学び，さらに特別活動において誘いへの対処の演習により自己主張スキルの育成を，特別の教科である道徳においては自尊感情や規範意識の育成を図る。

④ 喫煙，飲酒，薬物乱用防止教育を学校の年間計画に位置付ける際には，体育科保健領域，理科，特別の教科である道徳，総合的な学習の時間など各教科の目標，内容を参考に立案する。

⑤ 指導方法についても，講義形式や動画の視聴などに限らず，ブレインストーミング，事例を用いた学習，養護教諭や学校薬剤師等の参画などの工夫ができる。

1 ①，②，④ 　　2 ②，③，④ 　　3 ③，④，⑤
4 ①，④，⑤ 　　5 ②，③，⑤ 　　6 ①，③，⑤

2024年度｜大分県｜難易度

【30】次は，「喫煙，飲酒，薬物乱用防止に関する指導参考資料－令和元年度改訂－　小学校編」(令和2年3月　日本学校保健会)の「参考資料Ⅱ　喫煙，飲酒，薬物乱用の健康への影響　3　薬物乱用の健康への影響って？」をまとめたものです。下線部が誤っているものを，以下の1～4の中から1つ選びなさい。

「薬物乱用」は，薬物等の物質を①社会的許容から逸脱した目的や方法で自己使用することです。覚醒剤や大麻などの違法薬物の使用は，法に反しており「乱用」です。未成年者の喫煙や飲酒も同様です。「薬物依存」は，薬物乱用の繰り返しの結果，その薬物の使用に対する②自己コントロールを失った状態を言います。

「薬物中毒」とは，薬物による健康被害のことを指し，「急性中毒」と「慢性中毒」に分けられます。「急性中毒」とは，

　③［依存］することで陥る可能性のある一過性の病態のことです。「慢性中毒」とは，「依存」に陥っている人が，その薬物の使用をさらに繰り返すことによって生じる人体の慢性・持続性の異常状態のことです。依存に基づく飲酒による肝硬変，依存に基づく喫煙による肺癌は④［慢性中毒］と言えます。

1　①　　　2　②　　　3　③　　　4　④

| 2024年度 | 埼玉県・さいたま市 | 難易度 |

解答・解説

【1】④

○**解説**○　「教職員のための子供の健康相談及び保健指導の手引き」(令和4年　日本学校保健会)の「第4章　個別の保健指導の進め方」「2　保健指導における連携」「(1)　校内組織体制づくり」に示されている内容である。学校保健安全法施行規則において，いわゆる学校三師である学校医，学校歯科医，学校薬剤師に対して，保健相談及び保健指導に従事することが定められており，受診の必要性の有無の判断や，疾病予防，治療等の相談及び学校と地域の医療機関等とのつなぎ役などの役割が求められている。養護教諭を中心として，さまざまな職種が連携し，組織的に現代的な健康課題へ対応していく必要がある。なお，スクールカウンセラーやスクールソーシャルワーカーは，学校教育法施行規則にその役割が定められている。

【2】①　㋔　　②　㋗　　③　㋖　　④　㋛　　⑤　㋑　　⑥　㋒

○**解説**○　小学校学習指導要領第1章総則第1の2の(3)において示されているとおり，学校における体育・健康に関する指導は，児童の発達の段階を考慮して，学校の教育活動全体を通じて適切に行うことになり，健康で安全な生活と豊かなスポーツライフの実現を目指した教育の充実に努めることをねらいとしている。特に，健康に関する指導につい

ては，児童が身近な生活における健康に関する知識を身に付けること
や，必要な情報を自ら収集し，適切な意思決定や行動選択を行い，積
極的に健康な生活を実践することのできる資質・能力を育成すること
が大切であることが示されている。こうした指導については，学校段
階に応じて，中学校や高等学校学習指導要領総則にも示されている。
その趣旨に基づき，小学校，中学校，高等学校を通じて学校における
保健教育の目標は，生活環境の変化に伴う新たな健康課題を踏まえつ
つ，児童生徒が積極的に心身の健康の保持増進を図っていく資質・能
力を身に付け，生涯を通じて健康・安全で活力ある生活を送るための
基礎を培うことである。これを踏まえた上で，本問題の語句を選択す
る。なお，育成すべき資質，能力の3つの柱「何を理解しているか，
何ができるか(生きて働く『知識・技能』の習得)」「理解しているこ
と・できることをどう使うか(未知の状況にも対応できる『思考力・判
断・表現力等』の育成)」「どのように社会・世界と関わり，よりよい
人生を送るか(学びを人生や社会に生かそうとする『学びに向かう力・
人間性等』の涵養)」は，本出題のキーワードとなっている。

【3】① エ ② ケ ③ シ ④ ア ⑤ ク ⑥ カ
○解説○ 保健教育に限らず学校教育全体においては，カリキュラム・マ
ネジメントに努めることが求められている。保健教育においても，体
育科のみならず社会科，理科，生活科，家庭科，道徳科などの教科と
の教科横断的な指導，学級活動などの特別活動や総合的な学習の時間，
日常生活における指導及び子供の実態に応じた個別指導，これら相互
に関連させて指導していく中で心身の健康の保持増進を図っていく資
質・能力を育み，児童の発達を支援することが重要である。

【4】① (キ) ② (オ) ③ (ア) ④ (ウ) ⑤ (カ)
○解説○ 現行の学習指導要領は，これまでのように「何を教えたか」で
はなく，「児童生徒がどのような学びをし，資質・能力を身につけた
か」という視点を重視し，「知識及び技能」，「思考力・判断力・表現
力等」，「学びに向かう力，人間性等」の3つの柱で目標が設定されて
いる。身近な生活について実践的に学ぶ小学校，科学的に自身の生活

について捉える中学校，そして個人にとどまらず社会生活の健康について総合的に学びを深める高等学校と，小学校から高等学校までは概ね同様の内容でありながら，系統的・発展的に学習する保健学習の特徴が表れている。

【5】① ソ ② ノ ③ ケ ④ ア ⑤ ネ ⑥ シ
⑦ テ ⑧ ス ⑨ タ ⑩ キ ⑪ ツ ⑫ エ

○**解説**○ 学校教育においては，児童や学校，地域の実態を適切に把握し，教育の目的や目標の実現に必要な教育の内容等を教科等横断的な視点で組み立てていくこと，教育課程の実施状況を評価してその改善を図っていくことなどを通して，教育課程に基づき組織的かつ計画的に各学校の教育活動の質の向上を図っていくこと，いわゆる，カリキュラム・マネジメントに努めることが求められている。こうしたことを踏まえて，保健教育においても，体育科保健領域，特別活動，総合的な学習の時間など関連する教科等がそれぞれの特質に応じて行われた上で，相互を関連させて指導していく必要がある。その際，児童の発達の特性や教育活動の特性を踏まえて，個々の児童が抱える課題を受け止めながら，その解決に向けて，主に個別の会話・面談や言葉がけを通して指導や援助を行うカウンセリングといった個別指導を関連させて，児童の発達を支援することも重要である。

【6】(1) 身体的虐待，性的虐待，ネグレクト，心理的虐待
(2) ① ウ ② ア ③ ア (3) ① 衣服 ② からだ
③ 不自然 ④ 夜遅く ⑤ 拒否的 ⑥ 無関心

○**解説**○ (1) 虐待は，子供の心身の成長及び人格の形成に重大な影響を与えるとともに，次の世代に引き継がれるおそれもあり，子供に対する最も重大な権利侵害である。虐待の種類は，身体的虐待，性的虐待，ネグレクト，心理的虐待の4つのタイプがある。児童虐待の定義を定めた児童虐待の防止等に関する法律第2条は，この4つのタイプに当たる行為を示している。 (2) 児童相談所での児童虐待相談件数は年々増加し，令和元年度以降は20万件前後を推移している。 ① 虐待を受けた子供の年齢層は，7〜12歳が最も割合が高く，次に3〜6歳，0〜

2歳，13〜15歳の順になっている。　②　虐待をした主な者は，実母，実父の順で割合が高く，実母と実父だけで全体の約9割を占めている。③　相談の主な経路については，警察等が約半分の割合を占めている。(3)　虐待のサインに気付くためのポイントとして，「不自然さ」があるかどうかに注意を向けることが挙げられる。不自然なけが，不自然な説明，不自然な表情，不自然な行動・関係などである。健康診断は体の傷を目視できる数少ない機会であり，脂肪組織が豊富で柔らかいところや隠れているところにある傷やあざなどを見逃さないようにする必要がある。

【7】1
○**解説**○　2　保護者へ確認する際に，子どもへのさらなる危害が加わる可能性があるため，子どもが言っていた事を伝えることは避けるため誤りである。　3　虐待が疑われる幼児児童生徒に詳しい聞き取りを行うのは児童相談所職員等の専門の部署が行うことが望ましい。特に低年齢の子どもは何度も同じことを聞かれるうちに記憶が曖昧になることもあるため学校関係者はあまり踏み込んだ聴取や度重なる質問はしない方が良いとされている。　4　はい，いいえで答えられる質問は時に誘導的になってしまうため，「どんなふうにけがをしたの？」など，自由に考えて答えられるようにオープンクエスチョン形式で尋ねることが適切とされている。

【8】④
○**解説**○　エは「民生委員児童委員協議会」ではなく「要保護児童対策地域協議会」である。ネグレクトの原因は様々である。出題の事例のように，様々なサポートを複数の機関が協働で行う必要があり，そのため要保護児童対策地域協議会の枠組みの中でのサポート体制を構築することが重要となる。

【9】(1)　①　覚醒剤　　②　MDMA　　③　危険ドラッグ　　④　コカイン　　⑤　大麻　(2)　①　特別活動　　②　道徳　　③　好奇心　　④　ストレス　　⑤　学校保健計画　　⑥　1　　⑦　学校薬

剤師　　⑧　国　　⑨　情報交換　　⑩　発達段階

○**解説**○ 薬物の乱用は，心身の健康，社会の安全などに対して深刻な影響を及ぼすことから，決して行ってはならないこと，薬物の乱用を防止するには，正しい知識の普及，健全な価値観や規範意識の育成などの個人への働きかけとともに，法的な規制や行政的な対応など社会環境への対策が必要であることを理解できるようにする。　(1)　覚醒剤の場合は，使用をやめてもフラッシュバックすることがあるのが特徴である。MDMAは化学的に合成された麻薬である。危険ドラッグは，規制されている薬物や覚醒剤の化学構造を似せて作られたもので，同じような薬理作用をもっている。コカインは，南米産のコカの木の葉を原料とした麻薬である。大麻は，乾燥大麻「マリファナ」，大麻樹脂「ハシッシュ」，液状大麻「大麻リキッド」があり，知覚を変化させ，恐怖状態(パニック)を引き起こすことがある。覚醒剤や麻薬などは，1回使用しただけでも乱用に当たる。薬物事犯検挙人員は，令和4(2022)年は12,621件で前年より減少したが，依然として高い水準にある。中でも，大麻は年々増加し，これまで検挙人員の大半を占めていた覚醒剤に迫る件数となっている(厚生労働省資料より)。　(2)「第五次薬物乱用防止五か年戦略」において，薬物乱用防止対策を推進するに当たって，5つの戦略目標が定められた。そのうちの目標1「青少年を中心とした広報・啓発を通じた国民全体の規範意識の向上による薬物乱用未然防止」の「(1)学校における薬物乱用防止教育及び啓発の充実」における留意事項である。児童生徒が，薬物乱用の危険性・有害性について正しい知識を持ち，薬物乱用を拒絶する規範意識を向上させることができるよう，小学校，中学校及び高等学校における指導・教育内容の充実を図るとともに，指導者が，科学的知見に基づいた適切な指導・教育方法を修得するよう研修を行う必要がある。

【10】①

○**解説**○ a　近年，大麻の乱用が増加しており，特に若年者の検挙人数が多いのが特徴である。20歳代の検挙人数のみで53.4％を占めており，20歳未満の17.1％と合わせると概ね7割となる。　b　中学生の検挙人数が11名であるのに対し，高校生は150名と急増している。　c　覚醒

剤による検挙人数は長期的に減少傾向である。20歳未満もほぼ横ばい
で推移している。　　d　薬物乱用とは，一度でも社会的許容から逸脱
した目的や方法で薬物を使用することである。　　e　喫煙，飲酒，薬
物乱用について取り扱う単元は，高等学校においては「現代社会と健
康」であり，小学校では「病気の予防」，中学校では「健康な生活と
疾病の予防」の単元で学習を積み重ねている。

【11】(1)　①　ア　　②　ツ　　③　イ　　④　ウ　　⑤　ナ
　　⑥　カ　　⑦　オ　　⑧　セ　　⑨　コ　　⑩　ス　　⑪　ケ
　　⑫　タ　　(2)　ヘルスプロモーション　　(3)　セルフメディケーショ
ン

○解説○　①～⑥　生活習慣病は，運動不足，食事の量や質の偏り，休養
や睡眠の不足などの生活習慣の乱れが主な要因となって起こる。それ
らを裏返すと，生活習慣病の多くは適切な運動，食事，休養や睡眠の
調和のとれた生活を実践することによって予防できることを学ぶ。歯
周病を取り上げているのは，鏡を見ることによって体の状態や変化を
直接的に観察することができる歯や口が，貴重な学習材であることに
よるものである。　⑦・⑧　がん細胞は，遺伝子に傷がついて分裂が
止まらなくなった細胞である。がん細胞が増殖して，体の正常な機能
の邪魔をするようになると，病気としてのがんとなる。がんによる死
亡を減少させる取り組みの一つとして，がん検診がある。　⑨　今回
の学習指導要領改訂において，「健康な生活と疾病の予防」の内容に
ついては，健康の保持増進と疾病の予防に加えて，疾病の回復につい
ても取り扱うことが，内容の取扱いに示された。　⑩～⑫　病気の症
状を軽くするなどの，医薬品本来の目的の効果を発揮する働きのこと
を主作用という。一方，医薬品を使用することで眠くなる，気持ちが
悪くなる，めまいがするなど，本来の目的以外の好ましくない働きの
ことを副作用という。薬は，指示されたタイミングで適切な量を，適
切な期間飲むようにすることが大切である。　(2)　オタワ憲章は，
1986年に世界保健機関(WHO)が開催した第1回ヘルスプロモーション
国際会議において採択された，世界の全ての人の健康のための憲章で
ある。オタワ憲章の中で，ヘルスプロモーションとは「人々が自らの

健康をコントロールし，改善できるようにするプロセスである」と定義されている。　(3)　セルフメディケーションを行うためには，適度な運動，バランスのとれた食事，十分な休養・睡眠を心がける，日頃から体重や血圧を測るなど体調管理を続ける，定期的に健康診断やがん検診，予防接種を受けるなど，日頃から健康を意識することである。

【12】(1)　①　3　②　教授　(2)　①　自己実現　②　心理社会的　③　目的

○**解説**○　(1)　教育職員免許法は，教育職員の免許に関する基準を定め，教育職員の資質の保持と向上を図ることを目的として昭和24年5月31日に公布・施行された。出題の附則は令和4年法律第40号により改正されたものである。3年以上の勤務，教授の文言を覚えておきたい。(2)　①　出題資料の「7.教科等横断的な学習の展開」に記載されている内容である。「自己実現」を「人間関係形成」，「社会参画」とともに覚えておきたい。また，特別活動における実践例も併せて目を通しておきたい。　②　ライフスキルとは課題対処に必要な心理社会的能力であり，その育成のために参加型のグループワークが行われ，思考力等の育成には課題解決の過程をたどったり，表現力の育成が行われたりする。出題資料では，これらの点が，学習指導要領で示されている資質・能力の，思考力，判断力，表現力等の育成と類似していることが指摘されている。　③　薬物乱用は，たとえ薬物の使用が1回だけであっても乱用である。ほかに薬物依存，薬物中毒との違いを理解しておくこと。薬物依存は薬物乱用の繰り返しの結果その薬物の使用に対する自己コントロールを失った状態，薬物中毒は薬物による健康被害のことを指し，急性中毒と慢性中毒に分けられる。

【13】(1)　ア　傍観者　イ　尊さ　ウ　認識　エ　相手　オ　発達段階　(2)　①　ア　生物学的　イ　心理的　ウ　持続的　エ　二人　オ　性自認　カ　性的指向　②　・児童生徒が安心して話せる場所に移動する。　・最初の段階では「誰に何をされたか」を聴き取る。　・「あなたは悪くない」ことを繰り返し伝え，「話してくれてありがとう」と伝える。　・児童生徒が自発

的に被害を話し始めたら，話を遮らず，丁寧に聴き取る。 ・児童生徒が話す以上のことを聴き出そうとしない(詳細については無理に聴きすぎない。) ・児童生徒の使った表現や言葉をそのまま記録に残す。 ・家族や他の教職員，関係機関とどこまで情報を共有してよいか，本人から同意をとる。 ・聴き取りの際，「なぜ」「どうして」という圧力をかける言葉は避ける。 ・被害開示を受けた教職員は感情的な対応にならないよう留意する。 ・繰り返し同じ話を聴くことを避けるため，聴き取りの際は，児童生徒が信頼できる複数の教職員(SC，SSW等を含む)が対応する。 ・障害のある児童生徒については，個々の障害の特性や状態等を踏まえて対応する。

○解説○ (1) 生命の安全教育を推進する趣旨として，「性犯罪・性暴力を根絶していくためには，加害者にならない，被害者にならない，傍観者にならないための教育と啓発を行っていくことが必要である。そのためには，子供たちに，そして，社会に，①生命の尊さや素晴らしさ，②自分を尊重し，大事にすること(被害者にならない)，③相手を尊重し，大事にすること(加害者にならない)，④一人一人が大事な存在であること(傍観者にならない)というメッセージを，強力に発信し続けることが重要である」と記述されている。「生命の安全教育 指導の手引き」をよく読み，目標や趣旨を確認し指導者としての理解を深めていくことが重要である。 (2)「生徒指導提要」では，性的マイノリティに関して教職員の理解を深めることは言うまでもなく，生徒指導の観点からも，児童生徒に対して日常の教育活動を通じて人権意識の醸成を図ることが大切であると述べられている。 ① ア～エ 性同一性障害者の性別の取扱いの特例に関する法律については，特定の要件を満たす者について戸籍上の性別記載を変更できるようにする法律だが，その要件のうち，「子どもがいないこと」という要件があるのは厳しすぎるとして批判が多い。2019年に世界保健機関は，性同一性障害を精神障害の分類から除外している。 オ・カ LGBT(L：女性同性愛者，G：男性同性愛者，B：両性愛者，T：トランスジェンダー)のうち，LGBは性的指向をもつ人であるのに対して，Tのトランスジェンダーは，身体的性別と性自認が一致しないという性的違和をもつ人であり，性的指向とは異なることを理解しておく必要がある。

② 被害に遭った児童生徒に対しては，誤った指導を行うことで二次的な問題が生じないように，最大限に配慮することが求められる。対応に当たっては，トラウマに関する知識と理解を持って行うことが大切であり，そうでないとトラウマの影響を見過ごしたり，無自覚に当該児童生徒を傷つけたりしてしまう可能性もある。また，学校が抱え込まずに，関係機関(警察，性犯罪・性暴力被害者のためのワンストップ支援センター，児童相談所等)と連携することが大切である。

【14】(1) ① i ② c ③ g ④ b ⑤ e (2) オ
(3) ① イ ② ケ ③ ウ ④ カ ⑤ ア ⑥ オ
⑦ キ ⑧ エ

○解説○ (1) 知的機能の遅れや行動，社会性，コミュニケーションなどの発達の課題の背景に，知的障害や発達障害などの障害の可能性があることから，就学時の健康診断において早期発見することによって，その後の教育相談や医療などにつなげることが大切である。検査によって「診断する」のではなく，「スクリーニングする」(ふるい分ける)のであり，適切な就学支援につなげることが大切である。 (2) 我が国は，障害者の権利に関する条約に平成19(2007)年に署名し，本条約の批准に向けて，障害者基本法の一部改正(平成23年)など一連の法整備や制度改革を進め，平成26(2014)年に本条約を批准した。平成24(2012)年には，中央教育審議会初等中等教育分科会により「共生社会の形成に向けたインクルーシブ教育システム構築のための特別支援教育の推進(報告)」が示され，インクルーシブ教育システム構築のために特別支援教育を着実に進めていくこと，障害のある子どもと障害のない子どもが，できるだけ同じ場で共に学ぶことを追求すること，個別の教育的ニーズのある幼児児童生徒に対して，自立と社会参加を見据えて教育的ニーズに最も的確に応える指導を提供できる多様で柔軟な仕組みを整備すること等が打ち出された。その中で，インクルーシブ教育システムの実現に当たり確保するものの一つとして，個人に必要とされる「合理的配慮」の提供を位置付けていることを押さえておく必要がある。 (3) ①〜④ 障害のある児童生徒への教育支援を行う際には，特別支援教育を念頭において行うことが前提となる。一

人一人の課題にあった支援を行うにあたって，日々の健康観察等によって児童を取り巻く日々の生活状況に関する情報を多く持つ養護教諭の役割が大きいことを認識し，児童生徒に寄り添った対応を行うとともに，担任や関係教員等と連携しながら適切な支援を行えるようにしていくことが大切である。　⑤〜⑧　発達障害は，自閉スペクトラム症，学習障害(LD)，注意欠如・多動症(ADHD)などに分類される。学習障害(LD)のある児童生徒の場合，視力検査におけるランドルト環の意味が理解できないなどのために，視力検査を行えない場合がある。こうしたときは，ひらがな，カタカナなどを利用した視力検査表の利用などが行われる。

【15】①　うつ病　　②　過眠　　③　統合失調症　　④　リスク
　　⑤　社交　　⑥　パニック　　⑦　摂食障害　　⑧　過食(大食も可)

○解説○　①②　うつ病の主な症状は，気分の落ち込み，やる気の喪失，睡眠障害である。　③　統合失調症は幻覚・幻聴，妄想等の陽性症状と無気力や感情表現が乏しくなる陰性症状がみられる。　④　統合失調症にはリスク期(前兆期)，急性期，休息期，回復期という4つの段階がある。　⑤　社交(社会)不安症は，周囲の視線や評価，人間関係について不安や恐怖を過剰に感じる状態である。社交(社会)不安症では，外出や他人との接触を避ける傾向になる。　⑥　突然起こる恐怖や不安の高まりによって，動悸，体の震え，息切れなどの体の異常な反応を起こすことをパニック発作とよぶ。パニック症はパニック発作が繰り返されることに特徴がある。　⑦⑧　食事の量や頻度，食事に関する行動の異常により精神と身体の両方に影響を及ぼす疾患を摂食障害という。過度に食事を拒む神経性やせ症と摂取する食事量が過剰になり，食べることをコントロールできなくなる神経性過食症が代表的な摂食障害である。

【16】(1)　①　コ　　②　ケ　　③　シ　　④　ウ　　⑤　オ
　　⑥　イ　　⑦　カ　　(2)　①　問題認識　　②　援助希求的態度

○解説○　(1)　①について，自殺の危険の背後には，虐待，親の養育態度の歪み，頻繁な転居，兄弟姉妹間の葛藤といった安心感のもてない家

庭環境を認めることがある。②について，極端な完全癖とは，「白か黒か」といった極端な二者択一的な考えにとらわれて，中間の灰色の部分を受け入れることができないタイプである。ほんのわずかな失敗も取り返しのつかない大失敗ととらえ，自分を全否定してひどく落ちこんだりすることがある。③について，衝動とは，俗にいうキレやすいタイプである。どのような状況で衝動的になるのかという情報を得ておくことも，関わる上で大切である。④について，喪失体験とは，離別，死別(とくに自殺)，失恋，病気，けが，急激な学力低下，予想外の失敗など，自分にとってかけがえのない大切な人や物や価値を失うことである。大人からは些細なものにしか見えない悩みや失敗に苦しんでいる場合でも，軽く扱ったり安易に励ましたりするのではなく，子どもの立場になって考えることが大切である。⑦について，孤立感とは，大人は自分の家庭以外にも，自分自身の親や兄弟姉妹，職場の人間関係，学生時代の友人，趣味の仲間など生活圏が多岐にわたっているが，子どもの場合は，人間関係が家庭と学校を中心とした限られたものになっている。そのなかで問題が起きると，大人と比べものにならないストレスが子どもを襲う。とくに思春期には，友だちの存在が大きな意味を持っている。仲間からのいじめや無視によって孤立感を深めることは，大人が考える以上に大きなダメージとなって，心の悩みを引き起こす。時には，そのような不安を隠そうとしていつも以上に元気そうにふるまう場合もみられる。　(2)　我が国でも，近年，子供を対象とした自殺予防教育の試みが始まっている。しかし，これを実施するには，予想外の危険な事態が起きないように十分な準備が必要であることについても理解しておかなければならない。ある種の価値観を一方的に押し付けるような教育となってはならず，あくまでも危機に陥った子供が適切な助けを得られるような配慮をしてこそ，有効な自殺予防教育となる。

【17】④

○**解説**○ 近年発売されている新型たばこの加熱式たばこと電子たばこの特徴に関する設問である。加熱式たばこは，たばこの葉に直接火を付けて燃やすのではなく，熱を加えて発生させたエアロゾル(気体中に浮

遊する微小な液体又は固体の粒子)を吸引するが，これにはたばこの葉が使われているので，ニコチン等の有害物質が含まれており，従来の紙巻きたばこ同様20歳未満の者への販売は禁止されている。一方，電子たばこは，e－シガレットやベーピングとも呼ばれる充電式のバッテリーで稼働する吸入機器のことであり，様々なフレイバーがついたリキッドを電気加熱し，発生した水蒸気を吸引する。したがって，年齢制限の法的規制はないが，電子たばこ販売店では自主規制を行っている。子供が電子たばこを使用することは，たとえニコチンが入っていなくても煙を吸引する練習になるため，使用しないように注意喚起することが大切である。

【18】(1)　④　　(2)　②

○**解説**○ (1)　統合失調症などの精神疾患，発達障害と関連した学校生活への不適応などは環境要因ではなく，身体的(生物的)要因である。(2)　再登校は本人にとって無理のないペースで進める。久しぶりに登校できた場合，温かい雰囲気で迎える配慮のほか，保健室，相談室，学校図書館などを活用しつつ，徐々に学校生活に適応を図っていけるような指導上の工夫が重要である。本人や保護者との面談を行い，学校と保護者が共通の課題意識のもと話し合いができるようにしておく必要がある。

【19】1　⓪　　2　①　　3　③　　4　⑦　　5　④

○**解説**○ 「薬物乱用防止教育の充実について」(通知)(平成30年12月事務連絡　文部科学省初等中等教育局健康教育・食育課)は「第五次薬物乱用防止五か年戦略」を踏まえての関係各所への薬物乱用防止教育の一層の充実について図るものであり，学校における薬物乱用防止教育は，保健教育や特別活動の中だけではなく学校教育全体で行っていくものであること，薬物の乱用は，心理状態，人間関係や社会環境によって助長される。これらの適切な対処を理解させるために指導工夫の必要があること，薬物乱用防止教室は，学校保健計画に位置付け，すべての中学校及び高等学校において年1回は開催するとともに，地域の実情に応じて小学校においても開催に努めることなどの留意事項が呼び

かけられている。

【20】問1 (1) E　(2) B, C, E　問2 ア　まばたき　イ　酸素
ウ　点眼
○解説○　問1　(1)　A　窓及び廊下側からの太陽光や照明の光などで電
子黒板の画面が反射するのを防ぐため，電子黒板の設置位置を窓から
離すように移動させるなど，配置場所を工夫する。　B・C　照明は点
けて利用するのが望ましいため，照明を点けた状態でも十分な明るさ
を確保できるように，電子黒板の画面の明るさを調整する。　D　ポ
ジティブ表示は，白地に紺色・黒色などの組合せのように，明るい背
景に濃い文字で表示する方法である。　F　最前列の児童生徒も画面
全体が見えやすいようにするために，電子黒板と最前列の児童生徒の
机の距離を一定程度離すようにする。　(2)　A　机と椅子が児童生徒
の体格に合っていないと姿勢が悪くなるので，机と椅子の高さを児童
生徒の成長も考慮して適切に調整する。　D　文部科学省が作成した
「端末利用に当たっての児童生徒の健康への配慮等に関する啓発リー
フレット」の児童用，生徒用には，寝る1時間前からはデジタル機器
の利用は控えることが示され，保護者用には「部屋の明るさに合わせ
て，画面の明るさを調整する(一般には，夜に自宅で使用する際には，
昼間に学校の教室で使用する際よりも，明るさを下げる)」ことが示さ
れている。出題のガイドブックには，「睡眠前の強い光を発するICT機
器の利用は控えましょう」と記載されている。　問2　ドライアイと
は，目の潤いを保つ涙が蒸発しやすくなる状態をいう。タブレット
PCや電子黒板を集中して見続けると，まばたきの回数が減り，涙が
目の表面を十分に覆うことができなくなり，ドライアイになりやすく
なる。授業では，タブレットPCや電子黒板を長時間集中して見続け
ることがないように配慮する必要がある。

【21】問1　ア　④　イ　⑦　ウ　⑤　エ　①　オ　⑨
カ　⑥　キ　⑩　問2　ア　⑤　イ　⑧　ウ　②　エ　⑥
○解説○　問1　問題は同学習指導要領解説「第2章　保健体育科の目標
及び内容　第2節　各科目の目標及び内容　『保健』　3　内容　(3)

生涯を通じる健康　(ア)　生涯の各段階における健康」からの出題である。ここでは，生涯の各段階を思春期，結婚生活，加齢に分けて健康，行動，生活などに健康課題や特徴があること，また労働の形態や環境の変化に伴った健康及び安全の課題があること，それらを踏まえ，年齢や生活習慣に適した自他の健康管理，安全管理及び環境づくりを行う必要があること，家族や地域の他者との交流や労働に関わる社会資源などを適切に活用することなどを中心に構成している。

問2　同学習指導要領解説「第2章　保健体育科の目標及び内容　第2節　各科目の目標及び内容〔保健分野〕3　内容　(1)　健康な生活と疾病の予防　(オ)　感染症の予防」からの出題である。ここでは感染症の予防についての基本的な事項を取り扱う。感染症は，各感染症それぞれに感染経路などの特徴を持ち，周囲の環境や主体の抵抗力により感染のリスクが変化する。感染症を予防するためには，「感染源をなくすこと」，「感染経路を遮断すること」，「抵抗力を高めること」の三原則が重要となる。

【22】(1)　①　健康相談　②　健康状態　③　保護者　④　助言
(2)　①　・タブレットを使うときは姿勢よく，タブレットを見るときは目から30cm以上離して使う。　・30分に1回はタブレットの画面から目を離して，20秒以上遠くを見る。　・少なくとも寝る1時間前からデジタル機器の利用を控える。　・時間を決めて遠くを見たり，眼が乾かないようにまばたきをしたりして，自分の目を大切にする。・〇分使ったら1回中断する，学校のタブレットは学習に関係ないことに使わないなど，学校や家庭のルールを守って使う。　から2つ
②　・朝，朝食を食べることにより，胃や腸が刺激を受け，眠っていた体が目を覚まし，体温が上がって活動がしやすくなるとともに，腸の働きが活発になり便通がよくなることを理解できるよう指導する。・朝食を摂らずに運動すると，エネルギー不足で集中できないため，けがをしやすくなったり体調不良を起こしたりしやすいため危険であることを理解できるように指導する。　・脳もエネルギーを消費する臓器であるため，朝食の摂取状況が午前中の学習にも影響を及ぼすことを理解できるよう指導する。　③　・朝食を摂る時間を確保で

きるよう生活リズムに気を付ける必要があることを知らせる。
・担任等と連携し、本人が生活リズムの振り返り、改善するための取組を継続できるよう、励まし支援する。　・自分でできる簡単な調理について指導する。

○**解説**○ (1)　学校保健安全法第2節は「健康相談等」である。第8条は「健康相談」、第9条は「保健指導」、第10条は「地域の医療機関等との連携」について定められている。養護教諭だけではなく職員相互で連携して児童生徒の健康相談にあたり、日常から健康状態の観察を行うことがここでは示されている。　(2)　①　学校ではICTの活用が進んでいる。児童生徒の日常でもスマートフォンやタブレットが身近な存在になっている。身体に及ぼす影響について理解を深めるとともに、指導に努めるために「児童生徒の健康に留意してICTを活用するためのガイドブック」(文部科学省)では、ICT機器の活用時間と休憩や姿勢、照明や採光等活用環境、さらに家庭での使用時間や就寝前の活用等の指針が示されている。　②　朝食の摂取には、「寝ている間に下がった体温を上昇させ活動しやすくなる。」「体内にエネルギーを補給する。」「排便のリズムが作られる。」等の効果があることから、朝食を摂らないとエネルギー不足による集中力低下や体調不良につながることを指導する必要がある。　③　心身をよりよく発育・発達させるには、食事、運動、休養及び睡眠の調和のとれた生活をすることが重要であり、これらの生活習慣全般に関して適切な指導を行うことが大切である。また、生活習慣に関する指導を行う際には、単に知識を教えるのみではなく、規則正しい生活習慣を子供が自律的に身につけることができるような指導を行うことが必要である。

【23】(1)　②　　(2)　⑤　　(3)　⑦　　(4)　③

○**解説**○ (1)　うつ病の特徴的な症状は、気分の落ち込み、ほとんど全ての活動へのやる気の喪失、エネルギー低下あるいは疲れやすくなる等である。重症化することで眠れない、あるいは寝すぎるといった睡眠の変化、食欲の変化がみられることも特徴である。日本人を対象にした調査から、生涯有病率(調査時点までの生涯において、うつ病の診断基準に該当した人の割合)は約6%である。つまり、日本人のうち約15

人に1人が罹患する病気である。　(2)　摂食障害：体型と体重への極端なこだわりを背景に，ごくわずかしか食べない，大量に食べて吐くを繰り返すといった，食べることへの障害がみられる。栄養摂取不良，電解質異常を引き起こすため，身体への負担は大きく，生命の危機に及ぶこともある。摂食障害は，神経性やせ症と神経性過食症に分かれる。神経性やせ症は，神経性無食欲症や拒食症と呼ばれる。体重管理への過剰なこだわりで，体重が増えることを怖がり食事量を過剰に制限する。栄養摂取不良により，脳や身体機能の低下を引き起こし，低血圧，徐脈，低体温，血液循環の悪化，女性では無月経になる場合がある。神経性過食症では，食事摂取に関するコントロールができず短期間・短時間での大量の食事とその過食に心理的苦痛や罪悪感から，体重が増えないように，嘔吐，下剤の使用，浣腸，過度の運動をすることがある。　(3)　統合失調症の特徴的な症状は，「悪口が聞こえてくる」などの幻覚(幻聴)や「いつも見張られている」といった妄想などの陽性症状，普段はあるはずの意欲や生き生きとした感情が乏しくなるといった陰性症状，集中力・記憶力，計画の立案，問題を解決する力などが低下する認知機能障害などであり，社会生活に関わる機能の低下により，不眠，抑うつ，不安やイライラといった症状がでて徐々に日常生活上の困難が生じる。　(4)　不安症とは，誰にでも自然に生じる不安という感情体験の強さが過剰かつ持続的なもので日常生活に支障が出る状態を呼ぶ。不安症には様々な種類があり，症状や生活への影響は多様である。典型的な症状に社交不安症とパニック症がある。社交不安症の特徴は，他の人から注視されるかもしれないという過度な恐怖と不安である。人前で行動する時，他の人から否定的に評価・判断されるのではないか，恥ずかしい思いをするのではないか，緊張して失敗するのではないかと強く心配になって，日常生活や仕事に支障が生じている状態ある。不安により，赤面，動悸，身体の震え，声の震え，発汗，胃腸の不快感などが生じる。パニック症の特徴は，強い不安とともに突然に生じる，また繰り返されるパニック発作に特徴がある。パニック発作は，突然に激しい恐怖または強烈な不快感の高まりが数分以内でピークに達する。その時には，動悸や心拍数の急増，発汗，身震いや手足の震え，息切れ感や息苦しさ，窒息感，めま

い感や気が遠くなる感じ，吐き気や腹痛などが強い不安とともに起こる。

【24】1 ① ウ ② ケ ③ オ ④ エ ⑤ キ ⑥ コ
(④⑤⑥順不同) 2 ① むし歯(う歯)のり患 ② 喫煙
3 ① 実践的 ② 科学的 ③ 総合的 ④ 身近 ⑤ 社会生活 ⑥ 改善

○**解説**○ 1 学校教育において，確かな学力，豊かな心，健やかな体の調和を重視する「生きる力」を育めるように現行の学習指導要領では，これまでのように何を教えたか，ではなく，児童生徒がどのような学びをし，資質・能力を身につけたかという視点で捉えるようになった。具体的に「生きる力」について，「知識及び技能(何を理解しているか，何ができるか)」，「思考力・判断力・表現力等(理解していることやできることをどう使うか)」，「学びに向かう力，人間性等(どのように社会や世界と関わり，よりよい人生を送るか)」の3つの柱で目標が設定されている。 2 社会環境や生活環境の急激な変化は，子どもたちの心身の健康状態や健康に関わる行動に大きな影響を与えており，近年では薬物乱用防止等の徹底，食に関して肥満や生活習慣病・食物アレルギー，安全に対する適切な意思決定や行動選択を育むこと，がんや心疾患・精神疾患などの疾病などが健康課題としてあげられている。なお，国民の健康づくりの指針である健康日本21は令和6年度から第3次へと移行していくが，こどもの健康課題として「運動やスポーツを習慣的におこなっていないこどもの減少」，「児童・生徒における肥満傾向児の減少」，「20歳未満の者の飲酒をなくす」，「20歳未満の者の喫煙をなくす」という項目が再び掲げられている。 3 身近な生活について実践的に学ぶ小学校，科学的に自身の生活について捉える中学校，そして個人にとどまらず社会生活の健康について総合的に学びを深める高等学校と学習指導要領では設定されており，小学校から高等学校までは概ね同様の内容でありながら児童生徒の発達の段階に応じて系統的・発展的に学習することが保健学習の特徴である。

【25】1　①　きっかけ　②　健康教育　③　系統的　④　ハイリスク　2　(1)　○　(2)　×　(3)　○

○**解説**○　1　平成10(1998)年に，政府は「第一次薬物乱用防止五か年戦略」を策定し，国を挙げて薬物乱用防止に取り組んできた(現在は「第六次薬物乱用防止五か年戦略」(令和5(2023)年8月薬物乱用対策推進会議)が進行中である)。薬物乱用防止のためには，たばこやアルコール，依存性薬物を使用するきっかけが起こりやすい青少年期の取組が大切であることから，学校において薬物乱用防止教室の開催が求められている。出題の資料は，薬物乱用防止教室の開催のための手順や留意点，指導の実際などをまとめたもの。　2　(1)・(3)は正しい記述であるが，(2)は誤り。薬物とは生体に対して何らかの身体的・精神的作用を示す化学物質の総称として使われるため，法規制されている麻薬や覚醒剤だけでなく，嗜好品とされているアルコールやニコチン，病気の治療や予防に使われる医薬品などのすべてが薬物であるとされる。

【26】問1　(1)　ウ　(2)　ウ　問2　①　ア　②　エ　③　イ　a　イ　b　エ

○**解説**○　問1　(1)　薬物乱用について，主にシンナーなどの有機溶剤を取り上げるのは小学校の「病気の予防」単元であり，中学校では覚醒剤や大麻を取り上げる。薬物乱用は急性の錯乱状態や急死などを引き起こす急性中毒に加えて，依存性が現れたり，フラッシュバックなどが起こることを理解することがねらいである。喫煙，飲酒，薬物乱用は，人間関係において人との関わりの中で乱用を始めることが多く，正しい知識とともに，規範意識を高めたり，意思決定スキル，コミュニケーションスキルなどのライフスキルの育成も必要である。

(2)　b　大麻は乱用が拡大している薬物である。大麻は害がない，依存性がないなどの誤った情報や合法な国もあるなどの情報で，乱用につながる場合がある。　c　「ハーブ」や「アロマオイル」などのうたい文句で販売されているのは，危険ドラッグである。危険ドラッグは，覚醒剤や大麻などの規制薬物と類似した化学物質を混入させたもので，規制薬物と同様の有害性が疑われるものであり安全なものではない，と正しく認識しておく必要がある。　問2　①～③　歯みがき

指導の重点は，発育・発達の特徴と合わせて理解すれば良い。幼稚園から小学校低学年にかけて第一大臼歯が生え，前歯が抜けて生えかわる時期である。その後，小学校中学年で乳犬歯が犬歯に，乳臼歯が小臼歯にそれぞれ生えかわり，小学校高学年で第二大臼歯が生え始める。第三大臼歯はいわゆる親知らずのことで，中学校や高等学校で生え始める。あくまでも目安であり，学校での健康診断等で見えてくる実態に合わせて目標を設定する。 a・b 歯と歯の間の清掃にはフロスが向いている。使い方を誤ると歯肉を傷つけることがあるので，歯科医や歯科衛生士の指導を受けることが望ましい。中学校以降では小学校期のように歯の生えかわりがなくなり，口腔内に対する気づきが希薄化する時期であることに加え，口腔内の不潔や歯肉炎などが課題となる年代である。思春期になると，性ホルモンの影響で歯肉炎も起こりやすくなる。口臭は歯周病の症状の一つであるが，他にもさまざまな原因がある。中学校・高等学校では口臭についてもふれ，口腔の清掃に努めるよう指導する。逆に口臭を過度に気にするのも思春期以降ではみられる。気になる場合は，歯科医師の健康相談を受けられるように調整する。

【27】(1) ① カ ② ア ③ エ ④ コ ⑤ ケ ⑥ ク
(2) A 大麻 B シンナー，トルエン から1つ

○解説○ (1) 「乱用」，「依存」，「中毒」は誤って使用されることがあるので，それぞれ正しく理解しておくこと。「乱用」は，薬物等を社会的許容から逸脱した目的や方法で自己使用することで，一度でも乱用とされる。「依存」は，薬物乱用の繰り返しの結果，その薬物への自己コントロールを失った状態，「中毒」とは薬物による健康被害のことを指している。 (2) 日本の薬物依存患者を対象とした研究では，薬物乱用の第一段階は飲酒や喫煙から始まり，手に入りやすい有機溶剤(シンナーやトルエンなど)やガスなどの使用から，大麻，覚醒剤，MDMA(幻覚剤)，コカインなど依存性の高い物質の使用に移行することがわかっている。そのため，薬物乱用の防止のためにも，喫煙や飲酒の防止が重要であるとされている。

【28】ア，エ

○**解説**○ イ　本資料によると「ここにはエイズ患者は無論，感染者もいない」という認識が前提になっていると自分の感染を知った時に誰にも相談できず孤立するという問題が生じうることから「周囲にいても当然」という認識を持つことが肝要，としている。　ウ　薬物乱用防止教育において配慮が必要な情報として，乱用される薬物の入手方法，使用方法に触れる必要はないとしている。　オ　本資料では喫煙，飲酒，薬物乱用などの行為は，健康を損なう原因となるとされている。カ　「習得した知識」ではなく「実習を通して」が正しい。

【29】(1)　4　　(2)　3　　(3)　5　　(4)　2　　(5)　4　　(6)　3
(7)　6

○**解説**○ (1)　保健教育の目標は生徒が積極的に心身の健康の保持増進を図っていく資質・能力を身につけ，生涯を通じて健康・安全で活力ある生活を送るための基礎を育成することである。中学生期は抽象的，理論的思考や社会性が発達してくる時期である。生徒の発達に応じた保健教育を効果的に展開していく必要がある。　①　性差ではなく個人差が正しい。　③　心理的ではなく感情的が正しい。　④　「多く」ではなく「少なく」が正しい。　⑤　朝型ではなく夜型が正しい。思春期は体内時計の影響で，一生のうちで最も夜型化すると言われている。　(2)　「病気の予防」については，病気の発生要因や予防の方法，特に喫煙，飲酒，薬物乱用が健康に与える影響について理解できるようにする。薬物乱用の部分ではシンナーを中心に取り上げるが，覚醒剤などは一例として触れ，中学校での学習につなげる。　(3)　①　数ではなく形が正しい。　⑤　食べ物ではなく唾液が正しい。むし歯は細菌(歯垢)，歯(溝の形，歯質など)，糖類(細菌が酸を作るもと)の要因と，時間の経過が関わりあって発生する。よって，むし歯にかかりやすい部位は歯垢が落としにくい部位，また唾液による洗浄作用が低い部位である。　(4)　精神疾患を含む心の健康は日本において重要な健康課題と位置付けられている。高等学校学習指導要領解説　保健体育編　体育編(平成30年7月　文部科学省)において，「精神疾患の予防と回復」という項で精神疾患について学ぶ時間が確保されたことは大き

な変化であるので，押さえておきたい。出題の文章は「不安症」についての説明文である。　①　摂食障害は誤りで，正しくはパニック症である。摂食障害は不安症には含まれない。　④　不安症の原因として近年指摘されているのは，心臓ではなく脳である。　(5)　エイズ及び性感染症に関する指導は学習指導要領において重要な健康課題の一つとして位置付けられている。感染予防の目標は，事前検査ではなく予防行動を実行できるようにすることである。具体的な予防行動としてはコンドームの使用や性交渉を控えることなどである。　(6)　がんは日本人の2人に1人は一生のうちにかかるとされ，日本人の死因の第1位でもあり，日本人にとって大きな健康課題の一つである。②　大腸がんは栄養不足ではなく，運動不足が発病に関連していると考えられている。　④・⑤　子宮頸がんはヒトパピローマウイルスによる性感染症と考えられている。40歳ではなく20歳を超えて性交渉の経験がある場合は，1年ではなく2年に1度の検診が有効である。⑥　乳がんの罹患率は30代後半から増加し始め，40代後半から50代前半でピークを迎える。よって，30歳ではなく40歳になったら乳がん検診を受けると良いとされている。　(7)　喫煙，飲酒，薬物乱用は未然防止が重要であり，小中高等学校と連続して学習していくテーマの一つである。　②　授業者の視点が誤りで，正しくは児童の視点である。④　理科が誤りで，正しくは特別活動である。

【30】3
○**解説**○　急性中毒とは依存とは関係なく，乱用することで陥る可能性がある一過性の病態のことである。3の依存が誤りである。

事例・対応

実施問題

【1】次の(1)～(4)の記述について，正しいものは「1」を，誤っているものは「2」を選び，番号で答えよ。

(1)　腰を曲げたり，反らしたりすると痛みがある場合に想定される疾患について，前方屈曲時に痛い時は腰椎椎間板ヘルニアの疑い，後方伸展時に痛い時は腰椎分離すべり症の疑いがある。疾患ではないが，身体が固い場合は痛みを訴えることもあるが，疾病との判別は困難である。

(2)　溺れた子どもを引き上げることができた場合，直ちに腹部を押して水を吐かせる。その後，心マッサージなど心肺蘇生を開始する。

(3)　成長期の膝は関節軟骨が成人より微量かつ未熟であり，外傷や繰り返される負荷によって障害を受けやすい。また，軟骨には神経がなく，発症初期において痛みを伴わず，早期発見が難しい。

(4)　アドレナリン自己注射薬(エピペン®)を処方されている児童生徒が，エピペン®の使用によって，アナフィラキシーの症状が改善されれば，経過を観察する。再度症状が現れたら，医療機関を受診する。

| 2024年度 | 愛知県 | 難易度 ■■■□□□

【2】緊急時の対応について，次の事例を読み，以下の(1)～(3)の問いに答えなさい。

> 昼休みに，小学校6年生のAさんが，一人で保健室に来室した。「首やおなかがかゆい」と訴えるので確認したところ，全身にじんましんが出現していた。また，ぜーぜーする呼吸音が聞こえ，脈も速い状態であった。
>
> Aさんは，甲殻類のアレルギーがあり，学校生活管理指導表(アレルギー疾患用)が提出され，エピペン®が処方されていた。本日の給食では，甲殻類の提供はなかった。

(1)　エピペン®について，効果的とされている投与のタイミングを具

体的に書きなさい。

(2) この事例から，エピペン®の使用とともにAさんに対して行う救急
処置を，3つ書きなさい。

(3) 児童生徒にみられる食物アレルギーは，大きく3つの病型に分類
される。この3つの病型を書きなさい。

┃ 2024年度 ┃ 群馬県 ┃ 難易度 ■■■□□□

【3】感染症の予防について，次の(1)，(2)の問いに答えなさい。

(1) 次の文は，「学校において予防すべき感染症の解説(平成30年3月
発行)」を踏まえ，学校での吐物の処理についてまとめたものであ
る。教室内での処理を想定し，文中の(ア)～(キ)に適する
語句を書きなさい。

> ・近くにいる人を別室などに移動させ，(ア)をした上で，
> 吐物は，(イ)，(ウ)，ビニールエプロンをして，可
> 能であればゴーグル，靴カバーを着用し，ペーパータオルや
> 使い捨ての雑巾で拭き取る。
> ・吐物は広範囲に飛散するため，中心部から半径2mの範囲を
> (エ)から(オ)に向かって，周囲に拡げないようにし
> て静かに拭き取る。拭き取ったものはビニール袋に二重に入
> れて密封して破棄する。
> ・吐物の付着した箇所は，0.1%(1,000ppm)の濃度の(カ)消
> 毒液で消毒する。
> ・消毒液をスプレーで吹きかけると，病原体が(キ)，感染
> の機会を増やしてしまうため，噴霧はしないようにする。

(2) A小学校では，先週から複数の学年でおう吐や下痢による欠席者
が確認されている。感染性胃腸炎と診断された児童や登校後に教室
でおう吐した児童も出ている。このような状況下における養護教諭
の対応について，次の①，②の問いに答えなさい。

① 全校の児童に行う保健指導の内容を2つ書きなさい。

② 教職員間で共通理解を図るべき内容を3つ書きなさい。

┃ 2024年度 ┃ 群馬県 ┃ 難易度 ■■■□□□

【4】眼の外傷について, 次の(1), (2)に答えなさい。

 (1) 体育館で鬼ごっこをしていた児童が,「友達の頭と自分の顔がぶつかった。」と, 手で眼を押さえて大声で泣きながら保健室に来室した。養護教諭としてどのように対応するか, 具体的に4つ書きなさい。

 (2) 廊下で転倒し, 顔面を打撲した生徒に,「吐き気」「二重に見える」「眼球の動きが悪い」という症状が見られる場合, 想定される傷病名を1つ書きなさい。

┃ 2024年度 ┃ 新潟県・新潟市 ┃ 難易度 ■■■□□

【5】高等学校第3学年の生徒が,「胸が締め付けられるように痛い」と訴えて保健室に来室しました。全身を保温し観察を続けていたところ, 突然意識を失ったため, 応援の教職員を呼ぶと同時に119番通報とAEDの手配を行いました。呼吸を確認したところ, <u>しゃくりあげるような途切れ途切れの呼吸</u>が認められました。この状況を踏まえて, 次の1・2に答えなさい。

1 下線部の呼吸を何といいますか。書きなさい。

2 下線部の呼吸を確認した後, AEDの装着までの間に速やかに心肺蘇生を行う必要があります。この生徒に対して, 心肺蘇生時の胸骨圧迫を行う際, どのようなことに留意しますか。簡潔に3つ書きなさい。

┃ 2024年度 ┃ 広島県・広島市 ┃ 難易度 ■■□□□

【6】次の各文は,「スポーツ事故防止ハンドブック(解説編)」(令和2年12月初版　独立行政法人日本スポーツ振興センター学校安全部)に示されている頭頸部外傷を受けた(疑いのある)児童生徒に対する注意事項について述べたものである。適当なものを次の①～⑤のうちから全て選びなさい。

 ① 意識障害は脳損傷の程度を示す重要な症状であり, 意識状態を見極めて, 対応することが重要である。

 ② 脳の損傷は, 頭が揺さぶられるだけで発生することがあり, 意識が回復した後でも, 急性硬膜下血腫等の重大な出血が脳に起きている場合がある。

 ③ 頭の怪我は, 時間が経つと症状が変化し, 目を離しているうちに重症となることがある。外傷後, 少なくとも3時間は観察し, 患者

を1人きりにしてはいけない。

④ 繰り返し頭部に衝撃を受けると，重大な脳損傷が起こることがあるため，スポーツへの復帰は慎重にする。

⑤ 頸椎や頸髄損傷を起こしている可能性がある場合は，速やかに救急要請をかける。生命の維持には気道確保が最優先であり，意識がない場合は，まず，そのままの位置で呼吸を確認する。うつ伏せに倒れている場合は，人手が揃うまでそのままの位置で観察する。

｜2024年度｜千葉県・千葉市｜難易度 ■■■□□

【7】1型糖尿病と診断されインスリン自己注射が必要な生徒(中学1年生)が入学した。これに関して，次の(1)，(2)の問いに答えよ。

(1) 養護教諭が本生徒及びその保護者に対して行う入学時の健康相談において，相互に確認しておくべき事項にはどのようなものがあるか。2つ書け。

(2) 本生徒及びその保護者の同意を得て，職員会議で全教職員に1型糖尿病の特徴や配慮事項等について説明することとなった。その際に使用する周知資料を次の様式に従って作成せよ。

	1型糖尿病について	
1 1型糖尿病の特徴		

2 低血糖が起こったときの対応

程度	症状	対応
軽度		
中等度		
高度		

3 配慮してほしいこと

｜2024年度｜香川県｜難易度 ■■■■□

495

● 事例・対応

【8】次の問1，問2に答えなさい。

問1　「生徒指導提要」(令和4年12月　文部科学省)に示されている内容
に関する次の文a～dについて，誤っているものの組合せを，以下の
1～6のうちから1つ選びなさい。

a　多様な背景を持つ児童生徒への支援については，本人及び保護
者の意向を踏まえつつ，必要に応じて市町村教育委員会等とも連
携し，適切な学びの場及び学習方法を検討することが必要である。

b　行動面への指導は，起きている行動だけに注目せず，どういう
行動をとればよいかを具体的に教え，実行できたら褒めるなどの
成就感や達成感を得させることが大切である。

c　対人関係や社会性，行動面や情緒面，学習面において適応上の
困難さにつながる特性を有している児童生徒については，医師に
よる診断を受けてから，指導方法や対応方法を考えていくことが
大切である。

d　個別の教育支援計画は，学校と家庭においてのみ情報を共有す
るための支援ツールであり，保護者との相談活動において得られ
た知見を反映させることが大切である。

1　a・b　　2　a・c　　3　a・d　　4　b・c　　5　b・d　　6　c・d

問2　次の文章は，てんかん発作への対応について記述したものであ
る。発作時の対応について述べた文a～dの中で，正しいものの組合
せを，以下の1～6のうちから1つ選びなさい。

中学2年生のAさんは，思春期になり体の成長とともにてんか
ん発作の症状が変化してきている。常時服薬をしているものの，
体の成長とともに内服薬によるコントロールが難しくなってき
たため，前回の受診の際に坐薬が処方された。
緊急時は坐薬を使用するよう主治医からの指示があったた
め，保護者から保健室で坐薬を保管してほしいと申し出があっ
た。

a　厚生労働省の「医師法第17条，歯科医師法第17条及び保健師助
産師看護師法第31条の解釈について」に記載されている坐薬挿入
は，医行為として考えられているため，現場に居合わせた担任が

496

坐薬挿入を行うことはできない。

b　保護者からの申し出を受けて,「主治医からの指示書」を保護者と事前に書面で確認するとともに,発作時は保護者に連絡をした上で,養護教諭が手袋を装着し,坐薬を挿入することとした。

c　Aさんは,坐薬使用後に一定時間眠ったあと,呼びかけに反応するようになり,意識がしっかりして普段通りの状態に回復したため,医療機関の受診は必要ないと判断した。

d　てんかん発作時の対応は,児童生徒のプライバシー保護に十分な配慮をする必要がある。全ての行事において,他の児童生徒と全く同様に扱うことが大切であるが,水泳については十分な監視が必要である。

1　a・b　　2　a・c　　3　a・d　　4　b・c　　5　b・d　　6　c・d

| 2024年度 | 宮城県・仙台市 | 難易度 ■■■□□ |

【9】次の事例を読み,(1)〜(3)の問いに答えなさい。

> 中学校2年生の生徒Aは,サッカー部の活動中に生徒Bが蹴ったボールを顔面に受けて倒れ,地面に後頭部を打った。生徒Aは苦悶の表情でその場にうずくまっていたが,1分以内に立ち上がり,生徒Bに付き添われて保健室に来室した。生徒Aは目立った外傷はないものの後頭部と左眼の痛みを訴えており,生徒Bが受傷時の状況を説明した。当日の気温は15度,生徒Aに基礎疾患はなく,当日の体調は良好であった。

(1)　脳震盪が疑われる生徒Aに対し,見当識障害がないか確認するための質問を,具体的に2つ書きなさい。

(2)　養護教諭が生徒Aの眼を視診したところ,左右の目の視線に上下のずれが確認された。さらに問診によって,生徒Aから複視の訴えがあった。この場合に考えられる眼の傷病を,次のa〜eの中から1つ選び,その記号を書きなさい。

a　外傷性虹彩炎　　b　外傷性黄斑円孔　　c　角膜損傷

d　眼窩底骨折　　　e　網膜震盪症

(3)　次の文は,頭部及び眼の外傷とその応急処置について述べたもの

である。次のa～dの中から正しいものを2つ選び，その記号を書きなさい。

a　頭部外傷による急性硬膜下血腫は，頭蓋骨と硬膜の間にできた血腫が脳を圧迫し生死に関わるため，緊急の対応を要する。

b　脳震盪は意識消失を伴う場合と伴わない場合があるため，興奮状態や普段と違う行動パターンを示す場合も脳震盪を疑い，医療機関を受診する必要がある。

c　眼に消石灰が入ったときは，そのままガーゼ等で眼を覆い医療機関を受診する必要がある。

d　硝子体や網膜など眼球の後部の傷害では，痛みが弱かったり，時間が経ってから症状が現れたりすることがあるので，継続した観察が必要である。

┃ 2024年度 ┃ 福島県 ┃ 難易度 ■■■■□

【10】次の事例について，各問に答えよ。

> 　高校2年生の生徒Aは，クラスマッチでバスケットボールの試合に出場中，相手のボールを止めようと左手を出した際，左手小指にボールが強く当たった。
> 　保健室で養護教諭が負傷部位を確認したところ，左手小指第二関節周辺の痛みと腫れ，手のひら側に内出血が見られた。生徒Aは，アイシングや圧迫固定の応急処置を受けている途中で，<u>冷汗をかきはじめ顔面蒼白となり，吐き気を訴えた</u>ため，養護教諭は負傷部位のアイシングを続けながら休ませた。しばらくして吐き気は治まり，冷汗も止まった。

問1　次の図1の①～④の骨の名称を答えよ。

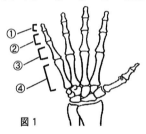

図1

問2　下線部の状況において，症状の悪化を予防するためにはどのような体位をとらせたらよいか。次のア～エから最も適切なものを一つ選び，記号で答えよ。

　　　ア　仰臥位　　イ　側臥位　　ウ　座位　　エ　半座位

問3　下線部のように，痛みや緊張などの精神的ストレスを感じた時などに，血圧の低下や脈拍の減少などが生じ，一時的に意識を失うこともある反射を何というか答えよ。

問4　生徒Aについて，養護教諭は医療機関を受診すべきと判断し，学級担任から保護者へ連絡をしてもらうことにした。学級担任を通して，保護者へ連絡すべき内容や確認事項を三つ答えよ。

┃2024年度┃鹿児島県┃難易度┃

解答・解説

【1】(1)　1　　(2)　2　　(3)　2　　(4)　2

○**解説**○ (1)　運動器検診において腰を曲げたり反らしたりすると痛みが生じる場合は，問題文にあげられたような疾患の場合と身体が固いことによる場合があり，痛みの有無のみで疾病の判断は困難である。痛みがあり，明らかに日常生活や運動時に支障があったり，1週間以上続いたりする場合は整形外科の受診を勧める。　(2)　溺れた子供を引き上げることができた場合は，大声で呼びかけ反応を見て，反応と呼吸がないと判断されれば直ちに胸骨圧迫・人工呼吸を開始する。水を吐かせるよりも心肺蘇生法が重要である。　(3)　一般的に小児は成人に比べて骨内の軟骨成分が多く，未熟である。成長期の膝の関節軟骨は成人より豊富かつ未熟であるが正しい。軟骨には神経がないため膝の疾患の場合に痛みを伴わない場合もある。　(4)　アナフィラキシーを起こした際に使用するアドレナリン自己注射薬はあくまでも緊急用の補助治療剤であり，アナフィラキシーの症状が改善したとしても必ず医療機関を受診する必要がある。

【2】(1)　・アナフィラキシーショック症状が進行する前の初期症状(呼吸困難などの呼吸器の症状が出現したとき)　・緊急性の高いアレルギー症状があると判断したタイミングでショックに陥る前

(2)　・救急車を要請する。　・AEDを準備する。　・その場で安静にする。(立たせたり，歩かせたりしない)　・安静を保つ体位にする。　から3つ　(3)　・即時型　・口腔アレルギー症候群・食物依存性運動誘発アナフィラキシー

○**解説**○ 学校におけるアレルギー疾患への対応については，「学校のアレルギー疾患に対する取り組みガイドライン(令和元年度改訂)」(令和2年3月　公益財団法人日本学校保健会)を参照のこと。　(1)　ショック状態にある患者の救命率は30分以内にアドレナリンを投与できるか否かで大きく変わるといわれている。緊急性の高いアレルギー症状として13の症状があるが，これらの症状の有無を5分以内に判断し，対応する必要がある。エピペン®は血管収縮，心機能亢進，気管支弛緩，腸管弛緩などの作用があるが，ショック症状が進行してからでは効果が遅いといわれている。　(2)　ショック症状を起こしている場合，無理に動かすことで心臓の血液が減少し，症状が悪化する可能性があるため，その場から移動させずに救急車を待つことが大切である。下肢を挙上させた体位が望ましいがおう吐がある場合は，顔を横に向け窒息しないようにする。　(3)　即時型は食物アレルギーの最も典型的な病型である。原因食物を食べて2時間以内に症状が出現し，じんましんのような軽い症状からアナフィラキシーまで進行するものまで様々である。口腔アレルギー症候群はシラカバやハンノキやブタクサなどの花粉アレルギーがある場合，それらの花粉抗原と構造が似た物質を含む生の果物や野菜を食べたときに，食後5分以内に口腔内の症状(のどのかゆみ，ヒリヒリするなど)が誘発されるものである。多くは局所の症状だけで治療も不要である。食物依存性運動誘発アナフィラキシーは特定の食物を食べた後に運動をすることでアナフィラキシーが誘発される。原因食物としては小麦や甲殻類が多く見られる。食べただけ，運動しただけでは症状が起きないのが特徴である。学年が上がり，運動強度が強くなることで症状が現れることがあるため，アレルギーの既往がなくてもアナフィラキシーショックを起こすことがあるので注意する。

【3】(1) ア　換気　　イ　ゴム手袋　　ウ　マスク(※イ，ウ順不同可)　エ　外側　　オ　内側　　カ　次亜塩素酸ナトリウム　　キ　舞い上がり　　(2)　①　・体調が悪いときには，早めに学級担任等に申し出る　　・食事前やトイレ後に手洗いをする　　・吐いてしまったものには触らない　から2つ　　②　・児童がおう吐した時の吐物の処理セットの準備と方法　　・児童への健康観察の強化　　・教職員自身の健康管理　　・おう吐した児童が，いじめにあわない指導の徹底　から3つ

○**解説**○ (1)　おう吐の原因は様々考えられるが，感染性のものであることを踏まえて感染源を広げないように処理する必要がある。吐物をはじめ，糞便，血液，体液等は感染性病原体が含まれていることが多く，これらに接するときには素手で扱うことを避ける。なお，ゴム手袋やマスク，エプロン，靴カバー，ゴーグルなどと，処理後の手洗い等で感染源が処理者の体内に入るのを防ぐとともに外部への拡大を防ぐための策をスタンダード・プリコーション(標準予防策)という。ノロウイルスはアルコール消毒への耐性があるため，次亜塩素酸ナトリウムを使用する。消毒液のスプレーは風圧でウイルス等が舞い上がる原因となるので，ペーパータオルなどにしみ込ませた上で一方向に拭きあげる。　(2)　①　感染性胃腸炎のまん延が強く疑われる状態である。子どもへの保健指導では，学校で流行している感染症についての知識と対処法をわかりやすく伝える。解答例のほかに，トイレ等が汚れてしまった場合は教職員へ知らせるように言うことも考えられる。また，保健だより等での啓発等を通じて保護者へ連絡し，家庭での健康観察をしっかり行い体調不良時に無理をしないよう伝えることなどが考えられる。　②　解答例のほかに，感染性胃腸炎の特性や注意事項などを周知し，流行の兆しを見つけること，また流行を広げないことが重要である。出席停止の扱いについても学校医や管理職と相談の上で知らせられるとよい。発生した感染症に対する正しい知識を児童へ与え，無用な不安や差別・偏見が起こらないようにすることも重要である。

【4】(1)　・受傷した児童を受容し，気持ちを落ち着かせる。　　・担任や管理職に報告する。　　・まぶたを開くことができるかを確認する。

・見え方の異常や全身症状がある場合は早急に病院を受診させる。

(2) 眼窩壁骨折(眼窩底骨折)

○**解説**○ 学校管理下で，顔面等頭部打撲による外傷が発生したときには，当初の問診，観察等の対応が大変重要になる。 (1) 必要な処置をするために，まず，けがをした児童を落ち着かせ，事故状況からけがの重症度や部位を判断できることがあるため，本人や同伴者などから事故の状況を聞き出す。頭部打撲における特に注意すべき症状は，「まぶたを開くことができるか」，「見え方は変わったか」，「全身症状があるか」についてである。これらは眼球の重篤なけがや頭部外傷のなど重症化のおそれがあるため丁寧に数回確認し，医療機関での受診が必要であるかを判断する。事故直後，健康状態に異常がない場合でも，時間経過で症状が悪化することもあるため，担任や管理職へは，当該児童の観察を行い，何か異常があれば医療機関での診療や緊急の場合は搬送の必要があることを報告しておく。 (2) 眼窩壁骨折(眼窩底骨折)は強い衝撃で眼部を打撲したときに見られる顔面骨骨折である。症状としては，複視(物が二重に見える)，複視による吐き気，眼球陥没(眼の落ち窪み)や頬から上口唇のしびれなどが生じる。症状によっては緊急手術が必要な場合もある。

【5】1 死戦期呼吸(あえぎ呼吸) 2 ・胸骨の下半分を圧迫する。 ・両肘を伸ばし，脊柱に向かって垂直に体重をかける。 ・約5cmの深さで圧迫する。 ・100～120回／分の速さで圧迫する。 ・手を胸骨から離さずに，速やかに力を緩めて元の高さに戻す。 ・絶え間なく行う。 ・胸骨圧迫30回と人工呼吸2回の組み合わせで行う。から3つ

○**解説**○ 1 死戦期呼吸とは，心停止直後にみられる呼吸のことで，しゃくりあげたり，あえいだりするような呼吸をしている。呼吸をしているように見えるが有効な呼吸ではないため，呼吸なしとみなして，直ちに心肺蘇生を行う必要がある。 2 胸骨圧迫は有効に作用していない心臓から，脳や心臓に血液を送る目的で行われる。心拍出量を確保するため，押す深さや速さ，場所などの目安が決められている。速過ぎたり深すぎたりすると，胸郭が戻りきらず，有効な胸骨圧迫になら

なくなるため留意する。人工呼吸は，トレーニングしておらず自信がない場合は，できないことによるためらいで心肺蘇生法を躊躇うことを防ぐため等の理由から必ずしも必須ではないが，小児では呼吸原生の心停止が多いため，実施できるように研修等を実施して備えておく。

【6】①，②，④，⑤

○解説○ 体育活動における頭頸部外傷は少なくない。その多くは相手との衝突や接触，転倒で発生する。ほとんどは軽症で済むものの，ときに命を失う場合や，一生の後遺症を抱えてしまう重症例もある。また，始めは軽い頭部打撲と思われていたのに，少し経って重症となっていたということもある。　③　頭の怪我は，時間が経つと症状が変化し重症となることがあるため，外傷後，少なくとも24時間は観察する必要がある。

【7】(1)　・治療内容　　・緊急時連絡方法　　・低血糖時の症状と対処法　　・学校生活の注意(学校給食，捕食，運動時)　　・学校でのインスリン自己注射や捕食をする場所と保管場所　　・学校行事への参加体制　　・友達への病気の開示　から2つ

(2)

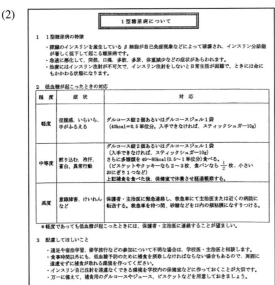

● 事例・対応

○**解説**○ 1型糖尿病は，膵臓のインスリンを産生している β 細胞がウイルス感染や自己免疫現象などによって破壊され，インスリン分泌能が著しく低下して起こる。多くは急速に発症し，口渇，多飲，多尿などの症状が現れ，糖尿病と診断される。しかし，中にはゆっくりと発症し，学校検尿で尿糖陽性者として発見される場合もある。治療にはインスリン注射が不可欠で，学校においてもこれらの注射が必要になる。治療中は高血糖による糖尿病性昏睡，低血糖による体調不良に気を付ける。いずれも生命に関わることであり，学校における対応も必要になる。「学校検尿のすべて　令和2年度改訂」(令和3年3月　日本学校保健会)を参照のこと。

【8】問1　6　　問2　5

○**解説**○ 問1　c　発達障害の診断がつくほどではないが，対人関係や社会性，行動面や情緒面，学習面において適応上の困難さにつながる特性を有しているいわゆるグレーゾーンにある児童生徒もいる。発達障害のある児童生徒と同様に適応上の困難さを抱えている児童生徒は決して少なくないため，診断の有無により対応を考えるのではなく，児童生徒が抱える困難さから対応を考えることが大切である。　d　個別の教育支援計画は，医療，保健，福祉，教育，労働等の各機関において，必要な情報を共有し，連携して相談，支援を行うための支援ツールであり，生涯にわたり活用されることが望まれる。特に学校教育を受けている間は，幼稚園等，小学校，中学校，高等学校，大学等の学校間で引き継ぐ重要な資料となる。加えて，地域の関係機関と連携を図るための情報共有の支援ツールとして，効果的に活用することが求められている。　問2　出題は「医師法第17条，歯科医師法第17条及び保健師助産師看護法第31条の解釈について」に関する設問である。教育・保育施設等において子どもがてんかんによるひきつけを起こし，生命が危険な状態等である場合に，現場に居合わせた教育・保育施設等の職員又はスタッフが，坐薬を自ら挿入できない本人に代わって挿入する場合が想定されるが，当該行為は緊急やむを得ない措置として行われるものであり，①　患者が入院・入所して治療する必要がなく容態が安定していること　②　副作用の危険性や投薬量の調整等

504

のため，医師又は看護職員による連続的な容態の経過観察が必要である場合ではないこと　③　内用薬については誤嚥の可能性，坐薬については肛門からの出血の可能性など，当該医薬品の使用の方法そのものについて専門的な配慮が必要な場合ではないことの3条件を満たしていることを医師等が確認し，医薬品の使用の介助について本人又は家族に伝えている場合，事前の本人又は家族の具体的な依頼に基づいて，服薬指導の上，医薬品の使用を介助することができる。また，てんかん発作時に医薬品を使用した場合は，普段通りの状態に回復したとしても医療機関の受診が必要となる。

【9】(1)　・場所に関する質問(例：ここはどこですか)　　・時間に関する質問(例：今日は何月何日ですか)　　・人に関する質問(例：一緒に来た友達は誰ですか)　　(2)　d　　(3)　b, d

○解説○　(1)　見当識障害とは，今がいつか(時間)，ここがどこか(場所)等が分からなくなる状態である。出題のように学校管理下では，「頭部打撲(顔面打撲を含む)」「眼部打撲」は発生しやすく，重篤な事態に陥る場合もあるので，受傷の原因，受傷者の状態，主訴等は迅速かつ的確に聴きとることが大切である。　　(2)　a　外傷性紅彩炎は，交通事故などで眼球を打撲して，虹彩が炎症することである。虹彩は，水晶体の前面にある膜で，瞳孔の大きさを調整して網膜に入る光の量を調節する器官である。　　b　外傷性黄斑円孔は，網膜の中心にある黄斑部に穴が開く症状である。交通事故などで眼球を打撲したときに発症することが多い。　　c　角膜損傷は，眼の中央にある透明で血管を持たない黒目と言われる部分の角膜が物理的障害などで傷つく状態である。角膜には自己回復の機能があるが，その修復が追いつかず損傷すると，小さな傷であっても目に入った光が正しく処理されず，眩しさを感じたり，ものが正しく見えなかったりする。　　e　網膜振盪症とは，体育の授業やクラブ活動などでボールがぶつかったりするなどによって眼底に衝撃を受けて，網膜の黄斑部に浮腫が生じ，乳白色に混濁した状態である。ものがぼやけたり，かすんで見えたりするようになる。　　(3)　a　急性硬膜下血腫は，頭蓋骨の下の硬膜と脳の間に出血が起こり，そこに出血した血液が急速にたまることで，脳を圧迫

する状態である。ほとんどが頭部外傷によるもので，高齢者に多いのが特徴である。　c　眼に消石灰が入った場合は，直ちに大量のきれいな水で20分以上洗浄し，速やかに医師の診断を受ける必要がある。

【10】問1　①　末節骨　　②　中節骨　　③　基節骨　　④　中手骨
問2　イ　　問3　血管迷走神経反射(迷走神経反射)　　問4　・負傷した際の状況を伝える。　・負傷の程度と受診の必要性を伝える。　・生徒Aの現在の様子を伝える。　・かかりつけ医療機関の有無を確認する。　・スポーツ振興センター災害共済給付制度手続きについて説明する。　・保護者の到着予定時刻を確認する。　・生徒Aの待機場所や車の乗り入れ場所を伝える。　から三つ

○**解説**○　問1　手指の骨格についての出題である。今回の出題のように，傷病と合わせた出題も想定し，教科書等で学習する他，疾病理解のためにも，構造・しくみ・はたらき，および系統別疾病についても合わせて学習することが重要である。　問2　骨折時，顔面蒼白やチアノーゼ，冷や汗などのショック状態になることがある。強いストレス等によって血圧が急激に低下し，血液の循環が阻害されて起こるため，血液の循環を回復させる目的で，通常は頭部を低くする仰臥位を取る。しかし，ここでは下線部に「吐き気を訴えた」とあることから，嘔吐物による窒息を防止するため，側臥位にすると考えられる。
問3　血管迷走神経反射(迷走神経反射)とは，痛みや緊張・ストレスにより迷走神経が刺激され，脈拍の減少や血管拡張に伴う血圧低下が起こる生理的な反応である。　問4　養護教諭の判断力や各部署との連携が問われる。「学校の危機管理マニュアル作成の手引」(平成30年2月　文部科学省)に目を通し，流れを把握しておこう。

学習指導要領

学習のポイント

　「学習指導要領」は，学校で行われている様々な教育活動に参加していく養護教諭として最低限度の知識としておさえておきたい。各教科の内容は，校種によって異なるものであるが，総則については，一部の違いが若干あるものの，基本的には同じ内容となっている。総則のうち特に「学校における体育・健康に関する指導」についての規定は，穴埋め式の出題が多いので，そのままの文言を記憶しておくこと。

　総則において，「保健体育科，技術・家庭科及び特別活動の時間はもとより，各教科，道徳科及び総合的な学習の時間などににおいてもそれぞれの特質に応じて適切に行うよう努めること。」とある。特別活動は，養護教諭がかかわることが多いものであり，その活動の目標等を学習指導要領で確認しておきたい。

【1】学習指導要領解説に関する次の(1)～(3)の問いに答えなさい。

(1) 次の文章は，小学校学習指導要領解説　体育編「第2章　体育科の目標及び内容」の中の「第1節　教科の目標及び内容」の一部である。文中の（　ア　）～（　ウ　）にあてはまる最も適当なものを以下の解答群からそれぞれ一つずつ選びなさい。

> 「保健の見方・考え方」とは，疾病や傷害を防止するとともに，生活の質や生きがいを重視した健康に関する観点を踏まえ，「個人及び社会生活における課題や情報を，健康や安全に関する原則や概念に着目して捉え，（　ア　）や生活の質の向上，健康を支える環境づくりと関連付けること」であると考えられる。小学校においては，特に身近な生活における課題や情報を，保健領域で学習する（　イ　）やけがの手当の原則及び，（　ウ　）についての概念等に着目して捉え，病気にかかったり，けがをしたりするリスクの軽減や心身の健康の保持増進と関連付けることを意図している。

解答群

① 健康と環境　　　　　　② 適切な意思決定
③ 疾病等のリスクの軽減　④ 健康な生活と疾病の予防
⑤ 病気の予防　　　　　　⑥ 健康で安全な生活

(2) 次の図は，中学校学習指導要領解説　保健体育編　「第2章　保健体育科の目標及び内容」　保健分野　「2　内容」の中の「(3)傷害の防止」で示されたものである。図中の下線部①～⑤のうちから適当でないものを二つ選びなさい。

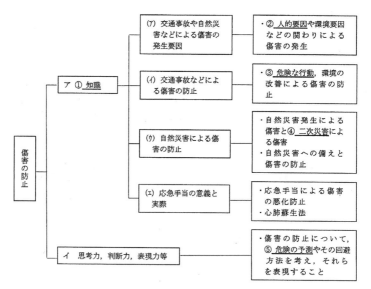

(3)　次の各文は，中学校学習指導要領解説　保健体育編　「第3章
　指導計画の作成と内容の取扱い」の中の「1　指導計画の作成」に
　ついて述べたものである。適当なものを次の①〜⑤のうちから三つ
　選びなさい。

① 保健の学習で，実習などの学習活動に参加することが難しい場
　合には，実習の手順や方法が理解できるよう，それらを視覚的に
　示したり，一つ一つの技能を個別に指導したりするなどの配慮を
　する。

② 保健分野においては，生徒の健康状態や発育・発達の状況を踏
　まえ，保健体育科担当の教師が行う保健の指導と保健室等の個別
　指導との連携・協力を推進し，学習内容を確実に身に付け，一人
　一人の発達や成長に資するよう留意することが大切である。

③ 保健分野の授業時数は，3学年間で36単位時間程度配当するこ
　と。

④ 保健分野においては，知識の指導に偏ることなく，資質・能力
　の三つの柱をバランスよく育むことができるよう，実験や実習等
　を取り入れるなどの学習過程を工夫することに留意する。

⑤ 「保健」は，原則として入学年次及びその次の年次の2か年にわ

たり履修させること。

【2】次のア～オの文章のうち，「小学校学習指導要領(平成29年3月告示)
第2章　各教科　第9節　体育　第2　各学年の目標及び内容」の記載
内容をまとめたものとして適切でないものの組合せを，以下の①～⑤
の中から一つ選べ。

ア　毎日を健康に過ごすには，明るさの調節，換気などの生活環境を
整えることなどが必要なことを指導するのは，第3学年及び第4学年
である。

イ　体は，思春期になると次第に大人の体に近づき，体つきが変わっ
たり，初経，精通などが起こったりすること。また，異性への関心
が芽生えることを指導するのは，第5学年及び第6学年である。

ウ　心と体には，密接な関係があることを指導するのは，第3学年及
び第4学年である。

エ　喫煙，飲酒，薬物乱用などの行為は，健康を損なう原因となるこ
とを指導するのは，第6学年であり，薬物については有機溶剤の心
身への影響を中心に取り扱う。

オ　第5学年及び第6学年の内容の「保健」に配当する授業時数は，2
学年間で16単位時間程度とし，効果的な学習が行われるよう適切な
時期に，ある程度まとまった時間を配当する。

①　ア，ウ　　②　イ，ウ　　③　ウ，オ　　④　エ，オ
⑤　ア，オ

| 2024年度 | 岐阜県 | 難易度 ■■■■□□□

【3】平成29年3月告示の小学校学習指導要領　体育　〔第3学年及び第4
学年〕内容　G　保健(1)　ア　には，「健康な生活について理解する
こと。」として，3つの内容が示されています。それぞれどのような内
容が示されていますか。簡潔に書きなさい。

| 2024年度 | 広島県・広島市 | 難易度 ■■■□□□□

● 学習指導要領

【4】次の1，2の問いに答えなさい。

1　次の ☐ の中の文は，「中学校学習指導要領(平成29年告示)解説
保健体育編 (平成29年7月　文部科学省) 第1章　総説　2　保健体
育科改訂の趣旨及び要点　(2)　保健体育科改訂の要点　ウ　内容及
び内容の取扱いの改善　〔保健分野〕」の一部を抜粋したものであ
る。文中の(①)～(④)に当てはまる語句の正しい組み合わ
せを，以下のa～eの中からそれぞれ一つ選びなさい。ただし，
( )の同じ番号には，同じ語句が入るものとする。

> ⑦　健康な生活と疾病の予防
>
> 　「健康な生活と疾病の予防」については，個人生活におけ
> る健康に関する課題を解決することを重視する観点から，
> 内容を学年ごとに配当することとした。その際，現代的な
> 健康に関する課題への対応及び指導内容の(①)の視点か
> ら，健康の保持増進には，年齢，生活環境等に応じた運動，
> 食事，休養及び睡眠の調和のとれた生活を続ける必要があ
> ること，生活習慣病などは，運動不足，食事の量や質の偏
> り，休養や睡眠の不足などの生活習慣の乱れが主な要因と
> なって起こること，また，生活習慣病の多くは，適切な運
> 動，食事，休養及び睡眠の調和のとれた生活を実践するこ
> とによって予防できることを示し，生活習慣病などの予防
> でがんを取り扱うことを示した。
>
> 　また，「健康な生活と疾病の予防」についての(②)等
> を育成する視点から，新たに，健康な生活と疾病の予防に
> ついて，課題を発見し，その解決に向けて思考し判断する
> とともに，それらを表現することを示した。
>
> ⑦　心身の機能の発達と心の健康
>
> 　「心身の機能の発達と心の健康」については，従前の内容
> の理解を深めることにするとともに，新たに，ストレスへ
> の対処についての技能の内容を示した。また，心身の機能
> の発達と心の健康についての(②)等を育成する視点か
> ら，新たに，心身の機能の発達と心の健康について，課題
> を発見し，その解決に向けて思考し判断するとともに，そ

れらを表現することを示した。

また，保健分野と体育分野の相互の関連を図るため，引き続き，「A(③)」など体育分野の指導との関連を図った指導を行うものとした。

㋒ 傷害の防止

「傷害の防止」については，従前の内容に加えて，心肺蘇生法などの応急手当の技能の内容を明確に示した。また，傷害の防止についての(②)等を育成する視点から，新たに，傷害の防止について，危険の予測やその回避の方法を考え，それらを表現することを示した。

また，保健分野と体育分野の相互の関連を図るため，引き続き，(④)など体育分野の指導との関連を図った指導を行うものとした。

(1)

	①	②
a	共通性	思考力，判断力，表現力
b	系統性	学びに向かう力，人間性
c	共通性	学びに向かう力，人間性
d	系統性	思考力，判断力，表現力
e	類似性	学びに向かう力，人間性

(2)

	③	④
a	体つくり運動	水泳
b	体つくり運動	器械運動
c	ダンス	水泳
d	ダンス	器械運動
e	武道	水泳

2 次の◻の中の文は，「小学校学習指導要領(平成29年告示)解説 体育編 (平成29年7月 文部科学省) 第2章 体育科の目標及び内容 第2節 各学年の目標及び内容〔第5学年及び第6学年〕 2 内容 G 保健 (1) 心の健康」の一部を抜粋したものである。文中の(①)～(④)に当てはまる語句の正しい組み合わせを，以下のa～eの中からそれぞれ一つ選びなさい。

(ア) 心の発達

　心は人との関わり，あるいは自然とのふれあいなど様々な生活経験や学習を通して，年齢に伴って発達することを理解できるようにする。その際，家族，友達，地域の人々など人との関わりを中心として取り扱うようにし，心が発達することによって，自己の感情を(①)したり，相手の気持ちを理解したりすることができるようになることにも触れるようにする。また，自己の気持ちを上手に伝えるなど，よりよい(②)であることにも触れるようにする。

(イ) 心と体との密接な関係

　不安や緊張時には，動悸が激しくなったり，腹痛を起こしたりすること，体調が悪いときには，集中できなかったり，落ち込んだ気持ちになったり，体調がよいときには，気持ちが明るくなったり，集中できるようになったりすることなど，心と体は深く影響し合っていることを理解できるようにする。

(ウ) 不安や悩みへの対処

　不安や悩みがあるということは(③)ことであり，そうした場合には，家族や先生，友達などと話したり，相談したりすること，仲間と遊ぶこと，運動をしたり音楽を聴いたりすること，(④)を行うなどによって気持ちを楽にしたり，気分を変えたりすることなど様々な方法があり，自分に合った適切な方法で対処できることを理解できるようにする。その際，自己の心に不安や悩みがあるという状態に気付くことや不安や悩みに対処するために様々な経験をすることは，心の発達のために大切であることにも触れるようにする。

514

(1)

	①	②
a	発散	カウンセラーが必要
b	コントロール	カウンセラーが必要
c	表現	カウンセラーが必要
d	表現	コミュニケーションが大切
e	コントロール	コミュニケーションが大切

(2)

	③	④
a	支援を要する	呼吸法
b	特殊な	心理療法
c	誰もが経験する	呼吸法
d	特殊な	呼吸法
e	誰もが経験する	心理療法

┃ 2024年度 ┃ 茨城県 ┃ 難易度 ┃ ■■■□□ ┃

【5】次の文章は,「中学校学習指導要領(平成29年告示)解説　保健体育
編(平成29年7月　文部科学省)　第2章　保健体育科の目標及び内容
[保健分野]　2　内容　(1)健康な生活と疾病の予防」の記載内容の一部
である。文章中の下線部ア～オのうち,適切でないものの数を,以下
の①～⑤の中から一つ選べ。

(オ)　感染症の予防

　⑦　感染症の予防

　　感染症は,病原体が環境を通じて主体へ感染することで起こ
る疾病であり,適切な対策を講ずることにより感染のリスクを
軽減することができることを,例えば,_ア結核,_イコレラ,ノ
ロウイルスによる感染性胃腸炎,麻疹,風疹などを適宜取り
上げ理解できるようにする。

　　　　　　　　　　　　　(略)

(カ)　健康を守る社会の取組

　　健康の保持増進や疾病の予防には,健康的な生活行動など
個人が行う取組とともに,社会の取組が有効であることを理
解できるようにする。社会の取組としては,地域には保健所,

ゥ児童相談所などがあり，個人の取組として各機関が持つ機能を有効に利用する必要があることを理解できるようにする。その際，住民の健康診断やェ健康相談などを適宜取り上げ，健康増進や疾病予防についての地域の保健活動についても理解できるようにする。

また，心身の状態が不調である場合は，できるだけ早く医療機関で受診することが重要であることを理解できるようにする。さらに，医薬品には，主作用と副作用があること及び，ォ使用回数，使用時間，使用量などの使用法があり，正しく使用する必要があることについて理解できるようにする。

① 1つ　② 2つ　③ 3つ　④ 4つ　⑤ 5つ

2024年度 ▌ 岐阜県 ▌ 難易度 ■■■□□

【6】次の文章は，「中学校学習指導要領(平成29年告示)解説　特別活動編(平成29年7月　文部科学省)　第3章　各活動・学校行事の目標と内容　第1節　学級活動　2　学級活動の内容　(2)日常の生活や学習への適応と自己の成長及び健康安全　オ　食育の観点を踏まえた学校給食と望ましい食習慣の形成」の記載内容の一部である。文章中の(　A　)～(　D　)に当てはまる語句の組合せとして適切なものを，以下の①～⑤の中から一つ選べ。

> 給食の時間を中心としながら，成長や(　A　)を意識するなど，望ましい食習慣の形成を図るとともに，食事を通して人間関係をよりよくすること。

この内容は，自分の食生活を見直し，自ら改善して，生涯にわたって望ましい食習慣が形成され，食事を通してよりよい人間関係や(　B　)が育まれるようにするものである。

規則正しく調和のとれた食生活は，健康の保持増進の基本である。近年の生徒等の食生活の乱れが，(　C　)はもとより心の健康問題にも発展するなど食に起因する新たな健康課題を生起していることから，学校においても食育を推進し，望まし食

習慣を形成することは極めて重要な課題となっている。

　この内容において育成を目指す資質・能力としては，例えば，健康や食習慣の正しい知識が大切であることを理解し，給食の時間の衛生的で(D)な楽しい食事の在り方等を工夫するとともに，自らの生活や今後の成長，将来の生活と食生活の関係について考え，望ましい食習慣を形成するために判断し行動ができるようにすることが考えられる。また，そうした過程を通して，健康な心身や充実した生活を意識して，主体的に適切な食習慣を形成する態度を育てることなどが考えられる。

	A	B	C	D
①	健康管理	社交性	生活習慣病	共同的
②	食生活	衛生観念	やせ・肥満	安全
③	食生活	社交性	生活習慣病	安全
④	健康管理	衛生観念	生活習慣病	安全
⑤	健康管理	衛生観念	やせ・肥満	共同的

┃2024年度┃ 岐阜県 ┃ 難易度┃

【7】次の1・2の問いに答えなさい。

1　次の文は，「中学校学習指導要領」及び「高等学校学習指導要領」の一部抜粋である。文中の(①)～(④)に該当する語句の組み合わせを，以下のa～eから一つ選びなさい。

＜中学校学習指導要領(平成29年告示)第1章　総則＞

　学校における(①)に関する指導を，生徒の発達の段階を考慮して，学校の教育活動全体を通じて適切に行うことにより，健康で安全な生活と豊かなスポーツライフの実現を目指した教育の充実に努めること。特に，学校における(②)の推進並びに(③)の向上に関する指導，安全に関する指導及び心身の健康の保持増進に関する指導については，保健体育科，技術・家庭科及び特別活動の時間はもとより，各教科，道徳科及び総合的な学習の時間などにおいてもそれぞれの特質に応じて適切に行うよう努めること。また，

それらの指導を通して，家庭や(④)との連携を図りながら，日常生活において適切な(①)に関する活動の実践を促し，生涯を通じて健康・安全で活力ある生活を送るための基礎が培われるよう配慮すること。

＜高等学校学習指導要領(平成30年告示)第1章　総則＞

　学校における(①)に関する指導を，生徒の発達の段階を考慮して，学校の教育活動全体を通じて適切に行うことにより，健康で安全な生活と豊かなスポーツライフの実現を目指した教育の充実に努めること。特に，学校における(②)の推進並びに(③)の向上に関する指導，安全に関する指導及び心身の健康の保持増進に関する指導については，保健体育科，家庭科及び特別活動の時間はもとより，各教科・科目及び総合的な探究の時間などにおいてもそれぞれの特質に応じて適切に行うよう努めること。また，それらの指導を通して，家庭や(④)との連携を図りながら，日常生活において適切な(①)に関する活動の実践を促し，生涯を通じて健康・安全で活力ある生活を送るための基礎が培われるよう配慮すること。

	①	②	③	④
a	保健・体育	健康教育	体力	地域社会
b	保健・体育	食育	学力	地域社会
c	保健・体育	健康教育	体力	関係機関
d	体育・健康	食育	学力	関係機関
e	体育・健康	食育	体力	地域社会

2　次の文は，「中学校学習指導要領(平成29年告示)解説　総則編」及び「高等学校学習指導要領(平成30年告示)解説　総則編」の一部である。文中の(①)～(④)に該当する語句の組み合わせを，以下のa～eから一つ選びなさい。

　　(①)第2条第1号は，教育の目的として「(②)身体を養う」ことを規定しており，本項では，(③)に関する指導を，生徒の発達の段階を考慮して，学校の教育活動全体として取り組むことにより，健康で安全な生活と豊かなスポーツライフの実現を目指した教育の充実に努めることを示している。(②)体の育成は，心身の調和的な発達の中で図られ，心身の健康と安全や，スポーツを通

じた生涯にわたる幸福で豊かな生活の実現と密接に関わるものであることから，（　③　）に関する指導のねらいとして，心身ともに健康で安全な生活と豊かなスポーツライフの実現を一体的に示しているところである。(中略)

　さらに，心身の健康の保持増進に関する指導においては，情報化社会の進展により，様々な健康情報や性・薬物等に関する情報の入手が容易になっていることなどから，生徒が健康情報や性に関する情報等を（　④　）選択して適切に行動できるようにするとともに，薬物乱用防止等の指導が一層重視されなければならない。

	①	②	③	④
a	教育基本法	たくましい	保健・体育	迅速に
b	教育基本法	健やかな	体育・健康	正しく
c	教育基本法	たくましい	保健・体育	正しく
d	学校教育法	健やかな	体育・健康	迅速に
e	学校教育法	たくましい	体育・健康	正しく

┃ 2024年度 ┃ 高知県 ┃ 難易度 ■■■□□□

【8】以下の文章は，「中学校学習指導要領解説(平成29年告示)保健体育編」の中の「(1)　健康な生活と予防　(オ)感染症の予防」の知識について述べられている部分からの抜粋である。これについて次の問いに答えなさい。

(1)　（　①　）～（　⑧　）に当てはまる語句を以下の語群ア～ソからそれぞれ一つ選び，記号で答えなさい。(同じ番号には同じ語句が入る)

> (オ)　感染症の予防
> 　⑦　感染症の予防
> 　　感染症は，病原体が（　①　）を通じて主体へ感染することで起こる疾病であり，適切な対策を講ずることにより感染のリスクを（　②　）することができることを，例えば，結核，コレラ，（　③　）による感染性胃腸炎，麻疹，風疹などを適宜取り上げ理解できるようにする。
> 　　病原体には（　④　）やウイルスなどの微生物があるが，

519

(⑤)，湿度などの自然環境，住居，人口密度，交通などの社会環境，また，主体の(⑥)や栄養状態などの条件が相互に複雑に関係する中で，病原体が身体に侵入し，感染症が発病することを理解できるようにする。その際，病原体の種類によって(⑦)が異なることにも触れるものとする。　　〜(中略)〜

⑦　エイズ及び性感染症の予防

　　エイズ及び性感染症の増加傾向と(⑧)の感染が社会問題になっていることから，それらの疾病概念や(⑦)について理解できるようにする。また，感染のリスクを(②)する効果的な予防方法を身に付ける必要があることを理解できるようにする。

ア　ウイルス	イ　細菌	ウ　ノロウイルス	エ　ヘルペス
オ　予防	カ　環境	キ　体力	ク　感染経路
ケ　抵抗力	コ　男性	サ　女性	シ　青少年
ス　気温	セ　温度	ソ　軽減	

(2)　波線部「性感染症」の一つで，厚生労働省が発表した報告者数(平成11年度以降)において，平成25年ころから全国的に増加しており，令和元年度は減少に転じたものの，令和3年度に過去最多となった性感染症を答えなさい。

2024年度 ▎京都市 ▎難易度 ■■□□□

【9】高等学校「保健」について，次の(1)・(2)の各問いに答えなさい。

(1)　次の文は，「高等学校学習指導要領解説　保健体育編(平成30年7月)」第2章保健体育科の目標及び内容　第2節各科目の目標及び内容「保健」に示された「精神疾患の予防と回復」の内容の一部抜粋です。文中の(①)〜(⑥)に適する語句を以下のア〜ツの中から選び，記号で答えなさい。

○　精神疾患は，精神機能の基盤となる心理的，(①)，または社会的な機能の障害などが原因となり，(②)，(③)，行動などの不調により，(④)が不全になった状態であることを

　　理解できるようにする。

○　アルコール，薬物などの物質への（　⑤　）に加えて，（　⑥　）
　　等への過剰な参加は習慣化すると嗜癖行動になる危険性があり，
　　日常生活にも悪影響を及ぼすことに触れるようにする。

ア	判断	イ	認知	ウ	反応	エ	情動
オ	執着	カ	記憶	キ	言動	ク	日常活動
ケ	ギャンブル	コ	身体的	サ	ゲーム	シ	生理的
ス	社会活動	セ	習慣性	ソ	精神活動	タ	SNS
チ	依存症	ツ	生物的				

(2)　次の図は，「『生きる力』を育む高等学校保健教育の手引」(文部
　　科学省　令和3年3月)において示された保健における体系イメージ
　　です。図中の①・②に適する語句を漢字で書きなさい。

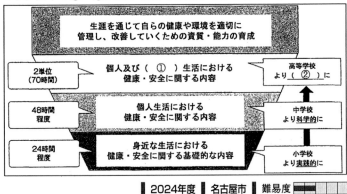

‖ 2024年度 ‖ 名古屋市 ‖ 難易度 ‖■■■□□□

【10】次は，小学校学習指導要領(平成29年告示)「第2章　各教科　第9節
　　体育　第2　各学年の目標及び内容〔第5学年及び第6学年〕　2　内容
　　G　保健」の一部です。（　①　）～（　③　）に入る語句の組み合わせと
　　して正しいものを，以下の1～4の中から1つ選びなさい。

> (3)　病気の予防について，課題を見付け，その解決を目指した
> 　　活動を通して，次の事項を身に付けることができるよう指導
> 　　する。
> 　　ア　病気の予防について理解すること。

　（ア）　病気は，病原体，体の抵抗力，生活行動，（　①　）が
　　　　関わりあって起こること。
　（イ）　病原体が主な要因となって起こる病気の予防には，
　　　　病原体が体に入るのを防ぐことや病原体に対する体の抵
　　　　抗力を高めることが必要であること。
　（ウ）　生活習慣病など生活行動が主な要因となって起こる
　　　　病気の予防には，適切な運動，栄養の偏りのない食事を
　　　　とること，（　②　）を保つことなど，望ましい生活習慣
　　　　を身に付ける必要があること。
　（エ）　喫煙，飲酒，薬物乱用などの行為は，健康を損なう
　　　　原因となること。
　（オ）　地域では，（　③　）様々な活動が行われていること。

1　①　環境　　②　睡眠の質　　③　保健に関わる
2　①　年齢　　②　睡眠の質　　③　福祉に関わる
3　①　年齢　　②　口腔(くう)の衛生　　③　福祉に関わる
4　①　環境　　②　口腔(くう)の衛生　　③　保健に関わる

2024年度　埼玉県・さいたま市　難易度

【11】　次は，中学校学習指導要領(平成29年告示)解説　保健体育編「第2
　章　保健体育科の目標及び内容　第2節　各分野の目標及び内容〔保
　健分野〕　3　内容の取扱い」の一部として，下線部が誤っているも
　のの組み合わせを，以下の1～4の中から1つ選びなさい。

　　指導に当たっては，生徒の内容への興味・関心を高めたり，
　思考を深めたりする①発問を工夫すること，自他の日常生活に関
　連が深い教材・教具を活用すること，事例などを用いたディス
　カッション，ブレインストーミング，心肺蘇(そ)生法などの実習，
　実験，課題学習などを取り入れること，また，必要に応じてコン
　ピュータ等を活用すること，学校や地域の実情に応じて，②保
　健・医療機関等の参画を推進すること，必要に応じて養護教諭
　や栄養教諭，学校栄養職員などとの連携・協力を推進すること
　など，多様な指導方法の工夫を行うよう配慮することを示した

ものである。

　実習を取り入れる際には，応急手当の技能の習得だけでなく，③扱う器具の名称や手順など，該当する指導内容を理解できるようにすることに留意する必要がある。

　また，実験を取り入れるねらいは，実験の方法を習得することではなく，内容について仮説を設定し，これを検証したり，解決したりするという実証的な問題解決を自ら行う活動を重視し，④実感を伴った知識といった指導内容を理解できるようにすることに主眼を置くことが大切である。

1　②，③　　2　①，③　　3　①，④　　4　③，④

2024年度 ‖ 埼玉県・さいたま市 ‖ 難易度■■■□□□

【12】学習指導要領について，次の問いに答えなさい。

(1) 次の文章は，「中学校学習指導要領解説　保健体育編(平成29年7月)第2章　第2節　保健分野　2内容　(2)心身の機能の発達と心の健康」の抜粋である。(①)～(③)に当てはまる語句をア～コから選び，記号で答えなさい。

　イ　思考力，判断力，表現力等

　心身の機能の発達と心の健康に関わる事象や情報から課題を発見し，疾病等のリスクを軽減したり，(①)を高めたりすることなどと関連付けて，解決方法を考え，適切な方法を選択し，それらを伝え合うことができるようにする。

＜例示＞

・心身の機能の発達と心の健康における事柄や情報などについて，保健に関わる原則や概念を基に整理したり，(②)生活と関連付けたりして，自他の課題を発見すること。

・心身の機能の発達について，習得した知識を自他の生活に適用したり，課題解決に役立てたりして，発達の状況に応じた健康を(③)する方法を見いだすこと。(以下，略)

ア　集団　　　イ　保持増進　　ウ　免疫力　　エ　日常
オ　自己管理　カ　学校　　　　キ　生活の質　ク　精神性

ケ　維持改善　　コ　個人

(2)　次の文章は，「中学校学習指導要領解説　保健体育編(平成29年7月)第2章　第2節　保健分野　2内容　(2)心身の機能の発達と心の健康」の抜粋である。(　a　)～(　d　)に当てはまる語句の組合せとして正しいものをア～カから選び，記号で答えなさい。

ア　知識及び技能　(エ)欲求やストレスへの対処と心の健康

　⑦　欲求やストレスとその対処

　　　心の健康を保つには，適切な生活習慣を身に付けるとともに，欲求やストレスに適切に対処することが必要であることを理解できるようにする。欲求には，(　a　)的な欲求と(　b　)的，(　c　)的な欲求があること，また，(　d　)的な安定を図るには，日常生活に充実感をもてたり，欲求の実現に向けて取り組んだり，欲求が満たされないときに自分や周囲の状況からよりよい方法を見付けたりすることなどがあることを理解できるようにする。

ア　a　生理　　b　心理　　c　社会　　d　精神
イ　a　本能　　b　心因　　c　社会　　d　精神
ウ　a　現実　　b　心理　　c　生理　　d　身体
エ　a　内面　　b　社会　　c　本能　　d　身体
オ　a　心理　　b　生理　　c　精神　　d　社会
カ　a　生理　　b　現実　　c　心因　　d　社会

(3)　「小学校学習指導要領(平成29年3月告示)第2章　各教科　第9節　体育　第2　各学年の目標及び内容　第5学年及び第6学年　G　保健」で身に付けることができるよう指導すると記載されている内容をア～エから選び，記号で答えなさい。

ア　不安や悩みへの対処には，大人や友達に相談する，仲間と遊ぶ，運動をするなどいろいろな方法があること。

イ　精神と身体は，相互に影響を与え，関わっていること。欲求やストレスは，心身に影響を与えることがあること。また，心の健康を保つには，欲求やストレスに適切に対処する必要があること。

ウ　現在及び生涯にわたって心身の健康を保持増進することや，事件や事故，災害等から身を守り安全に行動すること。

エ　心や体に関する正しい理解を基に，適切な行動をとり，悩みや不安に向き合い乗り越えようとすること。

(4)　「中学校学習指導要領解説　保健体育編(平成29年7月)第2章　第2節　保健分野　(3)傷害の防止　ア　知識及び技能」に記載されている内容をア〜エから選び，記号で答えなさい。

ア　適切な応急手当は，傷害や疾病の悪化を防いだり，傷病者の苦痛を緩和したりすることを理解できるようにする。また，自他の生命や身体を守り，不慮の事故災害に対応できる社会をつくるには，一人一人が適切な連絡・通報や運搬も含む応急手当の手順や方法を身に付けるとともに，自ら進んで行う態度が必要であること，さらに，社会の救急体制の整備を進めること，救急体制を適切に利用することが必要であることを理解できるようにする。

イ　日常生活で起こる傷害や，熱中症などの疾病などの際には，それぞれに応じた体位の確保・止血・固定などの基本的な応急手当の方法や手順があることを，実習を通して理解し，応急手当ができるようにする。

ウ　心肺停止状態においては，急速に回復の可能性が失われつつあり，速やかな気道確保，人工呼吸，胸骨圧迫，AED(自動体外式除細動器)の使用などが必要であること，及び方法や手順について，実習を通して理解し，AEDなどを用いて心肺蘇生法ができるようにする。その際，複数人数で対処することがより有効であること，胸骨圧迫を優先することについて触れるようにする。

エ　傷害が発生した際に，その場に居合わせた人が行う応急手当としては，傷害を受けた人の反応の確認等状況の把握と同時に，周囲の人への連絡，傷害の状態に応じた手当が基本であり，迅速かつ適切な手当は傷害の悪化を防止できることを理解できるようにする。その際，応急手当の方法として，止血や患部の保護や固定を取り上げ，理解できるようにする。また，心肺停止に陥った人に遭遇したときの応急手当としては，気道確保，人工呼吸，胸骨圧迫，AED(自動体外式除細動器)使用の心肺蘇生法を取り上げ，理解できるようにする。

▐ 2024年度 ▐ 静岡県・静岡市・浜松市 ▐ 難易度 ▐▬▬▬▬▬▬

【13】「中学校学習指導要領」(平成29年3月文部科学省)について, 次の(1),
(2)の問いに答えよ。

(1) 次の文は,「第1章　総則　第1　中学校教育の基本と教育課程の
役割　2」の一部である。文中の(　①　)~(　③　)に当てはまる言
葉をそれぞれ書け。

> (3) 学校における体育・健康に関する指導を, 生徒の発達の
> 段階を考慮して, 学校の(　①　)を通じて適切に行うことに
> より, 健康で安全な生活と豊かなスポーツライフの実現を
> 目指した教育の充実に努めること。特に, 学校における
> (　②　)の推進並びに体力の向上に関する指導, 安全に関す
> る指導及び心身の健康の保持増進に関する指導については,
> 保健体育科, 技術・家庭科及び特別活動の時間はもとより,
> 各教科, 道徳科及び総合的な学習の時間などにおいてもそ
> れぞれの特質に応じて適切に行うよう努めること。また,
> それらの指導を通して, 家庭や地域社会との連携を図りな
> がら, 日常生活において適切な体育・健康に関する活動の
> 実践を促し, 生涯を通じて健康・安全で(　③　)ある生活を
> 送るための基礎が培われるよう配慮すること。

(2) 次の文は,「第1章　総則　第4　生徒の発達の支援」の一部であ
る。文中の(　①　),(　②　)に当てはまる言葉をそれぞれ書け。

> 1　生徒の発達を支える指導の充実
> 　教育課程の編成及び実施に当たっては, 次の事項に配慮
> するものとする。
> (1) 学習や生活の基盤として, 教師と生徒との信頼関係及
> び生徒相互のよりよい人間関係を育てるため, 日頃から
> 学級経営の充実を図ること。また, 主に集団の場面で必
> 要な指導や援助を行う(　①　)と, 個々の生徒の多様な
> 実態を踏まえ, 一人一人が抱える課題に個別に対応した
> 指導を行う(　②　)の双方により, 生徒の発達を支援す
> ること。

【14】次の文は,「中学校学習指導要領」(平成29年3月告示)「第2章　各教科」「第7節　保健体育」「第2　各学年の目標及び内容」「保健分野」「2　内容」からの抜粋である。文中の[　1　]～[　5　]に当てはまる語句として正しいものを①～⓪の中からそれぞれ一つ選びなさい。

(2)　心身の機能の発達と心の健康について,課題を発見し,その解決を目指した活動を通して,次の事項を身に付けることができるよう指導する。

　ア　心身の機能の発達と心の健康について理解を深めるとともに,ストレスへの対処をすること。

　(ア)　身体には,多くの器官が発育し,それに伴い,様々な機能が発達する時期があること。また,発育・発達の時期やその程度には,[　1　]があること。

　(イ)　思春期には,[　2　]の働きによって生殖に関わる機能が成熟すること。また,成熟に伴う変化に対応した適切な行動が必要となること。

　(ウ)　知的機能,情意機能,社会性などの[　3　]機能は,生活経験などの影響を受けて発達すること。また,思春期においては,自己の[　4　]が深まり,自己形成がなされること。

　(エ)　[　3　]と身体は,相互に影響を与え,関わっていること。[　5　]やストレスは,心身に影響を与えることがあること。また,心の健康を保つには,[　5　]やストレスに適切に対処する必要があること。

①　環境　　　②　精神　　　③　欲求　　　④　生理
⑤　脳下垂体　⑥　認識　　　⑦　個人差　　⑧　適応
⑨　内分泌　　⓪　男女差

┃2024年度┃三重県┃難易度┃███████░░░

【15】次の文は,「高等学校学習指導要領解説　保健体育編　体育編(平成30年7月)」「第2章　保健体育科の目標及び内容」「第2節　各科目の目標及び内容」「保健」の一部である。以下の(1)～(3)の問いに答えなさい。

> 　(略)　がんについては，肺がん，[　ア　]，①胃がんなど様々な種類があり，生活習慣のみならず細菌やウイルスの感染などの原因もあることについて理解できるようにする。がんの回復においては，手術療法，化学療法(抗がん剤など)，[　イ　]などの治療法があること，患者や周囲の人々の[　ウ　]を保つことや[　エ　]が重要であることについて適宜触れるようにする。
>
> 　また，生活習慣病などの[　オ　]と回復には，個人の取組とともに，健康診断や[　カ　]の普及，正しい情報の発信など[　キ　]な対策が必要であることを理解できるようにする。

(1)　文中の[　ア　]～[　キ　]に当てはまることばを次のa～pの中から選び，その記号を書きなさい。

a	社会的	b	乳がん	c	放射線療法
d	日常生活	e	予防接種	f	免疫療法
g	大腸がん	h	生活の質	i	緩和ケア
j	経済的	k	肝臓がん	l	健康
m	普段の生活	n	予防	o	がん検診
p	在宅医療				

(2)　文中の下線部①の発病に関わっていると考えられる細菌名を書きなさい。

(3)　がんの治療法は，患者が医師から治療の目的や内容，方法などについて十分説明を受けて理解し，よく相談した上で選択，決定していくことが重要である。患者が，自分の病気・検査・治療などについて十分な説明を受け，理解した上でどのような医療を受けるか選択することを何というか，書きなさい。

2024年度 ▍福島県 ▍難易度 ▐▐▐▐▐▐▐▢▢

【16】次の文は，中学校学習指導要領(平成29年告示)解説　保健体育編の一部を抜粋したものである。各問いに答えよ。

　第2章　第2節　保健分野　2　内容　(2)心身の機能の発達と心の健康

(2) 心身の機能の発達と心の健康について，課題を発見し，その
解決を目指した活動を通して，次の事項を身に付けることがで
きるよう指導する。

　ア　心身の機能の発達と心の健康について理解を深めるととも
　　に，（　①　）への対処をすること。

(ア)　身体には，多くの（　②　）が発育し，それに伴い，様々な
　　機能が発達する時期があること。また，発育・発達の時期
　　やその程度には，個人差があること。

(イ)　思春期には，（　③　）の働きによって（　④　）に関わる機
　　能が成熟すること。また，成熟に伴う変化に対応した適切
　　な行動が必要となること。

(ウ)　知的機能，情意機能，（　⑤　）などの精神機能は，生活経
　　験などの影響を受けて発達すること。また，思春期におい
　　ては，自己の認識が深まり，（　⑥　）がなされること。

(エ)　精神と身体は，相互に影響を与え，関わっていること。
　　欲求や（　①　）は，心身に影響を与えることがあること。ま
　　た，心の健康を保つには，欲求や（　①　）に適切に対処する
　　必要があること。

　イ　心身の機能の発達と心の健康について，課題を発見し，そ
　　の解決に向けて思考し判断するとともに，それらを（　⑦　）
　　すること。

問1　文中の（　①　）～（　⑦　）に当てはまる語句を語群から選び，記
　　号で答えよ。ただし，同一番号には同一記号が入る。

語群

ア	共有	イ	社会性	ウ	脳	エ	自己分析
オ	言語化	カ	不安	キ	ストレス	ク	表現
ケ	感情	コ	自己形成	サ	器官	シ	性衝動
ス	依存	セ	骨や筋肉	ソ	内分泌	タ	下垂体
チ	生殖	ツ	記憶	テ	他者理解		

問2　文中(イ)の下線部については，内容の取扱いにおいて，妊娠や出
　　産が可能となるような成熟が始まるという観点から，(1)取り扱う内

529

容と(2)取り扱わない内容とが示されている。それぞれ答えよ。

2024年度 ┃ 長崎県 ┃ 難易度

【17】次の「学習指導要領」についての問いに答えよ。

(1) 次の文は、「小学校学習指導要領」（平成29年3月　文部科学省）「第9節　体育　第2　各学年の目標及び内容〔第3学年及び4学年〕2　内容　G　保健」についての記述である。文中の下線部のうち、適切でないものを①～⑤から選び、番号で答えよ。

　体の発育・発達について、課題を見付け、その解決を目指した活動を通して、次の事項を身に付けることができるよう指導する。

ア　体の発育・発達について理解すること。
　(ア)　体は、年齢に伴って変化すること。また、体の発育・発達には、①個人差があること。
　(イ)　体は、思春期になると次第に大人の体に近づき、②体つきが変わったり、初経、精通などが起こったりすること。また、③心と体には、密接な関係があること。
　(ウ)　体をよりよく発育・発達させるには、④適切な運動、食事、休養及び睡眠が必要であること。

イ　体がよりよく発育・発達するために、課題を見付け、⑤その解決に向けて考え、それを表現すること。

(2) 次の文は、「中学校学習指導要領」（平成29年3月　文部科学省）「第7節　保健体育　第2　各学年の目標及び内容〔保健分野〕1　目標」についての記述である。文中の(　　)にあてはまる適切なものを①～⑤から選び、番号で答えよ。

1　目標
　(1)　個人生活における健康・安全について理解するとともに、基本的な技能を身に付けるようにする。
　(2)　健康についての自他の課題を発見し、よりよい解決に向けて思考し判断するとともに、(　　)。
　(3)　生涯を通じて心身の健康の保持増進を目指し、明るく豊かな生活を営む態度を養う。

①　傷害の防止について理解を深める

② 他者に伝える力を養う

③ 危険の予測やその回避の方法を考える

④ 心身の機能の発達と心の健康について理解を深める

⑤ 欲求やストレスに適切に対処する

| 2024年度 | 神戸市 | 難易度 ■■■■■■■■■■

【18】次の記述は,「中学校学習指導要領(平成29年告示)第2章　各教科　第7節　保健体育　第2　各学年の目標及び内容〔保健分野〕」の一部である。空欄[1]~[3]に当てはまる最も適切なものを,以下の①~⑨のうちから選びなさい。

2　内容

(略)

(2)　心身の機能の発達と心の健康について,課題を発見し,その解決を目指した活動を通して,次の事項を身に付けることができるよう指導する。

ア　心身の機能の発達と心の健康について理解を深めるとともに,ストレスへの対処をすること。

(ア)　身体には,多くの器官が発育し,それに伴い,様々な機能が発達する時期があること。また,発育・発達の時期やその程度には,[1]があること。

(イ)　思春期には,内分泌の働きによって生殖に関わる機能が成熟すること。また,成熟に伴う変化に対応した適切な行動が必要となること。

(ウ)　知的機能,情意機能,社会性などの精神機能は,生活経験などの影響を受けて発達すること。また,思春期においては,自己の認識が深まり,[2]がなされること。

(エ)　精神と身体は,相互に影響を与え,関わっていること。[3]やストレスは,心身に影響を与えることがあること。また,心の健康を保つには,[3]やストレスに適切に対処する必要があること。

---

① 個人差　　② 遺伝的要因　　③ 環境　　④ 標準
⑤ 自己形成　　⑥ 葛藤　　　　⑦ 欲求　　⑧ 差別化
⑨ 自己評価

2024年度 | 神奈川県・横浜市・川崎市・相模原市 | 難易度■■■■■□

【19】次の問1〜問3の各問いに答えなさい。

　問1　次の文章は，小学校学習指導要領(平成29年3月告示)の「第2章
　　各教科　第9節　体育　第2　各学年の目標及び内容〔第5学年及び
　　第6学年〕　2　内容　G　保健」の一部である。(①)〜(④)
　　にあてはまる語句の組み合わせとして正しいものを，以下の1〜5の
　　中から一つ選びなさい。なお，同じ番号の(　　)には同じ語句が入
　　る。

　　G　保健
　　(1)　心の健康について，課題を見付け，その解決を目指し
　　　た活動を通して，次の事項を身に付けることができるよ
　　　う指導する。
　　　ア　心の発達及び不安や悩みへの対処について理解する
　　　　とともに，簡単な対処をすること。
　　　　(ア)　心は，いろいろな(①)経験を通して，年齢に
　　　　　伴って発達すること。
　　　　(イ)　心と体には，密接な関係があること。
　　　　(ウ)　不安や悩みへの対処には，大人や友達に相談する，
　　　　　仲間と遊ぶ，(②)をするなどいろいろな方法が
　　　　　あること。
　　　イ　心の健康について，課題を見付け，その解決に向け
　　　　て思考し判断するとともに，それらを(③)するこ
　　　　と。
　　(2)　けがの防止について，課題を見付け，その解決を目指
　　　した活動を通して，次の事項を身に付けることができる
　　　よう指導する。
　　　ア　けがの防止に関する次の事項を理解するとともに，
　　　　けがなどの簡単な手当をすること。

(ｱ) (④)や身の回りの(①)の危険が原因となっ
　て起こるけがの防止には，周囲の危険に気付くこと，
　的確な判断の下に安全に行動すること，環境を安全
　に整えることが必要であること。
(ｲ) けがなどの簡単な手当は，速やかに行う必要があ
　ること。
イ けがを防止するために，危険の予測や回避の方法を
　考え，それらを(③)すること。

1 ① 学習 ② 運動 ③ 実践 ④ 災害
2 ① 学習 ② 食事 ③ 実践 ④ 交通事故
3 ① 生活 ② 運動 ③ 実践 ④ 交通事故
4 ① 生活 ② 運動 ③ 表現 ④ 交通事故
5 ① 生活 ② 食事 ③ 表現 ④ 災害

問2 次の文章は，中学校学習指導要領(平成29年3月告示)の「第2章
各教科 第7節 保健体育〔保健分野〕 2 内容」の一部である。
(①)～(④)にあてはまる語句の組み合わせとして正しいも
のを，以下の1～5の中から一つ選びなさい。

(1) 略
(2) 心身の機能の発達と心の健康について，課題を発見し，
　その解決を目指した活動を通して，次の事項を身に付ける
　ことができるよう指導する。
ア 心身の機能の発達と心の健康について理解を深めると
　ともに，ストレスへの対処をすること。
(ｱ) 身体には，多くの(①)が発育し，それに伴い，
　様々な機能が発達する時期があること。また，発育・
　発達の時期やその程度には，(②)があること。
(ｲ) 思春期には，(③)によって生殖に関わる機能が
　成熟すること。また，成熟に伴う変化に対応した適切
　な行動が必要となること。
(ｳ) 知的機能，(④)，社会性などの精神機能は，生
　活経験などの影響を受けて発達すること。また，思春

> 期においては，自己の認識が深まり，自己形成がなされること。

1　① 技能　　② 個人差　　③ 適切な運動
　　④ 情意機能
2　① 器官　　② 個人差　　③ 内分泌の働き
　　④ 情意機能
3　① 技能　　② 環境要因　③ 適切な運動
　　④ 欲求
4　① 器官　　② 個人差　　③ 内分泌の働き
　　④ 欲求
5　① 器官　　② 環境要因　③ 適切な運動
　　④ 情意機能

問3　次の文章は，高等学校学習指導要領(平成30年3月告示)「第2章　各学科に共通する各教科　第6節　保健体育　第2款　各科目　第2　保健　1　目標」の一部である。(①)～(④)にあてはまる語句の組み合わせとして正しいものを，以下の1～5の中から一つ選びなさい。

> (①)を働かせ，合理的，計画的な解決に向けた学習過程を通して，生涯を通じて人々が自らの健康や環境を適切に管理し，改善していくための資質・能力を次のとおり育成する。
> (1)　個人及び(②)における健康・安全について理解を深めるとともに，技能を身に付けるようにする。
> (2)　健康についての自他や社会の課題を発見し，合理的，計画的な解決に向けて思考し判断するとともに，目的や状況に応じて(③)力を養う。
> (3)　生涯を通じて自他の健康の保持増進やそれを支える(④)を目指し，明るく豊かで活力ある生活を営む態度を養う。

1　① 健康の考え方　　② 社会生活
　　③ 意思決定　　　　④ 安全な社会づくり

```
2  ①  保健の見方・考え方    ②  社会生活
   ③  意思決定            ④  環境づくり
3  ①  健康の考え方        ②  国民
   ③  意思決定            ④  環境づくり
4  ①  健康の考え方        ②  国民
   ③  他者に伝える        ④  安全な社会づくり
5  ①  保健の見方・考え方    ②  社会生活
   ③  他者に伝える        ④  環境づくり
```

┃2024年度┃ 鳥取県 ┃難易度┃■■■■■□

【20】次は，高等学校学習指導要領(平成30年告示)解説　保健体育編　体育編「第2章　保健体育科の目標及び内容　第2節　各科目の目標及び内容「保健」3　内容」の一部です。(①)～(④)に入る語句の組み合わせとして正しいものを，以下の1～4の中から1つ選びなさい。

ア　知識

　(ア)　健康の考え方

　　⑦　国民の健康課題

　　　国民の健康課題について，我が国の死亡率，受療率，平均寿命，(①)など各種の指標や疾病構造の変化を通して理解できるようにする。その際，(②)，生活習慣病，感染症，精神疾患及び少子高齢社会における健康課題等があることについて触れるようにする。また，健康水準，及び疾病構造の変化には，(③)，及び(④)を含む社会の状況が関わっていることについて理解できるようにする。

```
1  ①  平均余命    ②  がん    ③  科学技術の発達
   ④  生活習慣や人口構成
2  ①  健康寿命    ②  脳卒中  ③  医療機器の進歩
   ④  生活習慣や人口構成
3  ①  健康寿命    ②  がん    ③  科学技術の発達
   ④  生活様式や労働形態
```

4 ① 平均余命 ② 脳卒中 ③ 医療機器の進歩
④ 生活様式や労働形態

┃**2024年度**┃ 埼玉県・さいたま市 ┃難易度 ▮▮▮▮▮▮▯┃

解答・解説

【1】(1) ア ③ イ ⑤ ウ ⑥ (2) ①, ③ (3) ①, ②, ④

○**解説**○ (1) 今回の学習指導要領改訂において「保健の見方・考え方」については，生涯にわたり健康を保持増進する観点を踏まえて整理された。小学校における保健領域の内容が，「健康な生活」，「体の発育・発達」，「心の健康」，「けがの防止」，「病気の予防」であることも踏まえながら，適切な選択肢を判断するとよい。 (2) ① 「傷害の防止」の単元は，傷害の防止に関する知識及び応急手当の技能と，障害の防止に関する課題を解決するための思考力，判断力，表現力等で構成されている。今回の中学校学習指導要領(平成29年告示)においては，保健分野において新たに，「ストレスへの対処」についての技能と，「心肺蘇生法などの応急手当」の技能が，それぞれ明確に示された。③ 下線部分は「安全な行動」である。「交通事故などによる傷害の防止」においては，人的要因に対しては安全に行動すること，環境要因に対しては道路などの交通環境などの整備，改善をすることを，主な指導内容としている。 (3) ③ 保健分野の授業時数は，3学年間で48単位時間程度配当することが示されている。 ⑤ 保健分野の授業時数は，3学年間を通じて適切に配当し，各学年において効果的な学習が行われるよう考慮して配当することが示されている。「原則として入学年次及びその次の年次の2か年にわたり履修させること」とされているのは，高等学校である。

【2】②

○**解説**○ (1) イ 第3学年及び4学年の内容である。「体の発育・発達」

については，体の発育・発達，思春期の体の変化，体をよりよく発育・発達させるための生活などの知識と，それに関する課題を見付け，解決するための思考力，判断力，表現力等を中心に構成されている。
ウ　第5学年及び第6学年の内容である。「心の健康」については，心の発達，心と体との密接な関係，不安や悩みへの対処などの知識や技能と，それに関する課題を見付け，解決するための思考力，判断力，表現力等を中心に構成されている。

【3】・心や体の調子がよいなどの健康の状態は，主体の要因や周囲の環境の要因が関わっていること。　　・毎日を健康に過ごすには，運動，食事，休養及び睡眠の調和のとれた生活を続けること，また，体の清潔を保つことなどが必要であること。　　・毎日を健康に過ごすには，明るさの調節，換気などの生活環境を整えることなどが必要であること。
○解説○　小学校では第3学年から初めて保健領域の単元を学習する。(1)健康な生活ア健康な生活では，(ア)健康な生活(イ)1日の生活の仕方(ウ)身の回りの環境について学習を行う。ここでは，健康の大切さを認識し，毎日の生活に関心を持たせるために，児童が自分の生活を見直しながら学習を進めていく。健康に過ごすためにできることを考え，それらを主体の要因と環境要因に分けて学習し，運動，食事，休養，睡眠や体の清潔などの日常生活，生活環境を整えることが健康を保持増進させることを学習する。

【4】1　(1)　d　　(2)　a　　2　(1)　e　　(2)　c
○解説○　1　学習指導要領の改訂により，小学校から高等学校の内容を踏まえた系統性のある指導が想定されている。「健康な生活と疾病の予防」は小学校の「健康な生活」から高等学校の「現代社会と健康」，一部は「健康を支える環境づくり」へとつながっている。保健の内容はおおむね同じ内容を繰り返し学習するのも特徴であり，それぞれの発達の段階に応じて指導を工夫することが求められている。目標は確かな学力，健やかな体，豊かな心を総合的に捉えて構造化した育成すべき資質・能力である「知識及び技能」，「思考力，判断力，表現力等」，

「学びに向かう力，人間性等」の3本の柱に沿って立てられている。「心身の機能の発達と心の健康」の中のストレスへの適切な対処を学ぶ際に，「A　体つくり運動」のなかの「体ほぐし運動」が体育分野と関連する。効率的に学習が進むだけでなく，心と身体の関係に改めて気がつくことができ，学習が一層深まることが期待される。また，「傷害の防止」では自然災害での傷害の防止という観点で，水難事故と水泳を関連させての学習が考えられる。　2「心の健康」では人との関わりなどさまざまな生活経験や学習を通して発達する心についてまず学習する。感情のコントロールや他者の気持ちの理解は，人との関わり，あるいは自然とのふれあいなど様々な生活経験や学習を通して，成長とともに可能になる。カウンセラーとの関わりも大切ではあるが，この単元で学ぶのはより良いコミュニケーションの大切さについてである。不安や悩みは誰もが持つ感情であり，その感情への向き合い方を学ぶ単元である。不安や悩みの対処法として，自分に合った方法で対処できることを理解する。呼吸法はいつでもどこでも取り組めるリラクセーション法の一つである。他に筋弛緩法や体ほぐし運動などもストレス反応の軽減に効果がある。

【5】①

○**解説**○ (1) ウ 「児童相談所」ではなく，「保健センター」が正しい。学習指導要領には，「(カ)健康の保持増進や疾病の予防のためには，個人や社会の取組が重要であり，保健・医療機関を有効に利用することが必要であること。また，医薬品は，正しく使用すること」と記載されている。また，児童相談所は，市町村と適切な役割分担・連携を図りつつ，子どもに関する家庭その他からの相談に応じ，子どもが有する問題又は子どもの真のニーズ，子どもの置かれた環境の状況等を的確に捉え，個々の子どもや家庭に最も効果的な援助を行い，子どもの福祉を図るとともに，その権利を擁護することを主たる目的とした行政機関である。

【6】①

○**解説**○ 中学校学習指導要領 第5章 第2〔学級活動〕1　目標に掲げる資

質・能力を育成するため，全ての学年において，(1)学級や学校における生活づくりへの参画，(2)日常の生活や学習への適応と自己の成長及び健康安全，(3)一人一人のキャリア形成と自己実現，の各活動を通し，それぞれの活動の意義及び活動を行う上で必要となることについて理解し，主体的に考えて実践できるよう指導することに努めたい。本設問は，(2)日常の生活や学習への適応と自己の成長及び健康安全の「オ　食育の観点を踏まえた学校給食と望ましい食習慣の形成」の内容である。学習指導要領の目標やその内容については，保健体育に限らず特別活動も保健指導の根拠となるので，関連性をとらえながら読み込んでおくとよい。

【7】1　e　　2　b

○**解説**○　1　①　中学校学習指導要領(平成29年告示)総則の中で，体育・健康の関する指導を通して，健康で安全な生活と豊かなスポーツライフの実現を目指した教育の充実に努めることを示した事項である。②・③　心身の調和的発達を図るためには，運動を通して体力を養うこととともに，食育の推進を通して望ましい食習慣を身に付けるなど，健康的な生活習慣を形成することが必要である。　④　指導に当たっては，学校生活はもちろんのこと，家庭や地域社会における日常生活においても，生涯を通じて健康・安全で活力ある生活を送るための基礎が培われるよう配慮することが大切である。　2　①〜③　1で提示された学習指導要領　総則の体育・健康に関する指導事項についての解説文の一部である。学習指導要領前文の冒頭には，教育は教育基本法第1条に定める目的の下，同法第2条に掲げる目標を達成するよう行われなければならないことが示されている。その教育基本法第2条第1項には，「幅広い知識と教養を身に付け，真理を求める態度を養い，豊かな情操と道徳心を培うとともに，『健やかな身体を養う』こと。」と示されている。　④　情報化社会の進展によって情報の入手が容易になっていることから，大切なのは，情報を「正しく」選択して，適切に行動できるようにすることである。

【8】(1) ① カ ② ソ ③ ウ ④ イ ⑤ セ ⑥ ケ
⑦ ク ⑧ シ (2) 梅毒

○**解説**○ (1) ① 感染症は，空気や水などの環境中に存在する細菌やウ
イルスなどの病原体が，人の体に入り感染して起こる病気である。
② 適切な対策を講じることで，感染のリスクは軽減される。 ③
感染性胃腸炎を引き起こす感染症としては，ノロウイルスやロタウイ
ルスなどがある。 ④ 感染症を引き起こす主な病原体は，細菌とウ
イルスである。 ⑤・⑥ 感染症に感染するのは，温度，湿度などの
自然環境，住居，交通などの社会環境と，主体である人の抵抗力や栄
養状態などの条件によってもたらされることを理解する必要がある。
⑦ 病原体によって，空気感染，飛沫感染，接触感染などの感染経路
が異なっている。 ⑧ 近年，青少年の性感染症の罹患率は高止まり
となっており，社会問題となっている。 (2) 梅毒は，男性では20代
〜50代，女性は20代において感染が増えている。現代的な健康課題と
して，全国の流行状況を把握する必要がある。厚生労働省「性感染症
予防啓発リーフレット」(平成28年度)等，各省庁が発表している最新
の情報や報告・通知について確認しておくこと。

【9】(1) ① ツ ② イ ③ エ ④ ソ ⑤ チ
⑥ ケ (2) ① 社会 ② 総合的

○**解説**○ (1) 精神疾患を含む心の健康は日本において重要な健康課題と
位置付けられており，高等学校学習指導要領(平成30年改訂)保健体育
の「第2 保健」「(1)現代社会と健康」において，「精神疾患の予防と
回復」が新しく示され，精神と健康の内容の改善が図られた。このこ
とは，現代における健康課題への対応として大きな変化であるので，
押さえておきたい。心理，生物，社会的な面から精神疾患を見たてる
枠組みは，ジョージ・エンゲルが提唱した生物・心理・社会モデルに
基づいている。 (2) 身近な生活における健康・安全に関する基礎的
な内容を「実践的」に学ぶ小学校，個人生活における健康・安全に関
する内容を「科学的」に学ぶ中学校を踏まえ，高等学校では，個人生
活のみならず社会生活との関わりを含めた健康・安全に関する内容を
「総合的」に学ぶことを通して，生涯を通じて健康や安全の課題に適

切に対応できるようにすることを目指している。小学校から高等学校までは概ね同様の内容でありながら，系統的・発展的に学習する保健学習の特徴を表している。

【10】4

○**解説**○ 小学校学習指導要領　「病気の予防」の単元についての出題である。(ア)はこの単元で身に付けさせる知識について示しており，感染症や生活習慣病，喫煙，飲酒，薬物乱用，地域の保健活動について実践的に学ぶことが示されている。

【11】4

○**解説**○ ③　正しくは，「その意義」である。心肺蘇生法を含めた応急手当については現行の学習指導要領より実技を行うことが明示されており，迅速かつ適切な手当は傷害の悪化を防止できることを理解できるようにすることが示されている。　④　正しくは「科学的な事実や法則」である。保健学習については，身近な生活について実践的に学ぶ小学校，科学的に自身の生活について捉える中学校，そして個人にとどまらず社会生活の健康について総合的に学びを深める高等学校と，小学校から高等学校までは概ね同様の内容でありながら系統的・発展的に学習を重ねることが示されている。

【12】(1)　①　キ　　②　コ　　③　イ　　(2)　ア　　(3)　ア
(4)　エ

○**解説**○ (1)　①　「心身の機能の発達と心の健康」は小学校の「体の発育・発達」及び「心の健康」から連続する単元である。心身の健康について，より科学的に事象を捉え，健康の保持増進につなげられるように指導する。思考力，判断力，表現力等とは，得た基礎知識をもとに自分なりの考えを加えたり，情報について判断し，考えたことを他者に伝えたりする力のことである。　(2)　「心身の機能の発達と心の健康」では，心の健康について精神と身体が相互に影響を与え合っていること，欲求やストレスに対処することなどを学ぶ。欲求への対処法として呼吸法や体ほぐし運動などがあることを学ぶ。　(3)　小学校で

学ぶ「心の健康」で身に付けるべき内容としてはアの不安や悩みへの対処方法がある。残りの選択肢は，小学校で学ぶ「心の健康」を踏まえて中学校「心身の機能の発達と心の健康」や特別活動(学級活動)で身に付ける内容である。　(4)　中学校の「傷害の防止」では迅速かつ適切な応急手当は傷害の悪化を防止することについてAEDを含む心肺蘇生法の方法等を学ぶ。残りの選択肢は高等学校「安全な社会生活」で学ぶ知識・技能である。

【13】(1)　①　教育活動全体　　②　食育　　③　活力　　(2)　①　ガイダンス　　②　カウンセリング
○解説○ (1)　体育・健康に関する指導については，教育活動全体で行うこと，平成29年・30年の学習指導要領改訂で着目されている食育の推進，生涯を通じて健康・安全で活力ある生活をしっかり覚えておくことが大事である。　(2)　生徒の発達の支援は，全体及び個々の生徒の特性や発達課題を十分把握した上で良好な人間関係を築きながら教育活動を進めるために必要なキーワードである。　①　全体へ学習の見通しをもたせるための説明は，ガイダンスという。　②　個に応じた指導をきめ細かく行うのは，カウンセリングという。両者の違いをしっかり覚えておきたい。

【14】1　⑦　　2　⑨　　3　②　　4　⑥　　5　③
○解説○ 中学校3年間で学習する保健領域の内容は「健康な生活と疾病の予防」，「心身の機能の発達と心の健康」，「傷害の防止」，「健康と環境」で構成されている。本出題文は「心身の機能の発達と心の健康」の内容である。学習指導要領において各教科の目標は，「知識・技能」，「思考力・判断力・表現力等」，「学びに向かう力・人間性等」の育成を目指す3つの資質・能力で構成されており，各内容もこれと対応している。ア　心身の機能の発達と心の健康は，この資質・能力のうち「知識・技能」に対応している。本内容では，中学校の生徒の心身の発達に合わせて，年齢に伴って身体が発育し，機能が発達することを呼吸器，循環器を中心に取り扱い，発育・発達の個人差，思春期には生殖に関わる機能が成熟し，精神的には自己形成の時期であること，

精神と身体は互いに影響し合うこと，心の健康を保つには欲求やストレスに適切に対処することなどの知識及びストレスへの対処の技能を中心に構成している。

【15】(1) ア g　イ c　ウ h　エ i　オ n　カ o　キ a　(2) ピロリ菌(ヘリコバクター・ピロリ)　(3) インフォームド・コンセント(「説明と同意」)

○**解説**○ 高等学校学習指導要領解説保健体育編体育編(平成30年7月)における「保健」の「内容」の「現代社会と健康」「(ウ)生活習慣病などの予防と回復」に関する解説からの出題である。　ア　日本のがんによる死亡数は，肺がん，大腸がん，胃がん，膵臓，肝臓の順に多くなっている。示された3つのがんは，日本における代表的ながんと言える。　イ　現在行われているがんの主な治療法としては，手術療法，放射線療法，化学療法，免疫療法がある。近年は化学療法や放射線療法が進歩し，がんの種類やステージによっては，手術と変わらない効果が認められるようになってきている。　ウ・エ　緩和ケアとは，「生命を脅かす病に関連する問題に直面している患者とその家族の生活の質(QOL)を，痛みやその他の身体的・心理社会的・スピリチュアルな問題を早期に見出し的確に評価を行い対応することで，苦痛を予防し和らげることを通して向上させるアプローチである」と，世界保健機関において定義されている。緩和ケアは，がん患者ががんと診断されたときから始められている。　オ～キ　「(ウ)生活習慣病などの予防と回復」の内容は，「健康の保持増進と生活習慣病などの予防と回復には，運動，食事，休養及び睡眠の調和のとれた生活の実践や疾病の早期発見，及び社会的な対策が必要であること」が，指導内容として示されている。　(2)　ヘリコバクター・ピロリ(ピロリ菌)が胃の粘膜に感染して胃炎を引き起こし，感染が長く続くと，胃粘膜に慢性的に胃炎が起こっている状態になり，遺伝子異常を起こして，胃がんになると考えられている。胃がんの原因の99％は，ピロリ菌の感染が関係していると言われている。　(3)　がんの治療法は，患者が医師から治療の目的や内容，方法などについて十分説明を受けて理解し，よく相談した上で選択，決定していくことが重要である。がん治療においてインフ

ォームド・コンセントは重要であり，医師が十分な説明をした上で，患者の同意に基づいて治療方針が決定される。治療方針は医師によって異なる場合もあり，別の医師の意見を聞きたいときには，セカンド・オピニオンという仕組みを利用することもできる。

【16】問1　① キ　② サ　③ ソ　④ チ　⑤ イ　⑥ コ　⑦ ク　問2　(1)　受精・妊娠　(2)　妊娠の経過

○**解説**○ 問1　心身の機能の発達と心の健康では，健康の保持増進を図るための基礎として，心身の機能は生活経験などの影響を受けながら年齢とともに発達することについて理解できるようにする。また，これらの発達の仕方とともに，心の健康を保持増進する方法についても理解できるようにするとともに，ストレスへの対処ができるようにするという目標がある。さらに，心身の機能の発達と心の健康に関する課題を発見し，その解決に向けて思考し判断するとともに，それらを表現することができるようにすることが必要である。このため，本内容は，年齢に伴って身体の各器官が発育し，機能が発達することを呼吸器，循環器を中心に取り上げるとともに，発育・発達の時期や程度には個人差があること，また，思春期は，身体的には生殖に関わる機能が成熟し，精神的には自己形成の時期であること，さらに，精神と身体は互いに影響し合うこと，心の健康を保つには欲求やストレスに適切に対処することなどの知識及びストレスへの対処の技能と，心身の機能の発達と心の健康に関する課題を解決するための思考力，判断力，表現力等を中心として構成している。問2　同解説では，「内容の(2)のアの(イ)については，妊娠や出産が可能となるような成熟が始まるという観点から，受精・妊娠を取り扱うものとし，妊娠の経過は取り扱わないものとする。また，身体の機能の成熟とともに，性衝動が生じたり，異性への関心が高まったりすることなどから，異性の尊重，情報への適切な対処や行動の選択が必要となることについて取り扱うものとする。」と示している。

【17】(1)　③　(2)　②

○**解説**○ (1)　主に小学校第4学年で学習する「体の発育・発達」に関す

る出題である。この単元では成長過程にある児童が第二次性徴について学び，より良い発育・発達のための生活を送ることができるようにする単元である。③の「心と体には，密接な関係がある」ことという部分は，第5学年で学習する「心の健康」の内容であり，正しくは「異性への関心が芽生える」ことである。　(2)　学習指導要領の改訂により，全ての教科で目標の表し方が資質・能力の三つの柱である「知識及び技能」「思考力，判断力，表現力等」「学びに向かう力，人間性等」に合わせて具体的に表されることとなった。「他者に伝える力」は，体育分野の目標(2)及び小学校体育科の目標(2)にも示されており，改訂された学習指導要領の中でも，思考力，判断力，表現力等において育成する力として重要視されているものである。

【18】1　①　　2　⑤　　3　⑦
○**解説**○ 中学校保健体育の「心身の機能の発達と心の健康(第1学年)」から知識及び技能についての出題である。心の健康について精神と身体が相互に影響を与え合っていること，欲求やストレスに対処することなどを学ぶ。心の健康については小中高と積み重ねで学習するが，平成30年告示の高等学校学習指導要領では新たに「精神疾患の予防と回復」について盛り込まれたので併せて確認しておきたい。

【19】問1　4　　問2　2　　問3　5
○**解説**○ 問1　小学校・中学校学習指導要領(平成29年3月告示)及び高等学校学習指導要領(平成30年3月告示)では，教育課程全体を通して育成を目指す資質・能力が「知識及び技能」，「思考力，判断力，表現力等」，「学びに向かう力，人間性等」の3つの柱に整理されている。小学校学習指導要領〔小学校第5学年及び第6学年〕の「保健」は「心の健康」，「けがの防止」，「病気の予防」で構成されており，問題文の(1)は「心の健康」，(2)は「けがの防止」の内容で，それぞれアは「知識及び技能」について，イは「思考力，判断力，表現力等」についての指導事項である。　問2　主に中学1年生で学習される「心身の機能の発達と心の健康」の分野からの出題である。小学校で，心と体が相互に影響し合っていることを学んだ上で，さらに生活体験などの影響を受けな

がら年齢とともに発達することについて学びを深めることとされている。小学校で身近な生活における健康について学び，中学校では個人生活における健康について理解を深め，続く高等学校ではその学びをさらに科学的に思考し，判断し，表現できるようになることを目指している。　問3　問題文中の(2)は，思考力，判断力，表現力等についての目標で，平成30年3月の改訂時に新たに示されたものである。筋道を立てて他者に伝える論理的思考は，学習指導要領に関する出題でよく触れられているので，ポイントとして押さえておきたい。

【20】3

○**解説**○　「現代社会と健康」の単元についての出題である。健康課題や健康の考え方は，疾病構造や社会の変化に対して変化するものであり，さまざまな健康への対策や健康増進のあり方が求められている。健康の保持増進をするために，一人一人が健康について認識を持ち，自らの健康を管理することと，環境を整えることの重要さを理解できるようにすることが示されている。

答申・報告・語句

【1】「学校安全資料『生きる力』をはぐくむ学校での安全教育」(平成31年3月　文部科学省)では，事故等発生時における児童生徒等への対応の在り方等が示されている。次の文章を読み，以下の各問いに答えなさい。

> 第4章　第1節　事故等発生時における心のケア
> 2　事故等発生時における心のケアの基本的理解
> 　事故等発生時に求められる心のケアは，ストレスの種類や内容により異なるが，心のケアを適切に行うためには，児童生徒等に現れるストレス症状の特徴や基本的な対応を理解しておくことが必要である。

(1)　次の急性ストレス障害(ASD)に関する説明について，①～⑤に当てはまる症状名を答えなさい。

（　①　）
　・体験した出来事を繰り返し思い出し，悪夢を見たりする
　・体験した出来事が目の前で起きているかのような生々しい感覚がよみがえる(フラッシュバック)等

（　②　）
　・否定的，悲観的な感情に支配される

（　③　）
　・自分自身や周囲に現実感を得ることができない(ボーーっとする，時間の流れが遅い等)
　・トラウマとなる出来事の重要な部分が思い出せない

（　④　）
　・体験した出来事と関係するような話題などを避けようとする
　・人や物事への関心が薄らぎ，周囲と疎遠になる　等

（　⑤　）
　・よく眠れない，イライラする，怒りっぽくなる，落ち着かない，集中できない，極端な警戒心をもつ，ささいなことや小さな音

で驚く　等

(2)　次の①〜⑦は，事故等発生時におけるストレス症状を抱えた児童
生徒等に対する基本的な対応方法についての説明である。正しいも
のには〇，誤ったものには×で答えなさい。

①　ストレス症状を示す児童生徒等に対しては，ふだんと変わらな
い接し方を基本とし，声掛け等は極力行わずに見守ることが大切
である。

②　ストレスを受けたときに症状が現れるのは特別なことで，症状
はなかなか改善しないことを本人に伝えるが，一人で悩んだり孤
独感をもったりせずに済むようにする。

③　児童生徒等がなるべくふだんと変わりない環境で安心して学校
生活が送れるようにすることで，児童生徒等に落ち着きと安全感
を取り戻させることが大切である。

④　災害などの場合は，学級活動(ホームルーム活動)等において心
のケアに関する保健指導を実施する。強いストレスを受けたとき
に起こる心や体の変化，ストレスの対処方法(誰かに相談する，
おしゃべりする，話を聞いてもらう，身体を動かす等)等につい
て発達の段階に応じて指導し，心が傷ついたりしたときどのよう
に対処したらよいかについて理解できるようにする。

⑤　保護者に対しては，ストレス症状についての知識を提供すると
ともに，学校と家庭での様子が大きく異なることはまれであるた
め，緊密に連絡を取り合うなどの行動はしないようにする。

⑥　ストレス症状に，心理的退行現象と呼ばれる一時的な幼児返り
(幼児のように母親に甘えるなど)が認められることがあるが，回
復過程の一段階として経過観察することが基本である。

⑦　症状からADSやPTSDが疑われる場合には，児童精神科医など
の専門医を受診する必要がある。学校医等の関係者と相談の上，
受診を勧め，専門医を紹介するなど適切な支援を行う。

┃2024年度┃長野県┃難易度

【2】次の文章は，「性犯罪・性暴力対策の強化の方針の決定について(通
知)(令和2年6月12日　文部科学省)　学校等における教育や啓発の内容

の充実」の記載内容の一部である。文中の下線部が適切でないものを，次の①～⑤の中から一つ選べ。

① 幼児期や小学校低学年で，被害に気付き予防できるよう，自分の身を守ることの重要性や嫌なことをされたら訴えることの必要性を幼児児童に教える。

② 小学校や中学校で，不審者等に付いていかないなど，性犯罪も含む犯罪被害に遭わないための防犯指導を行う。

③ 小学校高学年や中学校で，SNS等で知り合った人に会うことや，自分の裸の写真を撮る・撮らせる・送る・送らせることによる犯罪被害を含む危険や，被害に遭った場合の対応などについて教える。

④ 小学校高学年や中学校で，いわゆる「デートDV」を教材として，親密な間柄でも，嫌なことは嫌と言う，相手が嫌と言うことはしない，という認識の醸成に向けた指導を行う。また，性被害に遭った場合の相談先(ワンストップ支援センター，警察等)についても周知する。

⑤ 高校や大学等入学時のオリエンテーションなどで，レイプドラッグの危険性や相手の酩酊状態に乗じた性的行為の問題，セクシュアルハラスメントなどを周知する。また，被害に遭った場合の対応(通報，証拠保全など)や相談窓口の周知も行う。

┃ 2024年度 ┃ 岐阜県 ┃ 難易度 ■■■□□

【3】次の文章は，「がん教育推進のための教材(平成28年4月　令和3年3月一部改訂　文部科学省)」の記載内容をまとめたものである。文章中の(A)～(E)に当てはまる数値や語句の組合せとして適切なものを，以下の①～⑤の中から一つ選べ。

> がんは，1981年から，日本人の死因の(A)となっています。
> がんの罹患率は，年齢が上がるにつれて増加していきます。生涯では，性別でみると，男性の方が女性より多くなっています。喫煙や過度の飲酒など，がんのリスクを高める生活習慣が男性に多いことが主な原因と考えられ，近年では(B)，胃がん，大腸がんが多く報告されています。
> しかし，子宮頸がんや乳がんが多い20歳代から　(C)歳代

前半までは，がんの罹患率は女性が男性よりやや高く，60歳代以降は男性が女性より顕著に高くなっています。

　がん治療の三つの柱として，手術療法，(D)療法，化学療法(抗がん剤など)が挙げられます。こうした治療と並行して，心と体の痛みを和らげる「緩和ケア」も行われます。

　がんの治療法は，患者が医師から治療の目的や内容，方法などについて十分説明を受けて理解し，よく相談した上で選択，決定していくことが重要です。がん治療において(E)は重要であり，医師が十分な説明をした上で，患者の同意に基づいて治療方針が決定されます。

	A	B	C	D	E
①	第1位	肝臓がん	６０	放射線	セカンド・オピニオン
②	第2位	肝臓がん	５０	食事	インフォームド・コンセント
③	第1位	前立腺がん	６０	食事	セカンド・オピニオン
④	第2位	肝臓がん	６０	放射線	インフォームド・コンセント
⑤	第1位	前立腺がん	５０	放射線	インフォームド・コンセント

2024年度 ‖ 岐阜県 ‖ 難易度

【4】下線部ア〜オのうち，「GIGAスクール構想の下で整備された1人1台端末の積極的な利活用等について(通知)(令和3年3月12日　文部科学省初等中等教育局長)　ICTの活用に当たっての児童生徒の目の健康などに関する配慮事項」の記載内容の一部として適切でないものの数を，以下の①〜⑤の中から一つ選べ。

・　端末を使用する際に良い姿勢を保ち，机と椅子の高さを正しく合わせて，目と端末の画面との距離を ア30㎝以上離すようにすること(目と画面の距離は長ければ長い方がよい)。

・　長時間にわたって継続して画面を見ないよう，イ60分に1回は，ウ10秒以上，画面から目を離して，遠くを見るなどして目を休めることとし，端末を見続ける一度の学習活動が長くならないようにすること。

> ・　睡眠前に強い光を浴びると，入眠作用があるホルモン
> 　「ドーパミン」の分泌が阻害され寝つきが悪くなることから，
> 　エ
> 　就寝1時間前からはICT機器の利用を控えるようにすること。
>
> (略)
>
> ・　心身への影響が生じないよう，日常観察や学校健診等を通
> して，学校医とも連携の上，児童生徒の状況を確認するよう
> 努めること。必要に応じて，睡眠時間の変化，眼精疲労，
> ドライアイや視力低下の有無やその程度など心身の状況につ
> オ
> いて，児童生徒にアンケート調査を行うことも検討すること。
> その際，家庭でのICT機器使用状況についても併せて調査を行
> い，過度の使用がないか児童生徒自身が確認することも考え
> られること。

① 1つ　　② 2つ　　③ 3つ　　④ 4つ　　⑤ 5つ

┃2024年度┃岐阜県┃難易度▰▰▱▱▱

【5】「学校における薬品管理マニュアル」(平成21年7月　日本学校保健
会)に示されている一般用医薬品及び医療用医薬品の取扱いについて，
次の(1)，(2)に答えなさい。

(1)　次の文は，学校に一般用医薬品を置く場合の保管・管理上の注意
点について述べたものの一部である。(①)～(④)に適する
語句を書きなさい。

> ・　一般用医薬品には使用期限の表示がありますが，その期限
> は(①)の期限です。
> ・　一般用医薬品の保管は，(②)を避け，温度・湿度に注
> 意し，使用状況に応じ(③)して保管してください。
> ・　一般用医薬品管理簿は，あくまでも一般用医薬品の管理に
> 使用するもので，使用した児童生徒や使用量等については，
> (④)などに記録しておくことが大切です。

(2)　次の文は，学校における医療用医薬品の使用について述べたもの
である。以下の①～③に答えなさい。

　教職員が児童生徒に医療用医薬品を使用する行為は，医行為に当たるので行うことはできません。しかし，児童生徒が，A3つの条件を満たしており，事前の保護者の具体的な依頼に基づき，医師の処方を受け，あらかじめ（　a　）等により授与された医薬品について，医師又は歯科医師の処方及び薬剤師の（　b　）の上であれば，B医薬品の使用の（　c　）が可能です。

① 　（　a　）～（　c　）に適する語句を書きなさい。

② 　下線部Aについて，「医師又は看護職員による連続的な容態の経過観察が必要ではないこと」以外の2つを簡潔に書きなさい。

③ 　下線部Bについて，「医師法第17条，歯科医師法第17条及び保健師助産師看護師法第31条の解釈について(通知)」(平成17年7月厚生労働省医政局長通知)に示されている「医行為ではないと考えられるもの」を「皮膚への軟膏の塗布」以外に3つ書きなさい。

▌2024年度▐ 青森県 ▌難易度 ▌█ ████ ▐

【6】次の文は，「がん教育推進のための教材」(令和3年3月一部改訂　文部科学省)「1　がんという病気」からの抜粋である。文中の[　1　]～[　8　]に当てはまる語句として正しいものを①～⓪の中からそれぞれ一つ選びなさい。

(2)　がんの主な要因

　[　1　]のがんの約50%，[　2　]のがんの約30%は，[　3　]や大量の[　4　]，不適切な食事，[　5　]不足といった[　6　]や，細菌・ウイルスなどの感染が要因と考えられています。がんには，原因がわかっていないものも多く，まれに[　7　]が関与しているものもあり，がんになった人が皆，[　6　]を原因とするわけではありません。望ましい[　6　]を送ることにより，がんにかかる[　8　]を減らすことができます。また，少数ですが，子供がかかるがんもあります。小児がんは，[　6　]が原因となるものではありません。がんについては，その原因の解明や，予防や治療の方法などの研究が進められています。

① 　遺伝　　② 　飲酒　　③ 　運動　　④ 　ストレス

⑤ 　喫煙　　⑥ 　睡眠　　⑦ 　女性　　⑧ 　生活習慣

⑨　男性　　⓪　リスク

| 2024年度 | 三重県 | 難易度 ■■■□□ |

【7】「性犯罪・性暴力対策の強化の方針(令和2年6月11日)」を踏まえて文部科学省が作成した「生命(いのち)の安全教育指導の手引き」について，次の1，2の問いに答えなさい。

1　次の文は，趣旨を述べたものである。文中の(ア)〜(ウ)に当てはまる語句を，以下のa〜eの中からそれぞれ一つ選びなさい。ただし，( )の同じ記号には，同じ語句が入るものとする。

　　「性犯罪・性暴力対策の強化の方針」の「教育・啓発活動を通じた社会の意識改革と暴力予防」の一環として，子供を性暴力の(ア)にしないための「生命(いのち)の安全教育」を推進する。

　　性犯罪・性暴力を根絶していくためには，加害者にならない，被害者にならない，(イ)にならないための教育と啓発を行っていくことが必要である。そのためには，子供たちに，そして，社会に，①生命(いのち)の尊さや素晴らしさ，②自分を尊重し，大事にすること(被害者にならない)，③相手を尊重し，大事にすること(加害者にならない)，④一人一人が大事な存在であること((イ)にならない)というメッセージを，強力に発信し続けることが重要である。

　　性暴力の加害者，被害者，(イ)にさせないため，就学前の教育・保育を含め，学校等において，(ウ)の協力も得ながら，また，保護者等の理解を得ながら，「生命(いのち)の安全教育」を推進する。

ア
　　a　関係者　　b　指導者　　c　傍観者　　d　第三者
　　e　当事者

イ
　　a　関係者　　b　指導者　　c　傍観者　　d　第三者
　　e　当事者

ウ
　　a　地域の人材　　　　b　学識経験者　　　c　学校保健委員会
　　d　地域保健委員会　　e　医療機関

2　次の表は，「生命(いのち)の安全教育」の各段階におけるねらい(概要)を示したものである。表中の(　①　)～(　③　)に当てはまる語句を，以下のa～eの中からそれぞれ一つ選びなさい。ただし，(　)の同じ番号には，同じ語句が入るものとする。

発達段階		ねらい（概要）
小学校	低・中学年	（　①　）を大切にする態度を身に付けることができるようにする。また，性暴力の被害に遭ったとき等に，（　②　）力を身に付けることができるようにする。
	高学年	（　③　）を大切にすることを理解し，よりよい人間関係を構築する態度を身に付けることができるようにする。また，性暴力の被害に遭ったとき等に，（　②　）力を身に付けることができるようにする。
中学校		性暴力に関する正しい知識を持ち，性暴力が起きないようにするための考え方・態度を身に付けることができるようにする。また，性暴力が起きたとき等に，（　②　）力を身に付けることができるようにする。
高校		性暴力に関する現状を理解し，正しい知識を持つことができるようにする。また，性暴力が起きないようにするために自ら考え行動しようとする態度や，性暴力が起きたとき等に（　②　）力を身に付けることができるようにする。
特別支援教育		障害の状態や特性及び発達の状態等に応じて，個別指導を受けた被害・加害児童生徒等が，性暴力について正しく理解し，（　②　）力を身に付けることができるようにする。

①
a　自分　　　　　　　　b　自分と相手
c　自分と友だち　　　　d　自分と相手の心と体
e　自分と相手の体

②
a　耐えられる　　　　　b　反省する
c　無くすことができる　d　適切に対応する
e　距離をとれる

③
a　人と人との関係　　　b　人類
c　自分と友だち　　　　d　自分と相手の心と体
e　自分と相手の体

2024年度 ▎ 茨城県 ▎ 難易度

【8】次は，「生徒指導提要」(令和4年12月　文部科学省)に示されている「第8章　自殺　留意点」の一部です。(　① 　)～(　④ 　)に入る語句の組み合わせとして正しいものを，以下の1～4の中から1つ選びなさい。

> 　自殺予防を生徒指導の観点から捉えると，安全・安心な学校環境を整え，全ての児童生徒を対象に「未来を生きぬく力」を身に付けるように働きかける「命の教育」などは，(　① 　)的生徒指導と言えます。「SOSの出し方に関する教育を含む自殺予防教育」は課題未然防止教育として位置付けることができます。自殺予防教育の目標は，児童生徒が，自他の「(　② 　)力」と「(　③ 　)力」を身に付けることの二点です。さらに，教職員が自殺の危険が高まった児童生徒に早期に気付き関わる課題早期発見対応と，専門家と連携して危機介入を行うことにより水際で自殺を防いだり，自殺が起きてしまった後の心のケアを行ったりする(　④ 　)的生徒指導から，学校における自殺予防は成り立ちます。

1　①　発達支援　　②　心の危機に気付く　　③　相談する
　　④　困難課題対応
2　①　課題予防　　②　心の健康を増進する　　③　ストレス対応
　　④　困難課題対応
3　①　発達支援　　②　心の危機に気付く　　③　ストレス対応
　　④　危機対応
4　①　課題予防　　②　心の健康を増進する　　③　相談する
　　④　危機対応

| 2024年度 | 埼玉県・さいたま市 | 難易度 |

【9】次は，「がん教育推進のための教材(令和3年3月一部改訂)」(令和3年3月　文部科学省)の「2　我が国におけるがんの現状」をまとめたものです。(1)～(4)の内容の正誤の組み合わせとして正しいものを，以下の1～4の中から1つ選びなさい。

---

(1)　2018年では，「がん」は心疾患，脳血管疾患に次いで日本人の死因の第3位となっている。

(2)　現在，日本人の二人に一人は，一生のうちに何らかのがんにかかると推計されている。

(3)　日本人の死因の約5割はがんである。

(4)　がんの罹患率は，生涯では，性別で見ると，男性のほうが女性より多くなっている。

1　(1)　○　　　(2)　×　　　(3)　×　　　(4)　○
2　(1)　×　　　(2)　○　　　(3)　×　　　(4)　○
3　(1)　×　　　(2)　○　　　(3)　○　　　(4)　×
4　(1)　○　　　(2)　○　　　(3)　×　　　(4)　×

▌2024年度 ▌埼玉県・さいたま市 ▌難易度 ▌■■■■■□

【10】各問いに答えよ。

1　公益財団法人日本スポーツ協会が示している熱中症予防運動指針では，「暑さ指数が(　　)以上は，運動は原則中止」とされている。(　　)に当てはまる数字を答えよ。

2　思春期に多くみられ，自律神経系の不調からくる立ちくらみ，めまい，朝起き不良，頭痛などの症状が現れる状態(ODと呼ばれている)を何というか，漢字で答えよ。

3　災害や事件・事故などが契機としてPTSDとなった場合，それが発生した月日になると，いったん治まっていた症状が再燃することがある。このことを何というか，答えよ。

▌2024年度 ▌岡山県 ▌難易度 ▌■■■□□

解答・解説

【1】(1) ①　再体験症状(侵入症状)　②　陰性気分　③　解離症状
④　回避症状　⑤　過覚醒症状　(2) ①　×　②　×
③　○　④　○　⑤　×　⑥　○　⑦　○

○**解説**○ (1)　急性ストレス障害(ASD)は，自分の生命に関わるような出来事を経験し，精神的な衝撃を受けた後に生じるストレス症候群の一種で，症状の持続期間が1か月以内の場合をいう。1か月以上症状が持続した場合や，時間が経ってから症状が現れた場合は，心的外傷後ストレス障害(PTSD)と診断される。アメリカ精神医学会診断基準によると，急性ストレス障害の主な症状は，再体験症状，陰性気分，解離症状，回避症状，過覚醒症状の5つに区分されている。自然な回復を促すためには，原因となる環境から離れ，気持ちの整理をすることが大切である。　(2)　①　声掛けについては，「優しく穏やかな声掛けをするなど本人に安心感を与えることが大切である」と記述されている。②　ストレスを受けたときに症状が現れるのは「普通であること」であり，「症状は必ず和らいでいくことを本人に伝え」ることが記述されている。　⑤　学校と家庭での様子については，「大きく異なることがある」ため，「緊密に連絡を取り合うことが大切である」と記述されている。

【2】④

○**解説**○ ④は中学校や高校での指導内容である。「デートDV」とは交際相手からの暴力のことであり，親密な間柄でも，嫌なことは嫌と言う，相手が嫌と言うことはしない，という認識の醸成に向けた指導を行うことが大切である。

【3】⑤

○**解説**○ 「がん教育推進のための教材」の「2 我が国におけるがんの現状」及び「6 がんの治療法」からの出題である。日本人の死因の第1位であるがんについて，その特徴や種類，予防や検診と治療方法につい

て知識を深めておきたい。がん治療においてはインフォームド・コンセント(患者が自分の病気・検査・治療などについて十分な説明を受け，理解した上でどのような医療を受けるか選択すること)は重要で，医師が十分な説明をした上で，患者の同意に基づいて治療方針が決定される。また，治療方針は医師によって異なる場合もあり，セカンド・オピニオン(患者やその家族が治療法などを選択する上で，主治医以外の別の医師に意見を求めること)という仕組みを利用することもでき，がん治療においては治療方法を自分で選択するという意識を持つことが大切である。

【4】③

○**解説**○　イは「60分」ではなく「30分」，ウは「10秒」ではなく「20秒」，エは「ドーパミン」ではなく「メラトニン」である。ICT機器を利用する際の健康面への配慮については新しい分野なので，「児童生徒の健康に留意してICTを活用するためのガイドブック(文部科学省)」や「端末利用に当たっての児童生徒の健康への配慮等に関する啓発リーフレット(文部科学省)」等を読み込んでおきたい。ICT機器を使用する際は，目と画面との距離を30cm以上離す，また長時間にわたって継続して画面を見ないように，30分に1回20秒以上目を離して遠くを見て目を休めることが大切である。また，睡眠前に強い光を浴びると，入眠作用があるホルモンメラトニンの分泌が阻害され寝つきが悪くなる。したがって，睡眠前にICT機器を利用すると，その画面の明るさから，寝つきが悪くなる可能性がある。夜更かしを防止する意味でも，睡眠前の強い光を発するICT機器の利用を控えるようにすることが大切である。

【5】(1)　①　開封前　　②　直射日光　　③　施錠　　④　保健日誌
(2)　①　a　薬袋　　b　服薬指導　　c　介助　　②　・患者の容態が安定していること　　・医薬品の使用に関して専門的配慮が必要でないこと　　③　湿布薬の貼付，点眼薬の点眼，一包化された内服薬の内服，肛門からの坐薬の挿入，鼻腔粘膜への薬剤噴霧　から3つ
○**解説**○　(1)　一般用医薬品とは，医師，歯科医師，看護師等の免許を持

たない者が薬剤師等から提供された適切な情報に基づき，自らの判断で購入し，自らの責任で使用する医薬品である。使い方を誤れば，健康被害が起こるおそれがあることを踏まえ，平成21年6月からリスクに応じた分類及び販売制度が始まり，平成26年6月からは，新たな区分として要指導医薬品が新設された。このように一般用医薬品であっても管理は慎重にして使用については記録簿に記載し，学校薬剤師の指導，助言を受ける必要がある。　(2)　①　医師，歯科医師，看護師等の免許を有さない者による医業医薬品の使用の介助については，「医師法第17条，歯科医師法第17条及び保健師助産師看護師法第31条の解釈について(通知)」において，その条件が規定されており，患者ごとに区分し授与された医薬品に限定している。また，医師・歯科医師・薬剤師の処方と服用に対する指導を受け，看護師の助言と保健指導を受けた上でのあくまでも介助であることが示されている。
②　医薬品の使用の介助における3つの条件については，同通知において，「患者が入院・入所して治療する必要がなく容態が安定していること」「副作用の危険性や投薬量の調整等のため，医師又は看護職員による連続的な容態の経過観察が必要である場合ではないこと」「内用薬については誤嚥の可能性，坐薬については肛門からの出血の可能性など，当該医薬品の使用の方法そのものについて専門的な配慮が必要な場合ではないこと」と示されている。　③　解答参照。

【6】1　⑨　　2　⑦　　3　⑤　　4　②　　5　③　　6　⑧　　7　①
8　⓪

○**解説**○　がんは1981年から日本人の死因の第1位となっている。現在日本人の二人に一人は，一生のうちに何らかのがんにかかると推計されている。また，日本人の死因の約三割はがんとなっている。近年の我が国では，がんにかかる人は増え続けている。誰もが身近にある「がん」を知り，予防に努められるだけでなくがん患者に対する正しい認識を深めることが，がん教育の意義である。男性のがんの約50%，女性のがんの約30%は，喫煙や大量の飲酒，不適切な食事，運動不足といった生活習慣や細菌・ウイルスなどの感染が要因と考えられている。望ましい生活習慣を送ることにより，がんにかかるリスクを減らすこと

ができるが，原因がわかっていないものも多く，遺伝が関与している
ものもあり，がん患者が皆，生活習慣を原因とするわけではない。同
様に小児がんは，生活習慣が原因となるものではないため，がん教育
を通じ児童生徒の正しい理解を深める必要がある。

【7】1　ア　e　イ　c　ウ　a　2　①　e　②　d　③　d
○解説○　1　令和2年度から4年度は性犯罪・性暴力対策の集中強化期間
　であった。「生命(いのち)の安全教育」は，生命(いのち)を大切にする，
　児童生徒を加害者・被害者・傍観者にさせないための教育であり，学
　校の共通理解だけではなく保護者・地域と連携しながら取り組みを推
　進していくことが求められた。　2　小学校低・中学年ではプライベ
　ートゾーンについて児童の発達を踏まえてわかりやすく指導し，自分
　と相手の体を大切にする態度を養う。高学年からは自分と相手の心に
　ついても同様に大切にすることを理解する。どの年齢でも大切なこと
　は，性暴力の関係者になったときに適切な対応を取れるようにするこ
　とである。

【8】1
○解説○　自殺予防教育の目標は，児童の「早期の問題認識(心の危機に
　気付く力)」と「援助希求的態度の促進(相談する力)」の2点である。
　これに伴い自殺予防に関する生徒指導は，重層的支援構造で分類でき
　る。まず，生命尊重に関する教育や心身の健康の保持増進に関する教
　育，温かい人間関係を築く教育などを，自殺予防教育の下地づくりと
　なり自殺予防教育の土台となる「発達支持的生徒指導」があり，次に，
　自殺の未然防止教育や早期発見対応など「課題予防的生徒指導」が，
　未遂を含め自殺行動が生じた場合，自殺の行動化を水際で防ぐ組織的
　な危機介入，及び自殺未遂者への心のケア，自殺発生(未遂・既遂)時
　の周囲への心のケアの実施を行う「困難課題対応的生徒指導」がある。

【9】2
○解説○　(1)　日本人の死因の第1位は1981年からがんとなっているため，
　誤りである。　(2)　近年，日本の人口の高齢化とともにがんにかかる

人は増え続けている。　(3)　日本人の死因の約3割はがんであるため，誤りである。　(4)　がんの罹患率は年齢が上がるとともに増える。喫煙や飲酒などのがんのリスクを高める生活習慣が男性に多いことが主な原因と考えられている。50歳代前半までは子宮頸がんや乳がんが多いため，女性の罹患率が若干高いことも特徴である。

【10】1　31　　2　起立性調節障害　　3　アニバーサリー反応(効果)
○**解説**○　1　暑さ指数すなわちWBGT(Wet-Bulb Globe Temperature)値は，熱中症予防に用いられる指標である。人体と外気との熱のやり取りに着目し，気温，湿度，日射・輻射，風の要素をもとに算出される。公益財団法人日本スポーツ協会(JSPO)による熱中症予防運動指針では，WBGT値が21未満はほぼ安全(適宜水分・塩分補給)，21以上25未満は注意(積極的に水分・塩分補給)，25以上28未満は警戒(積極的に休憩)，28以上31未満は厳重警戒(激しい運動は中止)，31以上の場合運動は原則中止と規定されている。　2　起立性調節障害(OD：Orthostatic Dysregulation)は，血管の収縮と拡張を調節する自律神経の異常に起因して起こり，重力の影響で下半身にたまった血液が，特に起立時に脳へと送られず，さまざまな症状が生じる。午前中に特に症状がひどくなることが多く，不登校の原因となりやすい。その病態から本人が怠けていると勘違いされやすいが，そのような場合は医療機関の受診を勧めたい。　3　災害や事件，事故等の辛い出来事等を体験すると，その出来事が起こった日付とともにその体験が記憶される。そのため，日付が近くなると，無意識のうちに心身が反応してしまい，治っていた症状などが再燃することがある。ただし，アニバーサリー反応は，症状の悪化ではないので，心配する必要がないことを伝えて安心させることが重要である。なお，PTSD(Post Traumatic Stress Disorder：心的外傷後ストレス障害)とは，生死に関わるような重大な危機を体験し，強い衝撃を受けた後に発症する精神疾患。その体験の記憶がフラッシュバックし，その出来事を繰り返し再体験したり悪夢を見たりして，長期にわたり激しい精神的苦痛を受け，日常生活に支障をきたす。

●書籍内容の訂正等について

　弊社では教員採用試験対策シリーズ（参考書，過去問，全国まるごと過去問題集），公務員試験対策シリーズ，公立幼稚園・保育士試験対策シリーズ，会社別就職試験対策シリーズについて，正誤表をホームページ（https://www.kyodo-s.jp）に掲載いたします。内容に訂正等，疑問点がございましたら，まずホームページをご確認ください。もし，正誤表に掲載されていない訂正等，疑問点がございましたら，下記項目をご記入の上，以下の送付先までお送りいただくようお願いいたします。

---

① **書籍名，都道府県（学校）名，年度**
（例：教員採用試験過去問シリーズ　小学校教諭 過去問　2025年度版）
② **ページ数**（書籍に記載されているページ数をご記入ください。）
③ **訂正等，疑問点**（内容は具体的にご記入ください。）
（例：問題文では"ア～オの中から選べ"とあるが，選択肢はエまでしかない）

〔ご注意〕

○ 電話での質問や相談等につきましては，受付けておりません。ご注意ください。

○ 正誤表の更新は適宜行います。

○ いただいた疑問点につきましては，当社編集制作部で検討の上，正誤表への反映を決定させていただきます（個別回答は，原則行いませんのであしからずご了承ください）。

●情報提供のお願い

　協同教育研究会では，これから教員採用試験を受験される方々に，より正確な問題を，より多くご提供できるよう情報の収集を行っております。つきましては，教員採用試験に関する次の項目の情報を，以下の送付先までお送りいただけますと幸いでございます。お送りいただきました方には謝礼を差し上げます。

（情報量があまりに少ない場合は，謝礼をご用意できかねる場合があります）。

◆あなたの受験された面接試験，論作文試験の実施方法や質問内容

◆教員採用試験の受験体験記

- -

送付先

○電子メール：edit@kyodo-s.jp

○FAX：03-3233-1233（協同出版株式会社　編集制作部 行）

○郵送：〒101-0054　東京都千代田区神田錦町2-5
　　　　協同出版株式会社　編集制作部 行

○HP：https://kyodo-s.jp/provision（右記のQRコードからもアクセスできます）

　※謝礼をお送りする関係から，いずれの方法でお送りいただく際にも，「お名前」「ご住所」は，必ず明記いただきますよう，よろしくお願い申し上げます。

教員採用試験「全国版」過去問シリーズ⑬

全国まるごと過去問題集
養護教諭

編　集	ⓒ 協同教育研究会
発　行	令和6年3月10日
発行者	小貫　輝雄
発行所	協同出版株式会社
	〒101-0054　東京都千代田区神田錦町2‐5
	電話　03－3295－1341
	振替　東京00190－4－94061
印刷所	協同出版・POD工場

落丁・乱丁はお取り替えいたします。